◎ 西南政法大学诉讼法与司法改革研究中心

刑事司法论丛.第6卷

李昌盛/主编

CRIMINAL JUSTICE REVIEW (VOL.6)

中国检察出版社

《刑事司法论丛》编辑委员会

主　　任　孙长永
编　　委　于天敏　石经海　龙宗智　李昌林　孙长永
　　　　　任惠华　刘梅湘　卢　君　梅传强
主　　编　李昌盛
编　　辑　闫召华　王　彪　郭　航

目　　录

专题研究之一：刑事司法制度改革及其实施效果

刑事司法改革的制度创新与伦理之维 ………………… 王春丽（ 3 ）

刑事庭审实质化改革实证研究

　　——基于对 H 市两级法院改革的分析 ………… 李文军（ 31 ）

司法改革、检务公开与权利保障规范体系

　　………………………………… 杨继文　何冰冰　梁　静（ 59 ）

专题研究之二：监察体制改革与刑事诉讼制度的衔接

论法律监督权与监察监督权的配合与制约 …………… 哈　腾（ 77 ）

监察调查案件退回补充调查程序研究 ………………… 范智凯（ 93 ）

专题研究之三：认罪认罚从宽制度与员额法官的退出机制

检视与完善：认罪认罚从宽视阈下的值班律师制度

　　——以"有效辩护"为切入点 ………… 李琴琴　张天明（111）

员额法官退出的"二元机制"与责任豁免类型

　　——以司法实例为视角分析 …………………… 庄绪龙（126）

专题研究之四：刑事辩护全覆盖试点情况

刑事案件律师辩护全覆盖的实践和思考

　　——以杭州市为例 ……………………………… 唐晔旎（147）

刑事案件律师辩护全覆盖试点研究报告
　　——基于S省C市试点的分析 …………… 康　黎　郭佳琦（164）

比较与争鸣

两岸比较视野下重复性供述排除规则实证研究
　　——兼议辩护律师在刑事诉讼中的作用 …… 沈　威　徐晋雄（181）
基于退回补充侦查权的检警衔接及监督机制探微
　　——兼议与我国台湾地区检察机关退案审查制之比较
　　………………………………………… 吴雅莉　曹哲荣（206）
刑事和解程序实施中的争议问题研究 ………… 周赟珏　王　彪（217）
酌定减轻处罚的自由裁量与规范适用
　　——基于87个案例的实证分析 ………… 邓长峰　熊中文（241）
司法改革背景下刑事缺席审判制度的构建
　　——以违法所得没收程序存在的弊端为切入点
　　………………………………………… 田加溁　林　静（255）
法学研究生毕业论文写作的症结反思与进路探索 ………… 向　燕（270）

域外法制

德国刑事协商的立法规制
　　——新立法能否解决协商困境？
　　……………………〔英〕Regina E. Rauxloh　著　王　彪　译（283）
《欧洲人权公约》第6条下的刑事诉讼"平等武装"原则及其在欧洲
　　代表性国家刑事司法中的功能定位
　　——一个比较法的视角
　　…………… 马尔哥萨塔·沃西科－维迪雷克　著　刘铃悦　译（314）

Topic I: Reform of the Criminal Justice System and its Effects

Institutional Innovation and Ethical Dimension of Criminal Justice
  Reform/ *Wang Chunli* .... (3)
An Empirical Study on the Reform of the Substantiation of Criminal
  Court Hearing / *Li Wenjun* .... (31)
The Normative System of Judicial Reform, Publicity of Procuratorial
  Affairs and Protection of Rights
  / *Yang Jiwen & He Bingbing & Liang Jing* .... (59)

Topic II: Connection between Supervision System Reform and Criminal Proceeding System

Coordinate Their Effort and Check Each Other between the Legal
  Supervision and the Supervisory Supervision / *Ha Teng* .... (77)
A Study of Returning a Supervisory Investigation Case for Supplementary
  Investigation / *Fan Zhikai* .... (93)

Topic III: System of Giving Leniency for Pleading Guilty and Accepting Penalty and Withdrawal Mechanism of Post Judges

Inspection and Improvement: Duty Lawyer System from the Perspective
  of the System of Giving Leniency for Pleading Guilty and Accepting
  Penalty / *Li Qinqin & Zhang Tianming* .... (111)
"Binary Mechanism" and the Type of Responsibility for the Withdrawal
  of Post Judges / *Zhuang Xulong* .... (126)

Topic IV: Pilot Program of Full Coverage of Lawyers' Defence in Criminal Case

Practice and Thoughts on the Full Coverage of Lawyers' Defense in Criminal Cases in Hangzhou / *Tang Yeni* ·············· (147)

A Report of Pilot Program of the Full Coverage of Lawyers' Defence in Criminal Cases / *Kang Li & Guo Jiaqi* ·············· (164)

Comparison and Contention

An Empirical Study of Repeated Confession Exclusion Rules from the Perspective of Cross-strait Comparison / *Shen Wei & Xu Jinxiong* ·············· (181)

On the Supervision Mechanism of the Supplementary Investigation Power to the Returned Case and the Connection between Prosecutor and Police / *Wu YAli & Cao Zherong* ·············· (206)

Disputes in the Implementation of Criminal Reconciliation Procedure / *Zhou Yunjue & Wang Biao* ·············· (217)

Discretionary Mitigation of Punishment and Application of Norms / *Deng Changfeng & Xiong Zhongwen* ·············· (241)

The Construction of Criminal Default Judgment System under the Background of Judicial Reform / *Tian Jiaying & Lin Jing* ·············· (255)

The Outstanding Problems in Graduation Thesis Writing of Law Postgraduates and the Ways for Improvement / *Xiang Yan* ·············· (270)

Foreign Law

Formalisation of Plea Bargaining in Germany

——Will the New Legislation Be Able to Square the Circle?

/ translated by Wang Biao ·· (283)

The Principle of "Equality of Arms" in Criminal Procedure under Article 6 of the European Convention on Human Rights and its Functions in Criminal Justice of Selected European Countries

——A Comparative View / translated by Liu Lingyue ················ (314)

专题研究之一：
刑事司法制度改革
及其实施效果

刑事司法改革的制度创新与伦理之维

王春丽[*]

引 言

根据宪法的规定，人民法院依照法律规定独立行使审判权，不受行政机关、社会团体和个人的干涉。司法权是中央事权，地方法院不是地方的法院，而是国家设在地方代表国家行使审判权的司法机关。① 当前，以审判为中心的诉讼制度改革正如火如荼地进行，而刑事司法实践的真实场景与已有的制度构图却依然分疏明显，由司法管理权的越界所导致的司法权能不彰，使审判机关始终面临着"生于司法，却无往不在行政之中"②的尴尬境遇。当前我国学界对法院司法运作的全过程之密切关注，表征着学界对司法权运行中存在的问题已有所察觉。③

美国组织社会学家斯科特运用社会学和管理学的组织研究成果，开创性地提出了"理性、自然与开放系统"视角下的组织理论，这一理论深刻地影响了韦伯之后的许多学者，并因此产生了一种迥异于传统的理解和观察刑事司法制度的新的方式，即把此种完全不同的组织概念运

---

* 贵州大学法学院讲师，法学博士。主要研究方向：刑事诉讼法学、法律文书学。
① 最高人民法院：《中国法院的司法改革》，人民法院出版社2016年版，第9页。
② 龙宗智：《检察机关办案方式的适度司法化改革》，载《法学研究》2013年第1期。
③ 如有学者认为法院司法运作的全过程均带有行政化色彩，表现为司法目的和价值的行政化、案件审判活动的行政化、上下级法院关系的行政化、司法人事制度和法院结构的行政化以及审判管理的行政化等。参见龙宗智、袁坚：《深化改革背景下对司法行政化的遏制》，载《法学研究》2014年第1期。此外，丹尼尔·沃诺特在《科层组织与功能主义》一文中所提出的"职业性畸形"的观点是触发笔者深刻思考这一问题的原点。

用于对刑事司法系统的分析和阐释,认为刑事司法系统是一个开放的系统,一个主要以合作、交流和自适为基础的系统。① 组织理论和公开系统理论亦将融入本文的分析与论证过程,意在聚焦刑事审判权与审判管理权的互动这一微观视角,重新审视关于审判权力运行的理想化的、常规化的想当然,还意在重新质疑关于健全司法权力运行机制的常识性命题与假设,从更恰当的视角辨识并发现,"审判权在较大程度上受制于审判管理权"的内在实像。

一、问题的提出

人类审判的历史可谓扑朔迷离,耐人寻味。尤其是占法庭审判案件比例看似不大的刑事审判,它却展示了司法最生动、最熟悉的面孔,体现了人类的道德观、价值观和司法制度的本质。②

自1957年5月18日《刑事诉讼法(草案)》诞生,其间经历了1962年草案初稿、1963年草案三稿、四稿、五稿、六稿至1979年《刑事诉讼法》的正式颁布实施,尽管没有直接规定司法机关独立行使职权,但司法独立的精神显然已经涵摄其中。③ 1996年《刑事诉讼法》增加了"人民法院依照法律规定独立行使审判权,人民检察院依照法律规定独立行使检察权,不受行政机关、社会团体和个人的干涉"之条款,不仅是我国对联合国《公民权利和政治权利国际公约》中关于

---

① 如美国学者菲利对刑事司法系统的分析,其牢固地立足于组织理论和公开系统理论,并强调相互依赖、调适、制度维护、对抗关系和组织伦理,认为这些是任何一个组织都会出现的问题,即便是一个像法庭一样"公开的系统"。参见[美]马尔科姆·M.菲利:《程序即是惩罚——基层刑事法院的案件处理》,魏晓娜译,中国政法大学出版社2014年版,第54页。
② 参见[英]萨达卡特·卡德里:《审判为什么不公正》,杨雄译,新星出版社2014年版,第1页。
③ 彭真1979年6月26日在第五届全国人民代表大会第二次会议上对《刑事诉讼法(草案)》作出了说明,其指出"根据司法机关在工作中要保持应有的独立性的精神,刑事诉讼法(草案)规定法院、检察院和公安机关办案必须'以事实为根据,以法律为准绳'。这是当然的道理,现在特别加以申明,是为了防止滥行逮捕拘留,诬陷和侵犯干部、群众的人身权利、民主权利和其他权利"。参见吴宏耀、种松志主编:《中国刑事诉讼法典百年》(中册),中国政法大学出版社2012年版,第863页。

"公正审判权"之国际规范的自觉参照,也体现了刑事司法过程的价值取向、追求或者目标。不过,即使至臻完备的刑事法律规则也并不意味着其必然能够型塑规范化的刑事审判组织和权力结构,尤其难以撼动足以影响乃至决定刑事审判权力之运行的组织和社会背景。

法院作为一种组织,它的运行无时无刻不受其所处环境的影响,甚至被其他系统或制度以各种方式塑造着,它同时还是比其更具包容性的社会制度的一个组成部分,尽管其最初是被作为一个理性的组织模式来构建,但其所隶属的更大的司法系统乃至社会系统却并非如此。与其他系统一样,法院系统内各权力机构和部门的组织也是高度现实化的,权力(包括管理权、监督权)亦呈现出高度集中化和个人化的特征,法官所忠诚、服从的对象通常是在组织或系统内部实际掌握话语权的某个具体的"人",而不是其所秉持的理想、法律信仰或其法定职责本身。质言之,法官并非如其角色所赋予的应然使命那般仅仅忠实于法律;反之,法律并不是法官唯一的"上司",甚至可能从来都不是"上司"。① 倘若从传统的政治关系的角度来考量,刑事司法系统本身也不是忠于法律的、封闭的、孤立的且其唯一任务在于找出事实真相的组织。② 在法院的常规审判活动中,刑事法官通常是在既遥远又直接的背景中行使审判权力的。从某种程度上说,其所适用的法律规则甚至是遥远的(因规则是纸面的、有待解释的、且易被曲解的),它(指"规则"本身)既远离刑事审判组织的复杂现实,又无法关注到普通民众对规则的理解、反馈,控辩双方以及被告人之能力的参差不齐乃至人性之弱点。1935 年,瑟曼·阿诺德(Thurman Arnold)指出了法律规则和法律机构

---

① 例如,严重影响法官办理刑事案件的因素,除了法律的规定,还有各种考核要求、考评指标,这些考核要求、考评指标的影响甚至会超过法律规定的影响。实践表明,一些不符合诉讼规律的考核要求、考评指标,会产生公检法各机关办理刑事案件时置法律的明确规定于不顾的效果,导致行为"严重变形"。参见王敏远等:《重构诉讼体制——以审判为中心的诉讼制度改革》,中国政法大学出版社 2016 年版,第 13 页。

② 参见[美]马尔科姆·M. 菲利:《程序即是惩罚——基层刑事法院的案件处理》,魏晓娜译,中国政法大学出版社 2014 年版,第 55 页。

日常现实之间的冲突，①此种冲突甚至扭曲了审判机关如何运作及其应当如何运作的现实场景。从某种意义上，刑事审判程序是在社会学家所指称的"情境行为"背景下运作的。②被追诉者的具体行为、性格特征（个性）、生存环境和经历，乃至法庭的组织形式和庭审模式，律师的性质以及司法体制的诸多方面，甚至司法之外的体制性问题等因素都会促成审判人员作出对当时背景深刻回应的行为和结果。相对而言，法律规则是静止的、普遍的、抽象的，且几乎不承认具体个案的审判活动发生其间的组织和情境要素，个案的真相抑或事实在本质上也具有一般法律规则难以识别甚至难以理解的特征。此外，刑事审判所处的时空环境、行为主体的个性、行为产生的结果、组织运转的迫切需要以及个案的显著特征都会对审判权行使的公正性产生直接或间接的影响。

当前，中国的刑事司法改革已经将"改革审判权力内部运行机制"纳入顶层设计并作为重点推行。与此同时，还必须直面这样一种现实语境，即自审判管理权诞生之初，便逐步吞噬着审判权的独立性。一定程度上，审判管理权已然扩张到法院司法运作的全过程，甚至在司法实务中这两种权力一度混为一体，无法区分。

然而，简单地将问题归结于审判管理权的越界显然无助于该问题的根本解决，应当透过审判管理权之扩张这一问题的表象，认清刑事审判权与审判管理权双双异化乃至混为一体的实质，并以此为根基寻求权力的回归与界分之路径，这才是理论对实务应有的立场。

近年来，最高人民法院为健全审判权力运行机制推行了一系列改革

---

① 他写道，"人们设想用法律原则来控制社会，这种假设对于这个梦想的逻辑来说是必需的。然而，研究者应该永远记住的是，法律的作用不在于引导社会，而在于适应社会"。参见龙宗智：《检察机关办案方式的适度司法化改革》，载《法学研究》2013年第1期。

② 如我国1954年《宪法》规定，法院独立审判，只服从法律。在1957年12月14日中共中央在批转最高人民法院和司法部党组《关于司法工作座谈会和最高人民法院的反右斗争情况的报告》中，批示"全部审判活动都必须坚决服从党委的领导和监督；党委有权过问一切案件"，由此彻底否定了宪法赋予法院独立进行审判的权力，至"文革"结束后这一情形才有所转变。虽然1982年《宪法》重新恢复了人民法院独立行使审判权的规定，但由于这一宪法性原则缺乏其他制度性保障，导致法院一直处于人大监督、政府控制、党委政法委领导的环境下生存。参见袁坚：《刑事审判合议制度研究》，法律出版社2014年版，第152页。

措施。① 2015年8月18日中央深化改革领导小组第15次会议通过、最高人民法院次月发布的《关于完善人民法院司法责任制的若干意见》（法发〔2015〕13号，以下简称《意见》）明确了院长庭长的审判管理和监督职责，② 正式将审判管理权嵌入"审判权力运行机制"的框架体系内进行规范。较之其他司法改革文件，《意见》的重要特征之一就是对审判权与审判管理权之间的关系进行了法律层面的界定，具体体现在《意见》第2条第4项"以审判权为核心，以审判监督权和审判管理权为保障"这一基本原则中。客观地说，上述改革措施和意见在某种程度上对理顺抑或重塑刑事审判权与审判管理权之间的关系是有积极意义的，但问题是，这样的改革设计是否直面当前中国审判制度与机体运行不畅的深层次问题，例如：刑事审判权的基本属性是什么？如何对其作出有明确所指的清晰定位？刑事审判权的权力归属问题能否澄清、如何澄清？刑事审判权应当如何运行？究竟谁是真正的裁判主体？为什么要进行审判权力运行机制的改革？其对刑事审判权的运行会产生哪些深刻的影响，以及如何通过立法和司法标准来指导"审判"这样一个本质上具有裁量性的程序？规则并不决定其适用。所有规则都表现出其适用的临界问题，改革审判权力运行机制的一系列规则之适用亦然。这里恐怕还必须追问的是：中国当前针对司法改革所进行的顶层设计如何对这两种权力的基本功能和运行区间进行清晰定位？权力的运行环境是抽象的还是具体的，是封闭的还是开放的？

---

① 譬如，通过优化审判人员配置模式、改革裁判文书签署机制、推行院庭长办案常态化、建立专业法官会议制度以及规范审判管理和监督等措施改革审判权力内部运行机制；通过审判委员会评议实行录音、录像、全程留痕等措施改革审判委员会制度；通过细化法院人员岗位职责、明确审判责任的构成要件及承担形式、明确审判责任豁免的情形及条件、明确法院院长庭长的监督管理责任、完善法官追责程序等措施、完善司法责任制以及推动完善审级制度、规范发回重审制度推进法院标准化建设、完善案例指导制度等。参见最高人民法院：《中国法院的司法改革》，人民法院出版社2016年版，第18—21页。

② "12. 建立符合司法规律的案件质量评估体系和评价机制。审判管理和审判监督机构应当定期分析审判质量运行态势，通过常规抽查、重点评查、专项评查等方式对案件质量进行专业评价。"

二、刑事审判权与审判管理权的内涵

权力，即来自某一公职的控制力量，本质上应属于部门，而不属于履行职责的某个人。① 根据福柯的观点，权力关系并非由某一特别的因素决定，而是多元化的。权力中包含权术和利益，司法权亦不例外。一个有条理的、组织合理的社会结构，涉及明确定义的活动模式；在此模式中，较为理想的情形是，每一行动系列都与这一组织的目标在功能上相关。② 刑事审判权和审判管理权乃中国各级法院的系统运行不可或缺之基本权能，二者产生所仰赖的基础皆为司法权。尽管刑事审判权与审判管理权是性质截然不同的两种权力，但其基础的同一性决定了二者在价值追求上的同质性，这意味着权力主体在行使刑事审判权与审判管理权时所遵循的应当是相同的司法价值观。③ 对刑事审判权与审判管理权的理解和阐释唯有与具体的诉讼制度、具体的诉讼程序，尤其是具体的刑事个案关联起来才有实质意义，也才可能于理论层面对具体而鲜活的司法实践产生有益的影响。

权力是实现某种结果的能力，④ 刑事审判权和审判管理权的运行无疑都在追求着某种旨在契合司法者和民众共同心理预期的"结果"。而权力存在的前提是具备各种可供支配的结构，也就是说，权力是以支配结构的再生产为场所和渠道产生出来的。无论是刑事审判权还是审判管理权，在刑事诉讼过程中都可以借助这些结构"流畅运行"。社会学家吉登斯将构成支配结构的资源划分为两种：一是配置性资源，二是权威性

---

① [美]罗伯特·K.默顿：《社会理论和社会结构》，唐少杰、齐心等译，译林出版社2015年版，第345页。
② [美]罗伯特·K.默顿：《社会理论和社会结构》，唐少杰、齐心等译，译林出版社2015年版，第345页。
③ 而司法价值观作为法律价值观的一种形态，其在一般意义上有两重解读：一是指国家对司法的定位，即国家对于司法的总体认识和期待；二是指主流社会和司法职业群体对司法的意义、地位和重要性的总体评价或看法。司法价值观通常有两种表现形式：（1）司法评价的尺度和准则；（2）司法过程的价值取向、追求或者目标。参见江国华：《转型中国的司法价值观》，载《法学研究》2014年第1期。
④ [英]安东尼·吉登斯：《社会的构成：结构化理论纲要》，李康、李猛译，中国人民大学出版社2012年版，第242页。

资源。① 可以说，法院系统在时间与空间场域内所从事的任何协调活动都必然涉及这两种资源的特定组合。具体而言，法院的配置性资源包括但不限于：（1）法院系统的环境特征（包括外部制度环境②和内部制度环境③）；（2）法院审判/管理方式（审判技术与伦理的融合、审判流程管理和案件质量评估评价机制等）；（3）法院产品［由（1）和（2）的相互作用所创造的服务或成果，通常以判决或裁定的方式呈现］。权威性资源可能包括但不限于：（1）法院系统内各单元的组织和人员配置（审判委员会、专业法官会议、院庭长以及审判人员的配置模式等）；（2）法院审判/管理的人才和信息储备（乃至法院系统内人与人在相互交往中形成的组织和关系）；（3）法院审判/管理人员的生存和发展保障（尤其是自我发展和自我表达机制的生成与构成）。前述资源都是可变的基础性资源，法院配置性资源的存储不仅密切关系到刑事审判权与审判管理权的生成问题，且在某种意义上深刻影响着法院系统的组织结构和运行程式；但权威性资源所产生的是权力的性质和范围，型构了"复杂的、具有多层交叉的权威网络"④，对权力的运行具有确实的根本意义；如果没有权威性资源的变化，配置性资源也不可能得到显著的发展。两种权力和两种构成支配结构的资源间是彼此依存和相互制约的，此种相互制约客观上赋予了"控权"的程序性价值，并由此成就了刑事审判权与审判管理权相关联这一现象的法治意义。

法院作为一个整体性的审判组织是以审判权的运行为内核建立起来的，其基本的职能是承担并依法完成审判任务。显然，这一基本职能暗含了审判权乃法院系统内部诸种权力的中心，其他权力皆系审判的辅助性权力之意蕴。刑事审判权的运作，其外观首先表现为诉讼法律规定的刑事程序和制度话语。那些与刑事审判权实际运行相关的内在秩序，被

---

① ［英］安东尼·吉登斯：《社会的构成：结构化理论纲要》，李康、李猛译，中国人民大学出版社 2012 年版，第 243 页。
② 如信赖、尊重乃至支持司法的制度环境和氛围。
③ 如法院编制管理、法院人员管理、法院经费管理等制度环境。
④ 参见赖波军：《司法运作与国家治理的嬗变：基于对四川省级地方法院的考察》，北京大学出版社 2015 年版，第 160 页。

司法的外在形式、权力运作的正式规则、意识形态的话语表述深埋在水里。① 从刑事审判权与审判管理权这两种权力的内部构造来看,刑事审判权系在刑事个案中行使,以审判人员的亲历、判断为方法,因此必然要求审判主体的独立性,亦即主审法官与合议庭根据自己对案件事实和证据的审查判断作出决定。因此,法院内部的审判权力构造应当是平行的、协作式的。② 斯蒂芬·罗宾斯将"管理"定义为"同别人一起,或通过别人使活动完成得更有效的过程",将其平移到法院系统的场景中,审判管理则是法院内负有审判管理职责的人员同审判人员一起,或通过审判人员使审判活动完成得更有质效的过程。从这个意义上,审判管理权应显著区别于传统或典型行政管理行为结构中管理主体处于上位而行政相对人处于下位的构造。

观诸前述构成支配结构的两种资源要素,法院系统主要由审判系统和管理系统组成。其中,管理系统涵摄了审判管理和行政管理这两个二级子系统。不同的系统之间具有内在的整合性,其既要满足系统自身的价值目标,又要体现出系统彼此间的互补性和兼容性。当前,法院的刑事审判工作主要由刑事业务庭承担,随着各级法院对审判管理工作的加强,并由此在法院内部增设了审判管理办公室,该部门实际上是对审判工作的考核,其从性质上是将传统法院工作中的组织人事事务进行了部分分离。③ 显然,这里的审判管理与《意见》中所指称的"院庭长的审判管理职责"不在同一意涵层面上。质言之,尽管法院审判管理办公室的"审判管理"职责与院庭长的"审判管理"职责外观上契合统一,实则不甚相关。

传统的主流管理理论通常假设组织管理是积极和必要的,且管理被看作相当中立的行为。组织的等级是"自然的"或者是"正常的",必

---

① 参见赖波军:《司法运作与国家治理的嬗变:基于对四川省级地方法院的考察》,北京大学出版社2015年版,第166页。
② 参见龙宗智、袁坚:《深化改革背景下对司法行政化的遏制》,载《法学研究》2014年第1期。
③ 参见袁坚:《刑事审判合议制度研究》,法律出版社2014年版,第158页。

须依据组织自身的内部目标对管理进行评估。① 从这个意义上讲，刑事审判管理作为法院系统内部的一种管理活动应当能够让审判人员（法官）、控辩双方、法院以及整个社会都从中受益。从事批判管理研究的学者克里斯·格雷（Chris Grey）和休·威尔莫特（Hugh Willmott）则挑战了主流管理理论，鼓励人们深入反思管理策略的社会影响以及管理者自身影响或训练被管理者的方式，其还十分敏锐地关注到了组织的生态问题。从这一视域出发，审判管理如何影响法官的感受，其又是如何影响法院系统的生态环境和系统外部的社会环境的，这的确是一个颇具意义的问题。因此，管理主体应当时常反思自己的假设和实践，并且思考如何使审判管理更好地服务于审判，而非"管理"审判，应当将审判管理转变为实际的服务举措，助益而非阻抑审判质效的提升。

刑事审判权乃刑事司法权的核心，其本质是一种裁断权，② 亦即审判主体依法享有的，对具体刑事个案进行审理和裁判的职权，其"天生抵抗外来干预"的性质决定了权力行使的独立性、中立性和亲历性；审判管理权则是一种准行政权，是各级法院内部负有管理职责的人员和机构依法对审判事务进行管理的职权，该项权力衍生且从属于审判权，其内涵在于保障和服务合议庭、法官依法办案。这里需强调的是，在刑事司法的运作场域中，刑事审判权应当能对审判管理权形成反向制约。前文所述及的《意见》中明确了我国法院院长、庭长的审判管理和监督职责，然而在当前我国法院内部权力界限始终不明晰、权力分配体制尚未进行根本性变革的前提下，审判管理权事实上依然浸染在法院行政性管控的底色之中无法自拔，刑事审判权亦在遵循司法规律与行政化审判管理的博弈中窒碍前行。

---

① ［英］安东尼·吉登斯、菲普斯·萨顿：《社会学（第七版）》，赵旭东等译，北京大学出版社 2015 年版，第 811 页。
② 在陈瑞华教授看来，司法是与裁判有着内在联系的活动，司法权往往被直接称为司法裁判权。将司法权界定为裁判权，对于中国司法改革目标的确定而言，是有着极为重大的现实意义的。参见陈瑞华：《司法权的性质——以刑事司法为范例的分析》，载《法学研究》2000 年第 5 期。

三、刑事审判权与审判管理权的冲突

权力冲突问题与权力边界问题休戚相关，而权力的边界又需要在对权力冲突进行分析的基础上方可确定。囿于立法者的有限理性、成文法语言的模糊性、社会的变动性等，可能会导致立法阶段未能清晰地界定权能和利益的边界，① 致使不同甚或相同的权力主体对其权能和利益的边界产生争议，从而诱发隐性或显性的冲突。从"审判权的核心地位"这一视角来看，似乎刑事审判权无论是应然层面还是实然层面，都呈现出强大且集中的外在特征与内在品性，但实不皆然。司法实务中，刑事审判权被主观任意行使乃至屡遭滥用的深层次原因之一，便是其与审判管理权、审判监督权等辅助性权力的边界不清晰。即使依循对权力的普通或朴素认知，亦不难辨识出这样一个命题，即权力本身并不需要多么强大，但当边界不清时就极易出现混同、被干预并最终导致权力的滥用，从而使权力主体（以及个案参与者）内心深处的压抑感显著或骤然增加，很难立足权力的本质、自己的内心确信和本应秉承的规范立场作出相应的理性行为和理智判断。于此意义而言，厘清刑事审判权与审判管理权的边界问题或是刑事司法改革设计的重要切入点和着力点。

（一）权力互动的中外影像

在任何国家的司法制度中，要保障审判权的依法独立运行，都必须在法院系统内构建一种相对高效便捷的审判管理机制，也都要与其他司法机关、行政机关、立法机关发生多个层面的联系。② 司法系统内外的各权力主体通常有着明确的分工，且须遵守固定的规则，甚或有着共同的目标和职责，主体之间也或多或少会产生制度化的交互作用，故不同权力之间的冲突在所难免。当下世界范围内各法治国家和地区的审判组织正日益呈现出专业化、独立性与程序性特征，但在社会转型与司法现

---

① 参见梁迎修：《权利冲突的司法化解》，载《法学研究》2014年第2期。
② 参见陈瑞华：《司法改革的理论反思》，载《苏州大学学报（哲学社会科学版）》2016年第1期。

代化的互动进程中，各国传统的法院管理体制和司法组织模式的印迹并未完全消退。尽管此类传统结构并没有以相同的步速融入现代化的趋势，但其显然未对司法审判权独立性专业化的时代变革产生过多消极影响。① 基于审判权独立、法院独立与法官独立的不同层次目标，英、德、法等国家的司法行政事务和司法审判关系配置上都体现出法官的主体性和审判活动的中心性，实行司法行政事务和司法审判相分离的外部管理体制以及法院审判职能与管理职能相区分的内部管理结构，② 法院系统内部的结构设计将审判事务与管理事务进行了明确的界分，以保障法官个体的独立以及审判权的独立。

在刑事审判权与审判管理权的冲突与协调中，各法治国家或地区并未根本性地放弃传统的司法组织结构与权力组织模式，而是以极其复杂的方式与传统的结构发生着互动。达玛什卡教授为系统地研究政府管理体制在法律程序上打下的印记，提出一种独特的分析框架来界定和描述组织程序性权力的不同方式，③ 即运用"科层式理想型"和"协作式理想型"来阐明程序性权力与程序形式之间的互动关系，以延展解释力

---

① 例如，尽管美国的司法机制在20世纪便已呈现出专业化和集权化的趋势，但它仍然体现着协作式理想型的许多特征，其程度超过任何其他西方工业化国家。与科层式组织中的情形不同，协作式权力组织中的所有决策者都会直接接触到生活中的具体事实情境，这使得这样一种结构能够抵御各种离心力量而维持其内在统一性。参见［美］米尔伊安·R. 达玛什卡：《司法和国家权力的多种面孔：比较视野中的法律程序》，郑戈译，中国政法大学出版社2015年版，第24—34页。

② 参见梁三利、郭明：《法院管理模式比较——基于对英国、德国、法国的考察》，载《长江师范学院学报》2010年第1期。

③ 达玛什卡教授将"公职人员的性质"（主体的职业化与非职业化）、"他们之间的关系"（主体间严格的上下级关系网络与大体平等的单一权力等级）以及"他们作出决策的方式"（遵循"专门的"或"技术化"的标准而作出的决策和根据未经辨析的或一般性的社会规范而作出的决策）这三个概念要素相结合，直观地区分出权力结构的不同侧面或宏观维度，各个维度上的变量可以通过各种不同的方式组合起来，从各种组合可能性中选取出两种合成性的权力结构，分别称作"官僚体制的科层式理想型（科层模式）"结构和"协作式理想型"结构。参见［美］米尔伊安·R. 达玛什卡：《司法和国家权力的多种面孔：比较视野中的法律程序》，郑戈译，中国政法大学出版社2015年版，第21—22页。

的深度和广度。① 这在某种程度上可以合理地解释尽管世界各国存在法系差异、历史传统差异、政治文化背景差异乃至刑事司法制度与刑事审判风格的迥然相异,而诸如此类的差异在客观上却很容易为司法组织的框架所涵盖之因由。申言之,"一种制度可能比另一种更集权、其组织更具阶层型,但是在所有案件中都存在一组制度化的互动角色,在原则上他们应当朝着同一套目标(不论是通过冲突还是通过合作)彼此协作"②。总体而言,西方法治国家的权力结构在宏观层面实现了形式与实质的高度分化,司法权与行政权有着迥然相异的建构与运行逻辑;且在法院内部,审判权与行政权的作用领域与界限被严格划定,司法逻辑与行政逻辑各安其分,各守其职。③

基于刑事审判管理关涉刑事审判权的运行,关涉刑事法治的现状与未来,亦关涉整个中国法治事业的命运,而其在实践层面却步履维艰乃至陷入权力异化困境的现实,笔者认为,有必要对中国司法组织结构的宏观历史脉络和现实语境进行简要梳理与回溯,以直面问题的症结所在。在中国古代,有多少级地方政府,就有多少级刑事审判衙门,刑事审判权由地方同一机关的最高行政长官来行使。即便在中央,虽然有专门的机关负责审判事宜,如隋唐时期的大理寺,刑事审判权的行政化亦不可避免。④ 不惟如此,中国古代还确立了明晰完备的法官责任(既包括诉讼程序责任,又包括实体责任)制度,只要司法官违反了法律规

---

① 达玛什卡教授认为其解释力的深度和广度将大于采用普通法法系和大陆法系这一对概念所能达到的程度。例如,在大多数社会主义国家中,司法组织中所呈现出来的严格等级制的特征远较传统的大陆法系国家来得更为明显。参见[美]米尔伊安·R.达玛什卡:《司法和国家权力的多种面孔:比较视野中的法律程序》,郑戈译,中国政法大学出版社2015年版,第23页。
② [美]虞平、郭志媛编译:《争鸣与思辨:刑事诉讼模式经典论文选译》,北京大学出版社2013年版,第110页。
③ 郭松:《审判管理进一步改革的制度资源与制度推进——基于既往实践与运行场域的分析》,载《法制与社会发展》2016年第6期。
④ 明清时的刑部虽然可以直接判决流放、充军、发遣案件,但是这样的行政机关同时还兼有其他事务,它并不能等同于现代的司法机关。由于主体的混同,审判的行政化也就成为一种必然。参见李文玲:《中国古代刑事诉讼法史》,法律出版社2011年版,第500—501页。

定，就要受到法律的严惩，惩罚主要以刑罚为主，行政处罚与刑罚处罚相结合，形式多样。① 这种"行政官兼理司法，法官责任制度明确完备"的特征②，经历了传统社会的风雨变迁，型塑了当代中国司法改革的历史语境。不难发现，在这种历史语境中，刑事审判权的行政化是如此根深蒂固，以至于中国刑事司法现代化改革自诞生伊始，便处于"司法逻辑与行政逻辑高度混同"③ 的结构空间中。

自20世纪90年代末，审判管理在当代中国社会的话语层面开始受到前所未有的重视，最高人民法院在法院组织体系、法官制度、诉讼程序、审判方式、执行制度、司法管理等方面，开展了一系列大规模改革，并于1999年、2005年、2009年分别发布了三个"人民法院五年改革纲要"（以下简称《纲要》）。这三个纲要是2013年之前中国法院改革的基本纲领和依据。④ 自1999年第一个《纲要》提出"建立符合审判工作特点和规律的审判管理机制"，到2005年第二个《纲要》提出"改革和完善司法审判管理与司法政务管理制度"的基本任务与改革目标，再到2009年第三个《纲要》将"改革和完善审判管理制度，健全权责明确、相互配合、高效运转的审判管理工作机制"作为主要改革任务，足见审判管理在改革框架体系中的重要地位。中国自2013年启动的新一轮司法改革，迥异于以往的技术化进路，不再局限于诉讼程序、证据规则、法院内部管理方式等问题，而是将完善司法人员分类管理、完善司法责任制、健全司法人员职业保障、推动省级以下地方法院人财物统一管理等基础性措施作为司法体制改革的根基，并将之作为第

---

① 这种制度为司法官的职权行为提供了规范的指导，形成一种事先的制约机制，力求将违法操作降至最低限度，同时也为追究司法官责任提供了合法的正统的依据。参见李文玲：《中国古代刑事诉讼法史》，法律出版社2011年版，第500—502页。
② 参见李文玲：《中国古代刑事诉讼法史》，法律出版社2011年版，第500页。
③ 参见郭松：《审判管理进一步改革的制度资源与制度推进——基于既往实践与运行场域的分析》，载《法制与社会发展》2016年第6期。
④ 李文玲：《中国古代刑事诉讼法史》，法律出版社2011年版，第500—501页。

四个《纲要》的核心内容①，以实质性破解司法地方化、司法行政化等一系列深层次问题。

（二）权力运行的边界厘清

法院系统内部不同类型的权力之间，其因果关系的指向是双向的，即在刑事司法的现实语境中，刑事审判权、审判管理权与审判监督权都极少以纯粹的形式出现，而是彼此渗透、交互影响，审判监督权与审判管理权之间也存在重合或者混同的关系。与此同时，在三者之间，始终会存在一些法律所不能或只能部分渗透于其间的开放领域，"书本上的法律并不总是与行动中实践的法律相一致，甚至在执意主张用法治进行管理的社会中，也还是存在着权力失控的飞地"②。

显而易见的是，无论刑事审判权还是审判管理权都应当明确其权力的辐射范围和运行区间，因为其范围之界定就是权力实际之所指。这个范围的界定从权力表面上很难清晰地凸显，但倘若观察同一权力体系当中的其他权力之运行区间，刑事审判权与审判管理权之间所暗含的或隐藏的界限就会得以呈现。诸如法院院庭长对审判业务监督权的行使，③根据前述《意见》之规定，院庭长的审判业务监督权，只能针对第24

---

① 健全审判权力运行机制。让审理者裁判，由裁判者负责，是司法规律的客观要求。近年来，司法机关为完善司法权力运行机制，进行了许多积极探索，也取得了一定成效，但仍存在内部层层审批、办案权责不明等问题。针对上述问题，"四五改革纲要"将完善主审法官、合议庭办案责任制作为关键环节，推动建立权责明晰、权责一致、监督有序、配套齐全的审判权力运行机制。参见《最高法公布〈人民法院第四个五年改革纲要（2014—2018）〉》，载 http://www.law-lib.com/fzdt/newshtml/yjdt/20140709105011.htm，2018年6月12日访问。

② ［美］E.博登海默：《法理学：法律哲学与法律方法》，邓正来译，中国政法大学出版社2004年版，第373—374页。

③ 根据万毅教授的观点，院庭长的审判监督权实际上包含两个方面的内容：一是院庭长对本院或本庭内部行政事务的监督职权（又可进一步分为1.对纯粹的法院行政事务的监督职权，如对法官的考核；2.对有关审判的行政事务的监督职权，如调整分案以及对办案质量的监督、评查等）；二是院庭长对本院或本庭内部审判业务的监督职权。即基于防错纠错、统一法律适用或防止违法审判等目的，院庭长有权对独任法官或合议庭承办的案件进行审核，并在意见相左的情况下，有权将案件提交专业法官会议、审委会讨论。参见万毅：《"审判监督"之惑——解读院庭长审判监督权》，载《人民法治》2016年第6期。

条规定的案件情形而启动，① 除此之外的所有刑事案件，皆应由法官（合议庭）独立审理、独立作出裁判结论，否则就构成对法官（合议庭）审判权的干涉。这里暗含了审判权可能的受限范围和权力运行区间，甚或可以说，审判权的受限区域便是审判监督权的运行空间。倘若超越了这一时空界限，两种权力之间或明或暗的冲突就会出现。②

权力往往位于权力的等级体系之中，这一体系还在某种程度上建立了体系中诸种权力所应当依循的规则乃至规则的内在有效性。一项权力之所以是正当的，可以是因为权力体系中的某项其他权力使其具有了正当性。一如审判管理权，倘若没有审判权的存在，其便丧失了权力的正当性根基，沦为无源之水无本之木。应注意的是，这里的"正当性"与"审判"本身的性质休戚相关。审判的过程是将抽象的法律规则适用于具体个案的过程，其目的是裁决纠纷，对具体个案作出判决。③《意见》第 2 条第 3 项明确了审判权的权力属性（即"遵循司法权运行规律，体现审判权的判断权和裁决权属性，突出法官办案主体地位"），第 4 项阐明了审判权与审判管理权之间的关系（即"以审判权为核心，以审判监督权和审判管理权为保障"），从而恰如其分地回应了"审判管理权"这一权力得以确立的途径或依据问题。

《意见》明确对审判管理权与审判监督权的属性进行了定位，即二者皆服务于审判权，为审判权提供保障，但也存在一个彰明较著的问

---

① 即"涉及群体性纠纷，可能影响社会稳定的；疑难、复杂且在社会上有重大影响的；与本院或者上级法院的类案判决可能发生冲突的；有关单位或者个人反映法官有违法审判行为的"这四种情形，否则，院庭长的审判业务监督权应当保持静默。参见万毅：《"审判监督"之惑——解读院庭长审判监督权》，载《人民法治》2016 年第 6 期。
② 根据可能干涉审判权运行的障碍来源，可以将审判独立界定为"裁判独立、内部独立、审级独立、外部独立和法官的身份独立"这五个基本要素。其中，裁判独立作为审判独立的核心要素，乃参与法庭审理的裁判者独立自主地采纳证据、认定事实和适用法律，根据经验、理性和良心对案件得出独立的裁判结论。参见陈瑞华：《法院改革的中国经验》，载《政法论坛》2016 年第 4 期。
③ 尽管它对具体的案件事实也要进行类型化的作业，但这种作业的性质是把具体事实归摄于一般的法律规则，或者说是用法律规则涵摄具体事实，其目的不是创制法律、为社会提供普遍的行为规则。参见张志铭：《法律解释学》，中国人民大学出版社 2015 年版，第 49 页。

题,即未能将审判管理权与审判监督权的权限范围进行区分。也就是说,《意见》第12条至第14条①将"审判管理和监督"纳入"审判权力运行机制"的改革框架之中,并作为专门部分予以规范,但就审判管理权与审判监督权发生的权力混同问题未给予充分关注。两种权力的主体皆为法院院庭长(含副院长)。而审判监督权又是一种非对称的重要权力,这使得本身就已经集审判权、审判管理权于一身的院庭长的角色变得更加复杂,更加难以驾驭。②监督包括内部监督、外部监督、上级监督以及平行监督这样几种情形,将审判监督权交由院庭长行使,显然难以摆脱类似传统行政系统内部上下级科层式监督的沉疴。同理,由院庭长行使对审判事务的管理权显然既难以跳出同一机构内行政上下级管理的思维层面,亦无确切可考的实质必要性或必然性。我国传统上沿袭的是自上而下的官员等级序列,由于不同级别的官员之间往往习惯性遵循严格的等级秩序,从而上下级之间所存在的不平等现象是极为显著的。我国法院的院庭长处于司法系统的职级序列与官员等级序列的双重语境之中,且依照其行政级别分别享有不同程度的行政权力乃是不争的事实,亦不可避免地形成权力行使的惯性思维,这就使得院庭长的职务反应和个人内心的真实反应可能会分离开来。"他会获得在必要时麻醉自己心灵的能力,并且在其官方职位上作出他作为个人可能永远也不会

---

① 《意见》第12条:"建立符合司法规律的案件质量评估体系和评价机制。审判管理和审判监督机构应当定期分析审判质量运行态势,通过常规抽查、重点评查、专项评查等方式对案件质量进行专业评价。"第13条:"各级人民法院应当成立法官考评委员会,建立法官业绩评价体系和业绩档案。业绩档案应当以法官个人日常履职情况、办案数量、审判质量、司法技能、廉洁自律、外部评价等为主要内容。法官业绩评价应当作为法官任职、评先评优和晋职晋级的重要依据。"第14条:"各级人民法院应当依托信息技术,构建开放动态透明便民的阳光司法机制,建立健全审判流程公开、裁判文书公开和执行信息公开三大平台,广泛接受社会监督。探索建立法院以外的第三方评价机制,强化对审判权力运行机制的法律监督、社会监督和舆论监督。"
② 院庭长在话语实践中,既拥有权力,又处于权力的网络之中,甚至能够操纵法官的话语权。当诸种权能集于一身时,权力与权力之间的关系如何调适、界限如何把握,如何保障每一种权力都能不越位、不缺位、不变形、不走样,已有的制度设计能否抑制权力触角的延伸,权力运作体系如何在司法规律作用的场域内循轨运行,这对权力主体、改革者与实践者都将是巨大的挑战。

作出的决策。"① 职位与职权的享有者之间的这种分离促进了体制化的思维方式,在这种思维方式中,绕过体制性利益并考虑自我良知的冲动是很难被容忍的,这就会导致持不同意见的人只能压抑自己的观点和感受从而无法发表不同意见。② 其实,在现行体制下,以"上命下从"为特征的行政逻辑,才是各种权力运作中共同的根本性行为逻辑。③ 于本质而言,审判管理权和审判监督权的运行仍然呈现出强烈的行政化色彩,难以从根本上改变以行政权力制约甚或干预审判权的境况,并与审判管理权和审判监督权系"保障型"权力的制度定位相去甚远。这使得此轮司法改革所建立的审判管理模式极有可能沦为事实上的"监督型"管理甚或"以管理为名"的监督,从而导致"管理不像管理、监督不像监督"的尴尬局面,"审判管理"的重心向"审判监督"偏移的状况几乎无法避免,尤其是在当前法院审判权和审判管理权的行使不能够严格遵循既定规则,制度设计上亦缺乏相应的程序公正原则的客观现实下,这样的格局很难对监督、管理者的主观随意性形成行之有效的遏制与规范。

在此意义上,欲厘清刑事审判权与审判管理权的边界就应当结合中国当下的社会实践和具体语境,充分考量二者之间的关系,并兼顾权力的本质属性,让刑事审判权在中国法院系统的权力布局中凸显出来,真正彰显其独立性和自主性。尽管刑事审判权在实际运行过程中,不可避免地会从外部社会系统的大环境中获取信息,但基于权力运作过程中的循环性自我参照,仍可仰赖其独有的话语体系进行抵御。大体说来,刑事审判程序具有控辩双方平等对抗、法庭居中裁判的诉讼构造。这一构造使得审判权的行使空间从法院系统大的空间格局中抽离开来,形成刑事合议庭(刑事法官)裁断事实争议、援引适用法律之相对闭合的子

---

① 参见[美]米尔伊安·R.达玛什卡:《司法和国家权力的多种面孔:比较视野中的法律程序》,郑戈译,中国政法大学出版社2015年版,第25页。
② 参见[美]米尔伊安·R.达玛什卡:《司法和国家权力的多种面孔:比较视野中的法律程序》,郑戈译,中国政法大学出版社2015年版,第25页。
③ 参见龙宗智:《检察机关办案方式的适度司法化改革》,载《法学研究》2013年第1期。

系统，以有效防范或减少其他权力的渗透或干扰。

诚然，审判监督权如何摆放与定位，是关涉法院内部权力关系的重要问题，但为了凸显刑事审判权与审判管理权的二元架构，笔者无意对其进行特别阐述，而是将其作为审判管理权的一个子项展开论证。针对同一权力主体，究竟在何处划定其所享有的权力之间的界限，显然难以用纯粹技术性的、格式化的语言加以确定。落实司法责任制，完善审判监督管理机制，旨在有效地实现"让审理者裁判、由裁判者负责，确保人民法院依法独立公正行使审判权"，① 但无论从中国司法的历史经验、现代司法实践，还是司法改革的核心目的来看，审判监督权设立的初衷乃是对审判权力的滥用形成制约。而中国司法改革难以取得突破的根本原因是，从"监督"哲学出发，强调更高行政权威对下级官员的审查、批准、督促和纠正，行政决策偏重于上令下从和垂直领导，其目标在于防止下级官员滥用自由裁量权，避免下级法官的"腐败"现象。② 最高人民法院法发〔2017〕11号《关于落实司法责任制完善审判监督管理机制的意见（试行）》（以下简称《完善审判监督管理机制》）明确了"除审判委员会讨论决定的案件外，院庭长对其未直接参加审理案件的裁判文书不再进行审核签发，也不得以口头指示、旁听合议、文书送阅等方式变相审批案件"，③ 于某种意义而言，既是从理念层面对传统"监督"哲学的反思，又是从实践层面由"权威型监督"向"保障型监督"的转变。因此，笔者认为，刑事审判权与审判监督权的界分，应以院庭长的审判监督行为不影响"法官对案件事实认定

---

① 参见《意见》第1条：完善人民法院的司法责任制，必须以严格的审判责任制为核心，以科学的审判权力运行机制为前提，以明晰的审判组织权限和审判人员职责为基础，以有效的审判管理和监督制度为保障，让审理者裁判、由裁判者负责，确保人民法院依法独立公正行使审判权。

② 参见何家弘主编：《迟到的正义：影响中国司法的十大冤案》，中国法制出版社2014年版，第62页。

③ 参见《完善审判监督管理机制》第1项：各级人民法院在法官员额制改革完成后，必须严格落实司法责任制改革要求，确保"让审理者裁判，由裁判者负责"。除审判委员会讨论决定的案件外，院庭长对其未直接参加审理案件的裁判文书不再进行审核签发，也不得以口头指示、旁听合议、文书送阅等方式变相审批案件。

和法律适用独立发表意见"为限,亦即不允许院庭长在其职权不明时,对法官正当行使刑事审判权的行为采取监督措施,否则就视为对法官审判权的挑战。① 与此同时,应将审判管理权与审判监督权进行剥离,将"管理"从"监督"体系中剥离出来,使其回归事务性管理的程序本位,彰显其对审判权的保障性质。

四、刑事审判权与审判管理权的耦合

对刑事诉讼规律形成一个基本共识,当是进行此项对策性研究的根基,也才可能为现实中解决刑事审判权与审判管理权异化问题提供一个可资参考的理论框架。2014年以来,最高人民法院将"探索完善法院组织体系"作为司法管理体制改革的重心,其重点是推动省级以下地方法院人财物统一管理,彰显司法权的中央事权属性。不难看出,此轮改革凸显了"到物质世界的变革中去寻找司法改革的原动力"之倾向。但值得注意的是,在前文业已述及的构成权力支配结构资源给定的前提下,刑事审判权与审判管理权之间的冲突越大,越不利于权力目标的实现,尤其是不同权力主体看似合理、正当的需求无法满足时,更会增大冲突发生的概率。因此,探索一种妥适的、合乎法律基本原理的、合乎司法规律的方式来解决两种权力之间的冲突显得尤为必要。

(一) 将抽象的权力运行环境具体化,探索复眼式审判裁量权控制机制

刑事审判对于社会和法律秩序的构建具有十分重要的意义,尤其在当下中国的权力结构中,司法权的重新定位,可以说是政治转型或者渐

---

① 发生于1969年的日本"平贺事件"是日本法官根据宪法第76条第3项之规定(即,"所有法官基于良心独立行使职权,惟受宪法及法律约束"),运用审判权反向制约院长监督管理权的典型例证。此外,为反向制约法院院长的审判监督权,德国法官法第26条第3款规定,每个法官有权针对一项监督措施向纪律法院(这是专门处理法官与行使审判监督权的院长之间争议的机构)起诉,以判定其独立性是否受到侵害。可见,为了从总体上保障法官的独立性,德国法律对院长监督权的行使采取了特别苛刻的限制措施。参见许身健主编:《法律职业伦理论丛》(第一卷),知识产权出版社2013年版,第16—18页。

进式改革的一个非常重要的突破口和着力点。① 抽象的法律规则和司法程序构成了刑事审判权和审判管理权运行的内部环境，法院系统内部彼此相互依赖的各个子系统，以及法院所系属的司法和社会系统是刑事审判权与审判管理权运行的外部环境。之所以做这样一种界分，是因为法庭外部环境的变化更容易引发权力主体的思维方式和权力行使方式的重要变化。法院与其赖以存在的司法、社会系统之间的结构性张力无时无处不通过相似的组织理念和现实折射出来。尽管刑事司法系统是一个开放的系统，但此种开放性仅具有相对意义，司法的中立性与客观性决定了其"自留地"的存在。但这片"自留地"仅为审判权力提供具体的运作环境和场域，其隐含了审判权力只在具体个案中运行，且权力主体（法官、合议庭）在行使审判权力时"只服从法律"的内蕴。申言之，这里的"法律"尽管是抽象的一般规则，但其每一个条文的存在及其指向是具体的，刑事法官所依循和遵从的应当是刑法、刑事诉讼法及相关司法解释（亦即刑事实体法和程序法）。并且，法官在理解和适用法律规定时，首先应当理解其眼下所面对的个案现实，从而摆脱抽象性的窠臼，洞察规范的实质内涵，让规范与现实充分融合，进而展现其实质意义与拘束力。② 刑事法律旨在规范刑事审判权的行使，便利司法和社会系统的运行。当前中国仍处于转型期，社会环境变化多端、纷繁复杂，法院系统所面临的案件大多涉及不同的权力和利益，而且此等权力或利益彼此之间互有冲突，随时考验着法官的办案能力以及司法对社会问题的处理和应对能力。在此背景下，要营造和维持良好的司法和社会秩序更需要正确实施刑事法律，保障刑事审判权的依法运行。事实上，尽管刑事法庭处理的案件众多，但案件类型相对趋于稳定，新类型刑事犯罪案件仅占极少部分。刑事法庭的日常工作仍是对常规刑事案件的处理和审判。也就是说，刑事审判权与审判管理权的运行轨迹和运行范围是有具体的方法和规律可循的。无论是备受社会大众关注的热点案件还

---

① 参见季卫东等：《中国的司法改革：制度变迁的路径依赖与顶层设计》，法律出版社2016年版，第52页。
② 参见陈林林：《法治的三度：形式、实质与程序》，载《法学研究》2012年第6期。

是尚未进入公众关怀视野的新类型刑事案件,法官对待控辩双方的方式应当与普通刑事案件完全一致,其不应当将这类案件作为特殊案件审理或予以特别关注,而应当坚持以相同的立场和行为方式认定事实、适用法律。相应的,刑事审判权的行使方式亦无殊异之处。质言之,权力主体应当依据抽象的一般规则处理具体问题,而不是具体情况具体处理。

肇始于20世纪90年代的司法改革,有意识地强化庭审功能、推动司法职业化建设,拟通过程序正义等途径规范审判权的运行,但由于相关的配套条件和机制未能有效跟进,不仅在一定程度上制约了预期目标的实现,反而出现了将审判独立与司法腐败直接联系起来的论调。① 中国新一轮司法改革重新对审判权进行了审视及定位,在《意见》中明确将"以审判权为核心,以审判监督权和审判管理权为保障"确立为法院审判责任制改革的基本原则,继而根据《意见》之规定,于《完善审判监督管理机制》中提出若干完善人民法院审判监督管理机制的意见以进一步落实司法责任制。事实上,司法腐败并非因审判独立而蔓延,而是因为审判裁量权没有得到适当的、有效的限制而蔓延。② 世界范围内许多国家和地区在法治现代化的进程中,直面社会持续发展变迁之实际,为规范和推进审判权的运行都曾进行了灵活多样的尝试与探索。比如,在德国,埃利希理论强调国法之外的"活法",反映在司法实践中,就是赫曼·坎托罗维茨式的让法官在审判过程中发现法律规范,根据案件的事实随机应变,自由决定所适用的法律规范。法国的"马尼奥现象"③ 和中国的"马锡武审判方式"与之有异曲同工之妙,

---

① 参见季卫东等:《中国的司法改革:制度变迁的路径依赖与顶层设计》,法律出版社2016年版,第56页。
② 限制审判裁量权,并不等于仅仅加强对司法的监督,更不等于否定审判独立原则。参见季卫东等:《中国的司法改革:制度变迁的路径依赖与顶层设计》,法律出版社2016年版,第56页。
③ 《拿破仑法典》公布之后,经过一段时间的实践,法律人发现社会现实与法律规定的内容之间存在一定的距离,规范不一定符合人们的公正感。正是在这样的背景下,巴黎高等法院的审判长马尼奥采取激进的自由裁量的做法,离开法条、判例甚至学说进行审判,锄强扶弱。参见季卫东等:《中国的司法改革:制度变迁的路径依赖与顶层设计》,法律出版社2016年版,第55页。

尤其在强调当时所处的社会背景以及具体的实践经验、群众满意度等方面，共性特征极为明显，此为典型的"合意"式审判模式。其后，各国相继出现了通过法律的正当程序限制法官裁量权的方式，主要体现为对审判过程的精密控制以及强化当事人诉权对审判权的制约，以凸显法官心证过程的透明化，将法官的审判裁量权置于多重目光的交互注视与监督之下。伴随着法律规范与社会现实之间的频繁互动，法律解释学得以迅速发展，继而跨越时空、冲破司法制度的藩篱形成了法律解释共同体。这使各法治国家和地区在权力语境不尽相同甚或迥然相异的情形下，依然可以进行理性沟通与对话，出现了"在法庭的沟通活动中通过公正程序和理性论证的制度安排和技术操作来对审判裁量权进行限制"① 的方式。我国唯有正视"本土"资源的厚重和惯性，关注既已形成的有法"难依"甚或"不依"的现实，立足当下的制度土壤，探索"程序、议论、合意"函三为一的复眼式②裁量权控制机制，方可妥善调适刑事审判权、审判管理权与审判监督权之间的关系，确保法官依法独立公正履行刑事审判职责。具体措施，分述如下：

第一，完善审判辅助制度，提升审判辅助质效。任何有组织的活动，都离不开两个相互对立的元素：其一，将工作分解成各种可执行的任务；其二，协调好这些任务以完成既定目标。组织结构就是所有"将工作分解成不同任务"和"协调这些被分解任务的途径"之和。③法官行使审判权的整个过程皆与审判辅助人员须臾不可分，法官责任制的推行亦离不开审判辅助人员的专业化、职业化支撑。在美国，联邦和

---

① 参见季卫东等：《中国的司法改革：制度变迁的路径依赖与顶层设计》，法律出版社2016年版，第66页。
② 此处，笔者借用季卫东等学者在《中国的司法改革：制度变迁的路径依赖与顶层设计》中提出的"程序、议论、合意函三为一的复眼式观点"，试图探索刑事审判裁量权控制的多维模式。参见季卫东等：《中国的司法改革：制度变迁的路径依赖与顶层设计》，法律出版社2016年版，第67页。
③ 参见［美］W. 理查德·斯科特、杰拉尔德·F. 戴维斯：《组织理论：理性、自然与开放系统的视角》，高俊山译，中国人民大学出版社2015年版，第142页。

州两级法院都由法院管理官来负责法院的日常工作;① 法院书记官主要负责法院日常安排和保存法院诉讼程序记录;② 法庭记录员负责记录法庭诉讼程序,诉讼程序的记录副本能证明是否存在要求上诉的当事人所声称的错误。③ 这些辅助人员与在法庭进行常规工作的司法官员共同组成了"法庭工作群体"。④ 日本则对法院书记官制度进行了充实与完善,这一制度对保障审判权的运行具有极其重大的作用。⑤ 独任制与合议庭运行机制的改革是中国此次审判权力运行机制改革的重要内容,尤其在当前法官员额制改革的背景下,法官助理和书记员等审判辅助人员的地位与作用日益凸显。刑事法官(合议庭)与法官助理、书记员共同构成了刑事审判权运行的微观环境,这在《意见》中已有明晰体现,⑥ 为契合司法规律,更好地服务和保障刑事审判权的运行,应当弱化法官对书记员的指导,强化其法庭管理的职能和作用,将其角色定位为"法庭管理人",以更有效地参与刑事审判程序的运作,并对法官审判权的行使形成内部制约。

第二,以诉权制约刑事审判权,促进审判过程的实质化。如果说"监督"意味着始终存在一个最高权力机构,那么"制约"则使得所有

---

① 职业性的法院管理官对改善和"改革"法院起着中心角色的作用。参见[美]彼得·C. 伦斯特洛姆编:《美国法律辞典》,贺卫方等译,中国政法大学出版社1998年版,第93—94页。

② 如颁发正式的法院令状和诉讼文件、负责收取刑事案件的罚金和诉讼费用,在诉讼程序结束后负责保管案件中使用过的证据等,其对提升司法运作的效率和效果具有重要作用。参见许身健主编:《法律职业伦理论丛》(第一卷),知识产权出版社2013年版,第94页。

③ 例如,如果某一刑事被告声称法官给陪审团的指示是不公正的,则法官对陪审团指示记录将成为上诉法院复审的焦点。参见许身健主编:《法律职业伦理论丛》(第一卷),知识产权出版社2013年版,第95页。

④ 通过工作群体网络,各成员的行为变得更有预见性。参见许身健主编:《法律职业伦理论丛》(第一卷),知识产权出版社2013年版,第95—96页。

⑤ 日本的法院书记官虽然根据法官的命令进行活动,但其同时具有独立担当"公证"(公共证明)的任务。也就是说,其在接受法官的命令制作以及变更文书时,如果认为该命令的内容不正当,要根据该命令制作、变更文书,但同时可以将自己的意见附加在后。参见[日]松尾浩也:《日本刑事诉讼法》(上卷),丁相顺译,中国人民大学出版社2005年版,第236—237页。

⑥ 《意见》第19条、第20条分别逐项明确了法官助理、书记员在法官的指导下应当履行的职责。

权力机构都受到一定程度的约束,从而最终达到"权力平衡"的效果。①法庭审理应当为当事人诉权的行使提供足够空间,在以此限制审判裁量权的同时,助推刑事审判权冲破"上令下从""层层隶属"的行政圈层之束缚,实现其中立性,从而具备反向制约审判管理权、优化乃至纯化法院管理环境的能力。此种反向制约的正当性是以程序公正为理念根基的,反向制约能力的强弱有无,凸显出"放权"与"监督"之间的结构性张力。这意味着,于实践层面改革现行审判管理制度,"应当改变评价封闭化的状况,将社会主体尤其是当事人与律师纳入评价主体范围"②。也就是说,管理者的目光必须从对裁判结果的控制转向对审判程序公正性的关注,改变过去那种用"结案率""上诉率""发回重审率""改判率"等机械的"结果性数字"对法官进行考核、评价的机制,使法官不再沦为数字的"奴隶",着重关注法官(合议庭)在审判过程中对刑事被告人的辩护权、质证权等诉讼权利的尊重与保障,重视作为刑事诉讼主体的被告人及其辩护人对诉讼程序的感受以及对法官审判行为的评价。通过诉权与审判权的互动和平衡,达成刑事审判者与诉讼参与者的程序性共识。

第三,将中国传统司法过程中的"合意"元素融入审判实践的议论过程之中,强化刑事裁判文书的理性论证与充分说理,使其真正成为刑事审判权运行的外部制约机制。哈贝马斯指出,法院所适用的法律程序具有自己的特有逻辑。③法官在刑事裁判文书中针对控辩双方的争议点尤其是辩护意见充分阐释裁判理由,可以制约法官的心证过程,并通过说理的力量,使判决建立在合理推论和逻辑推演的基础上。唯有如

---

① 参见陈瑞华:《刑事诉讼中的问题与主义》(第二版),中国人民大学出版社2013年版,第61页。
② 参见[美]虞平、郭志媛编译:《争鸣与思辨:刑事诉讼模式经典论文选译》,北京大学出版社2013年版,第79页。
③ 在法院的判决实践中,有两种程序交织在一起:一是赋予运用性商谈以建制形式的法律程序;二是内在结构摆脱了法律建制化的论辩过程。从而法律的程序正义建立在商谈的程序合法性之上,同时又确保了后者的约束力。参见郑永流主编:《商谈的再思:哈贝马斯〈在事实与规范之间〉导读》,法律出版社2010年版,第134页。

此，才能体现刑事审判权运行的正当性、公开性和科学性，进而提升裁判的可接受性。①

（二）将宏观的权力运行格局微观化，塑造良知指引下的柔性权力观

以审判为中心的诉讼系统的基本特征是重视个案、充分听取对立双方的主张、根据法律和证据进行判断。②当前我国司法改革的重点之一是司法责任制和司法人员的分类管理，拟通过开展符合司法规律的审判权运行机制改革，进一步理顺审判权与审判管理、监督、协调权的关系，逐步构建"让审理者裁判，由裁判者负责"的审判权运行机制。③然而，现行的改革设计多为宏观、中观层面的布局与考量，缺乏对审判权运行现状的微观体察和精微研判，更没有将改革的镜头精准聚焦甚或定位于一个又一个具体而又鲜活的刑事个案的审理。在这样的设计理念指引下，倾向于将司法公正的价值定位于"对社会成员整体的公正"而非个体之公正，认为司法公正应当是超脱于个案的"普遍公正"。事实上，当"公正"价值脱离了"个案"载体，其痕迹便无从探寻。司法的普遍公正应当是立法所追求的目标，司法所应追求的只能是个案公正，因为每一项司法活动都是围绕着具体的个案展开的。质言之，刑事审判权力运行的正当性根基应当建立在刑事个案的处理和裁断上，而此种处理和裁断一定是针对个案当中的实体和程序、事实和法律问题进行的，此亦构成了刑事审判权的具体指向。

诚然，中国的司法改革需要有一个真正的顶层设计，甚至需要有一种专业技术的进路。然而，对"顶层设计"的过度关注乃至对"专业技术"理念的过度拔高极有可能陷入忽视"底层"司法、漠视"底限"

---

① 参见沈德咏主编：《严格司法与诉讼制度改革：推进以审判为中心的刑事诉讼制度改革策论》，法律出版社2017年版，第328页。
② 参见季卫东等：《中国的司法改革：制度变迁的路径依赖与顶层设计》，法律出版社2016年版，序言第1页。
③ 参见杨凯：《审判管理理论体系的法理构架与体制机制创新》，载《中国法学》2014年第3期。

正义的危险境地。有学者认为我国民众普遍"缺乏文化上尊重司法权的传统",甚至认为"如果没有对司法权的尊重,别的也就别讨论了,其他(对司法权性质)的分析恐怕都是建筑在一个沙滩上"。① 在笔者看来,此种观点很难经得起理论与实践的任何一种检验。司法权被尊重的前提和基础是权力行使过程的合法性、合规范性与正当性。近年来我国已发现和纠正的数起冤假错案其触目惊心的致错过程,触动着每一个人的敏感神经,吞噬着人们对司法和社会公正的合理期待,考问着裁判者的人性与良知。刑事错案的发生不能完全归咎于刑事审判权和审判管理权行使的"不依法",但因权力行使的"不依法"所导致的庭审虚化具有不可推卸的责任。故笔者坚持认为,"让审理者裁判,由裁判者负责"的机制能且只能在个案中展开,应在个案正义的底线基础上进行制度建设和配套机制的构建。

从这一意义而言,要真正实现刑事审判权与审判管理权的耦合,就应当眷存于刑事司法改革和法官责任制改革的伦理之维,发现和重视"制度"中隐含的既有别于法律规范亦有别于契约的柔性因子,将刑事司法关怀的目光从对"权力"本身的关注转向对"人性"的关注。具体分述如下:

第一,将法官职业伦理建设嵌入司法职业化改革体系。我国法院的司法改革始终将法官的职业化和专业性作为轴心,却忽略了法官职业伦理内生机制的构建。法官职业伦理本质上是一种责任伦理,伦理的缺位必然导致法官责任感、职业尊荣感和使命感的缺失,从而严重影响办案质量甚至酿成冤假错案。当改革遭遇阻力、困境或难题时,需要一个柔性支撑系统作为依托。而法官职业伦理之建设当仁不让地成为改革阻力的扫除之道、改革困境的突破之道以及改革难题的克解之法。刑事审判权与审判管理权如何正确行使,刑事司法如何向社会输出公平与正义,当案外因素侵入司法决策或判断过程,当司法者欲公正判决而不能,甚

---

① 王晨光教授在《法治之路之学术论坛:走到一起来——司法改革的对话》中对陈瑞华教授主题发言"论司法权的性质"的评议。参见李富成整理:《司法改革的对话》,载《中外法学》2000 年第 6 期。

或进退维谷之际，伦理意识便能够成为至为关键的"求助"工具。法官职业伦理提供的原则和方法，不仅能够帮助法官走出困境，还能够支撑其在作出判断时保持清醒和冷静，实现审判权的依法公正运行。

第二，对法官寄予厚望，让审判管理更契合"法院"这一组织的运行目的。《意见》和《完善审判监督管理机制》为优化审判资源配置，完善和落实法院司法责任制，明确将"以审判权为核心，以审判监督权和审判管理权为保障"作为一项重要的改革原则，配套跟进了一系列具体改革措施。在现有的司法体制和业绩评价机制下，应当对法官寄予厚望。这意味着应当重视《意见》中确立的"突出法官办案主体地位"之原则，只有充分尊重法官个体的意愿、渴望和兴趣，才能塑造良好的组织生态。此外，法官在依法审理案件时还应当享有司法豁免权，除非管理者或监督者有确实的证据证明裁判者滥用审判权，实施了违背职业伦理或违法、犯罪等不当司法行为，否则不受问责与惩戒。惟有如此，才能将处于二元架构中的刑事审判权与审判管理权都纳入刑事司法程序的视野和范围内进行考量，从而使权力的运行边界更加清晰，更加契合刑事司法的运作规律。

五、结语

法院作为司法和社会系统的一个功能性子系统，是一个在审判权力及其辅助性权力的运行方面自成一体的开放系统，其权力运行通畅与否必然受制于现实司法环境与社会历史传统的双重张力。长期以来，我国法院的刑事审判权与审判管理权交叉混同，边界不清；审判管理权与审判监督权亦内涵模糊，界限不明。这种局面直接导致刑事合议庭（法官）在行使审判权时，无法有效排除法院系统内外部诸多复杂因素的侵扰。当前我国正在推进的以审判为中心的刑事诉讼制度改革在将法院系统从其赖以存在的司法和社会系统中凸显出来的同时，亦不可避免地卷入多元司法观冲突碰撞的旋涡。改革在重点关注司法权力分配和运行机制调整的同时，直面了对法官职业行为的塑造最具影响力的要素。在此背景下，应当充分考量权力本身的性质、结构性资源的配置以及法官职业保障等因子,并将这两种权力纳入法院这一理性组织的语境当中阐释刑事审判权与审判管理权的内涵,进而通过规范权力的运行破解当下改革举措中存在的理论逻辑混乱、改革实践失序等现实问题,以型塑真正符合司法规律、契合诉讼原理的权力运行机制。

刑事庭审实质化改革实证研究

——基于对 H 市两级法院改革的分析

李文军[*]

一、问题的提出

以审判为中心的诉讼制度改革,是中国当前司法和刑事诉讼改革的重要内容,受到了理论界和实务部门的强烈关注和讨论。但就如何推进以审判为中心的诉讼制度改革,学者们由于身处立场和考虑视角的不同,对此涵摄的理论意义与未来走向得出了不尽相同的结论。值得关注的是,部分地方司法机关根据改革要求,对以审判为中心的诉讼制度改革作了许多有益尝试,并取得了一定成效。其中,H 市中级人民法院及其下辖的 20 个基层法院(以下简称 H 市两级法院)进行的试点改革尤其突出,得到了专家学者和中央政法机关的积极肯定。2016 年 10 月"两高三部"联合印发《关于推进以审判为中心的刑事诉讼制度改革的意见》,2017 年 2 月最高人民法院印发《关于全面推进以审判为中心的刑事诉讼制度改革的实施意见》的相关内容,以及 2018 年 1 月最高人民法院印发的"三项规程",[①] 实质上是吸收了 H 市中院的试点改革经验,特别是其出台的一系列切实推进刑事庭审改革的制度规范和重要文件。

---

[*] 西南政法大学人权研究院师资博士后。

[①] 《人民法院办理刑事案件庭前会议规程(试行)》《人民法院办理刑事案件排除非法证据规程(试行)》《人民法院办理刑事案件第一审普通程序法庭调查规程(试行)》。

H 市两级法院的庭审实质化试点改革，主要依据是 2013 年 11 月最高人民法院发布的《关于建立健全防范刑事冤假错案工作机制的意见》、2014 年 10 月通过的《中共中央关于全面推进依法治国若干重大问题的决定》、2015 年 2 月 4 日最高人民法院发布的《关于全面深化人民法院改革的意见——人民法院第四个五年改革纲要（2014—2018）》。以上几个文件均提出了"以庭审为中心"或者"以审判为中心"的相关改革要求。基于此，H 市两级法院将改革的着力点定位于充实庭审调查并使之实质化，建立点上庭审示范、线上类案指导、面上内外协同的改革工作体系。考虑到庭审实质化改革的全局性和重要性，我们专门成立了课题组①并与 H 市中院联合展开了调研。我们具体的调研活动包括：一是收集应用于指导实践的文件，以了解试点改革的规范性依据；二是旁听试点改革案件以及参加经验总结会议；三是对试点法院相关工作人员进行访谈，并统计分析案件卷宗。② 从现在的改革部署以及执行情况来看，H 市两级法院的试点改革在制度优化方面取得了一定积极成效。但通过实证研究发现，试点改革在制度改良方面仍然面临诸多不足，需要进一步细化和调整改革方案，并纠正部分试点单位执行不到位的问题。所以，有必要结合当前改革现状对相关问题进行深入研究，以期对未来的庭审实质化改革有所助益，包括可能的发展方向和优化路径。

二、庭审实质化改革的实现程度

　　H 市两级法院的试点改革主要包括六个方面：完善庭前准备程序中的证据开示制度和庭前会议制度；完善证据"排非"程序；突出庭审中心地位；强化关键人证出庭作证；明确改革内容在裁判文书中的体现

---

① 本课题由左卫民教授主持，参与调研的人员有安琪、彭昕、邹禹同、甘婷。感谢左老师对本部分数据的授权使用以及课题组成员的帮助。
② 本文选取的实证材料是 H 市两级法院 2015 年 2 月至 2016 年 4 月审理的示范庭和对比庭案件，其中示范庭有 102 件，对比庭有 91 件，除示范庭有一件为二审上诉案件外，其他均为刑事一审案件。

（一）试点改革案件证人出庭大幅度增加，但必要证人出庭比例仍然偏低，且绝大多数出庭证人类型不是辩方证人而是控方证人

证人出庭对于实现刑事诉讼法的目标意义重大，但仅在当事人对证人证言存在疑问，需要通过对证人进行发问以查明事实、消除疑点时，证人出庭才是必要的。[①] 如果毫无例外地要求与案件相关的所有证人都出庭作证，则社会所能提供的司法资源根本无力负担，而非必要证人的出庭对查清案件事实也并无任何意义。现在普遍的改革主张是必要或关键证人应当出庭，以口头陈述的方式向法庭提供证言，并接受控辩双方的交叉询问。但我国必要证人出庭问题一直没有得到很好的解决。H市两级法院的庭审实质化改革，在证人出庭方面相较于以往有以下三方面变化：

第一，庭审实质化改革促进了证人出庭，但出庭证人总数相较于案件卷宗记载证人总数而言比例较低。根据表1的数据统计，证人出庭案件示范庭有58件；对比庭有2件。示范庭相较于对比庭证人出庭有了大幅增加。以往的实证研究往往仅考察证人是否出庭，很少考察出庭证人数量占卷宗所有证人数量的比例。笔者在此将关注点放在了出庭证人总数与案件卷宗记载证人总数之间比率的分析。示范庭为21.33%，对比庭为0.89%。前者相较于后者证人出庭率提高了20倍。但不管是示范庭还是对比庭，出庭证人数量相较于案件卷宗记载的证人总数比例仍然偏低。原因何在呢？笔者认为有的案件证人可能确实不愿出庭，有的案件证人对案件的作用并不大，而检察院、法院对证人出庭持消极态度也可能是重要原因。速度取决于非正式性与一致性，终局性有赖于将提出质疑的机会降到最小，程序绝不能满是无法推动案件进展的拘泥仪式，在警察局进行的讯问，比起在法庭上讯问与交叉讯问的正式程序，

[①] 参见易延友：《证人出庭与刑事被告人对质权保障》，载《中国社会科学》2010年第2期。

可以更迅速地确认案件事实,随之可得出结论说司法外程序应该比司法程序、非正式运作更受青睐。① 因此,发现案件事实真相的需要在一定程度上,不惜牺牲司法公信力和正当法律程序为代价,大范围地采用庭外特别是审前程序中形成的书面证言。

表1 普通程序示范庭和对比庭证人出庭情况统计结果 单位:件/人

数据类型	有效案件	证人出庭案件	出庭证人人数	出庭证人类型		出庭证人类型				具有关键作用证人的类型			
				控方证人	辩方证人	关键且争议	关键且非争议	争议且非关键	非争议且非关键	普通证人	被害人	鉴定人	侦查人员
示范庭	89	58	122	100	22	60	25	32	5	56	11	16	39
对比庭	40	2	3	1	2	1	0	2	0	2	1	0	0

第二,示范庭占绝大多数比例的出庭证人类型不是辩方证人而是控方证人。根据表1对出庭证人类型的统计,示范庭的控方证人、辩方证人分别有100人、22人;对比庭的控方证人、辩方证人分别有1人、2人。由此看来,试点改革给证人出庭带来的最大变化是控方证人的增加,对比庭控方证人仅占有效证人出庭数的1/3,但示范庭控方证人大约占有效证人出庭数的82%。摩根教授指出"反对诱导之法则其理论之根据在于通常之人易受暗示之影响,尤其对于略为接近正确之主张即随声附和,且证人每多对于声请传唤其作证之当事人有偏爱之倾向"。② 质言之,本方证人因观点乃至立场的一致性容易受到诱导,而对方证人因其反对关系不会受到诱导。③ 控方证人一般支持公诉方的起诉意见,尽管有时也有利于辩方的反询问,但通常辩方很难从控方证人处寻找到

---

① See Herbert L. Packer, Two Models of the Criminal Process, 113 University of Pennsylvania Law Review, 11 (1964).
② 参见[美]E. M.摩根:《证据法之基本问题》,李学灯译,世界图书出版公司1982年版,第79页。
③ 参见龙宗智:《我国刑事庭审中人证调查的几个问题——以"交叉询问"问题为中心》,载《政法论坛》2008年第5期。

突破口。这可能带来的后果是控方的诉讼主张更容易被法庭采纳或采信。当然，控方证人普遍出庭也有其积极的一面，至少可以表明控方证人不是出现在案卷之中。这对于辩方质证和辩论的展开，以及避免法庭审判程序流于形式至关重要。

  第三，示范庭中必要证人出庭数量和比例仍然偏低。根据表1的统计显示，关键且争议证人、关键且非争议证人、争议且非关键证人、非争议且非关键证人，示范庭分别有60人、25人、32人、5人；对比庭分别有1人、0人、2人、0人。庭审实质化改革需要证人出庭接受控辩双方的交叉询问，也就是要求以往案件中提供书面证言的关键证人出庭作证。示范庭中关键且争议证人将近有50%，剩下的主要是关键且非争议证人和争议且非关键证人，属于非争议且非关键证人类型的不到5%。这表明，在示范庭中有将近一半的证人是必须且应当出庭的而且其出庭的价值较高。但到底是控方出庭证人的价值高，还是辩方出庭证人的价值高呢？示范庭控方证人和辩方证人分别有100人、22人，分别占示范庭有效出庭证人数量的81.97%、18.03%。调查发现，控辩双方证人出庭较多一方的意见往往更容易被法庭认可。但对案件事实认定具有关键作用的证人类型，即普通证人、被害人、鉴定人、侦查人员，示范庭分别有56人、11人、16人、39人；对比庭分别有2人、1人、0人、0人。可见，对比庭对案件事实认定具有关键作用的证人属于普通证人和被害人，而示范庭除了普通证人外，鉴定人和侦查人员作为关键证人出庭的比率也较高，分别占示范庭有效关键证人证言类型数量的13%、32%。另外，对比庭鉴定人和侦查人员几乎不出庭，而示范庭鉴定人和侦查人员在部分案件中作为关键证人出庭。这与庭审实质化改革本身的目的有关，而对比庭在以往"常规"审理模式下并不重视证人出庭。可以认为，鉴定人和侦查人员出庭率相比以往有明显改善，在于改革目标和动员机制的落实。政策实施型的程序目标需要的是一种不同的事实认定姿态，事实裁判者的任务是查明施加责难和惩罚事实要件是否存在，而待证事实的证明或证据资料的使用上较少受到外部的限制。① 但是，鉴定人和侦查人员作为关键证人出庭这一现象能否继续维持有待进一步观察。

（二）试点改革明显促进了辩方申请"排非"的比例，但"排非"的调查方式主要以侦查人员出庭为主，最终没有被排除的比例仍然很高

证据是刑事诉讼程序运行的灵魂，为了进一步强化认定案件事实的证据裁判功能，并规范相关证据资料的收集和审查，1996 年刑事诉讼法为回应司法实践中因刑讯逼供引发的冤假错案问题，在言词证据方面规定了有限的"排非"规则。2010 年"两高三部"共同颁布的"两个证据"规定，进一步就如何"排非"作出了明确规定。2012 年刑事诉讼法在修订时就"排非"问题采纳了"两个证据"的相关规定，将具体的"排非"规则正式确立于刑诉法典，得到了理论和实务部门的积极好评。"排非"规则旨在震慑侦查机关的非法取证以及限制公诉方使用不够格证据资料证明案件事实。然而，"排非"规则在随后的司法实践中并没有发挥立法的预期效果，在打击犯罪优先理念支配下出现了"不敢排""不愿排""排不动"等现象，"排非"程序的启动一定程度上仅流于形式。因而，"排非"不过是法治化了的"理想图景"，国家权力本位与保障被告人权利的程序规则不可避免地存在难以调和的矛盾。那么，庭审实质化改革试点案件的"排非"问题相较于以往有何改变呢？现有的试点改革能否对以往存在的问题有所改善？

表 2 　普通程序示范庭和对比庭非法证据排除情况统计结果　　单位：件

数据类型	有效案件	提出排非申请	在庭前会议中予以排除	非法证据排除调查方法			非法证据排除情况统计		
				侦查人员出庭	播放录音录像	出示体检报告	全部排除	部分排除	不排除
示范庭	84	18	2	17	5	7	2	3	13
对比庭	45	2	0	0	1	1	0	1	1

---

① 参见［美］达马斯卡：《比较法视野中的证据制度》，吴宏耀等译，中国人民公安大学出版社 2006 年版，第 80 页。

第一，试点改革促进了"排非"的申请比例。根据表2的数据统计，"排非"的变化主要体现在以下两个方面：一是示范庭提出"排非"申请为21.43%；对比庭提出"排非"申请为4.44%。前者相较于后者增加了大约17个百分点。因此，庭审实质化改革明显促进了"排非"动议的提出。二是庭前会议提出"排非"申请以及最终予以排除的案件，示范庭分别为94.44%、11.11%；对比庭分别为50%、0%。对比庭很少有提出"排非"申请，而示范庭却有更多案件启动了"排非"程序。但是，示范庭提出"排非"申请的只有少部分案件。因此，庭审实质化改革仅有助于"排非"程序启动的可能。另外，提出"排非"申请与证人出庭和召开庭前会议不同，后者所占有效案件数量的比例较高，直接源于改革目标和动员机制的激励。当前，我国对安全、效率等诉讼价值偏重形成的亚法制秩序，使权力而非法律成为支配社会生活的主要手段。而"排非"程序的启动并不符合法院的预期要求，因为公安司法机关自身职责和彼此间的宪法法律定位，注定其不会轻易主动启动"排非"程序，也不会鼓励辩方积极提出。可以肯定的是，在非动员机制下辩方提出"排非"是一种真实的需求，这也能解释示范庭相较于对比庭"排非"申请比例增加这一现象。虽然最终在庭前会议阶段予以排除的数量较少，但这明显是一个很大的进步。所以，试点改革促进了"排非"程序的启动，而庭前会议中达成"排非"协议的出现，对于贯彻集中审理原则以及避免后续程序裁判者受到不够格证据资料的影响相当重要。

第二，示范庭非法证据排除调查方式主要以侦查人员出庭为主，而庭审环节非法证据最终没有被排除的比例仍然很高。根据表2的数据统计：其一，"排非"调查方式中侦查人员出庭、播放录音录像、出示体检报告，示范庭分别有17件、5件、7件；对比庭分别有0件、1件、1件。对比庭"排非"的庭审调查侦查人员基本不出庭，而示范庭"排非"的庭审调查主要是侦查人员出庭，大约占示范庭有效案件数量的59%。尽管试点改革促使了侦查人员出庭作证，但播放同步录音录像的调查方法较少。这表明，"排非"调查对侦查讯问同步录音录像的运用相当有限。正如有学者指出,虽然2012年刑事诉讼法将同步录音录像作为预防刑讯逼供的重要手段,最高人民法院《关于适用〈中华人民共和国刑事诉讼法〉的解释》(以下简称《高法解释》)等也将播放同步录音录像作为证明取供过程合法性的重要途径,但受到人、财、物等因素的限制,加上办案压力大、认识不到位,实践中同步录音录像的实施情况并不乐观,适用率非常低。① 其二,"排非"类型中全部排除、部分排除、不排除的案件,示范庭分别有2件、3件、13件;对比庭分别为0件、1件、1件。虽然示范庭大多数情况下不排除非法证据,但相较于对比庭全部"排非"类型,增加了大约11个百分点。"排非"的目的是限制政府权力行使,故健全非法证据排除机制可以有效防止政府滥权。② 全部排除类型的从无到有,反映出试点改革对"排非"带来了些许变化,同时表明国家权力与个人权利有平衡和调适的可能。不过,"排非"问题的进一步改善可能更多需要寻求制度层面的变革。

(三)示范庭辩护意见内容变化较为明显,法院对辩护意见的采纳有所提升,但辩护意见采纳对最终判决结果的影响并不特别明显

在法庭调查程序中,公诉方出示的证据数量远远超出了辩方出示的证据数量。而辩方由于取证难和取证风险高,大多数选择对卷宗记载的控方证据进行质疑和反驳,主要是从控方卷宗材料寻找相关证据的瑕疵和漏洞。但实践中,大量有争议的证人不出庭,法庭质证实质上异化为了"纸证",这必然会影响庭审调查的效果。如此看来,不仅要从立法层面保障被告人的先悉权,更要保障被告人获得律师的帮助权。刑事诉讼之历史正是辩护权扩大之历史,律师参与庭审辩护有利于保障被告免受不利指控,并进而影响程序进行方向的机会。③ 试点方案明确要求,对于适用庭审实质化改革审理模式的刑事案件,被告人未委托辩护人

---

① 参见闫召华:《"名禁实允"与"虽令不行":非法证据排除难研究》,载《法制与社会发展》2014年第2期。
② 参见王兆鹏:《美国刑事诉讼法》,北京大学出版社2014年版,第22页。
③ 参见林钰雄:《刑事诉讼法》(上册),元照出版有限公司2010年版,第203页。

的，全部指定责任心强、专业水平高的律师担任辩护人。但是，试点案件是否遵从改革要求执行到位了呢？相比以往，试点案件的辩护情况有哪些明显变化呢？据此，笔者分别对示范庭和对比庭的律师辩护情况进行了统计，包括律师辩护率、辩护意见内容、法院对辩护意见采纳情况、采纳辩护意见被告人的刑罚情况等。

表3 普通程序示范庭和对比庭律师辩护情况统计结果　　单位：件

数据类型	有效案件	有律师辩护	辩护意见内容							法庭对辩护意见采纳情况			采纳辩护意见案件被告人刑罚情况			
			法定从宽情节	酌定从宽情节	基本事实成立但构成轻罪	指控证据不足	基本事实成立但不构成犯罪	被告人无犯罪事实	取证违法	全部采纳	部分采纳	未采纳	无罪	减轻	从轻	免除
示范庭	87	73	29	37	11	4	2	0	18	11	41	21	4	4	43	1
对比庭	49	40	16	24	5	2	0	0	2	7	24	9	0	1	30	0

第一，示范庭和对比庭律师辩护率相差不大，但示范庭辩护意见内容明显增多。根据表3的数据统计，有律师参与的案件示范庭为83.90%，对比庭为81.63%。前者与后者的律师辩护率基本相当。这与以往实证研究得出的结论颇有不同。即通常情况下律师参与案件的情况，中级人民法院和基层法院分别大约为90%、30%。[①] 对比庭有律师参与的案件，远远超出了通常刑事案件律师的参与比例。为什么会出现这种与常规不符的情况呢？经访谈得知，在选择示范庭案件时，有律师参与的案件被视为实质化改革的重要参考因素。相应的，在选择对比庭时也优先考虑了有律师参与辩护的案件。因此，示范庭和对比庭的律师辩护率较为接近，且均高于以往刑事案件的律师辩护率。示范庭辩护意

---

① 参见左卫民：《中国应当构建什么样的刑事法律制度》，载《中国法学》2013年第1期。

见内容的变化体现在以下两方面：一是法定从宽情节和酌定从宽情节，示范庭分别有29件、37件，对比庭分别有16件、24件。前者相较于后者上升了大约12个百分点。二是基本事实成立但构成轻罪、指控证据不足、基本事实成立但依法不构成犯罪、有证据证明被告人无犯罪事实、取证违法，示范庭分别有11件、4件、2件、0件、18件；对比庭分别有5件、2件、0件、0件、2件。显然，试点改革案件律师的积极性相比以往有了明显提高，且庭审中提出的辩护意见数量更多、种类也更加丰富。所以，诉讼程序的进行非仅强调控辩双方形式上的对等，还需要适格的律师帮助被告人，以确保其法律上的利益得到保障，促成并监督刑事诉讼正当程序的实现。

第二，法庭对示范庭辩护意见的采纳更高，这对被告人被无罪释放或者被从轻、减轻、免除处罚起到了一定积极效果。根据表3的数据统计：其一，法庭对辩护意见采纳类型中全部采纳、部分采纳、未采纳，示范庭分别有11件、41件、21件；对比庭分别有7件、24件、9件。前者相较于后者辩护意见的采纳类型有了明显提升。其二，法庭在采纳辩护意见后，被告人被判无罪、从轻、减轻、免除处罚的，示范庭分别为4件、43件、4件、1件；对比庭分别有0件、30件、1件、0件。前者相较于后者被告人被无罪释放、减轻或免除刑罚的情况也有一定提高。为什么法官对试点改革案件辩护意见的采纳比例会明显增加呢？笔者认为，法官在试点实施方案的要求下，开始重视辩方辩护意见的合理之处，促进了示范庭辩护意见各种采纳类型的变化。被告人通常欠缺询问鉴定人、证人所必须具备的法庭技巧与法律知识，面对出庭检察官的凌厉攻势，被告人若无辩护人的辅助或其辩护人特别无能者，等于是"人为刀俎、我为鱼肉"而屈居下风。[1] 虽然其可以充当自己的辩护人进行辩解或求得法庭宽恕，但缺乏专业性的抗辩意见一般很难得到采纳。[2] 法院对示范庭辩护意见的采纳在逐步提高，这对被告人被无罪释

---

[1] 参见林钰雄：《严格证明与刑事证据》，法律出版社2008年版，第244页。
[2] 参见李昌盛：《论对抗式刑事审判》，中国人民公安大学出版社2009年版，第273页。

放或者获得从轻、减轻、免除处罚起到了一定积极效果。但是，辩护意见采纳对最终判决结果的影响还不是特别明显。

三、庭审实质化改革存在的问题

试点改革对庭审调查对抗化的提升、裁判结果的生成有一定的积极影响，但技术导向的改革并没有使以往的审判模式发生较大变化。部分试点方案限于既定制度的罗列，没有对相关制度作出实质性变革。因此，庭审实质化改革虽然有效但却有限，尚未达到改革的预期目标。这与改革的规划有限、执行不力以及三机关的宪法法律定位有关。

（一）改革规划、执行有限

以审判为中心的庭审实质化改革是一个整体性的改革，既必须通盘考虑、周全部署，也需要得到各方面的配合、支持。① 诉讼程序由一系列相关联的部分组成，每一个阶段都建立在先前阶段已经完成工作的基础上，而先前的那些阶段的设计，又在某种程度上取决于对以后阶段将要发生情况的预期。不同阶段程序的相互补充和弥补，共同形成了整个刑事诉讼程序的特征。例如，美国各州法律制定者在考虑是否通过一项可能改变规范程序某一阶段标准的改革时，必须顾及该项标准与程序其他阶段运作之间的关系。② H市两级法院的试点改革整体上看，属于缺乏统筹规划的片面制度优化型试点，即以弥补或矫正既有制度的缺陷为出发点，但这类改革仅着眼于局部的制度充实或调整，通常不会突破既定的制度框架，也不会违反既定的法律规范，更不会与之形成直接冲突。③ 当然，制度优化型试点可能与改革的目标定位有关。即强调"庭审"在"审判"中的核心地位，而非诉讼程序中的核心地位。质言之，本次改革的聚焦点是审判阶段的庭审环节，而不是要求侦查、审查起诉

---

① 参见徐昕：《司法改革的顶层设计及其推进策略》，载《上海大学学报（社会科学版）》2014年第6期。
② 参见［美］伟恩·R. 拉费弗、杰罗德·H. 伊斯雷尔、南西·J. 金：《刑事诉讼法》（上），卞建林、沙金丽等译，中国政法大学出版社2003年版，第5—6页。
③ 参见郭松：《刑事诉讼制度的地方性试点改革》，载《法学研究》2014年第2期，第201页。

面相审判、服务审判。可以认为,庭审实质化改革属于案件处理机制的优化调整,而非公民权利与国家权力的重新分配,以及不同公权力机关之间权力的再行分配。然而,侦查、审查起诉与审判是相互密切联系的程序设置,相关庭审环节的制度改革或多或少会涉及前面阶段对案件的处理。所以,忽略诉讼体制层面的改革注定其试点效果有限,同时也与以审判为中心的制度改革要求差距甚大。

但是,"改革总是要对现行制度有所突破,否则也就不成其为改革,司法改革也应如此"。① 试点改革方案的局部调整,无法达到改革的预期目标,可能导致对某一问题的反复提及、反复改革,即内卷化现象②。例如,有关证据资格的认定问题,试点改革仅关注如何完善"排非"程序,忽略了其他证据规则的运用和完善,似乎非法证据排除规则就等同于"证据排除规则",而对品格证据规则、意见证据规则、最佳证据规则、传闻证据规则、鉴真证据规则、特免权规则等缺乏应有的关注。须知,这些事关证据资料之证据能力的规则,是法官自由心证的"拦砂坝""挡土墙"。如果对其缺乏应有的运用和关注,势必会造成证据规则体系的残缺不全和功能萎缩,以至于所有证据资料(特别是书面证言)可以不加甄别地出现在法庭上,成为影响审判人员自由心证的素材。③ 再如,有关当庭认证的"采纳"和"采信"问题,司法实践中当庭认证对二者出现混用的情况并不鲜见,直接影响到对证据资料之证据能力和证明力的认证顺序。"采纳"是关乎证据资料能否进入诉讼程序"入口"的问题,而"采信"是关于证据资料能否作为定案根据的问题。一般来讲,对证据资料证据能力的认证在前,而证明力的认定在后;对证据能力既可以庭前认证也可以当庭认证,而证明力既可以当庭认证也可以迟延认证。

---

① 参见史立梅:《论司法改革的合法性》,载《北京师范大学学报(社会科学版)》2005年第6期。
② "内卷化"是指一种社会或文化模式在某一发展阶段达到一种确定的形式后,便停滞不前或无法转化为另一种高级模式的现象。参见[美]杜赞奇:《文化、权力与国家:1900—1942年的华北农村》,王福明译,江苏人民出版社2003年版,第53—54页。
③ 参见林钰雄:《刑事诉讼法》(上册),元照出版有限公司2010年版,第485页。

除此之外，庭审调查中举证顺序、举证主体、举证范围、质证方法、交叉询问、对质询问的设置等，都存在不同程度与诉讼程序基本原理相悖的情形，但试点改革并未对其有任何创新突破，基本上属于既定法律框架内的细微调整。由于试点改革的理性规划或者创新规划有限，导致试点改革出现了不同程度的"形式化""表演化"倾向。笔者认为，此问题的解决既有赖于理论研究的不断跟进，也需要实务部门积极采纳学理建议、合理突破既有法律规范的限制。

表4 简易程序示范庭和对比庭庭审各项指标统计结果　　单位：件

数据类型	简易程序案件	被告人认罪情况		证人出庭	有律师辩护	辩方质证	召开庭前会议	非法证据排除	法院采纳辩护意见		
		完全认罪	部分不认罪						全部采纳	部分采纳	未采纳
示范庭	6	2	4	4	3	3	3	0	0	3	0
对比庭	38	36	2	0	8	6	0	0	5	4	2

H市两级法院庭审实质化改革执行的有限性，主要体现在基层法院对案件对象的选择上。简易程序案件也被选入了试点改革的示范庭和对比庭（见表4），这违背了试点改革方案的"难案精审、简案快办"要求。经访谈得知，部分基层法院在庭审实质化改革的前期阶段，并没有足够重视试点改革方案的具体要求，抑或者仅仅为了完成上级法院分派的任务简单了事。需注意的是，普通程序案件也没有全部选择具有强烈对抗性的被告人不认罪案件，即试点法院没有选择具有针对性的疑难复杂案件。根据表5的数据统计，多数示范庭不是以被告人完全不认罪前提下进行的改革，相反主要是把一般的普通程序案件实质化，导致最终无法达到充分的对抗性要求。所以，在被告人认罪或者基本认罪的前提下，庭审实质化改革就不可能实现其预期效果。事实上，案件的选择问题也就是改革对象的确定问题。这会涉及改革到底是为了解决被告人不认罪案件的普通程序应该怎么审理，还是简易程序案件、速裁程序案件如何进行审理的问题。

表5 普通程序示范庭和对比庭被告人认罪认罚情况统计结果 单位：件

数据类型	有效案件	完全认罪认罚案件	认罪但有重大争议案件			认罪但有少数争议案件	完全不认罪案件
			认罪但对起诉事实有重大争议	认罪但对证据合法性有重大争议	认罪但对量刑情节有重大争议		
示范庭	81	15	17	4	7	18	20
对比庭	49	18	5	0	2	14	10

另外，两级法院对于容易出现争议的职务犯罪案件和死刑案件，基本上没选或象征性地选择了一两件。如果将有争议的职务犯罪案件以及被告人可能被判处死刑的案件作为改革对象，控辩双方在庭审调查过程中的对抗性会明显提升，而交叉询问、对质询问等质证方法的使用会更加频繁。可以认为，两级法院的改革并没有真正迎难而上，因为真正需要实质化审理的是那种高度复杂、对立的案件，但目前来看还没有任何大的突破。实际上，在以审判为中心的整体架构下，庭审实质化改革只是一种"例外"而不是普遍方式。也就是说，对于大部分被告人不认罪的案件、具有重大争议的案件或者普通程序简化审的案件，都不应纳入庭审实质化试点改革的对象范围。相反，庭审实质化改革主要适用于被告人完全不认罪或者大部分不认罪的案件，而这类案件可能占所有刑事案总量的1%到10%。总之，虽然两级法院的试点改革整体上值得肯定，但未来若要有所突破就必须注意改革规划的合理性以及改革执行的有效性。

（二）既有制度框架的束缚

我国的"分工负责、互相配合、互相制约"原则，最先出现于1979年《刑事诉讼法》第5条，之后颁布的1982年《宪法》第135条延续了此项规定，自此具有宪法位阶的分工配合制约原则，成为阐释公检法关系的法律依据。尽管历经两次大改后的诉讼程序有向当事人主义迈进的趋势，但1996年、2012年《刑事诉讼法》在第7条仍保留了此项规定，而程序设置也较多体现这一原则的要求。虽然三机关之间

"分段包干式"的分工配合制约模式,可以高效率打击犯罪、实现国家刑罚权,但这种诉讼结构容易造成庭审虚化、酿成冤假错案。十八届四中全会提出以审判为中心的诉讼制度改革,使三机关之间分工配合制约原则的正当性受到了前所未有的挑战。

首先,过度强调互相配合。

在共同完成刑事诉讼任务理念支配之下,刑事诉讼之三角关系似乎不被重视与强调,法官并非中立之第三者角色,在审判中系由院、检通力合作,借由互相合作、配合、制约以发现真实。[①] 虽然在具体的职务中三机关必须在既定的职权范围内活动,但作为同为维护社会秩序的国家专门机关,也必然要求紧密合作、互相协调,共同完成控制犯罪和保障人权的双重任务。强调公检法三机关之间的互相配合,这对于追诉惩罚犯罪、防止犯罪分子逃脱法律的制裁具有积极作用。但按照现代刑事诉讼程序运行规律的要求,追诉惩罚犯罪必然需要建立于正当程序基础之上。因为侦诉审三阶段好比完成产品生产的三道工序,要想产出质量合格的产品必须首先保证每道工序严守一定的操作规则。任何违背正当程序的互相配合,必然会损及被追诉人的诉讼权利。然而,在强调严厉打击犯罪的时代背景下,突出强调配合为主、支持第一,过度的配合使三机关之间的互相制约严重虚化。正如有学者指出,三机关之间的"共议格局"已成为一种制度化的非正式行动,这是在长期的互动过程中逐步形成的、与正式制度脱离的、旨在得到相互支持与认同的行动规则和策略;同样的规范结构、人缘化与对应化的组织空间结构是其形成的主要原因。[②] 为不破坏检法两家的合作关系,法院不可能对公诉机关的诉求置之不顾,径行依照事实和法律轻易作出无罪或罪轻判决,相反更多地会对公诉人法庭上的举证给予支持。

一定程度上,讲配合就是顾全大局,由此顺理成章地将配合放在了

[①] 参见黄朝义:《中国刑事诉讼法:从比较法观点论起》,新学林出版股份有限公司2010年版,第32页。
[②] 参见徐清:《刑事诉讼中公检法三机关间的"共议格局"——一种组织社会学解读》,载《山东大学学报(哲学社会科学版)》2017年第3期。

更高的位置。由于互相配合的强势作用，互相制约必然退居次要地位，甚至逐步被削弱乃至丧失其原本应有的功能，并使诉讼程序长期处于异化状态。当出现疑难复杂、证据不充分或被告人拒绝认罪案件时，通过联合办案或政法委协调办案，就成为解决此类有争议案件的惯常办法。但采取批示、调阅、协调的做法，不仅未能调适三机关的分工配合制约关系，反而将原本应独立运行的诉讼程序，不恰当地强制结合在一起，致使法院的独立性受到影响。另外，各机关基于自身利益考量，也是造成过度配合的重要原因，这主要体现在检察院提起公诉案件的高定罪率上。根据表6对中国法律年鉴的数据统计，我国判决生效人数的刑事处罚率历年来一直维持在98%以上，并且整体上逐年呈上升趋势，特别是2015年刑事处罚率已达98.45%；而判决生效人数的免予刑事处罚率和无罪判决率分别维持在1.46%—1.78%、0.06%—0.14%之间，且逐年呈下降趋势。① 究其原因，一方面，法院将原本可作无罪判决的案件通知检察院按撤诉处理，检察院在撤诉后或作出不起诉决定或退回公安机关补充侦查；另一方面，当证据不足以证明犯罪要件，或被告犯罪情节轻微，依法可作无罪判决或免予刑事处罚，但三机关通过非正式合作，淡化甚至掩盖事实和证据勉强下判。所以，过度配合严重背离了诉讼程序的规定，导致三机关之间的相互制衡机制难以形成。

表6 全国法院判决生效人数和判决情况统计　　　　单位：人

时间	判决生效人数	给予刑事处罚人数	免予刑事处罚人数	宣告无罪人数	刑事处罚率	免予刑事处罚率	无罪判决率
2008年	1008677	989992	17312	1373	98.15%	1.72%	0.14%
2009年	997872	979443	17223	1206	98.15%	1.73%	0.12%
2010年	1007419	988463	17957	999	98.12%	1.78%	0.09%
2011年	1051638	1032466	18281	891	98.18%	1.74%	0.08%
2012年	1174133	1154432	18974	727	98.32%	1.62%	0.06%

---

① 参见《中国法律年鉴》（2009、2010、2011、2012、2013、2014、2015、2016），第1000、919、1051、1065、1210、1133、1014、1019、1297页，中国法律年鉴社。

续表

时间	判决生效人数	给予刑事处罚人数	免予刑事处罚人数	宣告无罪人数	刑事处罚率	免予刑事处罚率	无罪判决率
2013 年	1158609	1138553	19231	825	98.27%	1.66%	0.07%
2014 年	1184562	1164531	19253	778	98.31%	1.63%	0.07%
2015 年	1232695	1213636	18020	1039	98.45%	1.46%	0.08%

其次，制约失衡现象严重。

三机关在分工配合基础上，通过相互制衡以避免滥用职权，对于重要的诉讼活动或者采取强制措施，应由其他机关予以把关，以达到互相约束、牵制的目的，以防止因权力滥用而导致的冤假错案。分权制衡作为现代法治国通行的一套权力制约机制，既要求通过分权来防止权力过于集中，又要求通过制衡来寻求权力的相互平衡。分权是前提、制衡是目的，因而分权和制衡是两个不能分割的整体。三机关之间的分工负责，仅明确了彼此间的职能匹配和权力划分，而互相制约则要求各机关在行使职权的过程中，发现其他机关的错误或者偏差应该及时予以纠正。制约作为一项诉讼程序运行机制，要求某一机关诉讼职权的行使，必然要考虑到另一机关职权的存在；各机关职权的行使必须符合程序规则，不妨碍其他机关职权的行使以及诉讼任务的实现。例如，侦查机关移送审查起诉的案件，公诉部门作出不起诉决定而侦查机关认为不起诉决定错误，此时其有权要求检察院复核或复议；人民检察院发现公安机关侦查活动有违法行为时，有权提出纠正意见。

在我国，公安司法机关的制约失衡表现为，后面程序阶段对前面程序阶段的制约较弱，甚至沦为对前面程序阶段的背书。

第一，审查起诉阶段对侦查阶段的制约有限。一是审查批捕程序的书面化审查，使检察院对公安机关侦查活动的制约，无论在广度和深度上都极为有限。为配合公安机关对犯罪嫌疑人的追诉，部分地方检察机关宽泛解释运用审查批捕中的"刑罚要件"和"必要性要件"，不自觉地偏离了审查逮捕的法定标准;① 二是在审查起诉阶段发现移送受理的案件不符合提起公诉条件的,一般通过退回补充侦查或不起诉来制约侦查机关。但对于退回补充侦查的案件,侦查机关不按照检察院的要求补充取证,原封不动地将案卷材料重新移送检察院的情况时有发生。另外,受检察机关内部协作关系的影响,在监察体制改革之前的贪污渎职类自侦案件,侦监部门一旦作出逮捕决定后,公诉部门也倾向于作出起诉决定,以致部分不符合起诉要件的案件被不当提起公诉。

第二,检察院对法院存在制约过度问题。检察院既可对法院的未生效裁判提起二审抗诉,也可对法院的生效裁判提起再审抗诉。同时,不管是一审、二审或者再审,各级人民检察院检察长均有权列席法院审委会讨论案件,使法院的最终判决结果受到控方的影响很大。而以成绩为中心的考评机制,即通过一套数字化的运算方式得出的成绩,来衡量各组织及个人工作质量及能力的管理制度,也是检察院对法院制约过多的重要原因。根据《国家赔偿法》第 21 条规定,对公民采取逮捕措施后决定撤销案件、不起诉或者判决宣告无罪的,作出逮捕决定的机关为赔偿义务机关。《人民检察院审查逮捕质量标准》第 26 条规定,"具有下列情形之一的,属于办案质量有缺陷:(一)批准逮捕后,犯罪嫌疑人被依照刑事诉讼法第一百四十二条第二款决定不起诉或者被判处管制、拘役、单处附加刑或者免予刑事处罚的。但符合本标准第五条第六项以及第二十三条有关依法从宽处理规定的情形除外"。根据笔者对司法实务部门人员的访谈得知,侦监部门对逮捕后被提起公诉被告人有罪判决的结果相当重视,主要是受逮捕后"无罪判决"和"轻刑判决"办案瑕疵标准的约束。所以,犯罪嫌疑人被捕后被提起公诉的概率较高,而被判处有期徒刑以下刑罚案件却甚少。因为存在国家赔偿和绩效考核的双重风险,批准逮捕的检察机关可能不愿意接受无罪或者管制、拘役、单处附加刑或者免予刑事处罚的判决,以至于私下与法院沟通或者通过施压,以寻求与被告人羁押期限大致相等的有期徒刑判决。

---

① 参见郭松:《审查逮捕制度实证研究》,法律出版社 2011 年版,第 167 页。

表 7 全国检察机关批捕、决定逮捕和提起公诉情况统计 单位：件/人

时间	批捕、决定逮捕		提起公诉①		逮捕占提起公诉的比例	
	案件	人数	案件	人数	案件	人数
2008 年	632253	970181	750934	1177850	84.21%	82.37%
2009 年	633118	958364	749838	1168909	84.43%	81.99%
2010 年	627642	931494	766394	1189198	81.91%	78.33%
2011 年	640567	923510	824052	1238861	77.73%	74.55%
2012 年	680539	986056	979717	1435182	69.46%	68.71%
2013 年	642671	896403	958727	1369865	67.03%	65.44%
2014 年	658210	899297	1027115	1437899	64.08%	62.54%
2015 年	665305	892884	1050879	1434714	63.31%	62.23%

根据表7对中国法律年鉴的数据统计，逮捕占提起公诉的比例呈逐年下降趋势，2015年相较于2008年，案件比例下降了20.9%、人数比例下降了20.14%；而批捕、决定逮捕的案件数量却逐年呈上升趋势。②这明显与上述我国的"批准、决定逮捕—提起公诉—判决有期徒刑以上刑罚"顺承关系相悖。主要有以下两方面原因：一是《刑法修正案（八）》将以往仅需行政处罚的"危险驾驶"和"扒窃"行为入刑，以及劳动教养制度废除后大量的轻微犯罪行为入刑有关。其中，大量未采取逮捕措施的案件增加了提起公诉案件的总量；二是员额制改革和司法责任制改革对案件质量终身负责的要求，部分地方检察院侦监部门对审查批捕条件把关变严，以致采取逮捕措施的案件数量相较以往有所下降。但实务中，出现了因采取逮捕强制措施不及时，而导致犯罪嫌疑人脱逃、串供或者毁灭证据的问题。不过，针对采取逮捕措施后被提起公诉的被告人，公诉人强烈要求法院判处其徒刑以上刑罚的意愿仍然很强。因此，笔者认为三机关之间的制约是一种失衡的单向制约，而非一

---

① 其中包含没有被逮捕或采取羁押替代措施（监视居住、取保候审）而被提起公诉的被告人。
② 参见《中国法律年鉴》（2009、2010、2011、2012、2013、2014、2015、2016），第1005、924、1056、10170、1215、1138、1302页，中国法律年鉴社。

种双向的平衡制约，且制约的力度和范围明显不均。这种非均衡制约致使检察院和法院，对公安机关侦查结论持整体认同态势，并形成侦查机关制约检察机关、检察机关制约审判机关的逆向性制约关系。在此反向制约模式下，侦查阶段的结论尤其是对案件主要事实的认定，对后续程序的展开以及判决结果的生成往往具有决定性影响。

四、庭审实质化改革的优化路径

当前，庭审实质化改革是极为热门但充满争议的话题，尤其是以审判为中心改革的基本问题尚未得到定型，有必要对试点改革的路径进行反思。通过及时发现问题并找准改革方向，构建符合诉讼规律的刑诉体系，以保障被追诉人权利、避免冤假错案生成。

（一）技术路径的完善

如前所述，有关地方试点的"制度改良"一般不会突破既有的法律框架，能够契合相关政策、法律法规、司法解释的规定，是在原有制度框架内对相关制度（如管理体制和工作机制）的完善，其正当性通常不会遭到社会各界的强烈质疑。而"制度创新"旨在创制现有法律和司法解释都未规定的新制度，相较于制度改良，它不会受制于法律和司法解释的约束，甚至会不同程度地突破现有的法律框架，改革依据多来自刑事政策或中央司改方案的要求，并多以西方法治发达国家和地区的刑事诉讼制度为样本，以此为基础的试点改革明显具有法律移植的痕迹。[①] 例如，检察院曾试点的附条件不起诉制度就是对日本的起诉犹豫制度和德国的暂缓起诉制度的借鉴。

H市两级法院庭审实质化改革的内容包括证据出示规则、排非程序规则、证人出庭规则、人证询问规则、证据排除规则等。笔者认为，这些试点改革有的仅通过制度改良就可以完成对相关操作程序的改革，有的却需要通过制度创新才能取得改革的突破性进展，否则也仅是对原有法律规定的简单重复罗列或者强调。因此，庭审实质化改革的内容实质

---

① 参见郭松：《刑事诉讼制度的地方性试点改革》，载《法学研究》2014年第2期。

上需要"制度改良"与"制度创新"的结合。中国恢复法治建设之期，面对"百废待兴"的立法局面，一些立法决策人士在坚持立法宜吸收成熟经验的同时，提出了"边立法、边完善""法律要备而不繁"的立法主张，认为法律应该要达到完备的程度，但基本法律的规定不能过于细化和烦琐，只能被用于解决最重要的问题。① 这在一定程度上为地方试点的制度优化提供了空间，H市试点改革方案中有关庭审操作规范的改革，即对案件处理程序的优化调整，也应该属于这种"宜粗不宜细"立法思想的体现，通过实务部门试点经验的总结来完善原则性规定或者填补以往的立法空白。

但问题是，司法改革的最终目的是通过相关制度变革，以建立良法秩序的法治国家，改革之深层动因在于现有法律制度技术和目标存在瑕疵，不能为法治建构提供制度支持，而改革之目标就是要打破既有法律规定的限制、重新进行制度安排。② 严格奉行源于过去的法律规范，可以使人们遵循一条安全且可预见的道路；但它可能阻挠对法律秩序进行必要的或可欲的变革。③ H市中院本次改革最大的缺陷在于未能合理平衡庭审程序的"制度改良"和"制度创新"，在涉及一些刑事诉讼立法规定不尽合理之处的改革时踟蹰不前、犹豫徘徊。对于法律没有明文规定程序的补白，以及在既有制度框架内的部分创新之举，H中院的改革无疑值得肯定。不过，固守对刑事诉讼法的规定不得对其有任何合理突破的改革思路，对于纠正现有诉讼程序中的不合理之处毫无帮助；相应的，对于确保庭审功能发挥、充分保障人权、理顺程序机制等改革目标的实现程度不无怀疑。不仅如此，改革者对以审判为中心蕴含改革要求的理解偏差，以及如此不着重点的"形式化"改革，可能会导致同一问题的反复改革，以至于理论界对此试点的成效和前景不太看好。笔者

---

① 参见陈瑞华：《制度变革中的立法推动主义——以律师法实施问题为范例的分析》，载《政法论坛》2010年第1期。
② 参见万毅：《转折与展望：评中央成立司法改革领导小组》，载《法学》2003年第8期。
③ [美]博登海默：《法理学：法律哲学与法律方法》，邓正来译，中国政法大学出版社1998年版，第321页。

认为 H 市两级法院试点改革的定位是不准确的，虽然部分制度属于法律留有空白或者亟待完善的"制度改良"试点，但仍有部分制度涉及需创新之处，如《H 市中级人民法院刑事诉讼人证出庭作证操作规范（试行）》《H 市中级人民法院非法证据排除规则（讨论稿）》《H 市中级人民法院刑事庭审人证询问指引（讨论稿）》等。

可以认为，H 市中院确立的相关试行规则，几乎是在原有法律框架内规定了一些日常操作流程，没有任何实质意义的创新突破。例如，《H 市中级人民法院刑事诉讼人证出庭作证操作规范（试行）》第 46 条（对质规则）规定："同案有多名被告人的，如果有必要，法庭可在单独询问结束后，传唤同案被告人之间进行对质。法庭不应组织同案人证之间进行对质。"① 这实际上是《高法解释》第 199 条"讯问同案审理的被告人，应当分别进行。必要时，可以传唤同案被告人等到庭对质"的翻版。值得注意的是，"人证"所涵括的范围包括狭义上的证人、被害人、被告人、鉴定人，这条规定似乎将"同案被告"之间的对质也排除掉了，进而在同一条规定里出现了彼此矛盾、互不兼容的规定。本条规定似乎是不愿突破《高法解释》第 199 条"仅以共同被告人作为对质主体"的规定，当然也不愿意被识别出是对既有规定的照搬。所以，才会出现"证人"和"人证"概念误用，甚至连《高法解释》中"等"字，可能蕴含的解释空间都被不当删除掉了。对质询问是指被告人之间、证人之间以及被告人与证人之间面对面地进行相互询问，许多国家和地区的立法和国际人权公约，都将对质作为被追诉人的一项基本人权加以规定。② 对质询问对证言的提供者具有一定的威慑作用，当面对被追诉人以及其他证人时说谎的动机容易受到抑制，也有助于及时辨别其提供证言的真伪。

如此看来，没有任何理由阻止同案人证之间进行对质。如果担心同案证人之间相互影响，难道就不担心同案被告人之间相互串供吗？实际

---

① 参见 2016 年 H 市中院《全省法院刑事庭审实质化改革工作推进会资料汇编》，第 61 页。
② 参见陈光中主编：《中华人民共和国刑事证据法专家拟制稿（条文、释义与论证）》，中国法制出版社 2004 年版，第 481 页。

上,这些问题都可以经过一定的技术处理,消减人证之间相互对质带来的负面影响。对此,意大利《刑事诉讼法典》第 211 条对质的前提条件规定以及第 212 条对质的方式值得借鉴。① 由此不难看出,H 市中院对于庭审实质化改革可谓谨小慎微,凡是有法律明确规定的绝不会逾越"雷池"半步。但实际上,根据对示范庭的旁听发现,控辩双方由于在庭前会议对没有争议的程序问题达成了一致意见,所以在庭审调查时法官一般会以控辩双方对此无异议而直接跳过。这其实已经突破了 2012 年《刑事诉讼法》第 182 条"了解情况,听取意见"的规定。因此,H 市中院的庭审实质化改革囿于"制度改良"而忽视"制度创新",已经在理论和实践层面暴露其改革路径的先天不足。而有关证人、被害人、鉴定人、有专门知识的人、侦查人员出庭或者不出庭的条件,也与 2012 年《刑事诉讼法》第 187 条的规定以及《高法解释》第 206 条的规定如出一辙,并无任何改变。所以,未来的庭审实质化改革有必要兼顾"制度改良"和"制度创新",并通过多方充分准备具备理论可行性后,向全国人大常委会申请授权试点改革,以解决突破既有法律规定改革的"合法性"问题。

(二) 法治路径的展望

刑事诉讼制度的改革通常包括三方面内容:公权力机关之间的权力再分配,公民权利与国家权力的重新配置,以及案件处理程序的优化调整。前两方面的内容涉及国家的基本司法制度和政治体制问题,它们属于刑事诉讼制度改革的重大问题,也是中国刑事诉讼制度亟待变革的重要问题。对于这些问题的改革,需要做好顶层设计,形成一个改革路径清晰、改革方向明确、具体措施及配套制度健全的总体性方案,而不能仅简单通过地方司法机关的改革试验来推动。相对于"立法推动主义"

---

① 第 211 条规定:"对质只能在已接受过询问或讯问的人员之间进行,并且以他们对重要的事实和情节说法不同为前提条件。"第 212 条规定:"法官先向参加对质的主体列举他们以前的陈述,然后询问他们是确认还是更改这些陈述,在必要时可以要求他们相互辩驳。在笔记中记入法官提出的问题,参加对质的人所作的陈述以及其他在对质过程中发生的情况。"《意大利刑事诉讼法典》,黄风译,中国政法大学出版社 1994 年版,第 74 页。

而言,"司法能动主义"(地方试点)改革道路在形成一些具有操作性的法律制度(管理体制和工作机制)方面具有明显的优势,但一旦涉及不同国家机关权力重新配置的改革就很难取得成功,如法院对民事生效裁判的执行权,公安机关对看守所的管理权,检察机关的侦查权等。[1]

二十多年的司法改革经验表明,缺少顶层设计(法治路径)的改革会迷失方向、偏离正轨,固化甚至加剧司法体制的既有缺陷,最终使司法改革本身(改革方法)成为"被改革"对象。[2] 庭审实质化改革虽然更多涉及微观层面的技术问题,但不可否认也会涉及侦查、审查起诉、审判三阶段权力再分配的法治改革,特别是法官如何独立行使审判权、侦查人员出庭、"排非"的预防惩治。笔者认为,庭审实质化改革的技术路径与法治路径,相互间应属于协同关系而非排斥关系,二者的直接目的虽有不同,但最终目标都在于充分保障人权、提升司法能力、维护司法独立等。技术路径是法治路径达成的基本方式,而法治路径是技术路径的前进方向。通过破除技术路径遇到的制度框架障碍,可以提升技术路径改革的可行性和有效性。在我国,侦控审三机关的权力分配主要体现在,宪法法律规定分工配合制约原则之下设置的相关制度。但分工配合制约原则使得三机关之间的关系普遍出现了扭曲、错位问题。而以审判为中心的庭审实质化改革要求突出该原则的制约功能。具体来看,公检法的权力再分配可从以下三方面进行调整:

第一,强调三机关之间制约的本体地位。宪法法律之所以规定三机关之间应当"分工负责、互相配合、互相制约",很大程度是对"文革"前法制不健全和"文革"中无法状态的痛彻反思。[3] 在此诉讼构架下,每一阶段仅有一个拥有决定权的机关,而其他机关的权力较小,通

---

[1] 参见陈瑞华:《制度变革中的立法推动主义——以律师法实施问题为范例的分析》,载《政法论坛》2010年第1期。
[2] 参见徐昕:《司法改革的顶层设计及其推进策略》,载《上海大学学报(社会科学版)》2014年第6期。
[3] 参见左卫民:《价值与结构:刑事程序的双重分析》,法律出版社2003年版,第160页。

过阶段性的多层次递进认识,以保证案件事实真相的查明。① 不过,此项原则在司法实践中却出现了异化,严重影响了公检法的正常运作和公信力,大量冤假错案的生成与此相关。立法者所设想的愿景并未实现,反而蜕变成了诉讼阶段论式的"分工负责、互相配合"。公检法权力的不对等,使诉讼阶段论最终也沦为了侦查决定论,三机关成为对犯罪分子进行专政的"刀把子",侦查权的异常强大致使"互相制约",在调整三机关之间关系的价值功能荡然无存。事实上,公检法三机关之间"制约"关系应占据本体地位,而配合关系主要体现在权力分工问题上。因此,三机关之间的宪法法律关系应为互相制约为前提、分工负责为本体、互相配合蕴含于分工负责。

第二,强调法院的中心性制约功能。在我国,法官对公诉方提出的证据资料很少有异议,而这类证据资料大多是检察官随卷宗移送不利于被告人的书面证据。法官很少传唤证人出庭作证,一般也只是摘录式地宣读一下侦诉人员收集的证人证言笔录。因此,法院几乎代行了控方的追诉职能,检察官无须在法庭上充分开展庭审活动,法官倒成了实质意义上的"第一公诉人",往往自觉或不自觉地站到了辩护方的对立面。这就使得审判原本以在控、辩双方之间存在的横向对抗关系为主,相应转化为以法官与辩护人之间的纵向对抗为主。在分工负责、互相配合、互相制约原则下,实际上"互相配合"并非指三机关两两之间权能平等的双向制约,而是一种递进制约关系。即在检公关系中是以检察院为主导,而在法检关系、法公关系中应以法院为主导。严格来讲,法院与公安机关之间并无任何实质上的制约关系,而法院和公安机关的联系主要是通过检察院对案件审查起诉后向法院提起公诉来实现。当前,西方国家基于正当法律程序和司法终局理念,普遍建立了对侦查行为的司法审查制度,只有法院才有权审问和处分犯罪嫌疑人或被告人。侦查和证明的早期阶段非常关键,如果案件在此阶段发生错误,很有可能会一直

---

① 参见叶青、陈海峰:《由赵作海案引发的程序法反思》,载《法学》2010年第6期。

延续到审判环节,因而将诉讼早期阶段司法化就尤为必要。① 所以,凡是在非紧急状态下,涉及对公民采取强制性措施的事项,均应纳入司法审查的控制范围,而不应由侦控机关自己决定或批准。

第三,强调检察院审前阶段的制约功能。社会的快速发展为犯罪提供了崭新的时空条件,隐秘性、流动性、跨区域性是信息化时代犯罪的典型特征,它决定了案件非经侦查人员及时展开侦查,便无法查获犯罪嫌疑人和证据资料。但以国家公权力为后盾的刑事强制措施,通常以剥夺或限制被追诉人的人身自由和财产权利为代价,而侦查程序的违法和侦查结论的错误,往往对后续阶段的诉讼程序带来严重影响。萨维尼在探讨德国引入检察官制度时曾言:"警察的侦查行动始终蕴藏着侵害民权的危险,而检察官的基本任务就是杜绝此等流弊,在警察采取行动时就赋予其法的基础。如此一来,新创的检察官制度才能获得民众支持。"② 现代法治国家要求对侦查权力必须作出限制,以确保侦查过程的正当性和侦查结论的可靠性。尽管侦查权的行使受到辩护律师和司法官员的多重制约,但检察官对侦查人员的监督,无疑是制约侦查人员滥权行为的有效方式。为确保侦查活动的及时展开,防止侦查人员滥用职权,法律一般要求侦查人员接受检察官的指导和监督。在我国,虽然检察院对公安机关的侦查在理论上有监督制约权,但实际上,除了批捕这样职能活动以外,其他的监督方式较弱。另外,法律还赋予公安机关对检察院的反监督制约权,例如不捕、不诉的复议、复核等。侦查监督主要是在批捕环节,而对其他环节却鲜有普遍的监督制约。检察权和侦查权是两种性质不同的权力类型,前者不能径行介入后者的实际运行,二者应在相互独立和监督制约之间作出适当区分。笔者认为,检察院作为审前诉讼程序的主导者,应在宪法、法律允许范围内,全面、有效地监督制约公安机关移送审查起诉的案件,而这种监督制约应严格贯彻检察机关向法院提起公诉的标准来要求。

---

① 参见[美]虞平、郭志媛编译:《争鸣与思辨:刑事诉讼模式经典论文选译》,北京大学出版社2013年版,第125页。
② 参见林钰雄:《检察官论》,法律出版社2008年版,第8页。

五、结语

如何推进以审判为中心诉讼制度改革，是近年来被各界高度关注的热门话题。多数观点认为其内核在于推进庭审实质化，试点改革也正是按照这样的路径展开。一定程度上，笔者认同甚至赞许实务部门针对现实弊病的改革举措。但是，如果将"庭审实质化"作为以审判为中心改革的唯一突破口值得商榷。毕竟，以审判为中心与庭审实质化是较为不同的两个概念，理论上认为二者可等同的看法，会忽略权力配置的顶层设计。以审判为中心的改革着眼于侦查、审查起诉、审判三阶段的结构关系调整，它涉及的是宏观的刑事诉讼体制问题，而庭审实质化改革更多属于微观层面的技术操作问题。但不可否认，庭审制度的改革与三机关的权力分配密切相关，如非法证据排除、侦查人员出庭、法官独立办案等。庭审实质化是相对于庭审的虚化的改革，关键在于决策性或实质性的审判活动，必须且只能在庭审中展开，不能忽视审判程序与审前程序诉讼结构关系的调整。因为庭审实质化改革需要构建于以法院为中心的宏观司法体制改革基础上，通过着力塑造审判阶段与审前阶段的主从模式，以确保法官行使审判权力的实质性和独立性。

庭审实质化改革的本质在于构建更加规范化、精密化的审判制度。通过将案件范围限定于疑难复杂案件以及被告人不认罪案件，促成"难案精审、简案快审"的合理格局；要求以法庭审判为中心，控辩双方和其他诉讼参与人通过当庭举证、质证、辩论来支持控诉和辩论主张，最大限度地还原案件事实真相。试点改革的成效主要体现在庭前会议召开普遍、被告人辩护权的保障、普通证人出庭增多、举证质证活动的细化、控辩双方的对抗化明显、辩护意见最终被采纳有所提升。但是，改革并未使以往的审判模式发生较大变化，庭前会议发起主体单一、必要证人出庭比例偏低，法官认定案件事实仍依赖书面证言，控方举证、质证占据优势地位，非法证据排除调查的形式化。因此，庭审实质化改革虽然有效但有限，尚未达到改革的预期目标。这与改革的规划有限、执行不力以及公检法的宪法法律定位下具体制度设置相关。改革规划的有限性主要体现在,试点改革方案偏向"制度改良"而忽视"制度创新",这可能会导致对同一问题反复改革。地方性试点改革在优化案件审理机制方面比较有效,而涉及权利与权力的划分以及权力的重新分配时,一般很难取得成功,甚至根本无法展开。监察体制改革、员额制改革、审查批捕改革、证据"排非"改革等成功与失败的案例均表明,缺乏来自中央层面明确要求和强力推动的改革很难取得实质性突破。权力之间以及权力与权利之间的再分配,应该由立法机关主导改革的推进。作为规则制定与利益分配的中立机构,立法机关往往能克服不同利益或权力主体的阻碍,以正义分配者的姿态确定改革方案、制定改革议程。从立法层面推动刑事诉讼制度的变革,这种顶层设计的优势正好可以弥补地方性试点改革的不足。因此,除了通过自下而上的渐进式试点改革外,决策者仍需要根据本国的实际情况以及国外的成熟经验,重视利用一步到位的立法变革模式,以回应社会和民众的改革诉求。

司法改革、检务公开与权利保障规范体系[*]

杨继文[**]　何冰冰[***]　梁　静[****]

　　党的十八届四中全会指出,要保障人民群众参与司法,构建开放、动态、透明、便民的阳光司法机制。1998年10月,最高人民检察院制定下发《关于在全国检察机关实行"检务公开"的决定》,向社会公布检务公开的十项内容(当时被称为"检务十公开")。1999年1月,最高人民检察院颁布了《关于"检务公开"具体实施办法》,同年4月,下发《关于建立检察工作情况通报制度的通知》,要求各省级检察院都要建立新闻发言人制度,适时通报检察工作情况,增大检察工作透明度,自觉接受人民群众和社会各界的监督。2003年8月最高人民检察院部署在10个省试点人民监督员制度,2004年10月在全国推广试行,要求对检察院办理直接受理侦查案件中对不服逮捕决定、拟撤销案件、拟不起诉这三类案件,在决策运行过程中,必须虚心听取人民监督员的监督意见。2006年6月,最高人民检察院下发了《关于进一步深化人民检察院"检务公开"的意见》,在"检务十公开"的基础上,完善了13个方面的内容,明确了检务公开遵循"严格依法、真实充分、及时便民、开拓创新"的4项原则,建立相关的配套制度。2013年12月,

---

[*] 本文系国家重点研发计划重点专项项目"假释、暂予监外执行、刑释人员犯罪预防支撑技术与装备研究"(2018YFC0831100)和四川省都江堰市人民检察院理论课题"检察机关对公安派出所侦查活动监督问题研究"(2018)的阶段性成果。

[**] 法学博士,西南财经大学法学院师资博士后,西南财经大学中国法律大数据研究中心主任助理、研究员。研究方向:刑事诉讼法学。

[***] 四川省都江堰市人民检察院检察官。研究方向:检察学。

[****] 重庆交通职业学院讲师,国家二级心理咨询师。研究方向:马克思主义法学。

最高人民检察院在《2014—2018年基层检察院建设规划》中提出,深入推进基层人民检察院检务公开工作,细化执法办案公开的内容、对象、时机、方式和要求,健全主动公开和依申请公开制度。

近20年来,检务公开制度从建立,到不断深化和完善,体现了司法民主、司法公正、保障人权、权力制约等现代司法理念和价值观念,使犯罪嫌疑人和其他当事人的权益得到了切实的保障,增加了检察决策的透明度,增进了公民对检察机关的了解,提高了检察机关的社会公信力。① 《关于进一步深化人民检察院"检务公开"的意见》中规定,"检务公开"是指检察机关依法向社会和诉讼参与人公开与检察职权相关的不涉及国家秘密和个人隐私等有关活动和事项。检务公开的改革和完善,是现代司法理念和权利价值观念的生动体现,也是犯罪嫌疑人和其他参与人的权利保障基础。正如德国著名法学家耶林所言:"为权利而斗争,是权利人对自身的义务——因为它是道德上的自我保护的命令,同时它是对国家社会的义务——因为它是为实现法所必需的。"② 而检务公开改革的权利保障和表达,有利于提高检察执法的透明度,增进当事人和其他公民对检察机关业务工作的理解,将会切实提高我国检察机关的司法公信力,进而实现让人民群众在每一个司法案件中感受到公平正义。

一、推进检务公开的改革要义

(一)推进检务公开是深化司法改革的必然选择

十八届四中全会强调保证公正司法、提高司法公信力,保障人民群众参与司法,构建开放、动态、透明、便民的阳光司法机制。当前进行的检察制度司法体制改革,通过制定权力清单,落实办案责任,坚持"让审理者裁判,由裁判者负责",提高办案质量和效率。新一轮的司

---

① 穆红玉:《检务公开制度的建立、发展和完善》,载《国家检察官学院学报》2005年第10期。
② [德]鲁道夫·冯·耶林:《为权利而斗争》,胡海宝译,中国法制出版社2005年版,第21—22页。

法改革方案，为加强检察机关的法律监督，提供了前所未有的契机，也为排除检察监督工作中的阻力创造了条件。然而，我们也应当看到，在加强监督的司法改革背景下，检察制度建设与检务公开工作中遇到的矛盾仍然存在。① 而司法公开意义上的检务公开，是促进司法公正、提升司法公信力的前提和基础。② 检务公开以加强办案过程中的信息公开为重点，是践行司法公开的具体体现，是"执法为民"价值理念的彰显；是展现检察机关包容、开放姿态、构建阳光司法机制的有效途径；是提高人民群众司法"亲历性"、增强与人民群众良性互动的重要举措。这与"构建开放、动态、透明、便民的阳光司法机制"的检务公开司法改革理念目标不谋而合，也是检察机关深化司法改革的必然选择。

（二）推进检务公开是保障人民群众权益的重要途径

在当下全面推进司法改革的语境下，检务公开被赋予更多的使命和意义，也成为提高检察机关司法透明度和公信力、维护社会公平正义和保障公民权利的重要方式之一。③ "权利应当平等，而现实中的权利往往不平等。"④ 当今社会正处于社会转型期，各种矛盾不断凸显，经济发展的不平衡导致享受权利的不对等，而经济社会的发展又在推动人民群众整体法治理念、法律素养和权利保障意识不断进步和提升。人民群众关注司法、参与司法、监督司法的热情空前高涨。因此，检务公开改革正在"从单向宣告的公开向双向互动的公开转变"。例如，检察公开改革实践中，通过不断完善公开审查机制，对拟作不起诉案件、刑事申诉案件实行公开审查，对案件事实、法律适用争议较大的审查逮捕、羁押必要性审查、刑事和解案件探索实施公开审查。这些举措是对公民知情权、参与权、表达权、监督权的切实保护，是对"尊重和保障人权"

---

① 龙宗智等：《知识与路径：检察学理论体系及其探索》，中国检察出版社2011年版，第56页。
② Yuwen Li, The Judicial System and Reform in POST-MAO China-Stumbling Towards Justice, Burlington: Ashgate Publishing Limited, 2014, p. 120.
③ 万毅、谭永忠、谢天：《检务公开的实践考察与法理分析——以G市人民检察院改革为样本》，载《中国刑事法杂志》2016年第4期。
④ 郝铁川：《权利实现的差序格局》，载《中国社会科学》2002年第5期。

宪法概念的有力诠释,也契合"保障人民群众参与司法"的司法改革要求。

(三) 推进检务公开是提升办案质量和办案水平的客观要求

"权力导致腐败,绝对权力导致绝对腐败。"① 尤其是在刑事诉讼过程中,犯罪嫌疑人的人身自由受到限制的情况下,如果再没有辩护律师维护其合法权益,面对晦涩的法律条文和繁杂的司法解释,就会造成犯罪嫌疑人与执法办案部门严重的"信息不对称"。在强大的国家机器和公权力面前,个人权利很难得到保障,甚至有肆意被践踏的危险。② 而检察机关着力于"从司法依据和结果的静态公开向办案过程的动态公开转变",意味着通过检务公开改革和实践,将执法办案过程置于案件当事人和社会各界的监督之下,一旦出现执法瑕疵甚至执法不规范行为,按照"对办案质量终身负责"的要求,要承担相应的司法责任。这样就会倒逼检察人员规范执法,更加注重办案的每一个环节和每一个细节,进而有利于提升检察人员的办案质量和办案水平。

二、检务公开的权利价值分析

人们对法律制度或程序通常是从内在标准和外在标准两个角度来进行评价的。对于前者,人们通常称为正义标准,即法律制度本身的"内在品质"或者内在的"善",而对于后者,人们则称为功利性标准,即法律制度在达到某一外在价值目标方面的"有用性"和"有效性"。③ 检务公开也具备其自身特有的内在价值和外在价值,检务公开的价值是其内在价值和外在价值的统一。

(一) 检务公开的内在价值

检务公开作为一项制度,所追求的"内在品质"和"善",符合民

---

① [英] 阿克顿:《自由与权力》,侯建、范亚峰译,商务印书馆 2001 年版,第 232 页。
② Daniel P. Mears. American Criminal Justice Policy: An Evaluation Approach to Increasing Accountability and Effectiveness, Cambridge: Cambridge University Press, 2010, p. 25.
③ 陈瑞华:《论程序正义价值的独立性》,载《法商研究》1998 年第 2 期。

主法治社会"权力制约"和"权利保障"的价值诉求,在某种层面上强化了检察机关作为公权力存在的合法性以及公众对检察机关的认同感。在笔者看来,检务公开的内在价值可以体现在两个方面:

一方面,检务公开以"正义"为价值取向。按照罗尔斯在《正义论》中的阐释,正义即"对同等情况予以同等的对待,对不同的情况给予与这种不同情况相适应的不同对待"。而正义作为一项古老的自然法则,是衡量一种制度或程序是否具有"内在品质"和"善"的必要标准,"执法办案公正是司法永恒的主题,是诉讼追求的根本目标,它反映的是司法活动固有的维护公平正义的价值准则"。① 检务公开的推行旨在保障公民的合法权益,将"尊重人权"的宪法概念作为首要任务,反映出对人的终极关怀,其"善"的内在品质契合了对"正义"的价值取向。②

另一方面,检务公开以"公开、公正、公平"为其法治蕴义。任何权力都应当在阳光下运行,其本身的意义不仅仅在于实现了某种功利性价值,在实然情形下甚至与功利性价值不存在必然联系,在公开、公平的程序运行环境下,不一定会产生公正的结果,程序不公开、不公平,也可能会产生公正的结果,因此,检务公开不一定确保正确、合法的执法效果,实施检务公开甚至也不必然达到"改善检察机关形象,提升执法公信力"的良好效果。从其自身规范来看,检察机关推行检务公开,是将检察机关执法标准和执法程序等事项置于公众舆论监督之下,将检察机关的公权力主动接受人民群众的监督和制约,这种"作茧自缚"的行为所彰显的内在价值既是对"公开、公正、公平"价值的强烈诉求,也是对"公开、公正、公平"理念的有力践行。

(二)检务公开的外在价值

外在价值也称"工具性价值""功利性价值",是一项制度的有用

---

① 吕继东:《司法公开的价值与配套制度》,载《甘肃政法成人学院学报》2003年第2期。
② Bennett L. Gershman:《检察官维护事实真相之义务》,郑允铭译,载《政大法学评论》2010年总第116期。

性和有效性。从微观层面看,检务公开有利于依法保障公民的知情权、参与权、表达权、监督权,规范检察机关依法办案,提升办案效率和办案质量。检察机关如果不能自我约束,在行使检察权时很可能会侵犯到公民合法权益,检务公开制度明确了检察机关执法办案过程中的告知程序,是对公民知情权、参与权、表达权、监督权的有力保护,同时通过权利的行使达到监督检察机关执法办案,防止和杜绝检察机关执法办案人员腐败,促使检察机关高效率、高质量执法办案,从而体现出检务公开"以公开促效率,以公开提质量"的外在价值。

从中观层面看,检务公开有利于树立检察机关良好形象,提升执法公信力,增强公众对检察机关的理解和认同。检务公开能充分保证当事人的诉讼参与权,使整个诉讼活动都能在社会公众监督之下进行,这种阳光下的程序运行会增强案件当事人对检察机关执法办案结果的信任度[1],树立检察机关良好形象和执法公信力。

从宏观层面看,检务公开有利于彰显"执法为民"的理念,衡平权力和权利之间的紧张关系,有利于化解社会矛盾,构建和谐社会。当今社会正处于社会转型期,经济发展的不平衡导致享受权利的不对等,各种矛盾不断凸显,人民群众对公权力的信任也随之下降,并导致和政府对立的情况。检务公开把接受人民群众监督以制度的形式具体落实于检察工作实际,充分体现民主法治精神,一定程度上满足了人民群众对检察机关的新需求,体现了"立检为公、执法为民"的执法理念,有利于社会矛盾化解与和谐社会的构建。

三、检务公开改革的两个层面问题

(一)检务公开改革的实践样本

笔者以 D 检察院[2]为样本,考察了近 5 年来该院检务公开改革和推

---

[1] 李建:《检务公开的理论思考与实践探索》,载《中国检察官》2012 年第 12 期。
[2] D 检察院是一个基层检察院。它的检务公开改革和推进工作成绩和特点较为突出,多次受到上级检察院的表彰,因此具有一定的典型性和代表性。

进的做法。该院检务公开的改革推进做法主要包括以下几个方面。

1. 在检务公开的制度建设方面

D检察院成立了由检察长为组长的深化检务公开领导小组，制定了《关于进一步深化"检务公开"工作的实施方案》以及相关的8个配套规定。如《规范辩护人、诉讼代理人接待工作暂行办法》《受理律师诉讼业务办理指南》等制度。在保障公民参与权方面，提出了将检务公开由"有限开放、单向引导"向"全面公开、双向互动"的转变。这主要体现在D检察院在案件事实、适用法律方面存在较大争议或在当地有较大影响的审查逮捕、羁押必要性审查、刑事和解等案件，研究制定了公开审查的操作性指引，邀请人民监督员和社会各界参与案件公开审查。通过专家咨询委员会，建立专家咨询机制，对重大决策咨询、重大问题联合调研，组织专家、学者参与案件评查、研讨社会关注重点案件。

2. 在拓宽检务公开的渠道方面

D检察院建成了规范化的检察服务大厅，为群众提供信访举报接待、案件信息查询、行贿犯罪档案查询等"一站式服务"。截止到笔者调研期间，该院累计受理群众举报、信访460余件，接待群众4500余人次。该院设立3个派驻乡镇检察室，建立"一平台、三窗口"的城乡一体化检察服务机制，覆盖19个乡镇（街道），协助基层党委政府化解矛盾180余次。开通远程视频接访，开展"方言小喇叭"广播宣传，引导群众树立法治信仰。围绕非法集资、传销犯罪等社会热点问题，结合典型案例、防范识别等内容，制作、发布检察动漫宣传片9部，检察微电影1部，覆盖了全市公交系统显示终端、户外LED显示屏等公共传播平台。同时，以"互联网＋检务公开"模式，利用门户网站、检察微博、微信公众号等渠道开展普法宣传，倡导和培育法治文化。

3. 在检务公开内容方面

为进一步深化公众参与检务公开，D检察院依托"检察开放日"活动，通过网络等多渠道主动邀请群众参加"反贪局长带你看审讯"

"走进国家公诉人"等12个"检察开放日"主题活动。让群众走进检察，了解检察，"零距离"与群众开展互动。依法向社会公开披露信息，接受新闻媒体采访30余次，拍摄宣传片6部。5年来，D检察院依托"人民检察院案件信息公开网"及时发布案件程序性信息、终结性法律文书和主要案件信息，累计发布重要案件信息200余条、案件程序性信息3500余条，公开法律文书1243份。

D检察院的检务公开改革和实施20年来，对保障公民合法权益、树立检察机关良好形象起到了积极促进作用。但从对D检察院的实证调研分析来看，目前的检察执法活动等检务公开也面临着执法理念偏差、能力素养不匹配、理论定位模糊、配套机制不完善等需破解的难题。① 笔者认为检务公开存在的不足之处可以概括为两个层面：一个是静态层面上的不足，主要是检务公开设计上存在的"先天性不足"；另一个是动态层面的不足，主要是检务公开运行过程中存在的"后天性不足"。

（二）静态层面：制度设计方面存在的不足

1. 检务公开设立之初即缺乏必要的法律保障

虽然在宪法、刑事诉讼法和人民检察院组织法中能够找到检务公开的法理依据，但国家颁布的法律中没有明确规定检务公开。最高人民检察院下发的《关于在全国检察机关实行"检务公开"的决定》《关于"检务公开"具体实施办法》均属于规范性文件，在效力上缺乏法律的权威性，导致在贯彻落实的时候缺乏刚性。

2. 检务公开内容设计上不够具体，公开范围有待规范

最高人民检察院下发的关于检务公开的文件中明确了检务公开的内容，从"检务十公开"到不断细化，基本上构建了检务公开的内容体系，但仍然存在不同地区之间检务公开内容和范围上的差异。例如，D检察院的检务公开制度就缺乏明确具体的内容与范围。在"公开为原

---

① 上海市人民检察院第二分院课题组：《检察执法活动公开的运行与展望——基于上海实践考察的初步分析》，载《东方法学》2015年第5期。

则,不公开为例外"原则下,最高人民检察院规定的需要公开的内容与保守国家秘密法规定的保密范围之间存在模糊地带。内容不具体,范围模糊,如什么可以公开或不公开、什么时候公开或不公开没有明确,导致检务公开改革和推进往往由领导拍板决定,而不是依据法律来确定。

3. 检务公开制度程序设计上缺乏权利救济途径

最高人民检察院下发的文件中,对于检察机关或者检察机关工作人员未实施检务公开或者未按照规定实施检务公开的情形,没有明确规定处罚内容。例如,《关于在全国检察机关实行"检务公开"的决定》也仅规定,对群众举报不严格执行法律、制度、纪律规定的,要认真纠正,情节严重的,要按照《检察官纪律处分暂行规定》严肃处理。而《检察官纪律处分暂行规定》中规定的纪律处分是不针对或者不完全针对检务公开的。因此,检务公开存在救济途径上的缺失。

(三) 动态层面:改革运行方面存在的不足

1. 执法理念导致检务不公开或者半公开

其一,检察机关内部还存在围绕目标考核开展工作的思维。检务公开作为一项指标,大部分检察机关已经将其纳入目标考核,而目标考核中对检务公开的要求又不具体,因此有的检察机关采取"蜻蜓点水式"的例行公事进而完成目标任务,如以法治宣传顺带进行检务公开。其二,检察机关一般还要承担维稳压力,为了不"引火上身",会采取"踢皮球"的方式转移矛盾,"能不公开的尽量不公开",选择职能性、程序性的事务进行公开。其三,执法办案人员的法律素养有待提升,对人权保障意识有待加强。一些办案人员在执法办案中习惯性地站在执法者的立场看待问题,以顺利结案,不出差错为目的,而忽略了案件当事人的各项诉讼权利,不愿意"多"公开或者主动公开。其四,有的执法办案人员还持有"法不可知,则威不可测"的传统思想观念,认为"检务公开"会影响检察机关执法办案效果,破坏检察机关形象,特别是在处理重大、敏感案件中以案件需要保密等理由选择不公开或者是半公开。

2. 检务公开改革制度运行方面的不均衡

笔者将这种不均衡表述为"三个差距":一是中西部之间的差距。经济发展上的差距导致东部沿海地区检察机关在整体的软硬件建设上都比中西部地区较强,这种差距或多或少地会体现在检务公开改革的推进程度上。二是上下级之间的差距。检务公开是最高人民检察院通过规范性文件自上而下推行的,上级院具有规则制定权,相比较下级院来说拥有更多智力支持等优势,造成上下级院之间的差距。三是检察机关与公众期待之间的差距。检察机关执法办案要考虑到"法律效果与社会效果的统一"。如果不是因为上级院对下级院有检务公开的考核,检务公开可能更多地会成为一种"摆设"。

3. 检务公开内容丰富但不够深入

检察机关将工作职责、职能、办案的法律依据、立案标准等内容予以公开。但这些内容一般在法律出版物或者网络上就可以查询到,已经为广大人民群众所熟知。而案件办理过程中的权利告知也在刑事诉讼法及检察机关执法办案规则中有明文规定,是检察机关执法办案的"高压线",一旦程序违法,不仅影响办案的整体质量,执法办案人员也将面临着纪律处分。然而,目前大部分检察机关检务公开不够深入,一些领域由于规定模糊或者其他原因,没有公开或者不愿意公开,比如缺乏对重大、敏感案件执法过程的公开,缺乏对案件处理的释法说理等。

4. 检务公开方式多样,但呈现"碎片化"的整体印象

在检务公开的方式和形式上,目前多数检察院采取报刊、门户网站、微博、微信等现代媒介进行宣传,专门设立"法治宣传周"或者"法治宣传月""检察长接待日",主动开门接受人民群众的监督。同时,公民也可以通过电话、网上预约的方式申请检务公开。但整体上,检务公开方式多样但显得较为杂乱,多点开花,但无重点,看似热闹,但比较凌乱。整体上缺乏系统规范,有待整合相关资源,系统性地规定检务公开的方式和渠道。

四、检务公开改革的权利视角

(一) 检务公开与权利救济

救济,本义是指用金钱或物资帮助生活困难的人。救济,在《布莱克法律词典》中有两种解释:一是指实施一项权利的方法或纠正一项错误。它也被称为民事救济,包括法律的和衡平的救济;二是指救济行为,如救助。① 我国《辞海》中明确界定:"所谓救济权,即派生权。"② 一般来说,当公民的权利受到侵害时,即产生所谓的救济权。本体权利受到侵害,在这一权利的权属中,会内涵一个所谓的"修复"功能,修复受侵害的公民等的实体权利。因此,救济权是一种派生的权利。而且,救济权一般与程序法治相关,通过各种法律规定,如诉讼程序、检察等司法制度来获得实现,其又是一种程序性质的权利。

救济与权利和保护等词联系起来使用,衍生出来"权利救济""法律救济"的专业法律用语。笔者认为,救济的本义仍然为"帮助"的意思,只是借助于法律特殊的强制手段实现帮助目的中救济的本义。而"权利救济"中的救济的意思暗含一层"补救"的含义,是指在对象知情或不知情的情况下的权利补救。国际准则早就考虑到了信息公开的范围会因立法和解释立法等原因导致掌握信息的人有巨大的自由裁量权,所以,设想了通过程序救济实现信息的公开。例如,《亚特兰大知情权宣言》要求国家"对法律的实施进行定期监测和报告","由立法和主要审查机构对执法和守法进行审查"。③ 从权利救济的维度来分析检务公开制度的改革和推进,就需要把检务公开的权利救济理解为一种机制。④ 从权利体系的角度出发,来观察检务公开在法律救济系统内各子

---

① Btyan A. Carner (ed.), Black's Law Dictionary (Seventh Edition), West Publishing, 1999, p. 1320.
② 《辞海》(缩印本),上海辞书出版社1990年版,第1660页。
③ 高一飞:《检务公开的比较研究》,载《中共中央党校学报》2010年第2期。
④ Michael J. Ellis. The origins of the Elected Prosecutor, The Yale Law Journal, April 2012, volume 121, number 6.

系统、各要素之间的相互作用和相互联系。最终需要把权利救济视为检务公开的审视"机制",意味着我们必须从多维的、实然的、动态的、有机的权利整体来理解检务公开制度的内在逻辑和本质特征。

(二) 检务公开制度中的公民参与权

公民参与政治、法治的程度,反映着这个国家民主法治发展水平。公民参与检务公开制度的程度也反映出司法的透明度、开放度。例如,对检察机关的知情权可以分为涉诉性知情权和非涉诉性知情权,前者可以通过刑事诉讼法规定的程序来实现,后者可以依据信息公开法和行政诉讼法提起行政诉讼来实现。① 而从保障权利实现的强度来看,可以将公民参与检务公开分为以下两类。

1. 绝对受保障的公民参与权

在检察机关的刑事诉讼运行中,这种层面的检务公开制度参与权,主要是针对有法律硬性规定的公民参与权。一般情形下,诉讼参与度与诉讼参与权的保障成正比,诉讼参与度越高的公民,其诉讼参与权的保障越充分。相应的,刑事诉讼过程中,诉讼参与度高的人多属于诉讼参与人,系刑事诉讼构造中重要的组成部分。刑事诉讼法等相关法律中,对保障诉讼参与人依法参与司法的权利也作了很多规定,如《刑事诉讼法》第170条规定:"人民检察院审查案件,应当讯问犯罪嫌疑人,听取辩护人、被害人及其诉讼代理人的意见。"剥夺这部分公民参与检务公开的权利就等于违法,所获得的证据材料有可能认定为非法证据而被排除,同时司法人员也可能会被问责。因此,这部分参与权是绝对受保障的。

2. 相对受保障的公民参与权

在这一层面,主要是针对检察机关内部关于检务公开的文件规定,针对的对象也多为社会公众。这是因为与刑事诉讼程序的关系较远,其参与诉讼程序的权利保障程度相对较弱。如前述《意见》规定,对存在较大争议或在当地有较大社会影响的拟作不起诉案件、刑事申诉案

---

① 高一飞、张绍松:《检务公开中公民知情权的实现》,载《人民检察》2014年第11期。

件，邀请社会公众参与，实行公开审查。哪些案件要进行公开审查？是否邀请社会公众进行公开审查？邀请哪些社会公众？这些因为都没有详细的规定，同时又缺乏刚性的规范，都会导致检务公开中公民参与权得不到应有的保障。

总之，绝对受保障的公民参与权是检务公开的基础，也是检察机关执法的刚性要求；相对受保障的公民参与权是检务公开的延伸，也是检察机关秉持"执法为民"理念、提升办案质量和执法公信力的客观要求。这就要求检察机关在执法过程中，一方面要以权利救济和人权保障为根本，遵守实体和程序要求，保障诉讼参与人全面依法行使权利；另一方面，需要不断拓宽检务公开内容和范围，扩大公众参与面和参与深度，听取诉讼参与人意见，更好地保障人民群众对检察工作的参与权。

五、深化检务公开改革的权利保障

(一) 转变理念：以权利保障为基础

"权利是使法律成为法律的东西。"① 在一个法治社会中，权利是法律制定的逻辑起点，它使法律具备道义上的正当性和公平性，体现了人作为人的价值和尊严。② 检务公开的意义不仅在于强化检察机关办案质量，提升检察机关执法公信力，更在于在执法过程中对公民知情权、参与权、表达权、监督权的保护，其根本目的是在于权利保障和权力制约，以权利保障制约权力运行。因此，检察机关应当以权利保障为基本理念开展检察公开。

我国宪法规定，"中华人民共和国的一切权力属于人民"，"国家行政机关、监察机关、审判机关、检察机关都由人民代表大会产生，对它负责，受它监督"。检察权作为国家公权力之一，其权力来源于人民，受人民监督。据此，检务公开是人民当家作主的具体体现，是贯彻我国

---

① [美] 罗纳德·德沃金：《认真对待权利》，信春鹰、吴玉章译，中国大百科全书出版社1998年版，第21页。
② 温晓莉：《政务公开法治化的基本问题》，载《法学》2004年第6期。

宪法和法律的必然要求。

约束和规范检察权有效运行，要求推进检务公开改革以权利保障为落脚点。检察机关在行使权力的过程中应转变职能，一方面要合法行使手中的检察权力，另一方面也要最大限度地保障公民的知情权、参与权、表达权、监督权等，这两个方面如同硬币的两面，是对立统一的关系。权力的有效行使可以保障公民的合法权益，而对后者权益的保障必将进一步促进公权力的正确行使。检察机关只有转变执法理念，着眼于人权保障，才能改善自身执法态度，提升执法水平，才能防止执法办案人员腐败，杜绝检察权的滥用。

（二）法律保障：完善检务公开具体权利立法

检务公开所具有的权利保障法理基础，为"检务公开"立法提供了理论依据。[①] 检务公开的法理基础是指检务公开在法理精神和原理上的依据，它有别于检务公开的现实需要和价值功能。虽然法律层面上没有直接明确规定检务公开，但这并不意味着检察机关开展检务公开缺乏法理支持。检务公开是最高人民检察院以规范性文件的方式自上而下地在检察系统内部开展的一项工作，是检察机关的制度改革和创新，是诉讼民主与司法文明的重要体现。检务公开具体权利立法是指将检务公开明确地写入宪法，并制定检务公开中涉及公民具体权利的专项法律。如前所述，检务公开的有关规定只是由最高人民检察院发布的规范性文件，其法律效力缺乏一定的权威性。而完善检务公开立法，一方面将检务公开宪法化、法律化，才能使检务公开稳定化，克服目前反复不定的随意性；另一方面使检务公开的有关法律法规条理化，具有法律体系的内在一致性。[②] 笔者认为，检务公开立法可以分三步走：第一步，将检务公开写入宪法。在宪法第三章"国家机构"第七节第131条第1款后加一款："人民检察院为保障公民权利，依法实施检务公开。"第二步，将检务公开写入刑事诉讼法，第三步，制定法律主体为检察机关的

---

① 刘润发：《检务公开理论与实践学术研讨会综述》，载《人民检察》2009年第14期。
② 穆红玉：《检务公开制度的建立、发展和完善》，载《国家检察官学院学报》2005年第5期。

信息公开法,并与其他法规构成统一系统的检务公开体系,从而将检务公开的权利保障在立法层面上形成有机整体。

(三) 深化改革:完善检务公开相关配套机制

1. 规范检务公开的内容,明确公开的范围

目前,检察机关执法办案程序性的内容和执法依据等在个案中的公开比较少,主动接受监督自行通报案情的公开比较少,释法说理工作以及保障公民的知情权和参与权等方面做得比较少。而这些内容往往关系到执法对象的自身利益,关系到社会公众的切身感受。因此,应当树立"只要不属于检察秘密的事务都应当公开"的理念。"检务十公开"中已经明确了以公开为原则,以不公开为例外,只要是不涉密的检察信息,都应该公开。同时,加强与保守国家秘密法的衔接工作,划清检务公开与保密内容的界限,对检察机关涉密范围作出较为具体的规定,从而实现"从职责公开向工作公开、从执法结果公开向执法过程公开、从内部公开向对外公开"的转变,使检察机关的执法办案过程真正成为阳光下的生产线。

2. 确立检务公开程序和权利救济途径

检务公开制度的程序设计和改革,包括主动公开程序和依申请公开程序。前者包括检务公开运行的日常性信息公开和突发性信息公开,同时要制定以年度为单位的检务公开整体规划;后者包括申请人向检察机关申请检务公开的程序设计,包括申请人的资格审查、申请内容审查、申请途径和回复时间的设定等内容,还包括对未执行检务公开的权利救济途径。如前所述,没有具体的和有针对性的权利救济和惩戒措施,是深化检务公开改革的障碍之一。因此,对检察机关应当公开而不公开的情况,应当明确救济方式和救济对象。对检察工作依法未进行信息公开的执法者应当按照检察官职业伦理和相关条例进行处罚。

3. 完善人民监督员、新闻发言人等检务公开配套机制

人民监督员制度是检察机关强化自身监督的创新举措,而新闻发言人制度则是面向公众,对关系民生、社会影响广泛的热点案件的基本案情和诉讼程序进行披露。人民监督员和新闻发言人制度实施以来,对检

务公开的改革和深化起到了积极的促进作用。例如,海南省万宁市检察院在审查逮捕犯罪嫌疑人陈某某、冯某某涉嫌猥亵儿童一案中,由于该案社会影响较大,检方在 2013 年 5 月 15 日受理该案后,当天即批准逮捕了两名犯罪嫌疑人,并于当日下午召开新闻发布会,向公众媒体通报案情,及时消除了对执法单位的疑惑和公众的不安情绪,起到了良好的法律效果和社会效果。

专题研究之二：
监察体制改革
与刑事诉讼制度的衔接

论法律监督权与监察监督权的配合与制约

哈 腾*

为建立集中统一、权威高效的反腐败机制，2016年11月，中共中央办公厅印发了《关于在北京市、山西省、浙江省开展国家监察体制改革试点方案》，要求在试点省（市）设立各级监察委员会，国家监察体制改革正式启动。作为一项旨在整合反腐败资源和力量、强化公权力监督的重大政治改革，监察委员会的成立，打破了原有的权力监督格局，丰富了原有的权力监督体系[①]，而这必然涉及监察监督权与其他权力监督方式，包括与检察机关法律监督权的关系。2018年3月20日，第十三届全国人民代表大会第一次会议表决通过的宪法修正案以及监察法，明确了监察机关监察监督权与检察机关法律监督权"配合与制约"的关系。[②] 为了保证反腐败效果，保障各自权力的有效行使，防止权力行使的抵牾与掣肘，有必要厘清各自权力的属性与边界，完善权力配合与制约机制。

---

* 中国政法大学司法文明协同创新中心2016级博士研究生。本文系中国政法大学博士创新实践项目"司法改革背景下法律监督的深化与完善"的阶段性成果。
① 一般认为，传统的国家权力监督体系包括党内监督、人大监督、政府专门机关监督、司法监督（检察机关的法律监督和法院的监督）、政协民主监督、社会监督。参见金波：《法律监督在我国监督体系中的地位和作用》，载《河北法学》2008年第10期。
② 修正后的《宪法》第127条第2款以及《监察法》第4条第2款都明确规定，监察机关办理职务违法和职务犯罪案件，应当与审判机关、检察机关、执法部门互相配合、互相制约。

一、法律监督权与监察监督权的区别

(一) 性质不同

检察机关法律监督是一种程序性监督。这种程序性主要体现在两个方面：一方面，法律监督必须严格遵守法律规定的程序。如对于检察机关的审查批准逮捕、审查起诉、抗诉等职权，法律都作出了明确且详细的程序性规定，检察机关在行使这些职权时必须遵守相关规定。在这些职权中，诉权是法律监督的核心权能，法律监督的开展以诉权为载体，而诉权的中间性、过程性本身也决定了法律监督的程序性。另一方面，法律监督的效果具有程序性色彩。针对违法行为，无论是侦查行为、审判行为，抑或是行政公益诉讼审前程序中的行政行为，法律监督只限于建议提醒，其法律后果只是启动相应程序和督促有关部门对违法情况进行纠正。有关部门不采纳检察建议、无视检察机关的法律监督，只会产生某些程序上的不利后果，如检察机关排除非法证据、提起抗诉、提起行政公益诉讼等，但检察机关无权直接改变有关机关的决定，即法律监督的本质是一种程序性建议权，而不具有实体性、终局性。与法律监督的程序性不同，作为一项集党纪监督、行政监察、职务犯罪调查于一身的监察监督，其本身就具有较为浓厚的实体性色彩，尤其是监察委员会的调查措施和处置决定体现得最为明显：针对监督对象可能涉嫌贪污贿赂、失职渎职等严重职务违法或者职务犯罪的，监察委员会有权采取包括查封、扣押、冻结、搜查、留置等措施，限制监督对象的财产权利和人身自由；根据调查结果，在区分违纪、违法不同程度的基础上，监察委员会有权对监督对象作出包括谈话提醒、批评教育、责令检查、诫勉、记过、记大过、降级、撤职、开除职务、问责、没收违法所得等处分决定。[①]

[①] 《监察法》第22—25条、第28条、第45条、第46条明确了监察委员会有权采取的调查措施以及处分决定的种类。

（二）对象不同

检察机关法律监督的对象经历了一个由"一般监督"向"诉讼监督"的限缩过程。中华人民共和国成立初期，关于检察机关法律监督的对象，立法上基本上照搬和沿用了苏联的一般监督模式，即检察机关代表国家，维护国家和人民的利益，检察政府的法律、法令、决议、政策之严格执行。① 但看似无所不包的一般监督，由于与我国的政治制度、权力结构、司法体制等现实国情不符，尤其与人大监督、行政监督等其他监督权的龃龉，导致检察机关的"一般监督"在实践中难以奏效，这项业务也并未真正开展起来，直至 1979 年检察机关重建时，立法上正式取消了检察机关的一般监督职权。根据当前刑事诉讼法、民事诉讼法、行政诉讼法的规定，人民检察院有权对刑事诉讼、民事诉讼、行政诉讼进行法律监督。由此可以看出，立法层面对检察机关法律监督的对象作了限制性规定，即主要是诉讼领域的国家机关和工作人员。一定程度上滥觞于我国古代监察制度的监察委员会，在监督对象上与古代的权力监督机构一脉相承。无论是秦代的御史大夫还是明清的都察院，都将行使公权力的官员作为监督的重点对象。针对当前反腐败的严峻形势以及以往行政监察体制存在的监督范围过窄的弊端，新成立的监察委员会继承了我国古代监察制度的优良传统，实现了对所有行使公权力的公职人员立体式、多方位、全覆盖监督，确保监督无死角。②

（三）内容不同

传统观点认为，法律监督权与检察权具有一致性③，检察机关的各

---

① 如 1949 年《中央人民政府组织法》第 28 条规定："最高人民检察署对政府机关、公务人员和全国国民之严格遵守法律，负最高的检察责任。"1954 年《宪法》第 81 条规定："中华人民共和国最高人民检察院对于国务院所属各部门、地方各级国家机关、国家机关工作人员和公民是否遵守法律，行使检察权。"1954 年《人民检察院组织法》第 8 条规定："最高人民检察院发现国务院所属各部门和地方各级国家机关的决议、命令和措施违法的时候，有权提出抗议。"
② 《监察法》第 15 条规定了监察委员会的监督对象，但仍需有关机关出台司法解释进一步细化和明确。
③ 石少侠：《论我国检察权的性质——定位于法律监督权的检察权》，载《法制与社会发展》2005 年第 3 期。

项具体职权都是基于检察机关法律监督的宪法定位而展开的。"检察权的每一项具体的权能中都体现着法律监督的实质,每一项法定的检察权权能都是法律监督权的具体表现形式,因而检察权的全部权能在性质上都应当统一于法律监督权。"① 在这种一元化观点下,法律监督权的内容包括了检察机关检察权的所有内容,在职务犯罪侦查部门转隶前,具体包括职务犯罪侦查权、审查逮捕权、审查起诉权、诉讼监督权。虽然职务犯罪侦查权剥离于检察权后,检察权的内容发生了变化,但这一变化却解决了一直以来为人们所诟病的"自侦自诉""同体监督"的问题,促使检察机关回归监督本位,聚焦监督主业。由于与纪委合署办公,监察委员会的监督具有一定的多元性,既包括监督检查公职人员依法履职、秉公用权、廉洁从政从业以及道德操守情况的执纪权,也包括对涉嫌贪污贿赂、滥用职权、玩忽职守、权力寻租、利益输送、徇私舞弊以及浪费国家资财等职务违法犯罪活动进行调查、处置的执法权。执纪权和执法权共同构成了监察监督权的主要内容,是保障监察监督权威、高效的两大支柱。

(四) 目的不同

检察机关法律监督的主要目的在于确保诉讼行为的合法性。正如上文所言,法律监督的对象主要是诉讼领域的国家机关和工作人员,法律监督的"场域"也主要限定在诉讼领域,目的在于确保各诉讼参与主体行为的合法性,保障裁判结果的公平公正。以刑事诉讼为例,作为介于侦查机关和审判机关之间的检察机关,既要通过检察建议、排除非法证据等方式监督侦查行为的合法性,防止侦查权之恣意,又要通过抗诉方式监督审判行为的合法性,防止审判权之擅断。而立足于反腐败、以所有行使公权力的公职人员为监督对象的监察委员会,其监督的根本目的在于保证公职行为的廉洁性。监察委员会监督对象之广、监督手段之多、监督力度之大,既是出于对腐败问题严重性的现实考量,也是对以

---

① 石少侠:《论我国检察权的性质——定位于法律监督权的检察权》,载《法制与社会发展》2005 年第 3 期。

往反腐败效果不佳原因的深刻反思。腐败问题的严重性，损害了党的声誉，侵蚀了党的执政根基，而以往监督范围过窄、监督位阶不高等原因在一定程度上影响了反腐败效果。以执纪权和执法权为内容的监察监督，通过开展廉政建设，查处违纪违法职务犯罪活动，预防和整治腐败，最大程度维护公职行为的廉洁性。

二、法律监督权与监察监督权的关系：配合与制约

如上所述，由于法律监督权与监察监督权在性质、对象、内容、目的等本体方面存在不同，导致两类监督权在实际运行中不可避免地存在一些冲突。如何协调二者关系、保障各自价值目标的实现，就成了立法者不得不需要认真考虑和谨慎处理的问题。在处理二者关系问题上，修改后的宪法确立了"互相配合、互相制约"的基本原则。作为在部门法中的体现，监察法又再次重申了该项原则。而"原则"本身的抽象性和模糊性，需要我们从法教义学的角度进行具体阐释，并结合该原则在刑事诉讼中的具体样态来分析和论证规范文本中法律监督权和监察监督权配合与制约关系的应然状态。

（一）法教义学视角下的权力配合与制约

法教义学，是指"运用法律自身的原理，遵循逻辑与体系的要求，以原则、规则、概念等要素制定、编纂与发展法律以及通过适当的解释规则运用和阐释法律的做法"。① 尽管互相配合、互相制约原则在我国立法中的存在由来已久，但该原则的确切含义却有待于解释论上的进一步阐释。笔者将在下文通过运用各种法律解释方法，探析权力配合与制约的目的、内涵及其关系，以期实现对该原则法教义学上的全面考察。

1. 历史解释下权力配合与制约的目的考据

在互相配合、互相制约原则被写入1979年刑事诉讼法之前，该原则的雏形已经出现在党的有关文件中。1953年11月28日，最高人民检察署党组向中共中央报送《关于检察工作情况和当前检察工作方针

---

① 许德风：《法教义学的应用》，载《中外法学》2013年第5期。

任务的意见的报告》，针对该报告，由董必武、彭真主持的中央政法委员会党组同时提出了建议中央批准该报告的意见，意见中提到了该项原则——"法院、公安、检察署通过一系列的互相配合、互相制约的比较完善的司法制度的保证，错捕、错审、错判的现象就减少到极小的程度"，同时意见还描述了该原则在苏联刑事诉讼中的具体体现。之后，出于对"文革"中公检法三机关关系紊乱导致的一系列冤案的深刻反思，1978年宪法首先恢复了检察机关的设置。叶剑英在宪法修改报告中指出："在加强党的统一领导和依靠群众的前提下，充分发挥公安机关、检察机关、人民法院这些专门机关的作用，使他们互相配合又互相制约，这对于保护人民，打击敌人，是很重要的。"紧接着，1979年7月1日第五届全国人民代表大会第二次会议通过的刑事诉讼法，在法律层面正式确立了该项原则。而1982年宪法将其提高到宪法高度，则是对公检法三机关各自职能以及关系认识深化的结果。曾有人提出，既然刑事诉讼法已确立了该项原则，宪法没有必要重复规定。但宪法修改委员会并未采纳这一意见。① 通过梳理互相配合、互相制约原则的历史发展脉络，可以看出，将这一在司法工作中被证明行之有效的经验上升为根本法的高度，目的在于加强社会主义法治，准确有效执行法律，维护公民合法权益。

2. 文理解释下权力配合与制约的价值厘定

文理解释，是指法律可能具有的含义。所谓互相配合，字面含义就是互相支持、彼此协作。权力互相配合所预设的逻辑前提在于，"权力行使的过程是一个特定的社会关系的改变、建立与实现的过程，它不可避免地会产生利益的变动，因此，权力行使的过程会存在不同的阻力或张力"②。当不同的权力主体在某一目的方面达成共识的情况下，为了消除这些阻力或张力，就会搁置"争议"，通力合作。因此，互相配合的价值取向在于效率。具体到刑事诉讼中，互相配合表现为公检法三机

---

① 参见韩大元、于文豪：《法院、检察院和公安机关的宪法关系》，载《法学研究》2011年第3期。
② 周永坤：《规范权力——权力的法理研究》，法律出版社2006年版，第276页。

关在惩罚犯罪、保障人权的目的下，协调一致，互相支持，而不是互相扯皮、"踢皮球"。与互相配合相反，互相制约是指互相制衡、彼此约束。权力互相制约所预设的逻辑前提在于，"任何权力都可能被滥用"。出于对权力滥用的防范，权力主体在行使权力时应做到程序正当、手段合法。因此，权力互相制约的价值取向在于公正。具体到刑事诉讼中，互相制约体现为公检法三机关在分工负责、各司其职的基础上，互相监督，互相约束，预防和纠正诉讼过程中的违法情形，确保权力行使的公正、合法。

3. 目的解释下权力配合与制约的关系探究

通过上文分析，可以看出，权力配合与制约的关系，本质上是效率与公正两大核心价值的"博弈"。效率与公正在价值序列中的排位，决定了权力配合与制约关系的走向。是效率优先，还是公正优先，抑或二者并重，取决于该原则的立法初衷以及司法现状。上文对该原则立法目的的考据，为明确二者关系提供了"线索"。中华人民共和国成立初期，出于打击敌对分子和反革命势力的考虑，权力的行使更加重视效率，权力主体之间更加强调互相配合。而在社会治安好转、国家重心转为经济建设的情况下，尤其对"文革"中因权力滥用所造成的政治生态严重破坏历史教训的深刻反思后，如何规范权力的行使，就成为政治生态恢复重建需要首先考虑和解决的问题。此时，对权力行使施加外在压力的制约模式逐渐受到"青睐"。而在总结近几年曝光的一些冤假错案成因时，刑事诉讼中效率与公正价值关系的扭曲成为共性。价值理念上对高效率打击犯罪的片面追求、对程序正当性与手段合法性的忽视、对被追诉人权利的漠视，导致实践中公检法三机关的关系异化为起诉权和审判权服从和服务于侦查权。三机关关系的本末倒置，是"配合为主、制约为辅"关系模式的现实结果。因此，在综合考量权力配合与制约原则制定的历史背景、立法目的以及当下的司法现状后，笔者认为，配合与制约二者关系的理想和应然模式应为"制约为主、配合为辅"。至于制约、配合到什么程度，则是一个经验命题，需要根据司法实践反复校勘。

（二）权力配合与制约在刑事诉讼中的体现：以法律监督权与侦查权的关系为例

我国《刑事诉讼法》第7条规定，公检法三机关在刑事诉讼中的关系为"分工负责、互相配合、互相制约"。以法律监督权与侦查权的配合与制约原则为例，两类权力配合的前提在于，公安机关与检察机关在诉讼任务上具有同向性，即都是为了追究和惩罚犯罪，维护社会稳定和安宁，都是维护正常秩序的统治工具；在诉讼职能上具有同质性，即都被涵盖在大的控诉职能范畴之内，共同承担打击犯罪责任。而两类权力互相制约的目的在于，防止因权力的滥用而出现侵犯人权的现象，防范冤假错案的发生，确保打击犯罪的合法性与准确性。该原则在案件办理过程中具体表现为：在配合方面，对于公安机关移送的案件，检察机关审查后认为需要继续补充证据的，公安机关应根据办案检察官出具的补充侦查提纲，继续侦查相关事实，收集相关证据，配合检察机关对侦查取证方向的引导工作。对于被告人辩解被刑讯逼供、诱供的，公安机关应根据检察机关的要求，对取证行为的合法性作出说明；在制约方面，对于公安机关在侦查过程中存在超期羁押、非法取证情形的，检察机关有权行使检察建议权，纠正违法行为，并对由此取得的相关证据效力作出否定性评价。对于案件事实不清、证据不足，不符合逮捕、起诉条件的，检察机关有权作出不批准逮捕、不起诉的决定。为了防止检察机关不批准逮捕决定权、不起诉权的滥用，法律同时赋予了公安机关的救济权，即针对以上决定，公安机关有权申请复议、复核，等等。由此可以看出，法律监督权与侦查权的配合主要体现在一些与公民基本权利无涉的环节，如案件事实的调查、证据的收集等，其目的在于提高侦查行为的效率，探求真实；而在关涉公民基本权利的问题上，如强制措施的适用等，二者的关系更多地体现为制约，目的在于确保侦查行为的合法性，保障人权。虽然司法实践中发生的一些冤假错案，暴露了权力配合制约原则在实际操作中存在的一些问题，但这些问题的存在与该原则本身并无太大关系，而是由于权力配置上的不均衡导致了侦查权的过于"强势"，造成了规范文本中"互相配合、互相制约"的理想状态在实践中被扭曲为"配合过度、制约不足"的司法乱象。该原则不应为此司法乱象"背锅",而实践中的某些错误做法更不能直接作为该原则的注脚。

(三) 法律监督权与监察监督权的配合与制约

虽然监察监督权的性质不同于侦查权,但在规范法律监督权与监察监督权关系问题上,监察法吸收了以往的立法经验,确立了二者配合与制约的关系模式。监察法对此作出明确规定,是将客观存在的工作关系制度化、法律化,有利于监察监督权依法、高效、正确行使。其中"互相配合",主要是指监察机关与检察机关在办理职务违法犯罪案件方面,要按照法律规定,在正确履行各自职责的基础上互相支持,不能违反法律规定各行其是、互不通气,甚至互相扯皮;"互相制约",主要是指监察机关与检察机关在打击职务违法犯罪过程中,通过程序上的制约,防止和及时纠正错误,以保证案件质量,正确应用法律惩罚职务违法犯罪活动。法律监督权与监察监督权配合与制约关系在监察法诸多具体程序的设置上均有所体现:在互相配合方面,监察法规定,对经调查发现公职人员涉嫌职务犯罪的,监察委员会应将调查结果移送人民检察院依法审查、提起公诉。人民检察院在工作中如发现公职人员涉嫌贪污贿赂、失职渎职等职务违法犯罪线索的,应当移送监察委员会调查处置。对涉嫌犯罪取得的财物,监察委员会应当随案移送人民检察院。人民检察院经审查,认为需要补充核实的,应当退回监察委员会补充调查,监察委员会需在法定期限内补充调查完毕。对于需要启动没收违法所得程序的,监察委员会可以提请人民检察院向人民法院提出没收违法所得申请。在互相制约方面,主要体现在强制措施适用和不起诉权行使方面。对监察委员会移送的案件,人民检察院依照刑事诉讼法对被调查人采取强制措施。人民检察院对符合不起诉情形的,经上一级人民检察院批准,依法作出不起诉决定,监察委员会认为不起诉决定有错误的,可以向上一级人民检察院提请复议。

三、法律监督权与监察监督权配合制约机制实际运行中的几个问题探讨

宪法层面权力配合与制约机制的落地，离不开具体部门法的配套支持。虽然监察法以及 2018 年修改后的刑事诉讼法对法律监督权与监察监督权的配合与制约作出了一些规定，但相较于复杂的司法实践，这些规定仍略显粗疏。① 目前法律监督权与监察监督权配合制约机制主要存在以下几个问题：

（一）立案方面

立案作为我国刑事诉讼基本制度，通常是指侦查机关将可能涉嫌犯罪的案件立为刑事案件的活动。与国外对侦查（调查）行为进行司法审查与令状主义不同，立案在我国刑事诉讼中不仅标志着刑事诉讼程序的正式开启，还意味着一切限制人身、财产自由的强制处分行为（包括技术侦查措施在内）此时方可适用，即只有立案后的一系列侦查（调查）行为才被纳入检察机关法律监督乃至法院审判的范围之内。从这个角度看，立案为侦查（调查）行为提供了合法化依据。

从目前监察监督权的运行现状来看，监察委调查行为的发起，并不以刑事立案为前提。根据纪委的办案规则②可以看出，监察立案与纪检立案协调一致。此处的纪检立案是以存在严重违纪需要追究党政责任为前提条件。而通过对职务犯罪判决书的研判③，可以发现，监察法中的

---

① 2018 年修改后的《刑事诉讼法》第 170 条、第 172 条以及《监察法》第 47 条涉及法律监督权与监察监督权的配合与制约，且这些规定仍有进一步细化的空间。
② 如《中国共产党纪律检查机关监督执纪工作规则（试行）》第 25 条规定："经过初步核实，对存在严重违纪需要追究党政责任的，应当立案审查。凡报请批准立案的，应当已经掌握部分违纪事实和证据，具备进行审查的条件。"
③ 笔者用"北大法宝"收集了国家监察体制改革以来的一些职务犯罪判决书，发现有些判决书写明了监察委立案时间，有些则没有。参见山西省太原市中级人民法院 2018 晋 01 刑终 247 号、山西省阳泉市中级人民法院（2018）晋 03 刑终 13 号、浙江省杭州市中级人民法院（2017）浙 01 刑终 995 号、山西运城市中级人民法院 2017 晋 08 刑终 400 号。

监察立案①，也并非刑事诉讼法中的刑事立案，而是既包括对违反政纪的国家工作人员立案，也包括对违纪同时涉嫌犯罪的人员立案。这种调查行为不以立案为前提条件、违法违纪立案与刑事立案"一体化"的做法，不仅造成国家刑事程序法制的不统一、未能适当兼顾一部分关联案件的立案、刑事追诉时效制度的适用存在法理障碍、强制调查措施的区别适用存在困难等问题②，而且也容易导致检察机关法律监督对象的"模糊化"、监督时间节点的"不确定化"，即检察机关不知道该对监察机关什么时候采取的哪些调查行为有权实施法律监督。

目前学界关于在监察委员会办理职务犯罪案件活动中确立刑事立案程序，并无太大分歧，但关于立案的主体以及时间节点，则存在不同观点。一种观点认为，对于监察机关移送审查起诉的案件，人民检察院应当依照刑事诉讼法和监察法有关规定立案，并进行审查。理由主要是监察机关开展调查取证工作是履行"监察调查程序"，而非刑事诉讼程序，"调查"不是刑事诉讼法意义上的概念，刑事诉讼法并没有对监察机关的权力行使有任何赋权或者权力制约。在这种情况下，监察机关立案调查某起案件，即使对涉嫌职务犯罪的被调查人采取限制人身、财产自由的措施，也并不意味着一项案件进入刑事诉讼程序。如果以监察机关立案作为职务犯罪案件刑事诉讼的起点，则有失刑事案件处理的准确性、严肃性，不利于树立公信力。还有一种观点认为应由监察委员会进行立案，但需适当区分立案标准、明确立案条件。如对于一般违法违纪行为可以不立案直接处理，而经过初核已确认犯罪嫌疑，需要追究刑事责任的，可以直接予以刑事立案。在这种情况下，监察立案与刑事立案一步完成。③笔者同意第二种观点。刑事立案是违法案件侦查向犯罪案件侦查过渡的转折点，是侦查机关实施限制公民人身、财产自由强制处分行为的前置程序。刑事立案决定由谁作出、在什么时间节点作出，关

---

① 《监察法》第39条第1款规定，经过初步核实，对监察对象涉嫌职务违法犯罪，需要追究法律责任的，监察机关应当按照规定的权限和程序办理立案手续。
② 参见龙宗智：《监察与司法协调衔接的法规范分析》，载《政治与法律》2018年第1期。
③ 参见龙宗智：《监察与司法协调衔接的法规范分析》，载《政治与法律》2018年第1期。

系着各种强制处分行为是否会被滥用,进而影响侦查对象的人权保障程度。虽然调查与侦查的名称不同,但在具体调查过程中同样有可能会限制公民的人身、财产自由,因此调查过程中的强制处分行为同样应接受检察机关的准司法审查。由监察委员会行使刑事立案决定权,不仅可以规范各种强制处分措施的适用,同时也明确了检察机关法律监督的对象和目标。若将刑事立案推迟至检察环节,则检察机关对刑事立案前监察委员会的强制处分行为存在监督盲区,不利于法律监督与监察监督的衔接与制衡。

(二) 级别管辖方面

所谓级别管辖,是指不同层级的司法机关根据案件可能判处的刑期、社会危害性、犯罪严重程度等享有不同的管理权。我国刑事诉讼法第二章关于级别管辖的规定虽然是"审判管辖"①,并不直接约束侦查管辖、起诉管辖,但由于法律所规定的同级移送,因此实践中侦查管辖、起诉管辖都是以审判管辖为导向,即侦查(调查)机关移送审查起诉以及检察机关提起公诉都要符合级别管辖的法律规定。在检察机关职务犯罪侦查职能转隶之前,原有纪检监察机构监督力量的配置呈现出一种"倒三角"模式,即纪检监察机构级别越往上,监督力量越大,监督能力越强。虽然监察委员会承担职务犯罪侦查职能后,监督力量有所下沉,但总体而言,市级以上监察委员会的监督能力仍然较强,级别较高或较为重大的案件仍然交由市级以上监察委员会查办。这就可能产生市监察委员会乃至省监察委员会查办的案件交由下级监察委员会移送起诉的问题。然而,哪些交由下级移送、哪些直接由本级(主要是地市一级)移交,法律并未作出明确的规定。② 因此,需要借鉴刑事诉讼法关于审判管辖的规定,对各级监察机关的管辖范围作出明确规定,以便实现与检察机关、审判机关级别管辖的协调衔接。

---

① 《刑事诉讼法》第20条、第21条规定,一审刑事案件由基层人民法院管辖;危害国家安全、恐怖活动案件,可能判处无期徒刑、死刑的案件由中级人民法院管辖。
② 监察法第三章虽然规定了监察事项的上级提管、下级送管和指定管辖,但并未明确级别管辖。

（三）留置方面

作为"双规""双指"的替代性措施，留置被写入了监察法。而留置与逮捕等强制措施的衔接问题，《刑事诉讼法（修正草案）》对此也作出了回应。①留置措施的适用，不仅提高了查办贪腐案件的整体效能，同时也提升了监察委员会调查手段的法治化水平。但通过分析监察法关于留置的相关规定②，可以看出，留置措施具有以下几个特点：第一，留置决定作出的单方性。虽然留置以及留置期限延长需要报上一级监察委员会批准或备案，但整体而言，留置以及延长期限决定仍是由监察委员会单方面作出。第二，留置程序运行的封闭性。无论是留置决定的作出还是留置后的羁押状态，都不允许第三方的审查或者介入。第三，留置期限延长审批程序的相对简单性。留置最长实施期限为6个月，而逮捕的期限可以到7个月，虽然留置的最长期限略短于逮捕，但逮捕期限的延长受到严格的程序限制，一共需要3次且每一次增加期限都有严苛的审批条件和复杂的程序设置。而与逮捕相比，留置期限的延长所受到的规制则稍逊一些。留置措施具有的以上特点，表明其法治化程度仍有进一步提升的空间。如果担心律师介入留置可能会有碍调查，那么监察委员会可以尝试检察机关法律监督的适当介入。这不仅与检察机关法律监督者角色定位相符，同时也有利于保障被留置人人权。检察机关法律监督介入留置，需明确以下几点：第一，介入目的。检察机关法律监督介入留置的主要目的在于规范留置行为，防范留置权滥用，在不干扰监察委员会正常开展调查工作的前提下保障被留置人的基本权利。第二，介入方式。检察机关可以依通知也可以依职权主动介入留

---

① 《刑事诉讼法》第170条规定，对于监察机关采取留置措施的案件，人民检察院应当对犯罪嫌疑人先行拘留，留置措施自动解除。人民检察院应当在拘留后的10日以内作出是否逮捕、取保候审或者监视居住的决定。在特殊情况下，决定的时间可以延长1—4日。

② 《监察法》第43条第1款、第2款规定，监察机关采取留置措施，应当由监察机关领导人员集体研究决定。设区的市级以下检察机关采取留置措施，应当报上一级监察机关批准。省级监察机关采取留置措施，应当报国家监察委员会备案。留置时间不得超过3个月。在特殊情况下，可以延长一次，延长时间不得超过3个月。省级以下检察机关采取留置措施的，延长留置时间应当报上一级监察机关批准。监察机关发现采取留置措施不当的，应当及时解除。

置。对于在本地区社会影响比较大、媒体关注度比较高的职务犯罪案件，监察委员会可以通知检察机关法律监督介入留置。对于被留置人家属或者其他公民向检察机关反映留置中可能存在被留置人基本权利受损情形的，检察机关可以依职权主动介入。第三，介入结果。检察机关法律监督介入留置后，发现存在侵犯被留置人基本权利情形的，检察机关可以口头或者书面纠正。

（四）其他技术性细节方面

法律监督权与监察监督权配合制约机制在某些技术性细节方面的不完善、不明确，导致实践中操作标准不统一，影响了该机制的正常、有效运行。这些不完善、不明确的技术性细节问题，具体而言，包括以下几点：第一，逮捕后的讯问问题。《刑事诉讼法》第94条规定，人民法院、人民检察院对于各自决定逮捕的人，公安机关对于经人民检察院批准逮捕的人，都必须在逮捕后24小时内进行讯问，在发现不应逮捕的时候，必须立即释放，发给释放证明。然而由于监察法和刑事诉讼法对于监察委员会移送审查起诉检察机关决定逮捕后的讯问并未作出明确规定，导致两家对这一问题存在一定争议。笔者认为，逮捕后讯问是有关机关听取犯罪嫌疑人意见、了解案件事实、防范冤假错案的重要途径，且在检察机关职务犯罪侦查部门转隶前，该程序一直存在。① 因此该程序所具有的人权保障的独立价值不应被抹杀。笔者建议，未来监察法以及刑事诉讼法修改时应明确，对于监察委员会移送审查起诉检察机关决定逮捕的，监察委员会应当在24小时内进行讯问。第二，换押问题。换押制度的价值在于，准确掌握在押犯罪嫌疑人、被告人羁押期限，有效预防和纠正超期羁押，维护在押犯罪嫌疑人、被告人合法权

---

① 《人民检察院刑事诉讼规则（试行）》第337条第1款规定，对被逮捕的犯罪嫌疑人，下级人民检察院侦查部门应当在逮捕后24小时以内进行讯问。

益。在以往的刑事诉讼活动中，公检法三机关之间实行严格的换押制度。① 而目前实践中，由于法律并未对监察委员会移送检察机关以及检察机关退回监察委员会补充调查的换押问题作出明确规定，导致双方在这一问题的认识上存在一定分歧。由于未适用换押制度，导致检察机关退回补充调查后犯罪嫌疑人仍处于检察羁押环节，犯罪嫌疑人超期羁押的情况不同程度地存在。此种情况下，检察机关只能向看守所出具情况说明，看守所在案件系统中单独注明。笔者认为，换押作为一项明确刑事诉讼活动中各机关羁押审查职责、督促各机关遵守羁押期限规定的重要制度设计，可以有效地预防和纠正超期留置、超期羁押等问题。因此，笔者建议，未来有关机关在制定出台有关职务犯罪案件办理程序司法解释时，应考虑引入该项制度。第三，线索移送问题。以行政权侵犯公共利益案件为例，由于目前立法层面缺乏案件线索相互移送方面的具体可操作性规范，导致实践中行政权侵犯公共利益的案件，要么只有检察机关简单提起行政公益诉讼，要么只是监察机关对其中可能涉及的职务犯罪单方面调查，弥补受损公共利益与查处个人职务犯罪的需求不能有效兼顾。笔者建议，可以借鉴"行政执法与刑事司法衔接机制"多年来探索的经验，在行政权侵犯公共利益案件方面建立检察与监察信息共享平台，进一步整合案件线索资源，提高案件线索发现能力。如监察机关在查办涉及国家工作人员玩忽职守、滥用职权案件中，发现有可能需要启动行政公益诉讼程序的，可以建议同级检察机关提前介入案件工作；同样，检察机关在办理行政公益诉讼案件中，认为需要追究相关国家机关及其公职人员党纪政纪、违法犯罪刑事责任的，也可以建议同级监察机关提前介入案件工作，充分利用各自业务职能优势，实现法律监督与监察监督的有效衔接，以达到维护公共利益和惩治腐败犯罪的双重目的。

---

① 最高人民法院、最高人民检察院、公安部《关于羁押犯罪嫌疑人、被告人实行换押和羁押期限变更通知制度的通知》对换押范围和程序作出了明确规定，其中规定侦查机关侦查终结，移送人民检察院审查起诉、人民检察院退回侦查机关补充侦查、侦查机关补充侦查完毕后重新移送人民检察院审查起诉以及人民检察院提起公诉，移送人民法院审理等情形，办案机关均应办理换押手续。

四、结语

监察委员会的成立,标志着监察监督权作为一支独立的权力监督力量,开始出现在我国权力监督"版图"中。而这必然涉及与现有的权力监督方式,尤其与作为专门的法律监督机关——检察机关法律监督权的关系问题。法律监督权与监察监督权究竟应确立怎样的关系,不仅影响两类监督权的实际运行效果,更关乎着刑事诉讼中所确立的一些基本价值目标的实现,甚至毫不夸张地说,更关乎着我国反腐败工作的未来成效。可以说,法律监督权与监察监督权的关系,是监察监督权与其他所有权力监督方式关系中最重要、最核心、最复杂,也是亟须理顺的关系。对此,修改后的宪法以及监察法作出了回应,即确立了法律监督权与监察监督权的配合制约原则。然而,如何将该原则落地,如何将该原则的精神落实到具体的案件办理过程中,是包括监察法和刑事诉讼法在内的部门法未来修改完善时应当考虑的重要问题。只有不断完善法律监督权与监察监督权配合制约机制,才能更好地发挥法律监督权与监察监督权各自的功能优势,形成对腐败的震慑和高压态势,并兼顾效率与公正、惩罚犯罪与保障人权等基本价值目标的实现,推进国家治理体系和治理能力的现代化。

监察调查案件退回补充调查程序研究

范智凯[*]

2016年国家监察体制改革试点工作开展至今，刑事诉讼法与监察法衔接问题一直是理论界和实务界关注的热点。其中，监察立案向刑事立案转化、监察留置措施向刑事强制措施转化、认罪认罚效果和非法证据排除等问题被广泛论证。监察机关调查职务违法和职务犯罪时适用监察法，案件移送检察机关后适用刑事诉讼法。但是值得注意的是，案件移送并非一成不变的"顺向"过程，相反有"倒流"的可能，这是由于监察法和刑事诉讼法规定，检察机关对监察机关移送案件进行审查，审查后认为需要补充核实的，应当退回监察机关补充调查，即案件在移送检察机关后可能会重新回到监察机关。因此，与立案衔接、强制措施衔接和证据规则衔接等"顺向"衔接不同的是，在退回补充调查程序中监察与司法的衔接呈现"交错性"的特征。这种特殊设计带来的程序问题是：已经进入刑事诉讼程序的案件在被退回至非刑事诉讼专门机关后该适用何种程序，已经生效的刑事诉讼活动与正在进行的监察调查活动是何种关系，这些问题是否可以依据法解释学在现行法律规定中找到合理的答案，对于现实问题所反映出的理论困境如何依据刑事诉讼法理和保障人权理念探求正确的解决方案。有鉴于此，本文将对退回补充调查程序进行立法分析和理论分析，探寻退回补充调查程序的本质，为解决实践问题提供符合立法精神和程序法理的路径。

---

[*] 西南政法大学法学院2018级诉讼法学（刑事诉讼法方向）硕士研究生。本文系西南政法大学科研创新项目"监察移送案件退回补充调查程序研究"（FXY201965）的阶段性成果。

一、退回补充调查程序立法现状及其存在的问题

（一）立法现状

从立法层面来看，目前退回补充调查程序存在于"法律—其他规范性文件—有权解释"三级规定中。在法律规定方面，退回补充调查程序在刑事诉讼法和监察法中均有体现。《刑事诉讼法》第170条规定："人民检察院对于监察机关移送起诉的案件……人民检察院经审查，认为需要补充核实的，应当退回监察机关补充调查，必要时可以自行补充侦查。"《监察法》第47条规定："对监察机关移送的案件……人民检察院经审查，认为需要补充核实的，应当退回监察机关补充调查，必要时可以自行补充侦查。对于补充调查的案件，应当在一个月内补充调查完毕。补充调查以二次为限。"可以看出，两部法律同时规定了人民检察院在审查起诉过程中认为案件需要补充核实的必须退回到监察机关进行补充调查，并且以退回监察机关补充调查为原则，以检察机关自行补充侦查为例外。所不同者，监察法中还规定了补充调查的期限和次数，而刑事诉讼法中并未规定。因为根据改革设计者的思路，监察法负责调整监察机关的职权活动，刑事诉讼法并不调整监察机关，只调整公安司法机关，因此其只规定了人民检察院的"退回"机制而没有规定监察机关的"调查"机制。

除刑事诉讼法和监察法外，国家监察委员会和最高人民检察院联合出台的《国家监察委员会与最高人民检察院办理职务犯罪案件工作衔接办法》（以下简称《衔接办法》）中对退回补充调查程序作出了细化规定。《衔接办法》第37条规定了案件退回的实体法条件，即"犯罪事实不清，证据不足"；第38条规定"补充调查期间犯罪嫌疑人沿用人民检察院作出的强制措施，人民检察院应当书面通知看守所，并规定国家监察委员会需要讯问被调查人的，人民检察院应当予以配合"；第39条规定了补充调查后的处理程序，即"补充调查结束后需要提起公诉的，应当由国家监察委员会重新移送最高人民检察院，审查起诉期限重新计算"。但是对于补充调查后发现不符合起诉条件、不需要提起公

诉的案件如何处理,《衔接办法》中没有作出规定。根据中央纪委研究室的权威解释,退回补充调查案件共有五种情况,分别是:证据不充分;新的同案犯或新罪行;不应当追究刑事责任;改变罪名或增减犯罪事实;补充调查决定不当。对于第一、二、五种情况采取"移送检察机关审查"方式,对于第四种情况采取"重新提出处理意见,并重新移送检察机关审查"方式,对于第三种情况采取"重新提出处理意见,并将处理结果通知退查的检察机关"的方式。① 值得注意的是,中央纪委研究室在解释中认为,存在"无法补充的证据"的案件仍然移送检察机关审查。简言之,对补充调查结果的处理并非一概移送检察机关审查,存在移送、重新移送和不再移送之分。

(二)存在的问题

从理论层面来看,当前立法存在的核心问题在于退回补充调查程序的性质不明,在现有的立法规定中既有刑事程序的内容,也有监察程序的内容。从刑事诉讼法和监察法中的寥寥数语并未直接指明退回补充调查程序的性质和直接适用的法律规范,有权机关的相关介绍、解释和说明中也回避了这一重要的定性问题,相反留下了许多争论空间。在理论界有"监察调查程序说"与"刑事诉讼程序说"两种针锋相对的观点,但是两种说法都有与实际中具体规定和运行操作不相吻合之处。

从《衔接办法》和中纪委的解释中来看,退回补充调查程序时而是刑事诉讼程序,如对犯罪嫌疑人沿用刑事强制措施;时而又像是回到了监察调查程序,如监察机关有权讯问被调查人、有权决定案件重新移送。在处理案件的方式上,监察机关将证据无法补充的案件交由检察机关审查决定是否提起公诉,那么说明案件仍然处于刑事诉讼阶段,检察机关有权决定案件走向,但是将不需要追究刑事责任的案件自行处理,以"通知"的方式代替移送,则让人感觉案件已经回到了监察调查阶

---

① 中央纪委研究室:《监察体制改革试点工作权威答疑——对检察机关退回补充调查案件,监察机关应如何处理?》,载中央纪委国家监委网站,http://www.ccdi.gov.cn/yaowen/201801/t20180126_162663.html,2018年1月20日最后访问。

段，监察机关有权作出实质性变更，而漏人、漏罪的案件重新处理也需要建立在重新调查的基础上，事实上重新调查已经超出了补充调查的范围，这种处理思路上的不统一背后是对退回补充调查程序的认识不清。值得思考的是，退回补充调查程序在立法上的性质不明很可能引发在实践中的适用难题。

1. 案件当事人身份问题和律师介入问题

首当其冲的即是被追诉人的身份问题，监察法和刑事诉讼法均未规定补充调查期间的案件当事人是否沿用犯罪嫌疑人身份或是回到被调查人身份。从《衔接办法》第38条来看，补充调查期间被追诉人同时具有犯罪嫌疑人和被调查人的身份，但是这两种身份来自不同的部门法规定，二者一旦发生冲突很难调节。最突出的问题就是辩护律师的履职问题，由于犯罪嫌疑人享有辩护权，辩护律师有权介入案件、了解情况、代为申诉和调查取证等，但是监察调查期间辩护律师等权利不被监察机关认可，无法介入案件，那么在补充调查案件中，已经在之前的审查起诉时期介入案件的辩护律师能否继续履行辩护职能，如果辩护律师要求向监察机关了解情况、控告监察调查人员该如何处理，如果案件当事人要求会见律师、要求向人民检察院申诉该如何处理，当前立法中还没有明确回答，但这些都是实践中十分重要且引发案件当事人和辩护律师密切关注的问题。

2. 人身自由限制措施问题

这也是笔者在实地调查中发现诸多监察机关、检察机关密切关注的问题。监察法和刑事诉讼法中未明文规定补充调查期间适用的强制措施。有观点曾提出对于退回补充调查的案件应当重新适用留置措施，但是由此会引发换押的风险和烦琐，更重要的是，留置适用需要一定条件，对于不符合留置条件的案件当事人如何处理也会令办案机关十分为难。《衔接办法》规定仍然沿用刑事强制措施，已经采取羁押性强制措施的犯罪嫌疑人固然很难逃跑、串供等，但是被采取取保候审、监视居住的人如果违反规定毁灭、隐匿证据或者试图逃跑、自杀的，究竟是由监察机关予以留置还是检察机关转化逮捕？如果监察机关采取了留置措施,作为犯罪嫌疑人的辩护律师还能否会见当事人?如果检察机关决定逮捕,则在补充调查期间检察机关是否有权作出直接影响案件情况的决定,是否会影响到监察权能的实现?

3. 程序主导权问题

退回补充调查程序的性质不明还会引发程序主导权不明的问题,即退回补充调查案件的负责主体应当是作出退查决定的检察机关还是具体办案的监察机关?如果退回补充调查程序是监察程序,主导权在监察机关,那么监察机关自行处理无罪案件的方式是合法合理的,但是与其他不作出处理结果直接移送案件的方式相矛盾,也侵犯到检察机关作为退回补充调查决定主体的法律监督地位;如果退回补充调查程序是刑事程序,案件主导权在检察机关,那么监察机关不再移送的方式显然侵犯了检察机关的审查起诉权,有损司法权威,更可能有失公正,违背了宪法规定的监察机关与检察机关互相制约原则,也违背了"任何人不能做自己的法官"的基本法理。

可以说,在退回补充调查程序的性质尚未厘定分明之前,这些问题都难以找到明确的出路,无论哪种方案都会受到质疑。这是因为在退回补充调查程序中,实际上形成了一套监察法体系和一套刑事诉讼法体系,两种模式在职能构造上的相似和权力来源的不同导致实践中程序适用"左右为难",都会给办案机关带来不便,影响工作效率,还可能导致责任划分不明确、负责衔接机关之间争夺主导权或者互相推诿。在实践中,一些高级别公务人员的职务犯罪案件通常由上级检察院指定下级检察院办理,程序性质模糊不明的退回补充调查显然会给这种复杂的办案流程带来不必要的麻烦。更重要的是,从保障人权的角度来看,这种程序上的不确定性非常不利于公民保障自身的合法权利,尤其是在辩护权的实现上,目前监察法没有赋予被调查人足够的防御权利,更没有律师介入的空间,如果武断地将退回补充调查程序理解为监察程序,再次剥夺被调查人行使已经依据刑事诉讼法取得的辩护权,实际上是剥夺了被调查人的合理期待,有违基本的人权保障理念。同时,办案机关适用程序不明也限制了公民对办案流程的知情权。从长远来看,这种立法规定不明更不利于反腐败斗争法治化的推进。

二、成因剖析：基于两个关键词的展开

检察机关作为追诉犯罪"流水线作业"上的质检员，对不符合公诉标准和刑事审判要求的案件予以退回修补直至终结该项作业，通过这样一种程序设计既能保障案件质量，又能对监察机关的调查工作形成有效的监督和制约。① 为何如此重要的制度设计会出现在立法上定性不明的缺憾，除了现实考量、立法技术之外，笔者认为还应当回到退回补充调查程序本体的研究中破除迷局。借鉴古人的说文解字之法，退回补充调查程序性质不明的成因概括来讲是基于两个关键词："退回"和"调查"。

（一）"退回"：独特的程序设计

无论是新生的退回补充调查，还是早已有之的退回补充侦查，都是由于检察机关认为案件证据不充分、需要补充核实，为了对实体性内容进行补救而设计的一种程序倒流机制。② 巡历各国刑事诉讼制度，无论是强调正当程序的英美法系，还是强调实体真实的大陆法系，通过法定的程序发现案件真实都是刑事诉讼追求的目标之一，③ 必要的反复盘查被认为是合理的，补充取证的方式同样存在于域外，但是否同样存在程序倒流，还有待详细考察。

考察国外是否存在补充侦查，侦查程序构造中的检警关系是重要视角。瑞典学者布瑞恩·艾斯林依据侦查程序中的检警关系提出三种模式："警官检察官模式"，指警官同时负责侦查和起诉职能；"检察官引导模式"，指检察官在侦查程序中负责引导侦查；"警察主导模式"，指警察主导侦查，将起诉工作移交检察官。④ 在英国，传统上奉行"警官

---

① 参见中央纪委国家监委：《监察机关认真履行调查职责，检察机关认真履行审查起诉职责》，载《中国纪检监察报》2018年11月29日。
② 参见汪海燕：《论刑事程序倒流》，载《法学研究》2008年第5期。
③ 参见汪海燕：《论刑事程序倒流》，载《法学研究》2008年第5期。
④ 参见［瑞典］布瑞恩·艾斯林：《比较刑事司法视野中的检警关系》，载《人民检察》2006年第22期。

检察官模式",警官同时担负着检察官应有的起诉职责,但近年来皇家检察署的法定起诉权逐渐扩张,有向"警察主导模式"发展的趋势,皇家检察官虽然没有侦查权,但是依照《皇家检察官守则》第 3 条有权审查警方移交的案件并决定是否起诉,可以通过变更指控或终止诉讼的方式迫使警察机关补充侦查。① 在美国联邦司法系统中,联邦检察官在决定是否向大陪审团提交案件时也有权要求警察补充证据或自行补充。在普遍实行"检察官引导模式"的大陆法系国家中,检察官拥有指挥侦查权,警察机关被视为检察官的辅助机关,检警一体化程度较高,在德国、法国和意大利等地,侦查程序完全由检察官主导,检察官在认为案件证据充足后决定侦查终结,因此并无侦查终结后将案件发回的内在需要,德国刑事诉讼法还规定检察院在提起公诉后仍需按照法院指令补充侦查不得拒绝;在日本,检察官都有权在侦查终结后命令司法警察补足证据并规定期限内补足、期满后必须移交检察官审查,检察官对存疑案件作出不起诉决定。

值得注意的是,上述国家尽管存在补充侦查,但是并没有因补充核实的需要而导致程序倒流,更没有因程序倒流导致案件所处的诉讼阶段不明。笔者认为,这主要是基于两点原因:第一,上述国家尤其是大陆法系国家的检警关系十分密切,检察官有指挥或指导侦查之权;第二,侦查活动通常被视为公诉之准备活动,审前程序中的侦诉程序关系密切。在英国,传统上警察具有侦控一体的地位,不过皇家检察官的权力也逐渐扩张;德国刑事诉讼法中有明确表示侦查程序是"公诉之准备";日本学者小野清一郎提出"侦查一般是为进行提起和实行公诉的准备活动"。② 可见这些国家的侦查活动目的十分明确,那就是服务于公诉的需求,为检察官提起公诉收集证据,整个审前程序是一体的,主导权牢牢掌握在检察官手中,实际上是只有"补充"没有"退回"。

---

① 参见孙长永:《探索正当程序——比较刑事诉讼法专论》,中国法制出版社 2005 年版,第 34 页。
② 参见[日]土本武司:《日本刑事诉讼法要义》,董璠兴、宋英辉译,五南图书出版公司 1997 年版,第 83 页。

反观我国，公安机关、检察机关和审判机关在办理案件时遵循"分工负责、互相配合、互相制约"原则，侦查、审查起诉和审判三阶段都有独立的启动程序和终结程序，"层层把关"式诉讼构造明显，诉讼阶段分明，公安司法机关分工负责、层层过滤、协同作战，共同完成刑事诉讼任务。① 在这样的诉讼格局下，侦查机关不是为检察机关提起公诉服务的，反而是检察机关必须对侦查机关提出的有罪结论悬丝诊脉，确保其能够经受住审判的考验。基于追诉犯罪的内在动力和考核机制的需求，侦诉主体很难直接对侦查结论给予否定性评价，而审查起诉程序中的检察机关不具有强制侦查的权限和能力，只得借助"程序倒流"方式，将案卷材料转回"上游"环节，并尽可能通过材料补充来矫正案件瑕疵。② 对于确实发生不再需要追究刑事责任的案件，侦查机关为了避免不起诉决定带来的不利后果，依据其侦查主导者身份采取不再移送的方式，依据主要是司法解释，法律并未明确赋予侦查机关有权不再移送。应该说，我国的侦查机关在补充核实证据时的主动性、灵活性是高于前述各国模式的，在刑事诉讼程序中有着充分的回旋余地。但这种做法实际上牺牲了被追诉人及时获得无罪评价的时效利益，也不利于彰显检察机关法律监督地位的权威，还会使程序推进有草率和拖沓之嫌。推而论之，在职务犯罪案件办理中，"调查—公诉"模式取代了过去的"侦查—公诉"模式，③ 监察调查程序由于是非刑事程序，因此程序上的阶段性更为明显，在取证活动中监察机关与公安机关相比几乎完全不受检察机关的监督，独立性和灵活性更强，因此"程序倒流"带来的风险也就更大。

事实上，我国对"程序倒流"的态度也趋向谨慎，法律和司法解释正在逐步扩大不起诉决定的适用空间，压缩"程序倒流"的不当使用，如曾经饱受诟病的"退回公安机关处理"已经加上了"检察机关

---

① 参见闫召华：《刑事非法证据柔性排除研究》，载《中外法学》2018年第4期。
② 参见李奋飞：《从顺承模式到层控模式——"以审判为中心"的诉讼制度改革评析》，载《中外法学》2016年第3期。
③ 参见李奋飞：《"调查—公诉"模式研究》，载《法学杂志》2018年第6期。

依法作出不起诉决定"的前置条件,"退回本院侦查部门"的做法已经随着检察机关自侦部门转隶而不再使用,"退回公安机关补充侦查"和"退回监察机关补充调查"有明确的次数和时间限制,检察机关作为法律监督机关对侦查活动的监督效能增强,尤其是检察机关提前介入机制的运行,在侦查阶段检察机关指引证据的收集并监督取证活动的合法性,一定程度上减少了"程序倒流"的发生。从更深层次原因来看,这是由于"以审判为中心"正逐步取缔"侦查中心主义",侦查活动受到更多来自检察机关的制约。同时,在我国"以审判为中心"的刑事诉讼制度改革下,强调实体公正与程序公正并重的理念正在形成,在"层层把关"式诉讼构造下不但注重刑事程序结果上的公正,还保证程序过程的公正,按照刑事诉讼规律的要求,"顺向推进"诉讼进程。

(二)"调查":特殊的立法定位

与以往的"程序倒流"不同的是,退回补充调查有更加复杂之处。无论是退回补充侦查还是发回重审或是退回公安机关处理,相互流转的两个程序都没有脱离刑事诉讼程序的范畴,而退回补充调查程序则不同,监察调查不是刑事侦查,由监察法调整而不受刑事诉讼法调整。这就意味着在职务犯罪案件办理中,一旦"程序倒流",将会是两个不同的部门法之间的流转,涉及的是司法机关与非司法机关之间的职权调配、刑事诉讼程序与监察调查程序之间的衔接。由于调查的特殊定位,两种不同法源下的"程序倒流"便会引发退回补充调查程序是刑事诉讼程序还是监察调查程序之问。

在国家监察体制改革中,改革设计者一再强调监察机关是"政治机关",不是行政机关、司法机关,监察调查活动不是刑事诉讼活动。在国家立法中,监察调查权有着一套独立的职权体系、与侦查权不同的立法设计。第一,调查目的与侦查目的不同。对比刑事诉讼法与监察法中关于侦查与调查的定义,二者均具有查明案件事实真相的目的,但是调查权具有侦查权所不能涵盖的"教育、感化、挽救"的指导方针,调查取证不仅是为了追诉犯罪,还有贯彻"惩前毖后,治病救人"的目的,这是侦查权所不具有的特殊目的。第二,监察调查的范围不仅限于犯罪行为，还包括一般的职务违法行为。根据监察法的规定，监察委员会对涉嫌贪污贿赂、滥用职权、玩忽职守、权力寻租、利益输送、徇私舞弊以及浪费国家资财等职务违法和职务犯罪进行调查。而刑事诉讼法显然无法规定对违法行为的查处程序。从监察实践中来看，职务违法行为的范围十分广泛，这就是使得监察调查范围远远大于刑事侦查的范围。第三，监察调查权是取证行为和限制人身自由措施的综合。不同于刑事诉讼法中侦查与强制措施的分立，具有一定羁押性的留置措施在监察法中与讯问、查封、扣押、冻结等同属于调查措施，而且根据《监察法》第22条的规定，只要符合"案情重大、复杂"条件的，监察机关即可经批准采取留置措施。相较于刑事诉讼法，监察留置的适用要易于拘留、逮捕等羁押性强制措施，与防止"以捕代侦"不同，留置几乎是调查取证，尤其是突破口供的必要手段，进而成为与讯问同质的调查措施。① 第四，监察调查具有一定的公开性与特殊作用。监察法规定立案调查决定应当向被调查人宣布，并通报相关组织，涉嫌严重职务违法或者职务犯罪的，应当通知被调查人家属，并向社会公开发布；而一些严重的刑事犯罪尤其是涉及国家安全、恐怖活动等严重犯罪一般在侦破前不会向社会公开，遵循严格的侦查保密原则。② 监察案件不仅立案时会向社会公布，在调查终结后一般也会向社会公开，既体现了监察机关接受社会监督，也能加强反腐败斗争的宣传效果，更起到了对其他公务人员的震慑作用。③ 第五，监察调查的立法规范带有浓厚的"职权信赖"色彩。与刑事侦查不同的是，监察机关几乎不受任何其他国家机关的制约，权力运行依靠"行政审批式"机制，不受到任何司法审查，所有规范用权的规定都要依靠监察机关"自我实现"，"自我监督"成为所有监督方式中最有力的一种。监察法并未明确被调查人的防御性权利，律师也没有参与空间，似乎被调查人仅能凭借一些申诉、控告的权

---

① 程雷：《"侦查"定义的修改与监察调查权》，载《国家检察官学院学报》2018年第5期。
② 程雷：《"侦查"定义的修改与监察调查权》，载《国家检察官学院学报》2018年第5期。
③ 中共中央纪律检查委员会、中华人民共和国国家监察委员会法规室编写：《〈中华人民共和国监察法〉释义》，中国方正出版社2018年版，第184页。

利维护自身利益,被留置人也仅能依赖监察机关保证自身的基本生存需求和医疗卫生需求。

综合来看,调查具有不同于侦查的特殊立法定位,这主要是源于监察机关的特殊地位。监察委员会为国家监察职能的专责机关,具有监督、调查、处置三项职能,也就是说,调查权是国家监察权性质,而从当前的宪法体制来看,监察权无疑是与行政权、司法权和军事权平行的。因此,调查权不再是过去检察机关侦查权的司法权性质或是行政监察机关调查权的行政权性质。在实践中,监察机关与党的纪律检查机关合署办公,监察机关的调查权实际上包含了党纪调查权、政务调查权和刑事调查权三种性质,[1] 而一起监察案件往往是违纪行为、违法行为与犯罪行为相互交织构成的,由监察机关统一行使调查权可以避免过去反腐败实践中党纪调查证据不能直接作为刑事证据所带来的重复劳动与程序上的烦琐。此外,如果将职务犯罪调查权规定为侦查权,那么意味着检察机关将有权监督监察机关的调查活动,这与改革设计蓝图中监察机关"超然的"监督地位不符。因此如果将刑事调查权单独剥离开来规定为侦查权显然违背了监察体制改革的初衷,也不符合实际工作的需求。

尽管调查与侦查存在不同之处,但二者并非风马牛不相及,反而有许多近似之处。首先,侦查与调查都是收集、调取证据的活动,都有讯问、询问、查封、冻结、扣押、搜查等强制性取证手段;其次,查明涉嫌犯罪的侦查结论和调查结论都要移送检察机关审查起诉,都具有追诉犯罪效果。不仅如此,补充侦查与补充调查之间还有着相同的退回决定机关、退回期限和退回次数规范。调查与侦查之间相同的表现形式和不同的属性导致的后果就是,案件移送审查起诉前明确适用监察法,移送后明确适用刑事诉讼法,可是案件进入刑事诉讼阶段后一旦退回补充调查,监察机关的补充取证活动就很难说清楚究竟是一种侦查行为还是调查行为。结合上文分析,我国的诉讼阶段分工明确,在"调查—公诉"

---

[1] 参见陈瑞华:《论监察委员会的调查权》,载《中国人民大学学报》2018年第4期。

模式下，监察调查阶段负责查清案件事实，审查起诉阶段负责审查调查结论，各有不同，在这样阶段分明的格局下就很难分辨究竟是出现了"程序倒流"还是仍然处于审查起诉阶段。

三、完善退回补充调查程序的建议

（一）基本思路

基于"退回"程序的特殊设计和调查权的特殊立法定位，无论是将退回补充调查程序定性为刑事诉讼程序还是监察调查程序都是片面的，都无法涵盖其全部特性。笔者认为，退回补充调查程序兼具刑事诉讼和监察调查的双重属性，这种看法主要是基于三点考虑：

首先，系尊重现实和基于衔接需要。监察法律法规是监察机关行使调查权的最主要法源。出于案件退回后的司法与监察的衔接需要，如果将退回补充调查程序仅定性为刑事诉讼程序，则监察机关将失去采取调查措施的直接法律依据，显然不符合监察法治的要求；如果将退回补充调查程序仅定性为监察调查程序，那么案件退回时的第二次衔接和补充调查终结后的第三次衔接将会使程序流转过于烦琐，增加了不必要的程序负担，还可能带来因换押造成的脱逃风险。因此，退回补充调查程序的双重属性，既满足了监察机关依法开展补充取证活动的合法性需求，又贴合了自案件移送审查起诉后检察机关作出的各种刑事诉讼行为。

其次，贴合诉讼法理，可以减少"程序倒流"的负面影响。依照诉讼法理，程序的进程应当遵循"及时原则"，保障被追诉人能够及时获得公正的裁判，在不违背公正的前提下尽量做到顺利、通畅，避免重复、拖沓。退回补充调查程序的双重属性定位一定程度上避免了"程序倒流"带来的程序风险，由于其刑事诉讼的属性，检察机关决定退回的监察调查案件没有脱离刑事诉讼程序，检察机关在程序事项上的决定权和公诉权将得以保全，从而保证了刑事诉讼程序的进展完整、不会受到破坏，检察机关的法律监督地位不会受到损害。

最后，有利于实现人权保障。监察调查案件进入审查起诉阶段后，犯罪嫌疑人将享有刑事诉讼法赋予的辩护权等一系列权益。从人权保障的理念来看，在退回补充调查程序中重新剥夺该人的辩护权并再次限制律师的介入，会使其陷入更加不利的追诉环境，事实上使其失去了来之不易的"救命稻草"，这种做法显然违背了基本的人权保障理念。因此，基于人权保障的理念，也必须维护退回补充调查程序的刑事诉讼属性。

（二）具体建议

退回补充调查程序的双重属性定位避免了单一采取"刑事程序说"和"监察调查说"带来的具体适用上的混乱，为当前立法和实践中的一些做法提供了理论依据和完善建议。

在案件当事人身份问题上，基于退回补充调查同时具备监察调查程序和刑事诉讼程序属性，当事人具有"犯罪嫌疑人"与"被调查人"双重身份。根据《衔接办法》第38条的规定，案件当事人以被调查人身份接受监察委员会的讯问，依照监察法，被调查人有辩解的权利而没有辩护权。与移送审查起诉前的监察调查程序相比，此时"被调查人"的身份具有特定语境，仅作为补充调查行为相对人存在，在监察委员会讯问、搜查等监察调查行为以外的场合下，由于补充调查程序具有的刑事诉讼性质，案件当事人还享有刑事诉讼法赋予的辩护权和其他诉讼权利，有权向人民检察院申诉、控告、申请排除非法证据和聘请辩护律师。从尊重公民权利的角度出发，犯罪嫌疑人及其辩护人依法享有的辩护权应当得到所有国家机关的尊重和保护。这种做法打消了部分监察工作人员认为被调查人和辩护律师利用诉讼权利干扰取证的担忧，有利于发现犯罪事实真相；也保障了案件当事人作为犯罪嫌疑人所应享有的辩护权和其他诉讼权利不被任意剥夺，有利于保障人权；还有利于人民检察院发现调查人员的非法取证行为，实现对职务犯罪案件的法律监督，也间接地要求调查人员依法取证、提高办案质量，从而实现程序公正。

在强制措施问题上，监察机关在退回补充调查期间不宜再次适用留置措施，这是因为：第一，刑事强制措施的适用对犯罪嫌疑人的人身危险性，尤其是妨碍诉讼的可能性有系统的评判，并且有顺畅的转化机制，有取保候审、监视居住、拘留和逮捕等多种手段，适用强制措施足以满足监察机关限制被调查人人身自由的办案需求；第二，有利于减少监察机关依靠留置取得口供的做法。脱胎于"双规"的留置措施在一定程度上还保留着"隔离审查"所具有的威慑性，有利于突破被调查人的心理防线从而获取口供，但是对被留置人的保障机制还不完善，一定程度上依赖于办案机关的自觉，缺乏必要的公民救济、申诉渠道。在留置措施具有较高强制力和相关法律法规不完善的情况下，重复使用留置措施明显不符合人权保障理念。此外，沿用刑事强制措施也并不影响监察调查人员及时审讯被调查人，反而是强制措施具有的国家警察力量保障是任何调查措施都不具备的，调查活动在强制措施执行机关的保护下进行还可以保障办案的安全性。

在程序主导权问题上，尽管退回补充调查程序兼具监察调查与刑事诉讼的双重属性，但并不意味着此时监察机关与检察机关同为主导机关，也不意味着二者职权范围存在交叉，应当仍然坚持"互相配合、互相制约"原则，各司其职、各尽其责。从退回补充调查程序的价值目标和具体操作来看，退回补充调查的目的在于，通过监察委员会的补充调查取证活动满足检察机关提起公诉或决定不起诉的需要，防止放纵犯罪或冤假错案，提高案件质量。该程序承载着"真实发现"的价值内核。从具体的程序设计来看，人民检察院是退回补充调查程序的决定主体，监察委员会是办案主体，检察机关通过审查监察调查结论决定将案件退回监察机关，并负责掌控案件当事人的人身自由；监察机关负责具体的取证、调查以补充、核实案件事实和证据，检察机关无权直接干涉监察调查活动，更无权终结补充调查活动。这有利于保证监察调查程序的完整性。同时，补充调查后监察机关也不宜自行处理无罪案件、仅重新移送认为有罪的案件，因为这种做法不仅会损害检察机关作为法律监督机关享有的对刑事案件的检察职能，使监察机关取代检察机关成为事实上的解除刑事强制措施、终结刑事诉讼程序的决定者，还可能产生权力寻租、徇私枉法的现象。因此，依据刑事诉讼法和监察法有关检察机关公诉权的规定，从正当程序理念出发，对补充调查终结后的案件应当一律重新移送至检察机关，由检察机关依法审查后作出提起公诉或不起诉的决定。

在党和国家加大反腐败力度和反腐形势依然严峻的现实中,如果仅注重反腐败斗争的实体性结果,忽视了追诉程序的形式正义,则很有可能再次出现"调查中心主义"。事实上,在退回补充调查程序中已经可以看到"调查为主"的风格,实践中也出现过某些地方监委工作人员将补充调查视为完全的监察程序而反对辩护律师的介入,这种观念和做法虽然有利于一时的反腐败高压态势的形成,但从长远角度来看,为了实现监察法治化,凡是涉及剥夺、限制公民人身自由和财产权利的国家行为都应当受到足够的监督与制约,并且应当赋予被追诉人以"平等武装"捍卫自身合法权利,无论是移送审查起诉前的监察调查程序还是移送后的退回补充调查程序,都应当贯彻人权保障的理念,规范用权、审慎用权。

专题研究之三：
认罪认罚从宽制度与员额法官的退出机制

检视与完善：认罪认罚从宽视阈下的值班律师制度

——以"有效辩护"为切入点

李琴琴* 张天明**

> 法律的生命不在于逻辑，而在于经验。
> ——［美］霍姆斯

引 言

据统计，我国认罪认罚的案件约占刑事案件总量的30%，① 倘若被追诉人认罪认罚，就意味着基本放弃了辩护权，放弃了无罪辩护的机会，同时也失去了法律所提供的正当程序保护。因此，被追诉人认罪认罚的自愿性成了认罪认罚从宽制度运行正当性之前提。但被追诉人囿于法律知识的匮乏、处置自身合法权益的能力有限等因素，若没有律师的帮助，难以自身微薄之力对抗强大的控诉机关。为了使被追诉人的合法权益得到充分保障，法律援助值班律师制度成了认罪认罚从宽制度试点改革之重点。2016年"两高三部"制定的《关于在部分地区开展刑事案件认罪认罚从宽制度试点工作的办法》（以下简称《办法》）首次提出，认罪认罚案件中应当保障被追诉人获得"有效法律帮助"，并明确

---

* 福建省永安市人民法院民二庭副庭长。
** 福建省三明市中级人民法院民一庭员额法官。
① 笔者以"认罪认罚"为关键词，在"中国裁判文书网"上对我国的刑事案件数量进行检索。参见 http://wenshu.court.gov.cn，2019年5月20日访问。

了值班律师的工作职责。① 2017年,"两高三部"出台《关于开展法律援助值班律师工作的意见》(以下简称《意见》),又进一步重申了值班律师在认罪认罚从宽制度中的职责。② 但试点中对值班律师的职责规定仍较为笼统,致使试点地区值班律师参与认罪认罚从宽制度的效果并不理想。本文以福州市基层法院试点认罪认罚从宽制度的运行样态为分析样本,剖析值班律师"有效辩护"缺位之成因,在借鉴美国"有效辩护"理论基础上,探究我国值班律师"有效辩护"之实现路径,以期推动认罪认罚从宽制度发展进程。

一、缘起:认罪认罚从宽制度中律师"有效辩护"之实证分析

严格意义上,"有效辩护"的主体是辩护律师。那么在认罪认罚案件中,值班律师是否应承担"有效辩护"之使命,本文结合认罪认罚从宽制度试点中值班律师的职责定位及运行样态进行分析。

(一)考察:我国认罪认罚从宽案件刑事辩护之运行现状

2016年9月,随着我国在18个城市启动认罪认罚从宽制度试点工作,值班律师制度逐渐在各试点地区全面铺开。③ 截至2017年11月底,全国各试点地区适用认罪认罚从宽制度共审结案件91121件103496

---

① 《办法》第5条规定:办理认罪认罚案件,应当保障犯罪嫌疑人、被告人获得有效法律帮助,确保其了解认罪认罚的性质和法律后果,自愿认罪认罚。犯罪嫌疑人、被告人自愿认罪认罚,没有辩护人的,人民法院、人民检察院、公安机关应当通知值班律师为其提供法律咨询、程序选择、申请变更强制措施等法律帮助。

② 《意见》规定:在认罪认罚从宽制度改革试点中,为自愿认罪认罚的犯罪嫌疑人、刑事被告人提供法律咨询、程序选择、申请变更强制措施等法律帮助,对检察机关定罪量刑建议提出意见,犯罪嫌疑人签署认罪认罚具结书应当有值班律师在场。

③ 2016年9月,我国在北京、上海、南京、杭州、福州、厦门、长沙等18个城市开展刑事案件认罪认罚从宽制度试点工作。参见魏哲哲:《值班律师,怎么值班》,载《人民日报》2017年9月26日第4版。

人。① 从已审结案件的裁判文书上看,试点地区基本实现了被追诉人能获得律师帮助,但律师帮助的实际效果却不尽如人意,离"有效辩护"还有一定差距。以下,笔者以福州市为样本,对试点地区认罪认罚从宽制度的数据予以具体分析。

表1 2018年1—12月福州市基层法院一审刑事案件审结样态②

关键词	案件总数	辩护人	法律援助	认罪	认罪认罚从宽制度	认罪认罚从宽制度、辩护人	认罪认罚从宽制度、法律援助	认罪认罚从宽制度、具结书
数量	7417	1308/7417	42/7417	2675/7417	156	37/156	1/156	26/156
占比		17.63%	0.57%	36.06%		23.7%	0.64%	16.67%

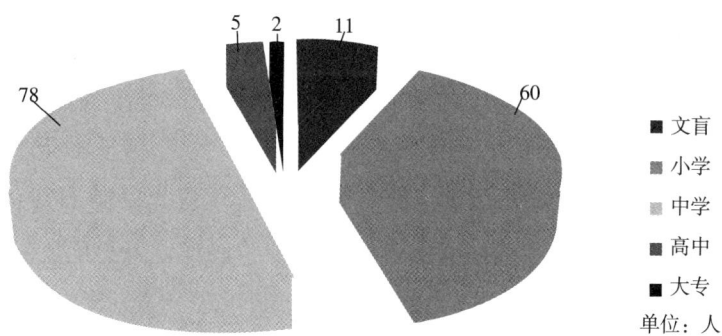

福州地区适用认罪认罚从宽制度的刑事被告人文化程度情况③

---

① 参见周强2017年12月24日在第十二届全国人民代表大会常务委员会第三十一次会议上作的《最高人民法院、最高人民检察院关于在部分地区开展刑事案件认罪认罚从宽制度试点工作情况的中期报告》,载http://npc.people.com.cn/n1/2017/1225/c14576-29726965.html,2019年5月20日访问。

② 笔者以表格内的关键词,在"中国裁判文书网"上对福州市基层法院2017年度所审结的一审刑事案件样态进行检索。参见http://wenshu.court.gov.cn,2019年5月30日访问。

③ 笔者以"认罪认罚从宽制度"为关键词,在"中国裁判文书网"检索、分析了福州基层人民法院2018年审结的156件适用认罪认罚从宽制度的刑事案件裁判文书,参见http://wenshu.court.gov.cn,2019年5月30日访问。

笔者通过中国裁判文书网上公布的数据对2018年度福州市基层法院适用认罪认罚从宽制度的案件进行了分析。福州市基层人民法院2018年一审刑事案件数为7417件,但刑事辩护率较低,仅为17.63%。以"法律援助"为关键词,检索到的法律援助机构指派律师出庭辩护的案件仅有42件,法律援助律师出庭辩护的比例不足1%。认罪的案件数虽有2675件,但适用认罪认罚从宽制度的案件仅156件,仅占5.83%。同时,认罪认罚从宽制度案件中的辩护率较低。有辩护人的认罪认罚案件数仅为37件,占认罪认罚从宽制度案件的比例为23.7%,其中有法律援助律师出庭辩护的认罪认罚案件仅有1件,占认罪认罚从宽制度案件的比例不足1%,可知大部分的认罪认罚从宽案件并没有律师帮助辩护。另外,虽然福州地区试点赋予了值班律师相应辩护权,① 但在上述适用认罪认罚从宽制度的156件案件裁判文书中,均未体现值班律师字样,故无从得知值班律师在认罪认罚从宽案件中所体现的作用,无法确认值班律师是否有履行出庭辩护的职责。上述156件裁判文书中有体现被告人签署具结书的案件数有26件,但均无法确认签订具结书时是否有值班律师在场。可想而知,在认罪认罚从宽制度试点中值班律师参与辩护的情况并不理想。

通过对福州市基层法院2018年度适用认罪认罚从宽制度审理的156件案件裁判文书样本的分析,我们发现,被告人的文化程度较低,其中被告人系初中以下文凭的案件共有149件,占比95.5%,高中、大学文化的案件仅有7件,占比4.5%。结合表1的数据可知,被告人文化程度普遍低下的上述156件案件中,有辩护人的案件为37件,法律援助律师出庭辩护的案件仅为1件,没有辩护人的案件有118件。而刑事诉讼程序是一套繁复的程序,需要专门的知识和技巧,若缺少律师的辩护,文化程度低的被追诉人难以通过自身微弱的力量与强大的检察机关进行量刑协商,就会导致被告人在不了解自己所犯罪行、认罪后果

---

① 福州值班律师在认罪认罚从宽试点中被赋予阅卷权、会见权以及对可能判处3年以上刑罚的案件出庭辩护权等辩护权利。参见福建省司法厅课题组:《法律援助值班律师工作制度的构建》,载《中国司法》2017年第12期。

等情况下草率地签署具结书，影响认罪认罚从宽制度的真实性。

（二）剖析：认罪认罚从宽案件中"有效辩护"掣肘因素

目前我国刑事案件辩护率较低，辩护质量也不高，在认罪认罚案件中尤为突出。随着试点工作的逐步推进，许多地区已建立起了值班律师制度，值班律师也有为认罪认罚的被告人、犯罪嫌疑人提供相应的法律帮助，但囿于值班律师职责定位模糊、法律援助制度自身存在漏洞、值班律师缺乏规范的办案机制等因素，认罪认罚从宽制度中值班律师尚不能履行"有效辩护"之职责。

1. 值班律师职责定位模糊

值班律师参加诉讼的角色定位亟待解决，它涉及值班律师的诉讼权利义务范围和保障被追诉人合法权益的职能发挥问题。现阶段，从《办法》及《意见》看，仅笼统地规定了自愿认罪认罚的犯罪嫌疑人、被告人有权获得值班律师的"有效法律帮助"，而值班律师所提供的法律帮助是否有包含阅卷、会见、出庭辩护等辩护活动，未予清晰界定。虽部分试点地区实践中已明确值班律师具有相应的辩护权利，但仍有许多地区以狭隘的眼光看待值班律师的角色定位，否定其辩护人地位。[①]部分试点地区虽在看守所设立了值班律师工作站，但教条地认为根据《办法》值班律师仅提供法律咨询、程序选择、变更强制措施、提出量刑建议等法律帮助，并非实际意义上的辩护人，没有看守所会见所必需的当事人委托书或法律援助公函，会见当事人当然不被允许。[②] 因此，规范性文件指引之模糊，造成了理论与实践的困惑，掣肘了值班律师参与刑事辩护工作，值班律师的自我价值定位也容易出现偏差，难以保障

[①] 例如：我国刑事速裁程序试点中有30%的公诉人、18.18%的律师不承认值班律师具有阅卷权、调查取证等辩护权利，多地的试点法院也不认为值班律师有阅卷权。参加郑敏等：《刑事速裁程序量刑协商制度若干问题——基于福建省福清市人民法院试点观察》，载《法律适用》2016年第4期。

[②] 参见《认罪认罚从宽改革中如何构建值班律师制度？》，载 http://www.sohu.com/a/154047629_786866，2019年5月20日访问。

犯罪嫌疑人、被告人获得的法律援助达到有效的标准。

2. 法律援助制度自身存在缺陷

我国法律援助的范围较窄,刑事诉讼法规定的法律援助的指定辩护对象为:盲、聋、哑人或尚未完全丧失辨认或者控制自己行为能力的精神病人、可能判处无期徒刑或死刑的犯罪嫌疑人、被告人及未成年人。根据《中国法律年鉴》近期公布的数据统计,判处5年以上有期徒刑的案件占全部刑事案件的比例不到10%,未成年人犯罪案件占全部刑事案件的比例不到5%,判处无期徒刑、死刑案件的比例及被告人是盲、聋、哑人或者是尚未完全丧失辨认或控制自己行为能力的精神病人的案件数量所占的比例极小,① 司法实践中绝大多数的犯罪嫌疑人、被告人都无法符合法律援助指定辩护的标准。法律援助范围狭窄,司法实践中能获得法律援助的犯罪嫌疑人、被告人的比例相应较低,认罪认罚案件的犯罪嫌疑人、被告人也是如此。

此外,我国法律援助人手紧缺,援助律师提供的服务不仅限于值班律师工作及指定辩护工作,还需担负其他的值班责任(这里指广义的值班,12348法律服务热线答疑、接受市民的法律咨询等)。绝大多数中小城市的法律援助机构的驻点援助律师人数系个位数,远远无法满足方方面面的法律援助工作需求。据笔者对福建省的不完全统计,截至2017年底,少数城市仍未落实值班律师驻点看守所、驻点法院工作;少数城市虽在看守所、法院设立了值班律师办公室,但大多处于无人办公状态。以笔者所在的Y市法院为例,近年来,每年所判决的刑事案件有近800件,被告人1200余人,认罪的被告人有近900人,仅有200余人有律师辩护。而所在Y市的看守所和法院每周都只安排了1名值班律师,面对众多的被告人,值班律师很难有针对性地为每一个被告人提供高质量的法律服务及辩护。

当然,法律援助经费的不足也是造成刑事案件辩护率低的因素之

---

① 胡铭:《试论认罪认罚从宽制度中的律师有效参与》,载《江苏行政学院学报》2018年第1期。

一，与刑事案件每个阶段至少5000元以上的辩护费相比，值班律师从法律援助中心所得的办案补贴较低，激励机制不足使得值班律师制度的运行缺乏必要的"硬件"支撑，进而影响了法律帮助的质量，同时也难以吸引更多的社会律师从事值班律师工作。

3. 缺乏规范的办案机制

实践中值班律师为犯罪嫌疑人、被告人提供的法律帮助形式并不统一。相关文件都只对值班律师的工作职责作了原则性的规定，如提供法律咨询、程序选择、申请变更强制措施、提出量刑建议、认罪认罚具结书签订时应当在场等，对于值班律师的工作流程则语焉不详。如值班律师何时介入案件、能否阅卷、会见后形成的资料如何保存、侦查和审查起诉与审判阶段的工作如何衔接等。虽然律师的阅卷、会见权属于刑事诉讼法赋予的权利，但是否行使主要取决于律师个人的职业操守。值班律师的身份属性为援助律师，缺乏规范的法律援助办案机制，加之法律援助办案补贴不足，有些值班律师难免以金钱来衡量服务，将法援对象与正常委托的案件当事人区别对待，怠于行使援助的辩护权利。而对于值班律师提供法律帮助不尽职尽责行为，律师法没有惩戒规定，难以保证所有值班律师都勤勉履行辩护职责。

二、解读：认罪认罚从宽制度中值班律师"有效辩护"之正当性证成

（一）支撑："有效辩护"之理论基石

1. "有效辩护"之法律土壤

"有效辩护"理念起源于美国，其作为一项宪法性权利在美国经历了漫长的发展过程。美国1971年的联邦宪法修正案[①]就已将被告人获得律师辩护的权利上升为宪法权利。20世纪30年代至50年代，美国

---

① 美国宪法第六修正案规定：在一切刑事诉讼中，被告有权得知控告的性质和理由；并取得律师帮助为其辩护。该修正案于1789年9月25日提出，1791年12月15日批准，系《权利法案》的一部分。

联邦最高法院经过多个刑事判例将被告人的律师帮助辩护权明确为"有效辩护权"。1970年,"有效辩护权"作为辩诉交易中被告人的一项重要宪法权利得以确认,其有利于保证被告人认罪的自愿、明知、理性。① 在"有效辩护"原则的指引下,美国认罪答辩中的诉辩交易制度②逐渐完善,"有效辩护"也由对刑事正当程序的保障发展到作为诉辩交易中判断被告人认罪自愿性、明知性和明智性的关键要素。③

2. 值班律师"有效辩护"之内涵

在我国,随着刑辩理论研究的深入及刑事辩护制度的发展,"有效辩护"理念逐渐深入人心,刑事辩护也从"被告人有权获得辩护"发展为"被告人有权获得律师帮助",再完善为"被告人有权获得律师的有效帮助"。④ 在当前认罪认罚从宽试点改革背景下,虽然学界对认罪认罚案件值班律师提供有效的法律帮助已基本达成共识,但尚未提升到"有效辩护"的高度。司法实践中,对"有效辩护"的研究多是从控辩对立的"对抗模式"或者死刑案件等视角展开,⑤ 在借鉴美国"有效辩护"原则的基础上,我国理论界与实务界对值班律师"有效辩护"应符合的标准也达成了一定共识:(1)值班律师要符合刑事辩护律师的职业准入资格,具备基本的刑事辩护知识、技能和经验;(2)值班律师应当忠实于犯罪嫌疑人、被告人的合法利益,结合案情分析利弊,全面履行告知义务,帮助犯罪嫌疑人、被告人作出恰当的程序选择,而非决定犯罪嫌疑人、被告人的程序选择;(3)值班律师应当积极参与认罪认罚程序,积极调查收集或者申请调取一切有利于被告人、犯罪嫌疑人的

---

① 祁建建:《美国辩诉交易中的有效辩护权》,载《比较法研究》2015年第6期。
② 在美国诉辩交易中,与检控方直接进行对话、协商的只能是被指控方的辩护律师,如果被告人在没有辩护律师的情况下进行有罪答辩,法院应当审查案件,确保证据可采且能够证明犯罪要件事实。随着诉讼模式的演变,有效辩护发展为控辩合作的辩诉交易,场域也发展到了审前阶段。参见陈瑞华:《刑事辩护的理念》,北京大学出版社2016年版,第101页。
③ 闵春雷:《认罪认罚案件中的有效辩护》,载《当代法学》2017年第4期。
④ 陈瑞华:《刑事辩护的理念》,北京大学出版社2016年版,第101页。
⑤ 熊秋红:《有效辩护、无效辩护的国际标准和本土化思考》,载《中国刑事法杂志》2014年第6期。

证据,而非只在签署"具结书"时才到场充当"见证人";(4)值班律师应尽早会见被告人、犯罪嫌疑人,充分了解案情,以便把握审查起诉阶段中的辩护契机,在审前能及时与检察官进行量刑协商,做好辩护的准备。当前,鉴于我国刑事诉讼中值班律师有效参与的现实状况,实现值班律师"有效辩护"的基本条件尚不具备,司法体制综合配套改革虽不能一步到位,但可以"有效辩护"原则为指导,构建一套认罪认罚从宽制度刑辩体系,逐渐提高值班律师的刑事辩护率。

(二) 诠释:"有效辩护"的价值效应

1. 保障程序正当

司法公正,包括实体公正与程序公正,其中,程序公正是基础。法院能否进行公正的实体处理,取决于被告人程序上的权益是否得到了充分的保障。认罪认罚从宽制度不仅意味着对被告人的从宽处理,还意味着诉讼程序的简略与被告人对诉讼权利的部分放弃。在改革试点中,认罪认罚案件所适用的程序多为速裁程序、简易程序,省略了法庭调查和法庭辩论环节,而刑事诉讼程序是国家机关声讨犯罪的过程,往往会对被告人作出有罪的否定性评价,若被告人无法在认罪认罚的简要程序中对控诉机关的否定评价进行充分辩驳,就容易发生被迫认罪等冤案错案,减损程序正义。因此在认罪认罚从宽制度中,与控诉机关的诉辩协商无疑是至关重要的环节,协商的效果决定了法官所参考的被告人判处刑罚的期限。值班律师的"有效辩护",可以帮助被告人在简化的程序中与控诉机关充分协商,准确找到对被告人有利的观点,为被告人争取合理的刑期,避免被告人因缺乏法律知识而无法有效地行使自行辩护权,也能有效防止认罪认罚制度被滥用,保障被告人认罪的自愿性、认罚的自主性,以此实现程序正义。

2. 实现控辩平等

我国刑事诉讼的程序设计系控辩双方平等对抗、法院居中裁判的等腰三角形诉讼格局。而司法实践中被告人往往处于自由受到严重限制的羁押状态,加之自身法律知识匮乏、处置自身合法权益的能力有限等因素,在整个刑事诉讼过程中处于弱势地位,若没有律师的帮助,被告人难以抗衡站在其对立面的强大控诉机关。值班律师通过其专业优势为被告人提供的"有效辩护",可帮助被告人充分分析案情利弊,从而对指控的事实和量刑建议提出有针对性的意见,以此补足被告人自身的短板,与控方实现相对平衡。同时也可促使法官在庭审中能够充分考虑诉辩双方的意见而审慎行使审判权,避免庭审程序向控诉机关"一边倒"现象发生,有助于推动以审判为中心的庭审实质化进程。

三、探究:值班律师"有效辩护"的实现模式

无论是从实体法维度还是程序法维度看,"认罪答辩—获取从宽处罚"都具有理论上的正当性。然而,认罪情节并非当然地导致法官在量刑时自动地从宽处罚,从宽情节的认定和处罚的幅度都需要辩护方的努力争取,这实际上属于一个诉辩认罪协商的过程。在这过程中,为了避免控诉机关滥用权力和被告人违心认罪,许多国家都规定了认罪认罚案件的强制辩护制度。① 在律师资源匮乏的大背景下,我国通过建立值班律师制度来保障认罪认罚从宽案件被告人的律师帮助权,而值班律师是否可以参与辩护、如何参与辩护、享有哪些权利及义务,立法并不明确。因此,立足国内司法实践,借鉴国外法治经验,以"有效辩护"原则为指引,探索认罪认罚从宽案件中值班律师有效参与之路径关系到认罪认罚从宽制度的改革进程。

(一)明晰:值班律师的角色定位

鉴于当前理论界在措辞上对认罪认罚从宽案件中的值班律师及辩护人进行了区分,将值班律师表述为"有效的法律帮助者",将其职责简单定位为提供法律咨询、程序选择、申请变更强制措施、提供量刑建议、签订具结书在场等法律帮助,引发司法实践中各试点地区对值班律师能否行使辩护权产生困惑,如试点中的北京、广州、杭州、福州等地区认为值班律师的有效法律帮助即包含了辩护权,而试点中的南京、长

---

① 如美国的"诉辩交易"、法国的"庭前认罪答辩程序"、德国的"刑事协商"、意大利的"依当事人要求适用刑罚程序"等。

沙等地区则认为值班律师应与辩护律师有所区别。笔者认为，尽管理论界在制度设计上将辩护人、值班律师等进行了用语区分，但并未否定值班律师的辩护人属性，值班律师与辩护律师在刑事诉讼中的地位并无本质区别。从刑事诉讼法的文字语意分析，"法律帮助""法律咨询"等词语即包含了"辩护"的含义。我国现行《刑事诉讼法》第36条规定，在侦查阶段辩护律师可以为犯罪嫌疑人提供"法律帮助"，1996年《刑事诉讼法》第96条规定在侦查阶段犯罪嫌疑人可以聘请律师为其提供"法律咨询"。上述条文中虽使用了"法律帮助""法律咨询"的表述，但侦查阶段律师具有辩护人的身份是毋庸置疑的。另外，从值班律师的职责分析，不管是为被告人、犯罪嫌疑人提供法律咨询、程序选择、申请变更强制措施还是提出量刑建议，都属于为防御国家公权力可能给被告人带来的损害、为保障被告人的权益而设定的一种程序上的辩护职能。我国认罪认罚制度中的值班律师制度设计初衷主要是为了保障被告人程序选择的自主性、认罪认罚的自愿性、定罪量刑的合理性，因此值班律师只为被追诉人进行程序上的辩护是不够的，更需要参与认罪认罚全过程，在把握案情的基础上，为被追诉人进行实体辩护。因此，明晰值班律师的角色定位是其能否在认罪认罚案件中进行"有效辩护"的前提。

（二）扩大：法律援助的范围

当前我国刑事辩护率较低，法律援助范围也较窄，立法规定法律援助指定辩护的对象仅为未成年人、盲、聋、哑人或尚未完全丧失辨认或者控制自己行为能力的精神病人、可能判处无期徒刑或死刑的犯罪嫌疑人，《关于开展刑事案件律师辩护全覆盖试点工作的办法》中也仅规定除了以上指定辩护对象外，对没有委托辩护人的普通程序案件被告人由法律援助机构指派律师为其提供辩护，对简易程序、速裁程序案件仅规定通知值班律师提供法律帮助。在当前刑事诉讼模式改革大背景下，认罪认罚案件大多选择适用简易程序、速裁程序，而认罪认罚中的诉辩协商将进一步拉大有辩护律师的被告人和无辩护律师的被告人之间的定罪、量刑差距，为了确保认罪认罚案件被告人均能平等地享有律师帮助辩护的权利,建议扩大法律援助指派律师辩护的范围,加大法律援助经费投入,在认罪认罚案件中实行普遍法律援助律师辩护。笔者认为,既然认罪认罚从宽制度试点中已确立了法律援助的值班律师制度,可在认罪认罚案件中实行强制辩护,将值班律师制度与强制辩护制度对接,值班律师可根据案情需要直接转为法律援助的辩护律师。

(三)优化:值班律师的办案机制

《办法》对值班律师的职能仅作了笼统的规定,在当前改革试点的基础上,可以借鉴各地试点经验,总结制定相对统一的值班律师办案规范。

1. 明确值班律师阅卷权

阅卷是律师了解案情及证据,开展"有效辩护"的前提。如前所述,值班律师的本质是辩护人,理应享有辩护人的职责。只有通过阅卷,值班律师才能充分了解案件事实和证据情况,才能帮助被追诉人知悉认罪认罚程序及可能产生的法律后果,并作出最恰当的认罪认罚决定,从而保障认罪认罚的自愿性、真实性;同时,只有通过阅卷,才具备与检察机关进行有效量刑协商的能力,提出有利于被告人的量刑情节。而在《办法》等多个涉及值班律师的文件中并未明确值班律师的阅卷权,致使试点地区对于值班律师是否可以阅卷操作不一。笔者认为,为了确保值班律师能够提供有效的法律辩护,应明确值班律师的阅卷权,即值班律师在案件进入审查起诉阶段之后,就有权查阅、摘抄、复制案件的卷宗材料。当前,刑事案件都需保存电子卷宗,可探索在看守所或检察院设立专门的电子阅卷室,方便值班律师进行电子阅卷,以提高诉讼效率,节约诉讼资源。

2. 赋予值班律师全程在场权

在认罪认罚从宽改革试点中,规定了值班律师在犯罪嫌疑人签署认罪认罚具结书时应当在场,因该条规定较为笼统,使得值班律师在试点实践中沦为"见证人"。笔者认为,律师的在场权不应局限于签署认罪认罚具结书之时,从保障认罪认罚的自愿性、真实性、公正性角度考虑,值班律师应全程参与认罪认罚全过程。尤其是审查起诉阶段,因为检察机关与犯罪嫌疑人要在该阶段进行控辩协商,将对犯罪事实、程序的适用、量刑建议、刑罚的执行方式达成合意,该阶段是整个认罪认罚诉讼程序的核心,在该阶段确保犯罪嫌疑人获得值班律师的"有效辩护"尤其重要。

3. 规范值班律师的介入条件

按照对《办法》第 5 条的理解,犯罪嫌疑人、被告人只有在自愿认罪认罚且没有辩护人的情况下,才能获得值班律师的帮助。笔者认为,将"认罪认罚"作为值班律师介入的前提条件有待商榷。从语义上分析,"认罪认罚"是一种结果状态,如果在被追诉人"认罪认罚"的结果形成后,值班律师才介入案件,那么量刑协商过程中值班律师已几乎无"用武之地",难以给被追诉人提供有效的法律帮助。结合《办法》第 1 条①,"认罚"指被追诉人同意控诉机关的量刑建议,即对检察院建议的刑罚种类、幅度及执行刑罚方式没有异议,才签署具结书。因此认罪认罚从宽制度的核心环节是被追诉者与控诉机关之间诉辩协商的审查起诉阶段,也是值班律师的有效辩护能发挥关键作用的阶段。因此,笔者以为,根据认罪认罚从宽制度的立法本意,值班律师的介入应以被追诉人"认罪"为前提,对于"认罪"的犯罪嫌疑人、被告人,只要没有辩护人的,都应当指派值班律师为其提供法律帮助,而非以"认罪认罚"为介入条件。

4. 赋予值班律师出庭辩护权

"两高三部"《意见》规定,法律援助的值班律师不提供出庭辩护服务,②这当然也适用于认罪认罚从宽制度中的值班律师。笔者认为,出庭辩护是判断值班律师是否为认罪认罚的被告人提供"有效辩护"最直接的方式,《意见》未赋予值班律师出庭辩护权值得商榷。如前文所述,值班律师应参与认罪认罚诉讼全过程,即便审查起诉阶段被告人

---

① 《办法》第 1 条:犯罪嫌疑人、被告人自愿如实供述自己的罪行,对指控的犯罪事实没有异议,同意量刑建议,签署具结书的,可以依法从宽处理。

② 《意见》第 2 条:法律援助值班律师不提供出庭辩护服务。符合法律援助条件的犯罪嫌疑人、刑事被告人,可以依法申请或通知由法律援助机构为其指派律师提供辩护。

与控诉机关已达成了量刑协商，也需要通过庭审确认认罪认罚的效力，否则法庭难以判断其是否进行了"有效辩护"。且在一些情况下，被告人或值班律师可能会在案件移交法院后，对案件事实及量刑建议提出新的意见，即认罪不认罚，也需要值班律师通过庭审辩护进一步保障被告人的合法权益。但效率同样是认罪认罚制度追求的价值，因此，笔者结合认罪认罚制度的程序设计，对值班律师是否应当出庭提出如下建议：对适用速裁程序审理的认罪认罚案件，因简化了法庭调查和辩论环节，值班律师已在庭前进行了量刑辩护，无须出庭辩护；对于可能判处3年有期徒刑以上刑罚的认罪认罚案件，应当指派法律援助值班律师出庭辩护；[①] 对于被告人认罪但不认罚的案件，因被告人对案件事实或控诉机关量刑建议有异议，值班律师应当出庭辩护；对于适用其他认罪认罚案件，值班律师依照被告人的申请，可以出庭辩护。

（四）架构：值班律师的相关配套机制

1. 完善不同阶段值班律师的工作衔接机制

认罪认罚从宽制度的试点工作中，公安机关、法院、检察院都可通知值班律师为犯罪嫌疑人、被告人提供法律帮助，以致出现值班律师并非全程介入某一案件，同一案件的不同阶段有不同的值班律师提供法律帮助。通常前一阶段的值班律师未留下完善的会见材料，导致后一阶段的值班律师对前阶段的工作模糊不清，在接手为被告人提供法律帮助时又要重新与被告人核实上一阶段的工作，这样的重复劳动降低了值班律师的工作效率。笔者建议，应规范值班律师的办案工作，前一阶段的值班律师应对会见的情况、提出的意见等所做的工作形成书面记录交由办案机关附卷，供下一阶段的值班律师参考，确保提供法律帮助的针对性、有效性；或者可以借鉴北京市海淀区的做法，在整个认罪认罚诉讼流程中规定由同一名值班律师提供法律帮助，[②] 这就不会存在不同诉讼

[①] 例如，北京、广州、杭州、福州等试点地区法院对可能判处3年有期徒刑以上刑罚的认罪认罚案件，协调指派值班律师出庭辩护。

[②] 参见李阳：《48小时！全流程审结醉驾案——北京市海淀法院行使案件速裁再提速小记》，载《人民法院报》2017年7月3日第3版。

阶段之间值班律师衔接之惑。

2. 构建值班律师的激励及监督机制

值班律师属于法律援助机构指派的律师，其为被告人、犯罪嫌疑人提供法律帮助属于完成法律援助机构分配的任务，因法律援助机构对于值班律师的履职情况并无监督，加之值班律师领取的办案补贴较低，缺乏监督及激励机制使值班律师履职的勤勉度及提供辩护的质量难以得到保证。笔者建议，有关机关应提高值班律师办案补贴标准，以对值班律师形成良性的激励，从而提高法律帮助的质量，同时提高办案津贴，也能吸引更多的社会律师加入法律援助工作，扩充值班律师队伍。另外，法律援助机构应加强对值班律师履职情况的监督，完善监督机制，对于在履职过程中出现的重大过失及过错行为予以一定的惩戒，督促值班律师勤勉、认真履职，以实现犯罪嫌疑人、被告人获得律师帮助权的最大利益化。

3. 规范值班律师的培训及考核

当前值班律师较少，需要帮助的被告人、犯罪嫌疑人人数较多，为了值班律师在有限的时间内为更多的被追诉人提供有效辩护，除了在劳动报酬上予以激励之外，也应完善值班律师的培训及考核机制，以确保值班律师有能力、有动力履行职责。一方面，司法行政机关、律协等有关部门应对办理认罪认罚案件的值班律师进行统一业务培训，使值班律师明确自身的职责。另一方面，建议建立值班律师辩护质量绩效考评机制，由公安机关、检察院、法院、被告人共同对值班律师的履职情况进行考核和评估，定期评定值班律师服务等级，按照不同的等级给予不同的援助报酬，对考核不称职的值班律师予以通报，倒逼值班律师认真履职。

从认罪认罚从宽制度试点实践中看，值班律师"有效辩护"的推进既要完善相应的法律法规，更要司法实践的经验总结作为支撑。只有立法、司法共同努力，才能使值班律师承担起"有效辩护"的使命，真正保障认罪认罚程序的自愿性、自主性、公正性，使认罪认罚从宽制度在刑事诉讼制度改革中成为推动社会人权进步的新契机。

员额法官退出的"二元机制"与责任豁免类型

——以司法实例为视角分析

庄绪龙[*]

  目前,在全国法院员额法官遴选基本完成的改革背景下,按资排辈、照顾老同志等复杂因素叠加的遴选工作,不得不说是带有一种历史惯性的无奈和遗憾。在此次改革过程中,一些优秀的助审员(有些助审员独立办案数量多、质量好)在中、高级法院基本上"就地卧倒"成为法官助理,在员额数量接近饱和的大背景下,晋升为员额法官前路迷茫,不少年龄在35岁左右(从事法官审判大多有3—5年)的中、高级人民法院的优秀助审员选择离开法院。另外,坚守法官职业理想和信仰的其他法官助理,在工作内容上与改革之前的法官身份相比,并无实质变化,大多数案件的实质承办人还是由其承担,大多滋生"为他人做嫁衣"的无奈感。尤其是作为院庭长的法官助理,这种无奈感可能更为明显。当然也可以理解的是,任何改革都带有一定代价,改革副作用的历史惯性需要时间来消化稀释。作为本轮司法改革的配套措施,员额法官退出机制在当前全国法院法官遴选基本完成的背景下成为下一步法官队伍建设的核心和关键。一言以蔽之,如何构建员额法官退出机制,如何实现退出机制由形式走向实质,必将考验改革主导者的司法智慧和技艺。本文就此问题,立足法官职业岗位职责,结合司法实践中的一些真实案例略作思考。

---

[*] 华东政法大学博士研究生,江苏省无锡市中级人民法院助理审判员。

一、员额法官退出的意义和困境

（一）员额法官退出的意义

员额法官制度是在"审理者裁判，裁判者负责"背景要求下出台的法官管理改革措施，这也是法官职业化、专业化、正规化的重要保障制度。然而，员额制并不等于终身制，法官入额并非一劳永逸，在本质上，法官"入额"仅仅是法官"权、责、利"关系的制度化明确，是法官和法院等司法管理的具体内容，其本身并不带有人身性，甚至也不带有荣誉性特征，而仅仅是一种职业岗位的明确。党的十八大以来，中央深化改革领导小组、中央政法委等领导机构先后出台了指导意见，认为在当前我国司法改革背景下建立一支高度专业性、公正高效的司法队伍是建设法治国家的必然要求，而法官作为处理案件、解决纠纷的主导力量必须是经由遴选后产生的优秀人才。因而，在管理学意义上，加强员额制法官的管理，形成有进有出、能上能下的动态调整机制是当前司法改革的重要组成部分。员额法官退出机制的目标，并不是单纯的考核法官或者以员额法官退出为终局点，核心意义在于通过员额法官退出机制这个活力刺激机制和必要手段，可以使专业素质差、道德品质不高、自我要求不严的法官退出，从而确保法官精英留在一线办案。具体而言，员额法官退出机制的意义主要体现在以下三个方面。

其一，建立法官员额退出机制有利于形成良性竞争趋势，提高法官整体素质，实现法官队伍专业化、职业化、精英化，树立司法公信力。无论是在发达的欧美国家还是在发展中国家，司法审判都是一项专业性要求极高的技术工作，要求法官必须具备扎实的法律知识、丰富的社会经验和娴熟的庭审驾驭能力。随着员额制改革的推进，法官得到筛选，法官员额有进有出可以有效提升法官本人的基本素质。

其二，建立法官员额退出机制有利于提高审判质效，促进司法公正。员额制法官随着工资待遇的提高，较同级别行政机关公务员有着更高的职业认同感和荣誉感。建立员额法官退出机制，加强对法官日常考核，明确员额法官退出情形，一方面会促使办案法官以更高的责任心对待案件,使案件整体审理质量得到提高;另一方面,员额法官必须办案且有数量要求,不办案件或办案不达标都将退出员额,有利于提高审判效率。

其三,建立完善的法官员额退出机制有利于落实司法责任制,保障法官权利。"让审理者裁判,由裁判者负责"是司法改革的重要目标,法官员额退出机制是司法责任制的必然结果,那些办案质量差、效率低、效果差的法官在面临退出员额的同时还可能被追究司法责任。同时,建立完善的法官员额退出机制可以确保员额法官非因法定程序和法定事由不被免除,对法官起到了职业保障作用。

(二) 员额法官退出的主要困境

目前,员额法官退出机制构建的主要依据有法官法、《法官职业道德基本准则》、《人民法院审判人员违法审判责任追究办法》以及党的纪律处分条例、党政干部问责条例等。但事实上,仅法官法就有13种事由可导致法官被免职,且很多事由极易导致随意性解释,因此必须对员额法官退出机制的具体缘由进行类型化固定。目前的司法实践中,上海市和山西省高级人民法院以及部分中级人民法院已经发布了员额法官退出机制的指导文件,主要内容包括以下几个方面:第一,不能胜任员额法官工作。根据法官绩效管理考核办法,年度考核连续两年考核不合格的,年办案数没有达到最低要求的,存在没有亲自办案、挂名办案等情形的,应当退出员额。第二,员额法官配偶、子女在本省(市、县)从事律师、司法审计、司法拍卖等职业的,其配偶、子女没有退出所在职业的,本人应当退出员额。第三,案件审理中因故意或重大过失造成严重后果。第四,违纪违法。员额法官作为法官队伍中的精英和主体,必须模范遵守党纪国法,必须切实维护司法形象。如果员额法官不接受中国共产党的领导,发表与自身身份不符的不当言论、在司法活动中有徇私舞弊、贪赃枉法等违法、违纪行为或者在日常生活中有不当行为,严重损害人民法院形象,应当按照党纪党规处理,构成犯罪的,依法承担刑事责任,不构成犯罪的按照相关规定处理。上述情形,无论是否构成犯罪、是否承担刑事责任,都应无条件退出法官员额。

分析上述员额法官退出的几种规定,可以看出基本上是对最高人民法院发布的《关于完善人民法院司法责任制的若干意见》的重述和翻版。① 因此，可以归纳得出的结论是，不管是最高人民法院发布的指导性文件还是上海市、山西省等地方法院发布的意见，对于员额法官退出机制构建而言，主要集中于以下两种类型：一是违法犯罪，包括故意犯罪和过失犯罪，如贪污受贿、徇私舞弊、枉法裁判，违反规定私自办案或者制造虚假案件，涂改、隐匿、伪造、偷换和故意损毁证据材料，或者因重大过失丢失、损毁证据材料并造成严重后果等行为，皆属违法犯罪类型；二是廉政责任缺失，比如，员额制法官配偶、子女在本省（市、县）从事律师、司法审计、司法拍卖等职业的，其配偶、子女没有退出所在职业的，本人就应当退出员额。

当然，在上海市和山西省高级人民法院出台的意见中，也包含了一些诸如办案数量等岗位职责要求等考核要求，但并未就案件质量评价作出明确规定。事实上，员额法官退出机制，除却违法犯罪、廉政责任以及办案数量等刚性缘由外，还应该包括第三种类型，即业务水平和素质考核。如果罔顾法官业务素质水平的综合考量，只将违法犯罪、廉政责任以及办案数量等刚性缘由作为员额法官退出的情形，那么可以预见的是，员额法官退出基本上就属于形式性的宣示，并不具备实质意义。这是因为，违法犯罪、廉政责任以及办案数量等刚性缘由并非员额法官考核的核心要素，这是任何司法职业者都应该遵守的条件，将其作为员额法官退出机制构建的核心要素，无异于新瓶装旧酒，并无实质性意义。

---

① 2015年9月21日，最高人民法院发布了《关于完善人民法院司法责任制的若干意见》，明确了法官违法审判的七种情形：审理案件时有贪污受贿、徇私舞弊、枉法裁判行为的；违反规定私自办案或者制造虚假案件的；涂改、隐匿、伪造、偷换和故意损毁证据材料的，或者因重大过失丢失、损毁证据材料并造成严重后果的；向合议庭、审判委员会汇报案情时隐瞒主要证据、重要情节和故意提供虚假材料的，或者因重大过失遗漏主要证据、重要情节导致裁判错误并造成严重后果的；制作诉讼文书时，故意违背合议庭评议结果、审判委员会决定的，或者因重大过失导致裁判文书主文错误并造成严重后果的；违反法律规定，对不符合减刑、假释条件的罪犯裁定减刑、假释的，或者因重大过失对不符合减刑、假释条件的罪犯裁定减刑、假释并造成严重后果的；其他故意违背法定程序、证据规则和法律明确规定违法审判的，或者因重大过失导致裁判结果错误并造成严重后果的。

二、员额法官退出的"二元机制"构建

法官员额制作为司法改革的重点工作,是司法队伍建设的核心。通过法官员额制改革,基本可以实现"审理者裁判、裁判者负责"的改革目标,这对于司法地方化、司法行政化弊端的解决也具有明显促进意义。因此,选好、用好员额法官,让政治道德素养深厚、专业素养卓越的优秀法官在司法事业中发挥聪明才智,是本轮司法改革成效的重要保障。

(一) 刚性退出:不能胜任岗位职责与违反廉政纪律

1. 不能胜任岗位职责

目前以及可以预见的一段时期以内,由于我国经济社会发展活跃度上升以及民众法律素养的提升,大量司法案件将会源源不断地涌入法院,"案多人少"矛盾将进一步突出。虽然有观点指出,"案多人少"问题主要是因为法院内部资源配合不均衡问题,总体上法官数量并不少,但是真正在审判一线审理案件的法官却不多,这涉及法官人力资源管理的问题。笔者承认,在法院内部确实长期以来存在法官不审理案件而从事综合事务工作,甚至优秀法官成为庭长、院长后也不再直接大量审理案件,但是由于我国法院的社会角色和地位等问题,这个所谓人力资源配置失衡问题可能会持续存在,这并非一朝一夕就能轻易改变的制度性难题。因此,在这个角度而言,承认"案多人少"矛盾也是一种客观务实的态度。

在此背景下,将员额法官限制在39%以内,必然会增加人均受案量。当然,增加人均受案量,并不必然导致法官工作压力剧增,最高人民法院提出的系列配套改革措施,如繁简分流制度、多元纠纷化解机制以及内设机构整合机制等,可以有效解放法院人力资源,充实辅助审判力量。换言之,在员额法官制度下,员额法官办理案件的数量增加是必然的,但是工作强度和劳累程度却不必然增加。事实上,在此背景下,员额法官需要强化的庭审能力、组织协调能力和司法适用能力等"智力型"能力,而非是体力劳动。因此,员额法官的精英化道路是必然

的选择。现阶段都承认的是，优化法官结构，走法官精英化之路，推进法官队伍正规化、专业化、职业化，提高司法人员职业素养和专业水平，既是全面推进依法治国的必然要求，也是切实破解"案多人少"难题的治本之策。尤其是"案多人少"问题在未来相当长时期内或将成为司法常态，这就倒逼法官员额制改革务必秉持选贤任能、优胜劣汰，在突出个体思想政治素质、业务工作能力、职业道德水准的同时，还要重视把握进入员额的法官结构——以年富力强的中青年法官为主力，留住一批德才兼备的资深法官，吸纳起用一批对司法审判事业矢志不渝的后起之秀，从而实现法官队伍结构优化、后继有人。因此，在科学严格确定岗位职责后，承受能力较差的员额法官可以考虑退出员额。

2. 违反廉政纪律

作为一名员额法官，除却应当具备高超的庭审驾驭能力、娴熟的裁判文书的写作能力和正确认定事实和准确适用法律等业务素质，还应该具备合格的道德素质。党的十八届四中全会作出了全面推进依法治国的决定，要求大力提高法治工作队伍的思想政治素质、业务工作能力、职业道德水准，建设一支忠于党、忠于国家、忠于人民、忠于法律的社会主义法治工作队伍。作为法治工作队伍中的人民法官，尤其是员额法官就必须具备三种素质，即政治思想素质、职业道德素质、个人品行素质，这三种素质是统一的有机体。事实上，在最高人民法院发布的《关于完善人民法院司法责任制的若干意见》中，对于法官违法乱纪等行为已经作了重点界定，对于违反法律法规以及行业规范的行为，应当承担相应责任，在此基础上退出员额法官也是理所当然的结论，此处不再赘述。

（二）柔性退出："错案"评价的责任承担

建设一支专业化、正规化、职业化的法官队伍，是法官员额制的核心目标。相较之于以往而言，在"审理者裁判、裁判者负责"的改革背景下，毫无疑问对于员额法官的综合业务水平提出了更高的要求。不可否认的是，司法裁判作为事后性判断工作，是一项需要专业、娴熟技能承载的职业，虽然裁判可以（甚至必须）依据特定的证据规则，遵循程序正义,但毕竟人与人之间的素质存在差异,不同法官对于程序和规则的遵循可能会产生认识上的偏差,由此可能决定案件事实认定和法律适用的不同。在结论迥异的结果论上,可能存在争议性问题,争议性问题当然不能作为错案认定,但也可能出现因为庸俗化的理解证据规则而在事实认定中主观化色彩浓重而导致失实,以及对法律理解错误甚至违反明确的裁判指引而造成法律适用不当。笔者认为,虽然司法裁判是事后法,但不应当绝对庸俗化、机械化地理解证据规则和法律适用原则,虽然司法裁判过程崇尚的是程序正义,但程序正义并非司法裁判的目的,而仅仅是结果正义的手段。程序正义的意义在于,在结果偏差的事实面前,作为法官责任豁免的一种认识论上的理由。应当指出的是,在纷纭复杂的裁判工作中,员额法官的职业技能和专业素质必然需要提升。因此笔者主张,对于一些职业素养和专业技能薄弱的员额法官,在事实认定和法律适用中(多次在结果论上)被证明是错误或者至少失之偏颇且学习能力差、接受力弱情形下,应当考虑弹性化的退出员额。①

1. 事实认定错误

首先,以"莫某某玩忽职守案"为例分析。在该案终审裁定中,广东高院认为,被告人莫某某作为司法工作人员,在民事诉讼中依照法定程序履行独任法官的职责,按照民事诉讼证据规则认定案件事实并作出判决,没有出现不负责任或不正确履行职责的玩忽职守行为,客观上出现的当事人自杀结果与其职务行为之间没有刑法上的必然因果关系,其行为不构成玩忽职守罪。②

一般而言,在裁判的各阶段中,案件事实的准确认定具有决定性的意义。在司法裁判过程中,法官作为审判权运行的主导者,其核心任务就是对于案件事实进行认定并将之归于法律规范的构成要件之下,由此

---

① 当然,对于这种结果本位的"错案"弹性退出机制的构建,还需要进行细化和分解,本文仅就此问题初步提出看法。
② 参见(2004)粤高法刑二终字第24号。

推导出裁判结果。① 在案件事实认定的基础性过程中，客观真实说与法律真实说的关系是始终绕不开的焦点。在哲学认识论上，司法判断的事后裁判特质，决定了司法裁判的事实认定应当以法律真实为基本准则。19世纪德国极负盛名的证据法学家密特麦尔（Mittermaier）认为，在对案件事实作出裁判前，法官必然受到个性的影响，判决显然是主观的，亦即在主观事实（即法官依据证据规则经由自由心证确认的法律事实）与客观事实的博弈中，主观事实的法律确认是相对理性和经济的选择。② 司法实务中也有不少人认为，法官不是上帝，误判、错判在所难免，客观真实的追求固然美好，但只能作为一种理想化的目标。在司法裁判中，只要裁判严格按照程序法的规定，裁判的具体过程符合程序正义，那么最终形成的裁判结论即便与客观真实存在距离，也应拟制性地评价为合法且合理。

笔者原则上认同"法治思维下的司法裁判认定以法律真实为基础，不必过分地去刻意追求客观真实"的观点。但是，我们在面对这一原则性思维时应当保持高度警醒，因为社会公众对于所谓法律真实的概念并无具体认知，而程序正义和法律事实之外的客观事实和实体裁判则是客观、可视的。"裁判严格按照程序法的规定，裁判的具体过程符合程序正义"当然是法治之本义要求，也是法官裁判过程的具体承载，但这种程序正当乃至正义视角下法律真实的判断标准和最终结果，只能彰显其合法性，并不能当然地认为裁判同时具备了合理性。裁判合法性与合理性之间，尤其是与客观真实性之间，往往存在距离。虽然不能要求裁判必须以客观真实为基准，但至少应当经得起裁判合理性的检验。裁判合法性的标志主要是程序性的遵循，而裁判合理性的标签往往是实体判断的求真。裁判规则的遵循与法律事实的首倡是现代司法内涵的基本规律，但在此之外也不应忽视"实体公正才是司法裁判灵魂"的训诫，

---

① 时永才等：《论司法裁判的可接受性——兼议值得当事人信赖的民事审判权运行方式》，载《法律适用》2011年第1期。

② 施鹏鹏：《跨时代的智者——密特麦尔证据法学思想述评（上）》，载《政法论坛》2015年第5期。

不要忽视法律事实无限接近客观真实的司法本义。对于社会而言，实体公正与程序公正同样重要，但实体公正才是司法的最终归宿和生命。换言之，总是与客观真实保持距离甚至呈反方向的法律真实即便符合了程序正义，在客观真实与实体公正面前往往也是苍白无力的。事实上，法律真实与客观真实的区别在于事实认定的"合理误差"，而司法判断过程中的证据规则、举证责任以及程序遵循则是误差尽量减少甚或消失的制度保证。"合理误差"责任豁免机制作为司法人员责任承担减免的制度设计，符合司法事后判断的规律，无疑是合理且正当的。但是，以"合理误差"当作金牌令箭抵抗客观真实追求的司法生命，无疑是值得怀疑的。

再来看彭宇案。在本案的一审判决中，法官在对彭宇"做好事，而非侵权"的辩解不予认可，并撰写了以下裁判理由：从常理分析，其（指被告彭宇，下同）与原告相撞的可能性较大。如果被告是见义勇为做好事，更符合实际的做法应是抓住撞倒原告的人，而不仅仅是好心相扶；如果被告是做好事，根据社会情理，在原告的家人到达后，其完全可以言明事实经过并让原告的家人将原告送往医院，然后自行离开，但被告未作此等选择，其行为显然与情理相悖。被告在事发当天给付原告二百多元欠款且一直未要求原告返还。原、被告一致认可上述付钱款的事实，但关于给付原因陈述不一：原告认为是先行垫付的赔偿款，被告认为是借款。根据日常生活经验，原被告素不相识，一般不会贸然借款，即便如被告所称为借款，在有承担事故责任之虞时，也应请公交站台上无利害关系的其他人证明，或者向原告亲属说明情况索取借条等书面材料。但是被告在本案中并未存在上述情况，而且在原告家属陪同前往医院的情况下，由其借款给原告的可能性不大；而如果撞上他人，则最符合情理的做法是先行垫付款项。①

---

① 参见南京市鼓楼区人民法院（2007）鼓民一初字第212号民事判决书。该案判决后，被告彭宇不服提起上诉。但是，就在人们满怀期待一个公正判决时，2008年3月5日，时任江苏高级人民法院院长的公丕祥在全国"两会"举行的新闻发布会上首次对外披露，二审期间双方当事人达成和解协议，上诉人并且申请撤回上诉，最后案件以和解撤诉结案。

本案一波三折，对于我国当前公民道德建设和社会主义核心价值观的构建产生了一定影响。即便如有关报道所称，彭宇本人最终承认其与原告发生了碰撞，最终昭示、证明了本案判决结论及其说理过程的正确性，① 但我们认为这种正确性仅仅具有喜剧、巧合的成分，相反，该案判决说理存在逻辑反证的疑问和过于推理的危险。一方面，依据本案法官关于本案判决说理的表述，我们可以合理推测这样两个基本认识：第一，如果不是彭宇实施了侵权行为，那么彭宇就不会救助受害人，或者不会首先去救助受害人（因为你首先应该去抓真正的侵权人），更不会将受害人送到医院（受害人家属都来了，如果不是你干的，你有必要陪同去医院吗）。第二，如果彭宇不是侵权者，那么他就不会在不采取任何证明方式的情况下借钱给急需救助的人。毫无疑问，上述两个合理推测背后的思维模式和观念支撑缺乏朴素的正义感信仰，也不符合紧急场合中人们行为模式的合理选择——抓人难道比救人重要？另一方面，案件事实认定，应当在当事人举证责任合理分配基础上的证据判断，在当事人举证不能的情况下法官可以依照举证不能的证据原则径行裁判，法官也可以依照职权进行调查。但是，不论是按照证据规则认定事实，还是依照职权进行调查取证，都必须符合法律规定并经得起社会经验事实和逻辑思维的验证。缺乏充分法律依据和法理支撑、经不起历史和逻辑检验的事实判断，即便最终契合客观真实，也终究不过是背离司法规律的小概率投机行为，应当为规范严肃的司法裁判所否弃。

2. 法律适用错误

司法裁判乃至法律适用到底有无绝对地对错之分？司法实践中，很多案件都存在多种理解或者意见，这也是一个不争的事实。如果没有绝对，只有相对而言的理论取舍抑或法官内心自由裁量的倾向与选择，是否还可以评价为"法律适用错误"？比如，在民事裁判中，责任认定的比例、赔偿数额如何确定等情形，似乎就没有绝对明确或正确的标准。

---

① 2012 年 1 月 16 日，《瞭望》新闻周刊记者对南京市委常委、市委政法委书记刘志伟进行了采访。刘志伟对于彭宇案作了这样的披露：彭宇本人承认其确实与原告发生了碰撞。

笔者认为，即便有些裁判结论及其判决说理没有绝对标准，也不应忽视裁判背后对应的法规范以及支撑法规范的理论。以刑法条文为例，法律条文的描述虽然是"自顾自"地界定罪状以及针对契合罪状形式的行为处以何种处罚，"罪状+法定刑"的立法模式不可能对行为性质进行区分与判断，但是对于罪与非罪、此罪与彼罪之间的衡量，法官会在刑法理论的指导下进行解释和法律选择，不可能存在脱离理论的司法裁判。

如对于陌生人之间"骗打手机"行为，在案件定性上，有的法官认定为诈骗，而有的法官认定为盗窃，裁判结论截然不同。① 对此类型的司法认识问题，最高人民法院第27号指导性案例作出了回应：臧某某和被告人郑某某在网络聊天中诱导金某同意支付1元钱，而实际上制作了一个表面付款"1元"却支付305000元的假淘宝网链接，致使金某点击后，其网银账户内305000元即被非法转移到臧某某的注册账户中，对此金某既不知情，也非自愿。可见，臧某某、郑某某获取财物时起决定性作用的手段是秘密窃取，诱骗被害人点击"1元"的虚假链接系实施盗窃的辅助手段，只是为盗窃创造条件或作掩护，被害人也没有"自愿"交付巨额财物，获取银行存款实际上是通过隐藏的事先植入的计算机程序来窃取的，符合盗窃罪的犯罪构成要件，依照《刑法》第264条、第287条的规定，应当以盗窃罪定罪处罚。②

对于同一行为，存在不同认识和观点在逻辑上完全可能并且完全可以理解，但是不同观点的选择和取舍总归存在理论指导或者其他极为有力的影响因素牵引。换言之，在处理不同认识的司法裁判过程中，应当遵循三个原则：第一，遵循通说理论或者绝大多数人认同理论观点的指导。第二，慎重对待其他特殊因素的介入，比如代表国家意志的最高司

---

① 刑法理论一般认为，在陌生人之间"骗打手机"案件中，即便被害人存在将手机交付于行为人的事实，行为人脱离被害人的视野（控制范围），由于被害人缺乏刑法意义上规范的财产处分意识，行为人获取财物的行为只能评价为盗窃，而非诈骗。参见张明楷《刑法学》，法律出版社2011年版，第897页；黎宏：《刑法学》，法律出版社2012年版，第758页；周光权：《刑法各论》，中国人民大学出版社2011年版，第107页。
② 参见最高人民法院指导性案例第27号：臧进泉等盗窃、诈骗案。

法机关在特殊时代背景下作出的有别于先前通行观点的有效裁判。在学说史上，关于财产罪法益保护的问题，"二战"以前的日本学说和裁判理念均明确支持本权说，但是在"二战"之后，由于日本生产力的迅速提升和商业经济的发展进步，本权说难以维系经济发展所需的稳定秩序，于是日本最高裁判所的判例首次开始支持占有说，强调财产罪法益保护的对象由包括所有权在内的本权，转向对事实上占有状态的保护。财产罪法益保护的范围，不仅最高司法机关的态度发生重大变化，占有说在"二战"后日本司法实务界还存在规范文本的支持。如《日本刑法典》第 242 条规定：虽然是自己的财物，但由他人占有或者基于公务机关的命令由他人看守时，就本章犯罪（盗窃和强盗罪——引者注），视为他人的财物。① 第三，当原则一与原则二发生冲突时，以原则二为标准执行。

不仅在日本如此，在崇尚法官绝对豁免主义的美国也是如此，即只要法官适用法律不当或者错误，就应当承担责任。例如，在 1984 年普立安诉艾伦案中，艾伦因辱骂性语言和公共场所酗酒这两项行为被逮捕。但是，法官在监禁时没有宣告他的宪法权利，并且在其无法缴纳 250 美元保释金时被非法监禁（1983 年一项禁令要求法官禁止对这些罪行保释）。而且根据弗吉尼亚州法律，如果被告人的这些罪名成立，法官是不能作出监禁处罚的。于是艾伦根据 1976 年的《民权律师费奖励法案》起诉法官普立安，要求赔偿 7000 美元的律师费与诉讼费。② 上诉第四巡回法院驳回了普立安以司法豁免权来对抗艾伦关于律师费的请求。法院认为，司法豁免权并不排除获得该禁令救济产生的律师费的法定奖励。

三、法官责任豁免清单："错案"评价排除的类型归纳

在强调司法责任制的同时，法官责任豁免问题也不容忽视，决不能

---

① 参见《日本刑法典》（第 2 版），张明楷译，法律出版社 2006 年版，第 90 页。
② 参见何沛军、刘少军：《美国法官豁免制度及借鉴》，载《净月学刊》2017 年第 4 期。

让法官无故遭受不公正待遇。法官豁免脱胎于法官追责，法官豁免制度的设置可以说是来源于法官追责制度的不断完善。无论是我国《尚书·吕刑》中的"五过之疵"，还是罗马帝国的"错案追究机制"等，均过于强调法官责任。而近现代为了维护司法独立，敏锐的法学家与改革者发现过度强调法官责任会破坏司法的公正性，破坏、削弱法官队伍的稳定性与吸引性。从强调法官责任到给予法官豁免权与法官追责二元结构，司法文明历史已经表明，法官豁免制度是与法官追责制度是促进司法良性运行的必然选择。党的十八届四中全会明确指出，"实行办案质量终身负责制和错案责任倒查问责，确保案件处理经得起法律和历史检验"，再次强调落实法官责任的重要性。从现代司法进程来看，给予法官豁免权是司法实践的必然，是维护法律职业尊严的必然，是保证司法公正的必然。司法规律表明法官追责是强化法官责任、保障司法公正的有力措施；但司法规律又进一步表明司法职能有效落实需要给予法官必要的豁免权利。现阶段，我国正处于司法改革的关键，如何有效推进司法事业的进一步发展，如何更好地实现司法正义，如何让人民群众在每一个司法案件中感受到公平正义均在于法官的有效判决。从现代司法进程来看，给予法官豁免权是司法实践的必然，是维护法律职业尊严的必然，是保证司法公正的必然。我们不应当为追责而否定法官豁免的权利，二者应然上应当是互生关系。强化法官责任目的在于约束法官的司法活动，避免法官在非理性因素指导下作出错误裁判，损害司法正义。法官免责制度目的在于给予法官"盾牌"，抵制各方非法干涉以及报复，让法官能够秉承法律理性，最终作出符合司法正义的判决。

根据上述阐释，笔者认为在以下三种情形中，即便法官作出的判决被改判或者发回，也不能作为"错案"对待，应当作为法官责任豁免的基本类型。

（一）司法政策的理解与适用问题：以死刑与死缓适用为例

司法政策作为法律适用的指导或者补充，往往充满灵活性和主观性色彩。司法政策发挥指导法律适用的功能，主要经由其"精神"予以展现。但是，在具体的司法案件中，即便司法政策的"精神"明确，但是案件中从重因素或从轻因素并存时，司法政策的适用往往也就在法官的主观选择中。比如，在涉及感情纠纷和邻里关系的死刑案件中，虽然最高人民法院出台了相关的司法政策要求少杀慎杀，但是在累犯从重、手段残忍等因素下，是否判处死刑则是法官裁判的主观选择。事实上，"李昌奎案""药家鑫案""林森浩案"以及最近引起学界热烈讨论的"贾敬龙案"等"命案"的发生，对于一直悬而未决的"死刑与死缓适用的实质区分"问题再次提出了挑战。在死刑案件中，由于死刑立即执行与缓期两年执行的执行方式之间存在"生死之别"，司法裁量显得异常关键。① 因而在裁判中，如何把握死刑立即执行与缓期执行的界限，尤为重要。

应当承认的是，在司法实践中，死刑与死缓的裁量与选择，往往不是单一情节能够确定的，相反大都是由诸多法定酌定因素综合考量的结果。然而，不论是在理论研究上还是在司法实践中，关于死刑裁量的众多从重或从宽情节因素的认定，以及死刑立即执行与缓期执行的实质标准，并无明确结论。"生与死"这一世界上最遥远的距离及其界限在法官的意识中往往是模糊的，"在几乎所有的判决书中，无论是适用死刑还是适用死缓，法官的裁判理由均非常简单，将生与死这样重大问题的抉择系于法官的'一念之间'显然极不正常"。② 在李昌奎故意杀人、强奸案中，一审法院（云南省昭通市中级人民法院）、终审法院（云南

---

① 虽然死刑缓期两年执行保留了执行死刑的可能性，但从实际的执行效果看，罪犯被执行死刑的概率基本为零，而不被执行死刑几乎是必然的结果。有研究表明，99.9%的死缓犯最后都没有被实际执行死刑，而是被改判无期徒刑或者有期徒刑。参见胡云腾：《死刑通论》，中国政法大学出版社1995年版，第241页。另外，关于死缓变更的条件，《刑法修正案（九）》作出了重大变更：将"如果故意犯罪，查证属实的，由最高人民法院核准，执行死刑"修改为"如果故意犯罪，情节恶劣的，报请最高人民法院核准后执行死刑；对于故意犯罪未执行死刑的，死刑缓期执行的期间重新计算，并报最高人民法院备案"。这一重大改变，扭转了死刑缓期执行期间故意犯罪后立即执行的刚性政策，而是以故意犯罪情节是否恶劣为判断依据作为核准死刑的标准。以笔者所供职的J省W市中级人民法院为例，近3年来判处包括抢劫、故意杀人、贩毒等罪犯死刑缓期两年执行的约70人，无一起被实际执行死刑。该数据为笔者自行统计，仅作研究使用，特此说明。

② 叶良芳：《死缓适用之实质标准新探》，载《法商研究》2012年第5期。

省高级人民法院)、再审法院(云南省高级人民法院)和复核法院(最高人民法院)在基本事实、案件定性达成共识的前提下,戏剧性地出现了"死刑—死缓—死刑"的死刑裁量过程,清楚地说明了这个问题,对"死刑与死缓适用的实质条件"这一课题的研究,仍然显得必要。在此背景下,由于司法政策与具体案件要素对应关系的不周延、不具体,难以确保相关案件必须纳入司法政策的考量视野,因此法官对于司法政策的理解和运用,应当享有豁免权,不能因为被改判或者发回而承担司法责任。

(二) 规则冲突问题:以人民法院向电信部门调查取证为例

现代法治理念大都认为,以事实为依据,以法律为准绳是司法裁判的基本原则,依法裁判是法治规律的必然结论。但在法律之外,为了准确适用法律最高人民法院、最高人民检察院等机关往往发布司法解释、司法解释性文件以及最高人民法院各条线的对下指导意见、高级别法院发布的会议纪要甚或内部规定。但需要引起注意的是,在涉及不同主管机构、不同条线时,司法解释、部门规章等"规定"之间往往出现矛盾现象,司法实践有时会无所适从。在此情形下,法官裁判的依据也就可能存在差异。在这种情形下即便法官因为适用"法律"错误,也应当享有豁免权,不应承担司法责任。

比如,在人民法院向电信部门调查取证的问题上,就存在明显的矛盾态势。最高人民法院《关于适用〈中华人民共和国民事诉讼法〉的解释》第192条第4项规定,有关单位接到人民法院协助执行通知书后,"以需要内部请示、内部审批、有内部规定等为由拖延办理的",人民法院可以适用民事诉讼法第114条规定处理,这就意味着人民法院可以向电信企业调查取证。但是,电信部门对最高人民法院该司法解释并不"买账",其主要依据是:其一,全国人大法工委的内部意见(法工办复字〔2004〕3号)。2004年4月,全国人大常委会法工委针对湖南移动的请示文件回函,并同时向湖南省人民法院、省监察厅、省通讯管理局公布了全国人大常委会法工委有关法律问题的回复意见:移动用户的通话详单属于宪法保护的通信秘密范畴,人民法院依照《民事诉讼法》第 65 条规定调查取证,应符合宪法的规定,不得侵犯公民的基本权利。其二,《电信条例》第 66 条。该条规定,电信用户依法使用电信的自由和通信秘密受法律保护,除因国家安全或者追查刑事犯罪的需要,由公安机关、国家安全机关或者人民检察院依照法律规定的程序对电信内容进行检查外,任何组织或者个人不得以任何理由对电信内容进行检查。上述两种不同意见,在"法无明文规定"的背景下,对于人民法院向电信企业调查取证的问题而言各有依据、各有主张,矛盾态势严重影响了人民法院办案的效率,急需得到有效解决。① 由此可见,法院在司法裁判中不管依据何种理由总有顾及不到的地方,此时法官应当享有责任豁免权。

(三) 法无明文规定问题:以"赃物善意取得"为例

一般而言,司法裁判需要在"有法可依"的前提下进行,裁判根据的指引性和明确性也是现代法治社会建设的必备要素。然而,正如上文所述,在成文法模式中,永续变化发展的复杂社会与"有法可依"之间必然存在合理误差或者时空上的缝隙,二者不可能绝对的无缝对接,这是法律滞后性特点所必然决定的客观社会规律。即便如此,在面对公民诉权,司法也不应当以"法无明文规定"而拒绝裁判。这是因为在整体上,在成文法之外,还有习惯、司法解释、指导性案例、国家政策以及权利推定等裁判渊源。② 因此,在法无明文规定或者法律规定

---

① 例如,湖北省利川市法院审理了一起提供劳务者受害责任纠纷案。死者孙某在为被告李某喷外墙漆的过程中,不慎从五楼坠落摔伤死亡,死者家属向利川市法院提起诉讼。被告及众多目击者称死者在摔落前曾与他人通话,情绪比较激动,被告遂向法院申请调取死者摔落前的通话记录,以此证明死者存在重大过失。依据被告的申请,为查明案情,办案人员于 2017 年 8 月 1 日前往利川移动公司调查取证,在与该公司综合部信息查询负责人唐某多次交涉中,唐某均以《电信条例》等部门规章、内部规定、上级部门不批准等为由,拒绝法院调查取证,拒不提供死者的通话记录。2017 年 8 月 2 日,法院传唤唐某再次向其说明拒绝调查取证将面临的法律后果,但唐某到庭后仍未认识到拒不配合法院查询的错误。为维护法律权威,根据民事诉讼法的规定,利川市法院依法对利川移动公司作出罚款 50 万元的处罚,对利川移动公司综合部信息查询负责人唐某作出罚款 2 万元的处罚。参见湖北省利川市人民法院 (2017) 鄂 2802 司惩 6 号决定书。
② 刘作翔:《司法中弥补法律漏洞的途径和方法》,载《法学》2017 年第 4 期。

不明甚至矛盾的情形下，法院裁判就可能更多地依仗法律之外的因素，故而在此情形下，法官裁判及其结论就应当享受豁免权，不应当承担司法责任。

以赃物善意取得问题为例。民法理论一般认为，善意取得制度只适用于占有委托物，即无权处分人基于原权利人真实意思而取得占有的物，而不适用于赃物、遗失物等占有脱离物，即无权处分人非基于原权利人意思或者真实意思而取得占有的物。① 我国立法机关对此问题解释指出，"之所以不规定赃物的善意取得，立法考虑的是，对被盗、被抢的财物，所有权人主要通过司法机关依照刑法、刑事诉讼法、治安管理处罚法等有关法律的规定追缴后退回。在追赃过程中，如何保护善意受让人的权益，维护交易安全和社会经济秩序，可以通过进一步完善有关法律规定解决，物权法对此可以不做规定"。② 对于全国人大这种不置可否的立场，也尚未见有关法律规定，由此也就意味着在"结合性法益"的情形下，如何保障和平衡本权者与善意受让人的合法权益，依然是我们当前需要考虑的问题。目前，关于赃物是否适用善意取得制度，理论上基本上持否定态度。主要缘由如下：一是按照举轻以明重的解释规定，在价值评价方面，赃物的善意取得不得较遗失物的善意取得更为宽松，言外之意即遗失物尚且不能适用善意取得，赃物就更不应适用善意取得制度；③ 二是法律既然没有规定赃物是否可以适用善意取得，则属于明知的法律漏洞，需要未来加以完善，而不能由此推出赃物可以适用善意取得。

虽然民法理论基本否认赃物适用善意取得制度，刑法通说观点也认为本权者向非法占有者恢复财产性法益的行为不成立犯罪甚至可以作为正当防卫的类型，但这种所谓的基本立场和通说观点并未得到司法实践

---

① 梁慧星：《中国物权法草案建议稿》，社会科学文献出版社2000年版，第369页。
② 全国人大法工委：《物权法条文说明、立法理由及相关规定》，北京大学出版社2007年版，第190—195页。
③ 参见崔建远：《物权：规范与学说——以中国物权法的解释论为中心》（上册），清华大学出版社2011年版，第233页。

的普遍认同。尤其是在"结合性法益"的情形下,上述民、刑所谓的通说、立场地位比较尴尬。近年来,"两高"发布的一些司法解释,对赃物的善意取得作了比较明确的倾向性规定。例如,1998年最高人民法院、最高人民检察院、公安部、国家工商行政管理局联合发布的《关于依法查处盗窃、抢劫机动车案件的规定》,对赃车的善意取得作出明确规定,对明知是赃车而购买的,应将车辆无偿追缴;对违反国家规定购买车辆,经查证是赃车的,公安机关可以根据《刑事诉讼法》第110条和第114条规定进行追缴和扣押;对不明知是赃车而购买的,结案后予以退还买主。2004年修正后的《票据法》第12条规定:"以欺诈、偷盗或者胁迫等手段取得票据的,或者明知有前列情形,出于恶意取得票据的,不得享有票据权利。"① 2011年最高人民法院、最高人民检察院发布的《关于办理诈骗刑事案件具体应用法律若干问题的解释》第10条明确规定,他人善意取得诈骗财物的,不予追缴。2014年10月30日最高人民法院颁布了《关于刑事裁判涉财产部分执行的若干规定》,其中第11条第2款规定,第三人善意取得涉案财物的,执行程序中不予追缴;作为原所有人的被害人对该涉案财物主张权利的,人民法院应当告知其通过诉讼程序处理。该条提及"善意取得"不再追缴,但明确了原所有人有另案起诉处理的权利。"法无明文规定"是成文法国家立法中客观存在的现象,法官裁判只能依据相应的法理、精神或者指导意见。然而,就同一问题而言,不同部门法之间可能存在不同意见,赃物善意取得问题就是典型例证,在此情形下法官裁判结论不管依据如何不论结果如何,只要不违背禁止性规定,就应当享有司法豁免权。

四、结语

人才是第一资源,在司法事业中同样如此。司法裁判作为事后判

---

① 按照反对解释的基本原理,对于该条的规定可以作如下判断:不明知有欺诈、偷盗或者胁迫等手段取得票据情形,出于善意取得票据的,可享有票据权利。换言之,该规定解释维度对于票据善意取得制度预留了适用的空间。

断,一方面要求裁判者必须遵循特定的程序法则,另一方面也要求裁判者具备娴熟高超的法律素养和裁判能力,唯有如此我国司法事业才能逐步走上正轨。员额法官的遴选与退出机制,对于司法队伍建设而言就是让优秀人才留在法官队伍,让不能胜任法官岗位之人有序分流至其他岗位,确保法官队伍的专业性和精英化。换言之,员额法官的遴选与退出机制,经由以案件质效为核心的科学考核机制,让优秀者更加具有职业荣誉感和公正感,让不能胜任者强化学习与训练补足短板,学习训练无效者及时退出员额,目的是要打破传统的"能上不能下,只有违法乱纪才不得不下""干多干少一个样、干好干差一个样"的"铁饭碗""大锅饭"思维,切实推进司法队伍建设专业化、职业化、正规化。本文在赞同"刚性退出"机制的基础上,立足"错案评价"这一实质标准,对于事实认定错误与法律适用错误等退出考量因素作了分析,提出了"柔性退出"观点,强调员额法官办案质效对于法官队伍建设的核心地位,并在此基础上归纳了错案评价排除的类型,以确保法官司法豁免权的实现,以期为改革后续决策提供助益。

专题研究之四：
刑事辩护全覆盖试点情况

刑事案件律师辩护全覆盖的实践和思考

——以杭州市为例

唐晔旎*

一、全覆盖试点刑事法律援助总体情况

2017年11月22日,在杭州市中院会同市司法局联合出台《杭州市刑事案件律师辩护全覆盖试点工作实施方案》后,杭州全市开始陆续推进试点工作,各区、县(市)基本从2017年12月全面展开,具体情况如下。①

(一)全市各地试点开展前后刑事法援案件量情况

2018年上半年,全市共办理刑事法律援助案件3200件,比上一年同期1744件增长83.5%。刑事法律援助案件量增幅较大,刑事辩护率明显提高。

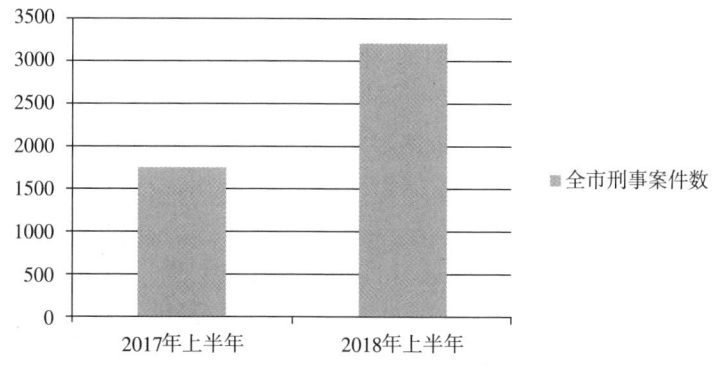

图1 试点前后同期全市刑事案件数

---

* 浙江省杭州市法律援助中心主任科员。
① 本文选取2017年12月1日到2018年5月31日(司法部年报要求从上年度的12月1日起算)试点开展后半年的数据,与试点开展前的同期数据比较。

通过对 2017 年上半年和 2018 年上半年刑事法律援助案件数的比较，我们发现，各区、县（市）的案件量在全覆盖试点以后同比增长非常明显。其中，滨江区增幅最大，2017 年上半年刑事法律援助案件量为 44 件，试点开展后 2018 年的上半年，案件量增长到 124 件，增幅达到 182%；增幅最小的是拱墅区，增幅为 20%。

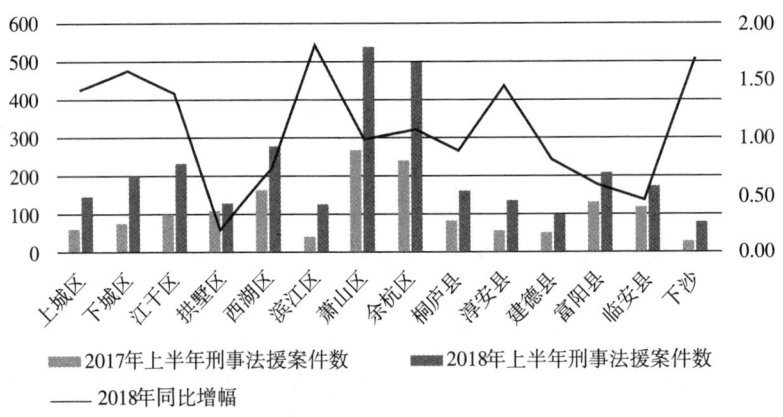

图 2 2017 年上半年和 2018 年上半年刑事法援案件数

（二）通知辩护案件量情况

2018 年上半年，三个阶段通知辩护法律援助案件共 3039 件，其中侦查和审查起诉阶段的法律援助案件共 681 件，较上一年同期 622 件，增长 9.5%；审判阶段的法律援助案件共 2358 件，较上一年同期 988 件，增长 138.7%。

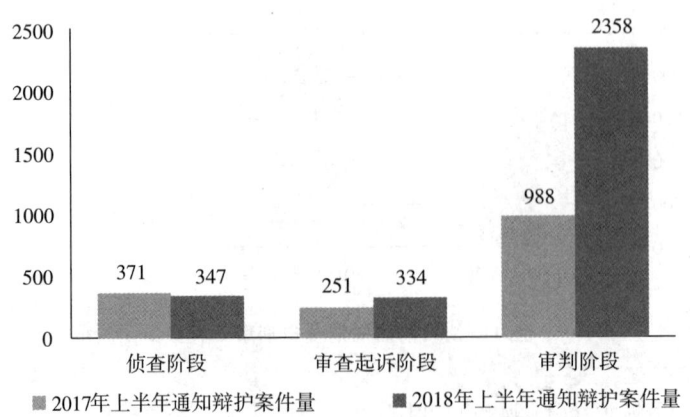

图 3 三阶段通知辩护案件量

从图 3 可以看出，由于刑事辩护全覆盖目前仅限于审判阶段，因此，审前两阶段的案件量增幅不大，审查起诉阶段甚至低于去年同期；审判阶段增幅非常大，增长近 1.4 倍。

（三）一审、二审、审判监督程序通知辩护情况

在审判阶段，2018 年上半年一审通知辩护的案件数为 2343 件，占审判阶段通知辩护的 99.4%，较上一年同期 970 件增加 141.5%；2018 年上半年二审通知辩护的案件数为 15 件，占审判阶段通知辩护的 0.6%，较上一年 18 件，下降 16.7%；再审案件，两年均为 0。可以看出，审判阶段的法援案件量主要集中在一审，二审极少，再审中没有。二审援助案件量在试点后不升反降是个奇怪的现象，因为在全覆盖试点前二审审判阶段案件没有纳入通知辩护的范围，但是全覆盖试点将二审纳入通知辩护范围，案件数理应有所增长，如果不是所有的二审被告人都自己委托了社会律师，那就存在法院通知辩护不到位的情况。在审判监督阶段，因案件数本身就极少，通知辩护的案件数自然就少。

（四）审判阶段因全覆盖增加案件数情况

如前文所述，2018 年上半年，全市共办理刑事法律援助案件 3200 件，比上一年同期 1744 件增长 83.5%。但是不能以此认为因试点增加的比例就是这么多。

事实上，在全覆盖试点之前，杭州已经按照《浙江省关于加强和规范刑事法律援助工作的意见》，通过商请的形式，扩大了刑事法律援助的范围，[①] 而不限于刑事诉讼法规定的应当通知辩护的四类情形。

[①] 《浙江省关于加强和规范刑事法律援助工作的意见》第 5 条规定，具有下列情形之一，犯罪嫌疑人、被告人没有委托辩护人，本人又提出法律援助申请的，人民法院、人民检察院可以商请法律援助机构指派律师为其提供辩护：（1）有证据证明犯罪嫌疑人、被告人认知能力较差的；（2）共同犯罪案件中，其他犯罪嫌疑人、被告人已委托辩护人的；（3）案件有重大社会影响或者社会公众高度关注的；（4）犯罪嫌疑人、被告人作无罪辩解或其行为可能不构成犯罪的；（5）人民法院认为起诉意见和移送的案件证据材料可能影响正确认定量刑的；（6）基层人民法院审理的一审刑事案件，被告人经济困难且可能被判处 3 年以上有期徒刑的；（7）中级人民法院审理的一审刑事案件；（8）人民检察院抗诉的案件；（9）其他需要商请法律援助机构指派律师提供辩护的情形。

表 1 试点前通知辩护和商请类案件在刑事法律援助案件中的占比

年份	通知辩护案件合计	刑事诉讼法规定通知辩护的四类案件					占比	其他（商请）	占比
		未成年人	盲、聋、哑人	尚未完全丧失辨认或者控制自己行为能力的精神病人	可能判处无期、死刑	合计			
2013	4137	1754	211	63	365	2393	57.84%	1744	42.16%
2014	4071	1453	152	87	347	2039	50.09%	2032	49.91%
2015	4618	1408	165	81	459	2113	45.76%	2505	54.24%
2016	3792	980	93	105	369	1547	40.80%	2245	59.20%
2017	3711	945	130	117	403	1595	42.98%	2116	57.02%

从表 1 中可以看出，近 5 年其他（商请类）占通知辩护的平均比例为 52.51%，高于刑事诉讼法规定的应当通知辩护的四类案件量。其他（商请类）与刑事诉讼法规定的四类案件量比约为 1∶1.1。也就是说通过商请，刑事法律援助范围较刑事诉讼法规定扩大了一倍多。全覆盖试点开展后，2018 年上半年，审判阶段通知辩护案件共 2358 件，其中刑事诉讼法规定的四类共 651 件。如果未实行全覆盖，那么按照 1∶1.1 的比例，计算商请类的案件量约为 716 件。据此，全覆盖试点后，减去刑事诉讼法规定的四类和商请本来就可以扩大的范围，审判阶段因全覆盖试点增加的案件量约为 990 件，[①] 占审判阶段通知辩护案件量的 42.03%，也就是说，在审判阶段，因全覆盖试点增加的案件比例为 42.03%。

据了解，2018 年上半年刑事案件量增加的另一个原因在于共同犯罪案件的增加，而且一个案件往往涉及几十名或百余名被告人。例如临

---

① 根据全覆盖试点意见，除了普通程序外还有二审和再审也被列入通知辩护的范围，但是与上一年同期比较，案件数量没有明显增加。

安区的一起诈骗案件，共涉及120名被告人；上城区一起合同诈骗案件涉及90余名被告人；萧山区一起"淘宝代运营"的案件涉及近20名被告人；此外还有开设赌场、组织、利用邪教组织破坏法律实施、聚众斗殴等案件都是每一个案件就涉及十几名或几十名被告人。像这类共同犯罪的案件，如果没有开展全覆盖试点，杭州法院大都也会通知法律援助机构给予援助，因为根据《浙江省关于加强和规范刑事法律援助工作的意见》和新修订的《杭州市法律援助条例》，共同犯罪案件中，只要有一名被告人已经委托辩护人的，其他被告人就可以申请法律援助，免予审查经济困难条件。

（五）申请法律援助情况

为了更好地保障被告人的合法权益，《杭州市刑事案件律师辩护全覆盖试点工作实施方案》对非普通程序案件的被告人提出法律援助申请，但确实无法联系家属提供经济状况证明，且无明显收入来源的，经法院书面注明，可以视作其符合本市法律援助经济困难标准。虽然这条放宽了申请法律援助的条件，但从执行情况看，法院转交申请的案件有小幅增长但没有明显增加，法院转交申请的案件从上一年的0件增加为4件，可能存在两种情况：一是一审法院告知不到位；二是申请类案件被通知辩护或值班律师法律帮助吸收替代。

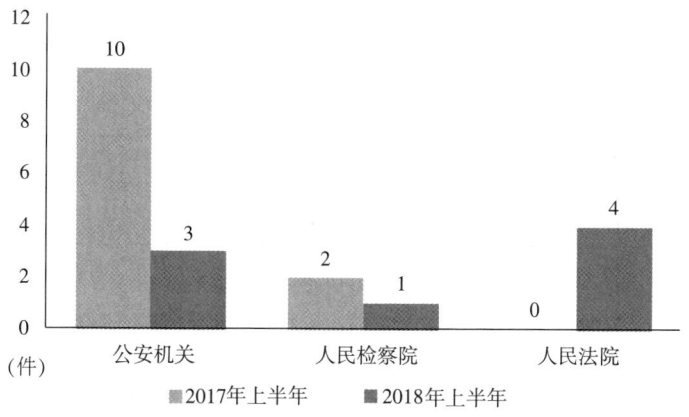

图4 公检法通知法律援助的案件数

（六）值班律师法律帮助情况

全覆盖试点建立了简易、速裁程序法律帮助制度和辩护前法律帮助制度。① 简易程序、速裁程序一般都是在认罪案件中，根据杭州实践，杭州值班律师目前主要为认罪认罚从宽制度试点提供法律帮助。

从认罪认罚从宽制度试点工作开始至 2018 年 5 月，全市值班律师提供法律帮助共 8203 件，8721 人次。杭州的试点工作在 2017 年 3 月前，着重做好部署和各项准备工作，自 2017 年 4 月开始，以富阳、萧山、余杭和西湖区为重点地区，逐步推进。从三个阶段情况看，侦查和审查起诉阶段值班律师介入量相差不多，但审判阶段明显较少。

表2 试点开展以来截至 2018 年 5 月法律帮助情况

时间	公安		检察院		法院		总计	
	件数	人数	件数	人数	件数	人数	件数	人数
2017.03	7	7	0	0	0	0	7	7
2017.04	75	78	18	18	13	13	106	109
2017.05	102	130	148	158	9	9	259	297
2017.06	173	184	234	257	28	28	435	469
2017.07	332	351	284	317	24	24	640	692
2017.08	378	399	345	349	36	36	759	784
2017.09	263	297	409	416	35	35	707	748
2017.10	253	270	309	328	39	39	601	637
2017.11	109	109	455	474	62	62	626	645
2017.12	218	241	448	523	26	26	692	786
2018.01	283	299	382	407	26	26	691	732
2018.02	262	278	284	299	27	27	573	604
2018.03	275	295	465	516	25	25	765	836
2018.04	172	186	388	420	41	41	601	647
2018.05	213	215	406	441	32	32	651	688
合计	3115	3339	4575	4923	423	423	8203	8721

---

① 根据《杭州市刑事案件律师辩护全覆盖试点工作实施方案》，简易、速裁程序法律帮助制度是指适用简易程序、速裁程序审理的案件。被告人没有辩护人的，人民法院应当通知法律援助机构派驻的值班律师为其提供法律帮助。辩护前法律帮助制度是指在法律援助机构指派的律师或者被告人委托的律师为被告人提供辩护前，被告人及其近亲属可以提出法律帮助请求，人民法院应当通知法律援助机构派驻的值班律师为其提供法律帮助。

辩护前法律帮助除了市看守所法律援助工作站和滨江区法院工作站在推进外，其他地区基本没有实施。市看守所法律援助工作站每天有值班律师驻点值班，没有辩护人的犯罪嫌疑人、被告人，有法律帮助需求的，可以通过视频向值班律师进行法律咨询。滨江区法院对所有适用简易和速裁程序的案件，通知值班律师给予法律帮助，具体操作模式是：法律援助机构招募了44名值班律师，并每天安排值班律师在法院工作站值班，如当天有开庭的适用简易和速裁程序的案件，法官通知当天的值班律师在开庭前为被告人提供一次法律帮助（主要是咨询）。

二、全覆盖试点中存在的问题

（一）部分地区律师资源严重不足

杭州全市有7000余名律师，其中社会律师（除公职律师、援助律师、公司律师外）6813名律师，但分布很不均匀，如桐庐、建德、淳安，都仅有几十名律师，特别是淳安县仅有26名社会律师。

表3 杭州市社会律师分布情况

地区	社会律师人数	纳入法援资源库人数
市本级	1997	460
上城区	320	30
下城区	788	133
江干	570	69
拱墅	702	135
西湖	1035	30
滨江	287	49
萧山	436	220
余杭	236	133
桐庐	55	47
淳安	26	26
建德	59	53
富阳	117	65
临安	87	43
下沙	89	38

随着试点工作的推进,刑事法律援助案件量激增,出现案件量比上一年同期翻番的情形。尤其是2018年共同犯罪案件较多,一个案件涉及几十人甚至上百人,超过当地律师总数。例如临安区一个诈骗案件,共有120个被告人,根据全覆盖的要求,除了被告人已自己委托律师的外,还有近100人需要法律援助机构指派律师。临安全区共80余名律师,当地律师资源无法满足全覆盖的要求。律师资源不足、不均衡的矛盾显现。

此外,根据《律师办理刑事案件规范》禁止条款,当一家律师事务所接受指派为多名同案被告人辩护时,应明确告知并经其同意,当出现被告人坚决不同意的情况时,桐庐县等律师事务所较少的地区就出现无法满足指派需求的情况。

(二) 基层法律援助机构人手不够矛盾突出

随着刑事法律援助案件量的增加,全市法律援助机构,特别是基层法律援助机构工作量成倍增加,尤其是在萧山、余杭等案件量大的地区,单日最高案件数分别达30件左右。按照受理、登记、指派一个案件用时10分钟计算,一个工作人员一刻不停不做其他事情,也需要近5个小时。而事实上,基层法律援助机构一般只有3—4名工作人员(包含中心主任、副主任),这三四名工作人员除了日常的受理指派外,还要承担质量监管、案件归档结案、数据统计、总结宣传、部门间协调及各类上级布置的任务等。因此,案件量大幅增加直接导致基层工作人员工作量激增,人手不足矛盾凸显。

表4 杭州各地区法律援助机构工作人员数

地区	法援机构编制数(人)	法援机构实有人数(人)
上城区	3	3
下城区	1	3
江干	3	5
拱墅	4	4
西湖	2	4

续表

地区	法援机构编制数（人）	法援机构实有人数（人）
滨江	2	4
萧山	6	10
余杭	3	3
桐庐	6	4
淳安	4	4
建德	3	5
富阳	5	5
临安	1	5
下沙	1	1
大江东	1	1
平均人数	3	4

（三）经费保障不充分

虽然目前杭州市两级政府财政部门已经将法律援助机构工作经费纳入本级财政预算，并实现了逐年增长，但是总体上看案件补贴标准偏低。一是办案补贴远低于市场价，部分案件还需要律师"自掏腰包"。目前刑事法律援助案件审判阶段的补贴上限是1500元/件。一些案件，例如共同犯罪案件，往往阅卷、会见工作量巨大，由于犯罪嫌疑人众多，开庭常常需要持续数天时间，律师的交通、住宿费用就超过了补贴金额，还不算投入的精力和时间成本。二是跨地区调配经费保障机制不健全。虽然按照目前的经费管理办法，援助律师跨县（市）办案，会再有一部分额外补贴。如市本级法援中心指派主城区律师到桐庐、淳安、建德三地，能额外享受500元的跨地区补贴；但如果是淳安等地律师不足，由市本级调配，还是接受淳安等地指派，则补贴标准按照淳安标准（1000元/件）执行，非但没有跨地区补贴，反而要参照县市的低标准发放补贴，这对统筹调配全市律师资源起到了反作用。三是辩护律师与值班律师经费补贴出现倒挂。但是认罪认罚值班律师提供一次法律帮助400—500元，实践中，值班律师法律帮助相对简单，一般提供一次法律咨询，审查起诉阶段在法律咨询后见证具结书的签署，因此实践中出现半天一个值班律师能为4—5个犯罪嫌疑人或被告人提供法律帮助，以半天4个计算，一个值班律师半天的补贴可达2000元。而审判阶段辩护律师要进行会见、阅卷、调查取证、撰写辩护意见、参加庭审、判决后回访会见等大量工作，其补贴按规定只有1500元，辩护律师和值班律师补贴出现倒挂。

表5　杭州市刑事法律援助案件补贴标准　　单位：元/件

阶段	市本级及7个主城区	萧山区	余杭区	富阳区	临安区	桐庐县	淳安县	建德市
侦查	900	1000	900	700	900	800	600	600
审查起诉	1200	1200	1100	700	1100	1000	800	800
审判	1500	1400	1400	1000	1500	1300	1000	1000

表6　杭州各区、县（市）值班律师案件补贴情况　　单位：元/件

	上城区	下城区	江干区	拱墅区	西湖区	滨江区	萧山区	余杭区	富阳区	桐庐县	淳安县
值班补贴	500	300	500	500	500	500	取保200 羁押300	500	侦查400 审查500	侦查400 审查500	400

（四）法律帮助存在走过场的情形，不能保障认罪的自愿性

被告人自愿认罪是适用认罪认罚从宽处理程序的正当性基础和前提，只有被告人通过真实意思表示来认罪，在此基础上对其适用认罪认罚从宽程序进行处理，才是对当事人程序处分权的尊重。[①] 值班律师只是提供初步的有限的法律帮助，而不享有辩护律师的阅卷、调查取证等

---

① 余俊：《检视与完善：刑诉中认罪认罚从宽制度研究》，载《贵州警官职业学院学报》2017年第1期。

核心的辩护权，甚至连会见权都得不到有效保障。在调研中发现，一些地区，值班律师虽然可以进入看守所，但是没有单独会见犯罪嫌疑人的时间，而是在办案人员在场的情况下，为犯罪嫌疑人提供法律咨询。调研中有不少律师指出，在办案人员在场的情况下提供咨询，一些犯罪嫌疑人很多话想问却问不出口；值班律师由于不能阅卷，对案件事实也没有更深入地了解，从而导致不少地区的值班律师"见证人化"，就是简单地见证认罪认罚具结书的签署，不能有效保障认罪认罚的自愿性。①

（五）办案机关未全面履行通知和告知义务

根据最高人民法院、司法部《关于开展刑事案件律师辩护全覆盖试点工作的办法》（以下简称《试点工作办法》）和杭州市试点工作实施方案，一是适用简易程序、速裁程序审理的案件，被告人没有辩护人的，人民法院应当通知法律援助机构派驻的值班律师为其提供法律帮助；二是在法律援助机构指派的律师或者被告人委托的律师为被告人提供辩护前，被告人及其近亲属可以提出法律帮助请求，人民法院应当通知法律援助机构派驻的值班律师为其提供法律帮助。但目前实践中，仅有个别法院对适用简易、速裁程序的案件会通知法律援助机构安排值班律师提供法律帮助。此外，对于辩护前的法律帮助，目前除市看守所法律援助工作站外，其他地区的法律援助机构都还没有收到法院的法律帮助通知。究其原因，是办案机关未告知被告人及其近亲属可以提出法律帮助请求的权利。

（六）信息化平台尚未实现对接

目前，办案机关通知法律援助机构指派律师主要通过邮寄的方式，尚未实现信息化平台的对接，文书传递时间较长，办案人员不能及时了解指派律师情况，实践中还出现法律援助机构收到文书过迟，案件已移送下一阶段的情况。认罪认罚程序更加注重效率，传统的邮寄方式已经不能满足案件办理的需要，急需实现办案机关与法律援助机构信息化平

---

① 陈凯、董红民、唐晔旎：《完善认罪认罚案件法律援助制度的研究》，载《中国司法》2018年第6期。

台的对接,从而保障认罪认罚案件办理得快速高效。

三、完善刑事辩护法律援助的几点思考

《试点工作办法》对审判程序刑事辩护法律援助的扩大有了新突破。但是总体来说,现在刑事辩护法律援助尚未达到应有的广度和深度,与保证司法公正、满足人民需求还有相当大的距离。[①] 为此,我们认为需要着重解决以下几方面问题,切实推进律师辩护全覆盖,不断完善刑事辩护法律援助制度。

(一) 适用简易程序的案件逐步由律师提供辩护,而不限于法律帮助

我国的刑事法律辩护率一直处于"总量少、比例低"的状态,在《试点工作办法》实施以前,我国的刑事辩护率为20%—30%。[②] 从杭州来看,在试点之前刑事辩护率也在30%左右,其中有一半是法律援助贡献的。详见表7。

表7 刑事案件一审审判阶段辩护和援助辩护情况   单位:人次

年份	全市一审刑事案件	有辩护人的案件（委托+法援）	刑事辩护率	法律援助辩护的案件	援助辩护率
2014年	17502	6388	36.5	2449	14.0%
2015年	18372	6462	35.2	2951	16.1%
2016年	16138	4982	30.9	2422	15.0%

《试点工作办法》将通知辩护的范围扩大到一审适用普通程序审理的案件,在一定程度上提高了辩护率,但在全部刑事案件中,适用简易程序和速裁程序审理的案件大约占2/3,而这些案件根据《试点工作办法》仅仅由值班律师提供"法律帮助"而不是刑事辩护。从目前最高

---

① 陈光中、张益南:《推进刑事辩护法律援助全覆盖问题之探讨》,载《法学杂志》2018年第3期。
② 陈光中、张益南:《推进刑事辩护法律援助全覆盖问题之探讨》,载《法学杂志》2018年第3期。

人民法院、最高人民检察院、公安部、国家安全部、司法部出台的《关于开展法律援助值班律师工作的意见》①来看，值班律师不具有辩护律师的职责和权利，特别是权利的赋予上，目前实践中，仅具有会见权，而且会见权也不充分，更不具有阅卷、调查取证等权利。所以值班律师仅仅是提供初步的、临时性的法律帮助。笔者认为，适用简易程序的案件仅仅由值班律师提供法律帮助是不够的。适用简易程序的案件也有必要提供刑事辩护法律援助，因为"对适用简易程序的案件虽限于基层人民法院管辖，但是其适用的刑期最高可达有期徒刑15年（在数罪并罚情况下可达20年）。对于可能判处如此严重刑罚的案件，就算被告人认罪且同意适用简易程序，仍然需要审慎对待，有必要为其提供辩护法律援助"。②因此建议把简易程序的案件纳入当事人申请免予审查经济困难条件的范围。只要申请，就给予援助。为什么用申请而不是通知辩护呢？笔者认为，这是基于现实条件的考虑。采用申请的方式，一方面是赋予犯罪嫌疑人、被告人选择权，另一方面可以在一定程度上解决律师资源和财政经费短缺的问题，可以避免因强制辩护导致的资源浪费。

（二）逐步推进审前程序的律师辩护全覆盖

最高人民法院和司法部关于律师辩护全覆盖的规定，目前只涵盖了审判阶段，因此，可以按照普通程序、简易程序、速裁程序来划分所有的刑事案件。随着全覆盖的更深入，下一步可能覆盖至审前程序，即公安机关侦查阶段和检察院审查起诉阶段。由于这两个阶段只有程序建议权，即公安机关和检察院可以建议法院采用简易或者速裁程序，而不是

---

① 最高人民法院、最高人民检察院、公安部、国家安全部、司法部出台的《关于开展法律援助值班律师工作的意见》第2条规定，值班律师的职责主要包括：提供法律咨询；引导和帮助申请法律援助；对刑讯逼供和非法取证代理申诉、控告；在认罪认罚从宽制度试点中，为自愿认罪认罚的犯罪嫌疑人、被告人提供法律咨询、程序选择、申请变更强制措施等法律帮助，对检察机关定罪量刑建议提出意见，犯罪嫌疑人签署认罪认罚具结书应当有值班律师在场。

② 陈光中、张益南：《推进刑事辩护法律援助全覆盖问题之探讨》，载《法学杂志》2018年第3期。

直接适用,因此在审前阶段扩大范围可能就不能按照程序来划分。

根据杭州的实践,笔者认为,可以按照认罪和非认罪来划分。首先,非认罪类案件,只能适用普通程序,这部分案件由于不认罪涉及事实认定,因此建议侦查和审查起诉阶段纳入法律援助的范围,并应采用通知辩护的方式。认罪类案件,又分为适用认罪认罚从宽制度的案件和不适用的案件,笔者认为,无论是否适用认罪认罚从宽制度,认罪类案件不能简单地认为仅有值班律师的法律帮助。因为从认罪认罚从宽制度的改革情况来看,根据"两高三部"印发的《关于在部分地区开展刑事案件认罪认罚从宽制度试点工作的办法》,对于认罪认罚的案件也基本上是适用简易程序或者速裁程序审理的。也就是说,在认罪认罚案件中除了少量案件有聘请的辩护律师以外,大部分的案件是没有刑事辩护法律援助的。在非认罪案件中,被告人享有实质化庭审的权利,案件相关事实证据都将在法庭上质证,最后由法庭裁决,符合言词原则的精神,因而背离事实的风险相对较小。而认罪认罚案件为体现实体从宽、程序从简,大多数都适用速裁和简易程序,在程序启动之时定罪量刑就已基本成型,实践中审判阶段控辩力量完全失衡,控方占据先天优势,法院审判阶段基本"照单全收",少有变数,如果不加强辩方力量不利于发现事实真相。① 因此,对于认罪类案件也要逐步推进律师辩护全覆盖,只不过出于财政资源和律师资源有限性的现实考虑,在目前我们只能分步分类推进。"协商程序中强制辩护缺失的唯一理由就是出于诉讼经济的考量。若要求所有的案件均要指定辩护人协助,则将拖延协商程序、增加程序成本。然而,如果辩护权不周全,被告人又哪里敢将身家性命作为赌注付诸于检察官的协商之中?"②

因此,从应然角度来看,如果资源足够,那么刑事案件的当事人都应有辩护律师为其提供辩护,除非其本人明确表示拒绝。例如美国

---

① 陈晓:《论刑事速裁程序的辩护权保障》,载《法制与经济》2016年第11期。
② 沈威、徐晋雄:《认罪认罚从宽制度冷观察——以台湾地区认罪协商制度为镜鉴》,载《认罪认罚从宽制度的理论与实践——第十三届国家高级检察官论坛论文集》,中国检察出版社2017年版。

《联邦刑事诉讼规则》第 11 条 c 款规定,在刑事诉讼的每个阶段,被告人都享有律师辩护的权利,如果被告人没有聘请律师,法庭应为其指定一位律师。① 但是从实然角度看,由于社会经济发展水平不同,在一定的社会发展阶段,只能将部分案件纳入法律援助辩护的范围,这个范围不应根据是否认罪划分,而应以对人身自由限制程度、刑期轻重为主要的划分原则。例如德国刑事诉讼法典规定,预计判处自由刑至少 6 个月的,对尚无辩护人的犯罪嫌疑人,就初级法院快速审理程序为其指定辩护人。② 实际上,杭州市在全覆盖试点前,已经将可能判处 3 年以上刑罚的被告人纳入法律援助辩护的范围,而不论是否认罪、是否属于简易程序。因此,笔者建议,在全覆盖的大框架下,不同地区可以根据各自的经济发展水平,对法律援助律师辩护范围进行规定,有条件的地区可以逐步放宽至可能被判处有期徒刑上的,可以由援助律师提供辩护,而不仅仅是值班律师提供法律帮助。

(三) 抓好两支队伍建设,强化律师资源保障

杭州市目前有律师 7000 余人,律师资源比较丰富。但是考虑到律师资源地区间的不平衡,特别是淳安、建德等县(市)律师资源较为短缺,在做好全市律师资源统筹的同时,要着重抓好两支队伍建设,即社会律师和刑事专职律师队伍建设。一方面,要引导、调动社会律师参与刑事法律援助工作;另一方面,要加强法律援助机构的刑事专职律师队伍建设。为满足律师辩护全覆盖的刑辩律师资源需求,可在法律援助机构内部设立一支专门办理刑事案件的专职律师队伍。在刑事辩护质量的保障方面,一是要加大对他们的业务培训,二是可以采取"师傅带徒弟"的方式使年轻的专职刑辩律师快速成长,从而确保辩护质量。③

---

① 参见《美国联邦刑事诉讼规则》第 11 条,载 http://www.docin.com/p-1292207047.html。
② 参见《德国刑事诉讼法典》,岳礼玲、林静译,中国检察出版社 2016 年版,引言第 12 页。
③ "多数人认为政府设立的公共辩护人机构办理法律援助案件质量更好,并且成本更低。"参见刘趁华:《美国法律援助制度概览及对完善我国法律援助制度的几点启示》,载《中国法律援助》2015 年第 2 期。

(四) 提高刑事法律援助地位，充分保障援助经费

实现认罪认罚案件律师辩护全覆盖要解决法律援助经费问题。近年来，杭州市法律援助经费逐年增长，2011—2016 年全市法律援助业务经费预算分别为 635.31 万元、869.6 万元、1027.15 万元、1185.06 万元、1214.49 万元、1365.92 万元。虽然 5 年间法律援助业务经费实现了翻番，但是从法律援助占财政支出比例看，公共财政在法律援助的投入还需进一步加大。①

无论从法理上还是从国际通行做法来看，刑事法律援助应是国家出资的法律援助的重点，从法理上看，刑事法律援助工作涉及公民自由生命权，是最基本的人权；从历史沿革上看，法律援助最先起源于对刑事案件的被告人的援助；从国际通行做法看，大多数国家普遍对刑事法律援助给予充分的财政保障，而对于民事则通过保险、费用分担等多种方式压缩财政开支。从杭州市目前的财力来讲，每年再投入这笔钱完全力所能及。②

(五) 进一步明确办案机关告知义务

除通知辩护外，还有一部分是申请法律援助辩护的方式，同时大多数犯罪嫌疑人、被告人不知道自己在认罪认罚案件中享有哪些权利以及相关权利对自己的重要性，因此必须明确办案机关的告知义务。一方面，从制度上要求办案机关必须告知犯罪嫌疑人、被告人享有免费的法律帮助或法律援助的权利。告知必须用通俗易懂的语言，并达到"以其通常认知和思维能力，能够理解并对行为导致的法律后果产生合理预期"的简明程度。同时，还应明确如果犯罪嫌疑人、被告人表示放弃这些权利的，办案机关必须了解放弃的原因是什么，并记录在案。另一方面对不告知的要设定相应的法律后果。在英格兰和威尔士，大多数警

---

① 唐晔旎：《关于扩大法律援助范围的若干问题研究——以杭州市为例》，载《中国司法》2017 年第 4 期。
② 2016 年杭州市生产总值达到 11050.49 亿元，一般公共预算收入达到 1402.38 亿元，而法律援助的预算仅为 1365.92 万元。

察局的拘留及其他场所都安装了闭路电视，以监督警察告知等行为，保留警察讯问的场景，作为证据供法院审判时采用。如果警察应当履行告知义务而没有履行的，法院审判是有可能会启动非法证据排除规则，对警察通过讯问得来的证据不予采纳。① 在我国，可以通过法律监督等形式，对于应当告知而未履行告知义务的，对办案单位和人员予以相应的惩戒等，推动告知义务的履行。

（六）加强信息化建设

为了使律师事务所受理、审查、指派更加准确，要探索建立智能化的便民服务后台，一方面使这些具有受理、审查权的律所与法律援助机构有效对接，实现数据传输、互联互通，方便律所将初审的材料送交法律援助机构，减少传递时间，提高工作效率；另一方面，要通过数据应用，自动匹配相关信息，如通过与民政、社保、残联等部门的数据连接，可以直接确认申请人是否符合法律援助条件，而无须提供证明文件，便于法律援助机构更便捷地开展受理和审查，确保受理、指派的准确性和有效性。同时，为了保障刑事案件，特别是认罪认罚法律援助案件的办案效率，要将积极推进法律援助与政法"一体化办案平台"的对接，通过刑事法律援助案件网上通知、文件文书实时传递，实现无纸化办公，有效缩短通知、指派、回函等工作的时间，满足认罪认罚案件快速办理的要求，提高工作效率。

---

① 埃德·开普：《英格兰和威尔士在警方拘留期间促进嫌疑人获得法律援助的做法》，载《中国法律援助》2015年第5期。

刑事案件律师辩护全覆盖试点研究报告

——基于 S 省 C 市试点的分析[*]

康　黎[**]　**郭佳琦**[***]

"被告人有权获得辩护"是我国宪法赋予公民的一项基本权利。律师参与刑事诉讼并在审判阶段充分发挥辩护作用是实现被告人辩护权的重要保障，对促进当下"以审判为中心"的我国刑事诉讼制度改革意义重大。鉴于此，最高人民法院、司法部于 2017 年 10 月联合出台了《关于开展刑事案件律师辩护全覆盖试点工作的办法》（以下简称《试点办法》），并在全国 8 个省市开展为期 1 年的试点。目前，试点工作行将结束，其改革成效如何，笔者拟以 S 省 C 市的试点为样本，对我国刑事案件律师辩护全覆盖试点改革予以实证考察。

一、S 省 C 市试点的实践样态

作为全国首批试点地区的 S 省地处中国西南，C 市为其省会，并被 S 省确立为省内重要的试点地区。依据 S 省法院和司法厅 2017 年 12 月联合印发的《S 省开展刑事案件审判阶段律师辩护全覆盖试点工作实施办法》（以下简称《实施办法》），C 市作为试点地区于 2018 年 1 月 1 日起开始"全覆盖"试点工作。试点期内，C 市刑事案件律师辩护全

---

[*] 本文为第一作者主持的成都市哲学社会科学 2018 年度规划项目"成都刑事案件律师辩护全覆盖试点研究报告"（项目编号：2018Z14）的阶段性成果。文中所采用的区域性实证研究样本在行文中均以字母代码表示。

[**] 西南交通大学公共管理与政法学院院长助理，副教授，法学博士。

[***] 西南交通大学公共管理与政法学院 2017 级诉讼法学硕士研究生。

覆盖的改革实施情况如何，笔者拟从以下两个方面展开分析：

（一）律师的来源

这里所言"律师来源"是指刑事案件律师辩护的取得方式即委托抑或指派。S 省 C 市自开展刑事案件律师辩护全覆盖试点以来，除被告人明确拒绝律师辩护的情况外，两级试点法院已基本实现了审判阶段律师辩护的全覆盖，尤其是指派辩护案件数量急剧增加。通过对 S 省 C 市试点以来刑事庭审案件的抽样分析，笔者发现审判阶段的案件指派辩护率因法院层级和审级的不同呈现出两个特点：

一是一审刑事案件中级法院指派辩护率高于基层法院。笔者选取 C 市两级试点法院 2018 年 6 月适用普通程序审理的一审刑事案件 37 件，① 其中市中院 13 件，市主城区基层法院 13 件，市远郊区基层法院 11 件。经统计发现（见表1），中级法院的指派辩护率（46.2%）要明显高于基层法院（主城区基层法院 15.4%，远郊区基层法院 18.2%），而同为基层法院层级的远郊区基层法院则略高于主城区基层法院。

表 1　C 市两级试点法院 2018 年 6 月普通程序一审刑事案件辩护种类统计

试点法院	指派辩护（件）/率	委托辩护（件）/率	指派+委托（件）/率	案件数
市中院	6/46.2%	4/30.8%	3/23.1%	13
市主城区基层法院	2/15.4%	11/84.6%	0/0	13
市远郊区基层法院	2/18.2%	8/72.7%	1/9.1%	11

二是二审刑事案件指派辩护率高于一审刑事案件。笔者选取 C 市

---

① 笔者选取 2018 年 6 月数据是因为试点改革推行半年之际，推进程度较之前 5 个月更为深入，故选取 6 月的案件作为样本，均来源于 C 市法院网公开庭审视频栏目。该网站栏目 2018 年 6 月通过庭审视频方式公布的采用普通程序审理的刑事案件共 41 件，除去其中视频无声音、视频不完整的案件 4 件，最终选取 37 件作为统计样本。

中院 2018 年 1—7 月一审刑事案件 57 件、① 二审刑事案件 44 件。② 从表 2 的统计情况来看，该院二审刑事案件总量虽少于一审刑事案件，但其指派辩护案件的数量更多，指派辩护率也明显更高。

表 2　C 市中院 2018 年 1—7 月一审、二审抽样刑事案件辩护种类对比统计

审级	仅指派辩护（个数/率）	仅委托辩护（个数/率）	指派+委托（个数/率）	案件总量（件）
一审	14/24.6%	41/71.9%	2/3.5%	57
二审	16/36.4%	25/56.8%	3/6.8%	44

（二）律师的作用

保证每个刑事被告人都能获得律师帮助，这仅仅是律师辩护全覆盖试点迈出的第一步。在有律师辩护的案件中，律师作用是否发挥以及辩护质效如何，这才是我国律师辩护全覆盖改革的最终指向。鉴于司法部传统上采用"辩护意见采纳率"作为统计指标来考察律师辩护发挥的实际作用，③ 同时结合学界提出的"过程作用""结果作用"等客观性

---

① 该数据来自对"中国裁判文书网"公布的判决书的统计，检索条件为中级法院："S 省 C 市中级人民法院"；法院层级："中级法院"；案件类型："刑事案件"；审判程序："一审"；文书类型："判决书"；裁判年份："2018 年"。筛选排序：法院层级↓；裁判日期↓；审判程序↓。检索共找到 70 个结果，选取其中判决书编号为（2018）S×刑初×号的 57 个案件作为样本。

② 该数据来自对"中国裁判文书网"公布的判决书的统计，检索条件为中级法院："S 省 C 市中级人民法院"；法院层级："中级法院"；案由："刑事案件"；审判程序："二审"；文书类型："判决书"；裁判年份："2018 年"。筛选排序：法院层级↓；裁判日期↓；审判程序↓。检索共找到 51 个结果，选取其中判决书编号为（2018）S×刑终×号的 44 则案件作为样本。

③ 参见马静华：《指定辩护律师作用之实证研究——以委托辩护为参照》，载《现代法学》2010 年第 6 期。

指标研究方法,① 为考察律师辩护全覆盖试点的庭审辩护质量,笔者分别对 S 省 C 市试点法院刑事审判的法庭调查、法庭辩论、宣判等环节中指派律师和委托律师的举证、质证、发表辩护意见的频度、内容及方式等指标进行量化的统计和对比,② 以此勾勒出当下我国律师辩护全覆盖试点地区的律师辩护真实图景。

1. "过程作用"

"过程作用"主要考察律师在法庭调查和法庭辩论过程中的所作所为包括举证、质证、发表辩护意见等项情况。笔者以 S 省 C 市两级试点法院 2018 年 6 月庭审视频公开的 80 则刑事案件③作为考察样本,因为较之其他图文性案件资料,庭审视频较能动态和全面地反映律师当庭辩护的过程,从而满足本研究的需要。

(1) 举证

举证是法庭调查阶段十分重要的一项诉讼活动。根据我国刑事诉讼法和律师法的规定,辩护律师在法庭上享有独立举证的权利。律师通过举证可以反驳甚至推翻控方的指控,从而主动性地维护被告人的合法权益。"相比其他过程作用指标,举证指标与控辩对抗、案件处理的联系最为密切,也最能体现律师行使辩护权的积极程度。"④

第一,举证率及举证频次。从 80 则样本案件的考察来看,辩护律师的法庭举证率仅有 45%,超过一半的案件,律师没有作任何的举证。

---

① 根据该评价指标体系,其基本结构为:第一,客观性指标,指可以通过客观数据度量的指标,包括过程作用指标和结果作用指标。"过程作用"指标,指律师通过辩护权的行使,对诉讼进程的推进作用,具体包括会见、举证、质证的频度、内容、方式,辩护意见提出的频度、意见内容,以及庭审耗时等。"结果作用"指标,指律师辩护对案件审理结果的影响,具体通过辩护意见采纳率、定罪率、无罪判决率与撤诉率、量刑的刑种与量刑幅度等情况予以表现。第二,主观性指标,指诉讼主体的主观评价指标,是来自在押人员、法官、检察官对律师辩护作用的总体评价及其原因解释。详见马静华:《指定辩护律师作用之实证研究——以委托辩护为参照》,载《现代法学》2010 年第 6 期。
② 基于笔者仅通过官方公布的刑事案件判决书及庭审视频作为研究资料,因此这部分的考察主要针对客观性指标,涉及律师的"过程作用"与"结果作用"。
③ 案件的庭审视频资料均来源于"C 市法院网"(http://cdfy.chinacourt.org/index.shtml),2018 年 7 月 30 日最后访问。
④ 马静华:《指定辩护律师作用之实证研究——以委托辩护为参照》,载《现代法学》2010 年第 6 期。

从委托辩护和指派辩护的对比来看，相较委托律师而言，指派律师的举证率及举证频次明显更为偏低（见表3）。

表3 C市两级试点法院2018年6月辩护律师举证情况抽样统计

律师	举证/未举证	举证率	举证总数（份）	举证频次
指派辩护（15人）	1/14	6.67%	1	1/0.067
委托辩护（65人）	35/30	47.76%	65	1.86/1

第二，举证内容。就样本案件来看，无论是指派辩护还是委托辩护，律师的举证内容都倾向于提出量刑情节方面的证据，极少会针对被告人的罪名提出证据，证据内容总体上较为单一。

第三，举证方式。研究资料显示，举证的辩护律师基本都是通过简要宣读，说明证据种类、来源和主要内容及证明目的等方式进行举证，几乎没有要求传唤辩方证人到庭作证的举证情况发生。

（2）质证

质证是辩护律师就控方证据发表意见，一般旨在质疑、削弱乃至反驳对方证据的证据能力或证明力。从C市两级法院的试点情况来看，绝大多数案件的辩护律师在法庭质证时往往都以一句"没有异议"表示出对控方证据的高度接受和认可，即使偶有异议的质证意见发表，也多是只言片语，显得底气不足。另外，从两类律师质证率的对比度看，指派辩护律师的质证率低于委托辩护律师（见表4）。

表4 C市两级试点法院2018年6月辩护律师质证情况抽样统计

律师	无质证意见	发表质证意见
指派辩护（15人）	12（80%）	3（20%）
委托辩护（65人）	45（69.2%）	20（30.8%）

（3）发表辩护意见

发表辩护意见是辩护律师在法庭辩论阶段的核心工作。从表5可以看出，无论是指派辩护还是委托辩护，律师的辩护陈词基本都是一种套路化的量刑辩护，即请求法庭对被告人从轻或减轻处罚，无罪辩护的案件极少,唯一1件以"事实不清、证据不足"为由的无罪辩护和2件罪名异议型辩护均由委托辩护律师提出,指派辩护律师都是作清一色的量刑辩护。

表5 C市中院2018年1—7月一审刑事案件律师辩护意见发表情况

辩护意见	委托辩护	指派辩护	小计（人次）
不存在犯罪事实	0	0	0
依法不构成犯罪,依法作无罪辩护	0	0	0
犯罪事实不清,证据不足	1	0	1
罪名辩护	2	0	2
量刑辩护	50	21	71

2."结果作用"

"结果作用"重在考察辩护意见的采纳情况。笔者以S省C市中院2018年1—7月的57份刑事案件判决书作为考察对象,经统计发现,律师辩护意见的采纳率较之试点改革前有所提高,其中"部分采纳"的情况最多,较少有"全部采纳"或"全未采纳"的情况（见表6）。另外,委托律师的辩护意见采纳率要略高于指派律师（见表7）。

表6 C市中院2018年1—7月一审刑事案件律师辩护意见采纳情况

采纳情况（人）	指派辩护	委托辩护
全部采纳	1	9
部分采纳	17	49
全未采纳	3	7

表7 C市中院2018年1—7月一审刑事案件律师辩护意见采纳率

律师	全部采纳率（%）	全未采纳率（%）	部分采纳率（%）
指派律师	4.8	14.3	81
委托律师	13.8	10.8	75.4

综上可见,在律师辩护全覆盖试点实行后,我国试点地区刑事审判

中律师作用发挥的总体情况仍不乐观，尤其是与委托辩护律师相比，指派辩护律师在举证、质证、辩护意见发表等方面更是少有作为。

二、S 省 C 市试点的问题反思

目前，通过刑事案件律师辩护全覆盖的试点，S 省 C 市两级法院的律师辩护率均得到了显著提升，律师辩护现已成为法庭辩护的常态。然而，略显遗憾的是，我国刑事辩护在试点地区实现审判阶段律师辩护全覆盖的同时，其律师法庭辩护的整体质量尤其是指派辩护质量并不乐观，一些案件未达到有效辩护的基本标准。究其原因，笔者认为以下方面值得反思：

（一）刑辩资源供给不足

刑事案件律师辩护全覆盖的有效实现依赖于与此相关的国家人力财力等司法资源的充分投入。但从目前 S 省 C 市的试点情况来看，无论是刑辩律师的人力资源还是刑事辩护的法律援助经费都普遍存在供给不足的严重问题。

1. 刑辩律师的人力资源

刑辩律师的人力资源是指从事刑事辩护的律师人数及其专业素质。随着刑事案件律师辩护全覆盖试点工作的展开，试点地区对刑辩律师的人力资源需求日益增长。首先，数量充足的律师是保证律师辩护全覆盖推行的决定性因素。从试点情况来看，《试点办法》施行后，适用刑事辩护法律援助的案件范围扩大，指派辩护的案件需求急剧增多。在试点实行之初的两个月，S 省 C 市两级试点法院指派法律援助案件共计 288 件，较上年同期 20 件增幅高达 13.4 倍。[①] 但 S 省的刑辩律师资源有限，常年主要从事刑事辩护的律师仅有 3000 名左右，且地域分布不均，绝

---

① 参见 C 市中院刑事审判部：《市中院刑事审判部分析刑事案件审判阶段律师辩护全覆盖工作中的问题并提出建议》，2018 年 3 月 30 日，载 "C 市法院网"（http://cdfy.chinacourt.org/article/detail/2018/03/id/3253437.shtml），2018 年 7 月 30 日最后访问。

大多数集中在 C 市，① 一旦律师辩护全覆盖将来在全国推广，则律师匮乏地区的刑事案件律师辩护势必会在人力资源上捉襟见肘。其次，刑辩律师的专业素质也影响制约着律师辩护全覆盖的有效性。法庭辩护对律师而言毫无疑问是最具挑战性的一项艰苦事业，它需要律师具备过硬的刑辩专业知识、丰富的执业经验和为当事人仗义执言的勇气担当。但我国并未构建如英国那样法定的律师分级分类制度，导致我国并无严格意义上的刑辩律师，从而也就缺乏刑辩律师的专业性协会组织和认证培训。与我国值班律师有明确资质要求②不同的是，《试点办法》并未规定指派辩护律师时的考量因素，致使试点实务中的律师指派较为随意。从抽样实证统计来看，③ S 省 C 市中院一审、二审案件指派辩护律师的总体情况尚可，其执业年限均在 3 年以上，但其中一审案件指派律师的平均执业年限（6.57）明显低于委托律师（9.22）（见表9），而 C 市各基层法院的情况则不容乐观，一些区县指派的律师有不少是才入职一两年的新手，甚至个别地方指派不具律师资格的基层法律服务工作者。④

表 8　C 市中院二审辩护律师执业年限

律师	总人数	执业年限					平均执业年限
		1—2 年	3—5 年	6—9 年	10—14 年	15 年及以上	
指派律师	20	0	4	8	4	4	9.8
辩护律师	35	3	8	7	11	6	9.2

---

① 参见吴忧：《律师资源不均"全覆盖"如何破题？——我省推进刑事案件律师辩护全覆盖试点观察（一）》，载《四川日报》2018 年 4 月 13 日第 10 版。
② 根据最高人民法院、最高人民检察院、公安部、国家安全部、司法部《关于开展法律援助值班律师工作的意见》规定，"法律援助机构综合社会律师和法律援助机构律师政治素质、职业道德水准、业务能力、执业年限等确定法律援助值班律师人选，建立法律援助值班律师名册"。
③ 该数据来自对"中国裁判文书网"公布的判决书中载明的辩护人姓名及所在律所，进而通过 S 省司法厅网站律师信息查询功能查询相关律师的执业证号，最终推测统计出其执业年限。
④ 该信息是笔者于 2018 年 7 月在走访 C 市下属区县的法律援助机构时通过与相关负责同志座谈所得。

表9 C市中院一审辩护律师执业年限

律师	总人数	执业年限					平均执业年限
		1—2年	3—5年	6—9年	10—14年	15年及以上	
指派律师	14	0	8	4	1	1	6.57
辩护律师	41	1	13	11	16	10	9.22

2. 法律援助经费投入

刑事案件律师辩护全覆盖扩大了刑事辩护的法律援助范围，致使越来越多的刑事案件中出现了法律援助性质的指派辩护，这种辩护是国家给予被告人的一种免费福利，指派律师并不能向被告人征收任何费用，只能从当地政府获得一定的经费补助。根据C市司法局、财政局2018年7月联合制定的《C市法律援助经费使用管理办法（试行）》的规定，C市对刑事法律援助实行分段包干支付补贴，其中审判阶段的补贴标准如表10所示。

表10 C市刑事法律援助审判阶段经费补贴标准

被告人羁押地、开庭地和主要证据调查地	每件补贴（元）
市主城区	1300
市远郊地区	1400
省内市外	1600
省外	1800

可见，无论何种案件和精力付出，指派辩护律师依照规定仅能获得统一的1000余元的办案补贴。而实践中，因C市下属各区（市）县试点推进程度不同，加之相关财政保障存在差距，一些地区并无法律援助专项经费保证，[1] 导致法律援助辩护律师的办案补贴不时发生迟延支付

---

[1] 参见C市中院刑事审判部：《市中院刑事审判部分析刑事案件审判阶段律师辩护全覆盖工作中的问题并提出建议》，2018年3月30日，载"C市法院网"（http://cdfy.chinacourt.org/article/detail/2018/03/id/3253437.shtml），2018年7月30日最后访问。

甚至拖欠发放,这与委托辩护律师的较高收费形成了明显差距,因为根据《S省律师服务收费政府指导价标准》的规定,办理刑事诉讼案件实行计件收费,标准是担任刑事案件犯罪嫌疑人、被告人的辩护人的,在审判阶段收费标准是3000—30000元/件。这在一定程度上挫伤了指派辩护律师的办案积极性,指派辩护的质效也往往因此大打折扣。

(二)法律援助衔接机制不畅

在刑事案件律师辩护全覆盖的试点当下,伴随指派辩护案件数量的大幅增长,为被告人及时指派适格律师成为了问题的关键。这对法律援助衔接机制提出了更高要求。然而,目前我国这方面的衔接并不顺畅,主要表现为:

1. 相关部门和组织工作协同不够

审判阶段的指派辩护往往涉及法院、法律援助机构、司法行政机关、律师协会、律师事务所、基层法律服务所等多个部门和组织。由于主体多、环节复杂,加之指派辩护案件数量增多,实践中律师的指派耗时较长。虽然《试点办法》第5条就此规定了明确期限,即"法律援助机构应当自收到通知辩护公函或者作出给予法律援助决定之日起三日内,确定承办律师并函告人民法院",但实践中该规定并未得到完全的遵行,尤其是在法律援助人员不足的区县,有时还需商请上级部门统筹调配,律师难以及时到位,最终导致审判拖延。另外,《试点办法》并未就指派的律师资质提出要求,加之律师协会和律师事务所对律师的执业方向、执业经验、执业业绩缺乏完备的登记考核,致使派出的律师素质参差不齐。加之,由于法律援助机构工作人员数量不足,在当前指派辩护案件数量激增的情况下完成案件分派、跟踪、管理、考核各个环节的工作难度增大,难以保证办案效率。

2. 指派辩护律师与值班律师衔接不够

2017年8月,"两高三部"联合印发了《关于开展法律援助值班律师工作的意见》,规定法律援助机构在法院、看守所派驻值班律师,值班律师的职责主要是为没有辩护人的犯罪嫌疑人、刑事被告人提供法律咨询、转交法律援助申请,同时在认罪认罚从宽制度改革试点中为犯罪嫌疑人、被告人提供程序选择、申请变更强制措施等法律帮助，对检察机关定罪量刑建议提出意见、见证犯罪嫌疑人、被告人签署认罪认罚具结书，以及对刑讯逼供和非法取证情形代理申诉、控告，但并不提供出庭辩护服务。① 如果案件进入审判阶段，被告人没有委托辩护律师的，可以依申请或由法院通知法律援助机构为其指派律师，而最终实际上指派的辩护律师往往并非之前提供过法律援助的值班律师。可见，我国目前并未建立起指派辩护律师与值班律师之间的统一衔接机制，致使原本熟悉案情并与犯罪嫌疑人、被告人初步建立信任关系的值班律师常常被排除在指派辩护之外，而另指派的律师则因要重新了解案情而不能较快进入辩护人角色，从而影响辩护效率和审判的顺利进行。

（三）相关法律制度乏力

科学完备的刑事法律是实现律师有效辩护的制度支撑，但我国刑事立法至今仍未完全摆脱"重打击，轻保护"的传统价值倾向。备受争议但仍继续存在的《刑法》第306条"律师伪证罪"规定就是始终悬在律师头上的"达摩克利斯之剑"，使不少律师对刑辩望而却步，即使参与辩护，也殊少调查取证。虽然2012年我国刑事诉讼法修改赋予了辩护律师无障碍会见被告人的权利和较为充分的阅卷权，但因欠缺保障性的法律后果规定，辩护律师的会见和阅卷在实践中还不同程度地受到阻碍，尤其是律师辩护全覆盖试点下审判阶段的指派辩护律师因介入刑事诉讼时间较晚，有限的庭前准备时间更不利于其充分阅卷和会见被告人。总之，现行法律并未给予刑事辩护必要的制度支撑，致使我国刑事辩护尤其是指派辩护总体质量不高，屡次出现如上述C市法院刑事庭审中辩方无举证、无质证意见、辩护乏力的情形，从而对被告人辩护权的充分实现和公正审判产生消极影响。

三、刑事案件律师辩护全覆盖的完善路径

通过对S省C市刑事案件律师辩护全覆盖试点的实证考察，我们

---

① 参见2017年8月8日最高人民法院、最高人民检察院、公安部、国家安全部、司法部联合印发的《关于开展法律援助值班律师工作的意见》。

一方面欣喜地看到了越来越多出现在我国刑事法庭上的律师身影，另一方面也觉察到其中不少现身法庭的辩护律师还仅仅仍旧是个"背影陪衬"，并未有效发挥律师作用。故而，当务之急需要探索一条完善刑事案件律师辩护全覆盖的科学路径。笔者认为，我们可以尝试着从以下方面起步：

（一）统筹优化刑辩律师资源

人数充足、专业精良的刑辩律师队伍是实现刑事案件律师辩护全覆盖的基本前提。截至2017年底，我国执业律师人数已逾36.5万人，而"2017年全国人民法院新收刑事一审案件约120多万件；判决生效被告人约127.6万人"①。显然，我国现有律师人数难以满足时下刑事审判律师辩护全覆盖的案件需要。并且迄今为止，我国尚未建立专业分类的律师制度，由于"低报酬，高风险"，许多律师不做刑辩业务，导致实际从事刑事辩护的律师人数较少，主要或专门司职刑事辩护的律师更是凤毛麟角。鉴于此，我国一方面在逐年扩大律师队伍规模的同时，另一方面应充分用好现有律师资源，通过政策制度激励和执业环境改善等方式，吸引更多的律师参与刑事辩护，同时在各地组建专门的刑辩律师协会，编订当地刑辩律师名册，做好当地刑辩业务培训。司法行政部门应强化对刑辩律师资源的统筹，在律师数量无法满足实际需求的地区，司法行政机关可以向上一级主管部门申请并与当地律师协会协调，做好律师资源统筹调配工作。此外，适当增加专职法律援助律师数量刻不容缓。目前，我国各地法律援助中心建设进度不一，不少地方法律援助专职律师缺乏，甚至有的区县无一位法律援助专职律师，而已经走向市场的社会律师因自身面临激烈的市场竞争和生存压力，他们更愿意接手收费高的案件业务，对于无偿法律援助更多倡导的是一种行业奉献。故而，刑事法律援助不能完全依托于社会律师，社会律师只是作为法律援助队伍的一支协助力量，专职法律援助律师才是中坚力量。

---

① 转引自靳高风、朱双洋、林晞楠：《中国犯罪形势分析与预测（2017—2018）》，载《中国人民公安大学学报（社会科学版）》2018年第2期。

(二) 加强法律援助经费保障

在当前我国委托辩护数量有限的刑辩实践中,为了实现刑事案件律师辩护的全覆盖,必须加大刑事辩护的法律援助力度,而这除了统筹优化刑辩律师的人力资源外,还需以充足的法律援助经费保障为后盾。虽然,近年我国法律援助事业不断发展,"全国已有90%的地方将法律援助业务经费纳入财政预算"①。但由于各地经济发展不平衡,法律援助经费多寡不均,且未完全到位。笔者认为,作为一项政府责任,各地在继续加大法律援助经费投入的同时,需强化对刑事案件律师辩护全覆盖的专项经费保障,建立多元化的筹资渠道和多层次的经费保障机制,并进一步细化和适当提高刑事法律援助案件的律师办案补贴标准,力求缩小法律援助办案补贴标准与委托律师政府指导定价的差距,以吸引更多的律师参与刑事法律援助,提升他们的办案积极性和有效辩护度。

(三) 完善工作协同和衔接机制

刑事法律援助辩护的顺利开展离不开相关部门间的沟通协调,建议由政府牵头,公安、检察院、法院、法律援助机构和律师事务所多家会签文件,明确各部门间的工作衔接和协同配合,细化指派辩护的各环节时限,充分利用和完善网络平台,简化办案流程并合理采用线上工作衔接的方式,提高办案效率。同时,完善指派辩护律师同值班律师的衔接机制,并适当扩大值班律师职责范围,使其不仅局限于庭前提供法律咨询等法律帮助,还可有条件地扩大为包括辩护职责在内的法律援助,甚至可以构建"值班律师转任辩护律师机制"。②

(四) 强化律师辩护质量监督

律师辩护全覆盖改革并非给予被告人形式上的律师辩护,而旨在实现实质上的有效辩护。这就需要完善律师辩护质量评估体系,"建立一

---

① 《2016年全国法律援助工作概况》,载"中国法律援助网"(http://www.chinalegalaid.gov.cn/China_legalaid/content/2017-06/23/content_7216792.htm?node=40884),2018年9月8日最后访问。

② 详见李立家:《刑事案件律师辩护全覆盖政策实证分析》,载《中国司法》2018年第6期。

个兼顾客观效果与主观效果,以(客观效果的)过程作用与结果作用为核心的评价指标体系",① 即不仅包含辩护律师是否会见被告人、是否阅卷等形式因素,更侧重考察辩护律师是否在庭审中作出了实质、有效的辩护。与此同时,可以考虑设立当事人和法官对律师的评价机制,并将评价结果作为律师年度考核的参照;地方律师协会也应定期开展对当地刑事案件辩护质量的抽检评查,并将相关结果适时向社会公开。

(五)完善相关配套制度

我国刑事案件律师辩护全覆盖的改革最终需解决律师的有效辩护问题。而这并非律师一己之力就能完成,其还涉及律师与被告人、控诉方以及审判方之间的关系处理和相应制度支撑。故而,应当继续推动刑事诉讼立法与司法体制改革,构建律师与被告人相互信任和谐的辩方内部关系、② 对抗与协作的新型控辩关系、制约与合作的审辩关系,③ 建设公正高效权威的社会主义司法制度,使律师在刑事诉讼中的知情权、会见权、阅卷权、调查取证权、法庭辩护权等项权能能够落到实处,并依法获得充分的执业保障。

四、结　语

在我国当前"以审判为中心"的刑事诉讼制度改革背景下,刑事案件律师辩护全覆盖试点不仅彰显刑事审判中律师辩护的必要性,而且更应凸显出律师辩护的有效性,进而从实质上增强刑事庭审对抗性以保障被告人获得公正的审判。虽然截至目前,该试点改革尚存在一定的挑战与不足,但正如同许多其他改革一样,"律师辩护全覆盖"的推进也应是一个循序渐进、由点及面的过程。随着这一"具有历史意义的创

---

① 马静华:《指定辩护律师作用之实证研究——以委托辩护为参照》,载《现代法学》2010年第6期。
② 详见康黎:《刑事自辩权探究》,载《法制与社会发展》2016年第3期。
③ 详见兰跃军:《刑事辩护全覆盖背景下新型侦辩、诉辩和审辩关系》,载《学术界》2018年第6期。

新之举"① 的全面推进和不断深入,相信在不久的将来,越来越多的律师会加入刑辩队伍,而刑辩律师也不再是用以装点庭审门面的"背影陪衬",而真正成为法庭辩护"掷地有声"、伸张社会公理正义的诉讼主角。

---

① 顾永忠:《律师辩护全覆盖试点:具有历史意义的创新之举》,载《中国律师》2017年第11期。

比较与争鸣

两岸比较视野下重复性供述排除规则实证研究

——兼议辩护律师在刑事诉讼中的作用

沈 威* 徐晋雄**

在立法层面上，如果缺乏认定刑讯逼供与重复性供述之间因果关系的客观标准，则司法解释带来的喜悦，终将被实务中的举步维艰所取代。①

——题记

一、引言：一起猥亵儿童案引发的思考

【案例】2015 年 7 月至 9 月间，被告人叶某某采用摸被害人生殖器、让被害人摸其生殖器等手段，对邻居夏某（未满 8 周岁）进行了三次猥亵。案件移至法院审理后，辩护人提出被告人遭侦查人员刑讯逼供，要求排除其所有供述，仅认定被告人在庭审中承认的一次猥亵事实。②

为便于分析本案的言词证据，笔者将本案被告人共计 6 份供述及法院采信情况列表如下：

---

* 福建省莆田市城厢区人民检察院副检察长。
** 福建省莆田市城厢区人民检察院侦监科副科长。
① 孙渝：《"毒树"被砍掉之后》，载 https://mp.weixin.qq.com/s/jO8pH9PP0Dxrd44H97ulIQ，2018 年 7 月 29 日访问。
② 参见中国裁判文书网，http://wenshu.court.gov.cn/content/content?DocID=09e90d5b-aca8-4b00-9bf9-a85a00d9a254，2018 年 7 月 29 日访问。

表1 叶某某猥亵儿童案供述采信情况

被告人供述	辩护意见	法院采信情况	裁判理由
侦查阶段第1份	刑讯逼供应予排除	排除,无证据能力	侦查人员取证程序可能不合法
侦查阶段第2份	基于刑讯逼供的影响应当一并予以排除	排除,无证据能力	第二次笔录有第一次侦查人员出现,属于取证不合法情形的延续
侦查阶段第3份 侦查阶段第4份		不排除,有证据能力	取证符合法定程序,不存在不合法取证情形
检察阶段第1份	因已取保候审,被告人担心翻供被羁押,也应排除	不采信	公诉人未在庭审中出示
检察阶段第2份		采信,有证据能力	符合法定程序

被告人供述素有"证据之王"的评价。在强奸、猥亵等性侵案件中,由于作案时多处于"一对一"的隐秘空间,加之被害人弱势、因隐私名誉等顾虑怠于报案,可能出现几乎没有在案客观证据的情况。在这种情况下,被告人供述往往成为侦查机关突破案件的"利器"。就本案而言,基于被告人入所体检表伤情记录且侦查人员无法合理说明理由的原因,控辩双方对于侦查人员在第一次讯问时采取刑讯逼供的事实没有分歧,但对于其余供述是否属于重复性供述应予排除则持有不同意见。辩护人认为,侦查阶段基于刑讯逼供带来的影响,所有四份笔录均应排除;而在检察阶段的两份笔录,考虑到翻供会被重新羁押的心理压制,被告人的有罪供述也应排除。由于本案二审审理的时间为2017年8月,同年6月"两高三部"已经印发了《关于办理刑事案件严格排除非法证据若干问题的规定》(以下简称2017年《排非规定》),故法院援引了该规定第5条的重复性供述排除规则(详见表2)进行了裁判:第一,原则上刑讯逼供取得的供述应当排除;第二,符合2017年《排非规定》例外情形的,一律不排除。

表2　2017年《排非规定》关于重复性供述排除规则的规定

条文	内容
第1条	第一条　严禁刑讯逼供和以威胁、引诱、欺骗以及其他非法方法收集证据，不得强迫任何人证实自己有罪。
第5条	第五条　采用刑讯逼供方法使犯罪嫌疑人、被告人作出供述，之后犯罪嫌疑人、被告人受该刑讯逼供行为影响而作出的与该供述相同的重复性供述，应当一并排除，但下列情形除外： （一）侦查期间，根据控告、举报或者自己发现等，侦查机关确认或者不能排除以非法方法收集证据而更换侦查人员，其他侦查人员再次讯问时告知诉讼权利和认罪的法律后果，犯罪嫌疑人自愿供述的； （二）审查逮捕、审查起诉和审判期间，检察人员、审判人员讯问时告知诉讼权利和认罪的法律后果，犯罪嫌疑人、被告人自愿供述的。

从裁判文书内容来看，法院似乎严格遵循了2017年《排非规定》第5条的规定，只对例外情形作程序上的审查而没有具体分析刑讯逼供是否影响了被告人后续供述时的意志自由，其合理性可能正如学者在解释该规定出台背景所称的，两个例外情形被认为通常能够阻断侦查人员刑讯逼供的影响。[①] 但如果不具体考察个案情形即作机械适用，可能产生两个问题：

1. 既然法院认为第二次供述笔录中出现第一次讯问时的侦查人员，并以此认定第二次供述仍受第一次刑讯逼供影响而不具有证据能力，那么如果在第三、四次讯问时，该侦查人员仍然在场，只不过并没有在笔录上签名，第三、四次供述是否具备证据能力？

2. 在检察院阶段对被告人宣告诉讼权利是检察人员讯问时正常的履职内容，该权利告知是否足以保障被告人的自白任意性？实务中，取保候审的适用条件一般是犯罪嫌疑人认罪且不具有翻供、串供等妨害刑事诉讼进行的情形，故检察人员讯问时通常会以"因为你已认罪，侦查人员才会放你回家，如果翻供，会被再抓起来"等言语进行教育，

---

① 万春：《刑事案件非法证据排除规则的发展——〈关于办理刑事案件严格排除非法证据若干问题的规定〉新亮点》，载《中国刑事法杂志》2017年第4期。

以规劝犯罪嫌疑人保持有罪供述,而被告人往往也会基于既然已经认罪且不被羁押的诱惑而作出同样的供述。在这种情况下,如何判断被告人供述的任意性?

重复性供述又称"重复自白",是指犯罪嫌疑人、被告人在受到不正当讯问之后作出的与不正当讯问时所作供述相同的供述。① 其是否具有证据能力,在学理和实务中一直存在争议。近年来被媒体披露的冤错案,多多少少都能够看到重复性供述的身影,如赵作海提出曾受到侦查机关严厉的刑讯逼供,之所以作有罪供述是因为被打怕了,但对于赵作海及辩护律师提出的无罪辩护,法官以其曾先后作出的9次有罪供述为由予以驳回。② 如果侦查机关通过刑讯逼供取证后,又通过正当程序获取重复性供述,并以后续供述作为指控依据,而法院又不对所有供述的前后关系进行判断,则极易产生冤错案。2017年《排非规定》第5条明确了重复性供述的排除规则和例外情形,为司法实践指明了方向。笔者试以实务案例为样本,比照两岸关于重复性供述的不同排除规则模式加以分析,归纳总结影响重复性供述证据能力的若干因素,以期对完善我国言词证据的排除规则、防范冤错案有所裨益。

二、重复性供述排除规则之由来与基本法理

重复性供述是否具备证据能力,换言之,该供述是否应当被排除以及什么情况下哪些重复性供述应当被排除,在不同理论的指引之下将得出不同的结论,在法治文明的不同发展阶段也出现了不同内核的学说,笔者试介绍如下。

(一)虚伪排除说

不正当讯问手段所取得的供述,由于虚假的盖然性颇高,且供述本身缺乏信用性,可能导致错误裁判的危险。因此,应通过否定供述的证

---

① 参见万春:《刑事案件非法证据排除规则的发展——〈关于办理刑事案件严格排除非法证据若干问题的规定〉新亮点》,载《中国刑事法杂志》2017年第4期。
② 郑彩玲:《重复自白证据能力》,黑龙江大学2015年硕士学位论文,第8页。

据能力来排除虚假的供述。在该学说理论中，如果有诱发虚假供述的情况存在时，则该供述即被认为缺失任意性而失去证据能力；但是如果供述的内容被认为是真实的，那么该供述就具备证据能力。① 换言之，取得供述的内容只要具有真实性，就可能影响供述证据能力的判断。由此导致的问题是，供述的证据能力与证明力之间的界限变得不明确，可能形成证明力的判断先行进行，而原本针对供述证据能力限制的意义也因之丧失。对于那些任意性存疑的重复性供述，可以通过其他证据证明该供述为真实时，该供述可能不会被排除。即补强证据的出现将促使不正当讯问得出的供述具备证据能力，这显然与刑事诉讼法所主导的尊重与保障人权的宗旨相违背。故该学说通常只出现在早期刑求取供的阶段。

（二）自由意志说

如果说虚伪排除说在于追求正确的裁判而建构出实用主义的规则，那么自由意志说则是为了追求人权保障而设计的排除规则。即便供述内容真实，但如果欠缺自由与任意性，该供述也应该被排除。因此，二者的核心内容截然不同。自由意志说以保护被告人人权为核心，而不关注供述内容是否真实，只要存在侵害供述自由的心理压制，即认为该供述欠缺任意性而不具备证据能力。② 换言之，如果要排除重复性供述的证据能力，不正当的讯问手段与供述之间不仅需要具备因果关系，而且还必须确认该供述的任意性已经受到影响。由此导致两个问题：一是通过利诱或欺骗等手段取得的供述，属于任意状态下取得的供述，如果以担保供述任意性为原则来判断其证据能力时，可能无法对该情形下的供述予以排除；二是即便是通过暴力、威胁手段取得的供述以及其后的重复供述，如果该类手段并未影响犯罪嫌疑人的意思决定自由时，也无法被排除。因为不正当讯问的手段是否影响犯罪嫌疑人的意思自治是一个主观的评判标准，并不容易达成普遍认同的判断标准，因此该学说很容易陷入"在多大程度下，犯罪嫌疑人的自由意志是受到不正当讯问的影

---

① 杨冠宇：《非法证据排除规则研究》，中国人民公安大学出版社2002年版，第126页。
② 郭增琦、王本存：《非法证据排除价值的权衡》，载《西南政法大学学报》2003年第1期。

响而非其他因素"的争论当中。

(三) 违法排除说

如果说自由意志说是以犯罪嫌疑人供述时的心理状况为标准对供述的证据能力进行判断,那么违法排除说就是基于讯问手段的违法性标准而作出的判断。该学说以讯问手段是否违反正当法律程序为重点,而无须确认犯罪嫌疑人自由意志是否受到影响,只要供述获取过程中存在违法成分,该供述就不具备证据能力。① 因此,刑事诉讼法上所列举的暴力、胁迫、威胁、利诱、超期羁押等手段都可以成为违法排除说的原始理由,且供述的证据能力的判断标准由此得以明确化与客观化,而成为刑事诉讼各个阶段各个执法者所能遵守的共同准则。该学说存在的缺点就是需要法律明文确定违法讯问的种类。一旦超越范围之外,则可能产生新的争议。例如:基于侦查策略的欺骗侦查是否一律排除,侦查人员疏于告知诉讼权利而进行讯问所取得的供述是否必须排除?鉴于违法讯问情形种类繁多且对犯罪嫌疑人人权侵害程度不一,客观化的标准能否穷尽,对于立法者将是一个巨大的考验。

三、重复性供述排除规则的立法模式与两岸之比较

(一) 不同学说影响下的重复性供述排除规则模式

1. 不排除说

该学说发源并多见于实务部门,主张对于不正当讯问应当排除,但仅限于该次讯问,不能延伸至其后符合法定要件的讯问。② 该学说认为,如果一次不正当讯问将影响其后正当讯问所取得供述的证据能力,将可能使得整个侦查体系因为某次讯问而崩塌,不符合侦查经济以及发现真实的司法要求。

---

① 陈瑞华:《非法证据排除规则的中国模式》,载《中国法学》2010 年第 6 期。
② 王振峰、戚进松:《两个〈证据规定〉有关证据排除规则的理解和适用》,载《国家检察官学院学报》2010 年第 6 期。

2. 绝对排除说

与"不排除说"完全相反，绝对排除说认为只要一次供述系以不正当手段取得，那么其后重复性的雷同供述均系受到该次不正当手段的影响所取得的，犯罪嫌疑人供述的自愿性显然无法保障；如果不一律排除，则无异于鼓励侦查机关不法取供，将导致人权保障体系的崩塌，因此，应当"一排到底"。①

3. 因果关系排除说（或称裁量排除说）

事实上，在现代世界各国各地区的立法模式选择上，几乎没有一刀切采取"不排除说"或"绝对排除说"的做法。更多的是采取裁量排除说，即认为不正当讯问所取得的供述固然因违反供述任意性原则而应当排除，但其后的供述是否需要排除，则应进行因果关系上的判断：如果不正当讯问对被讯问人的心理产生了持续性压制（恐惧、害怕或被蒙蔽等），且这种心理压制在其后被讯问时仍然存在而影响其供述自由时，那么后续的内容重复的供述就应该被排除；反之，如果这种心理压制因为其他的介入因素（如侦查人员违法程度、时空变换、辩护律师介入等）而导致不正当讯问的继续效力被阻断，那么重复性供述就具备证据能力。②

4. 原则加例外说

如果把因果关系说的因果关系理解为主观上的一种判断，原则加例外说就是将阻断因果关系的因素明确化的客观规定。该模式的基础是排除说，首先从原则上否定重复性自白的证据能力，然后又吸收某些因果关系说的合理内核，直接以明文形式确定特定的例外情形，只有符合例外规定的才具备证据能力，其他情形的一律排除。③ 对于例外情形，可能各国各地区在不同历史阶段的规定也不尽相同，如有的例外规定为"被告人在审判阶段，保证律师辩护以及诉讼权利义务告知的情况下，仍然承认之前的有罪供述"；又如"根据不正当讯问取得的供述，提取

---

① 张智辉主编：《刑事非法证据排除规则研究》，北京大学出版社 2006 年版，第 15 页。
② 龙宗智：《两个证据规定的规范与执行若干问题研究》，载《中国法学》2010 年第 6 期。
③ 董坤：《重复性供述排除规则之规范解读》，载《华东政法大学学报》2018 年第 1 期。

到了隐蔽性客观证据,而重复性供述又能够与其他证据相互印证的";等等。①

(二) 我国台湾地区关于重复性供述排除规则的模式选择

1. 重复性供述排除规则的文本依据

我国台湾地区认为,基于维护人性尊严,确保被告人意志自由不受侵害的考虑,禁止公权力机关使用不正当的方法取得被告人的自白。如"大法官释字第三八四号"解释理由书明确"被告自白须出于自由意志"属于"实质正当法律程序"保障的程序法的重要内容之一。因此,关于言词证据排除规则在其刑事诉讼规范上有以下两条明确规定。

表3 我国台湾地区言词证据排除规则之规定

"刑事诉讼法"条目	内容
第98条	讯问被告人应出以恳切之态度,不得用强暴、胁迫、利诱、诈欺、疲劳讯问或其他不正之方法。
第156条第1项	被告人之自白,非出于强暴、胁迫、利诱、诈欺、疲劳讯问、违法羁押或其他不正之方法,且与事实相符者,得为证据。

2. 重复性供述排除规则的学说见解

如前所述,一般的不正当讯问禁止的类型都是不正当行为与口供之间具有直接的因果关系,而所谓的重复自白的证据能力问题,我国台湾地区并无明确规定,学说上对于重复性自白有"直接效力""继续效力""放射效力"等多种见解。② 其中一种认为可以参照美国法的毒树之果理论,原则上推定被告人在后续的讯问仍然受到一开始不正当讯问的取供,虽然不排除可以阻断延续效力的情形,但需要从供述前后相隔的时间、讯问的违法情节程度以及有无其他因素介入等要件综合判断第

---

① 龙宗智:《我国非法口供排除的"痛苦规则"及相关问题》,载《政法论坛》2013年第5期。
② 杨云骅:《近年来重要刑事司法实务见解选评(三)》,载《月旦法学教室》2015年第44期。

一次违法的毒性是否已被稀释。① 另一种学说认为，对于曾受过不正当讯问的被告人，不论其供述内容是否真实，也不论是直接效力还是继续效力，都在强制排除的射程距离之内，除非后续的讯问履行了不同于一般讯问程序的"加重告知义务"，使被告人了解情势及其受保障的权利，方可认为阻断不正当讯问的延续效果。②

3. 重复性供述排除规则的实务裁判

虽然学说有不同见解，但通过我国台湾地区的法院裁判可对该地区的重复性排除规则得出一个司法实务层面的一般共识，笔者试以年度为排序方法，对近年来我国台湾地区实务裁判中出现的重复性自白证据能力的认定情况作一分析。

表4 我国台湾地区重复性自白证据能力实务认定分析表

时间	文号	判决要旨	采信情况
2005	2005年度"台上字"第2997号	所谓非任意性自白，除其自白必须是以不正方法取得外，尤须该自白与不正方法间具有因果关系，始有排除法则之适用。而因果关系之判断，除应依个案具体情节，详细考察讯问一方之基本状况及受讯一方之基本状况外，更应深入探讨不正方法与自白间之相关联因素为综合判断。	有证据能力
2008	2008年度"台上字"第3344号	被告自由意志所受之强制，系来自不正行为及该次讯问所处环境等因素所致，除非妨害被告思自由之因素消失，受讯问人之意思自由随之恢复外，否则，判断受讯问人所受之强制是否已延续至其后之应讯时，仍应探究该次不正方法与此后自白之间之相关联因素，以确定其因果关系是否存在。	无证据能力

---

① 王兆鹏：《自白与毒树果实原则》，载《月旦法学杂志》2003年第101期。
② 林钰雄：《刑事诉讼法》（上），中国人民大学出版社2005年版，第197页。

续表

时间	文号	判决要旨	采信情况
2012	2012年度"台上字"第5570号	第一次自白之不正方法为因，第二次自白为果，如果二者有因果关系，则第二次自白应予排除，否则即具有证据能力。此延续效力是否发生，应依具体个案客观情况综合判断。	有证据能力
2013	2013年度"台上字"第3254号	实施刑事诉讼程序之公务员于违法取得证据后，据以进一步取得衍生证据，纵与先前之违法取证具有如毒树与毒果的因果关联性，但该进一步取证的程序，如果合法且与先前违法取证系个别独立的侦查行为，并无排除其作为证据的明文规定。先前取证程序中的违法事由影响到后续衍生证据的取得时，方可适用"刑诉法"直接排除的相关规定，认定为无证据能力。	第一审认定无证据能力；终审认定有证据能力
2015	2015年度"台上字"第212号	若其侦讯之主体与环境、情状已有明显变更而为被告所明知，除非有明确证据足以证实被告先前所受精神上的压迫状态延续至其后被讯问之时，否则应当认为已经阻断第一次自白不正方法的延续效力而具有证据能力。	有证据能力
2015	2015年度"台上字"第3631号	被告自白必须出于其自由意志，用以确保自白的真实性，故对被告施以不正方法者，不以负责讯问或制作该讯问笔录的人为限，其他第三人也包括在内；也不以当场施以不正方法为必要，如果是由第三人之前的不正方法所导致被告精神上受恐惧、压迫的状态延续至应讯时，该自白仍属非任意性自白。	无证据能力
2017	2017年度"台上字"第293号	不同时空由不同讯问人所为的讯问，如果未使用不正方法所取得的被告自白，其证据能力是否会因先前自白所争执的非任意性而受影响，需要端视该次自白能否隔绝先前自白之影响不受其污染而定。而先前自白延续效力是否发生应依据个案情况加以认定。	有证据能力

从表4所列举的我国台湾地区自2005年至2017年的实务裁判可

见，法官采纳的是"继续效力说"，即将不正当讯问视为因，其后续的重复自白视为果，原因所产生的继续效力能否及于最后的结果，需要综合个案不同的情况进行综合判断。换言之，台湾地区确立的是一种自由心证的判断规则。也正因为如此，不同个案的具体情况千差万别，裁判的结果也不一而足，最具典型性的是其2013年度"台上字"第3254号判决，第一审认定重复性自白无证据能力而判决被告人无罪，终审则就同一案件事实认定该自白具备证据能力而作出有罪判决。可见，在自由心证规则之下，重复性自白的证据能力将因法官不同的个人经验、法律理解以及对因果关系的因素判断而得出不同的结论。而值得特别注意的是，"加重告知义务说"仅出现在学理讨论中，实务判例对告知义务的内容并没有投入太多的关注。

（三）我国大陆地区关于重复性供述排除规则的模式选择

1. 重复性供述排除规则的文本依据

对犯罪嫌疑人、被告供述合法性的认定是我国大陆地区近年来非法证据排除规则的核心问题。2010年"两高三部"制定了《关于办理刑事案件排除非法证据若干问题的规定》，逐渐明晰了相关概念和原则；2012年修改后的刑事诉讼法以立法形式将采用刑讯逼供等非法方法收集的供述界定为应当排除的非法证据；2017年《排非规定》不仅是对近年来关于非法证据排除的相关规范性文件的梳理和完善，更对近年来理论界争议的问题和实务工作中遇到的难点进行了回应和补充，并在第5条对重复性供述确立了"原则加例外"的具体规则，为司法实践提供了指引。

表5 我国大陆地区言词证据排除规则相关规定

刑事诉讼法的规定	2017年《排非规定》
第五十条 严禁刑讯逼供和以威胁、引诱、欺骗以及其他非法方法收集证据，不得强迫任何人证实自己有罪。	第一条 严禁刑讯逼供和以威胁、引诱、欺骗以及其他非法方法收集证据，不得强迫任何人证实自己有罪。对一切案件的判处都要重证据，重调查研究，不轻信口供。

续表

刑事诉讼法的规定	2017年《排非规定》
第五十四条 采用刑讯逼供等非法方法收集的犯罪嫌疑人、被告人供述和采用暴力、威胁等非法方法收集的证人证言、被害人陈述，<u>应当予以排除</u>。	第二条 采取殴打、违法使用戒具等暴力方法或者变相肉刑的恶劣手段，使犯罪嫌疑人、被告人遭受难以忍受的痛苦而违背意愿作出的供述，<u>应当予以排除</u>。
无相关规定	第五条 采用刑讯逼供方法使犯罪嫌疑人、被告人作出供述，之后犯罪嫌疑人、被告人受该刑讯逼供行为影响而作出的与该供述相同的重复性供述，<u>应当一并排除</u>，但下列情形除外： （一）侦查期间，根据控告、举报或者自己发现等，侦查机关确认或者不能排除以非法方法收集证据而更换侦查人员，其他侦查人员再次讯问时告知诉讼权利和认罪的法律后果，犯罪嫌疑人自愿供述的； （二）审查逮捕、审查起诉和审判期间，检察人员、审判人员讯问时告知诉讼权利和认罪的法律后果，犯罪嫌疑人、被告人自愿供述的。

2. 重复性供述排除规则的实务裁判

由于我国大陆地区公、检、法均有排除非法证据的职责，且检察机关在审查起诉过程中已经过滤掉部分非法证据的事实认定，故笔者以2017年《排非规定》出台时间为界限，选取其前后的部分代表性案例予以说明。

表6 我国大陆地区重复性自白证据能力实务认定分析①

时间	案名	来源	裁判要旨	采信情况
2014	文某非法持有毒品案	刑事审判参考第1038号②	如果前一阶段有罪供述被作为非法证据排除后,后一阶段的有罪供述是否一并排除,是分阶段排除还是一体化排除,不能"一刀切",应结合案情视具体分析而定。后一阶段供述是否具有可采性,应以刑讯逼供等非法方法对被告人所造成的心理影响是否得到一定程度的消除为标准。	无证据能力
2014	尹某受贿案	刑事审判参考第1040号③	被告人虽然在侦查机关指定办案地点所作的有罪供述应予排除,但并不意味着此后所取得的言词证据必然违法。对于重复供述,有必要结合多方面因素进行综合审查:1.权利告知起到了"清洁阀"作用;2.同步录音录像完整,能反映讯问过程;3.犯罪细节供述详细,具有明显的个性特征。	有证据能力
2015	金某某受贿案	(2015)绍诸刑初字第844号	无证据证实侦查机关在收集被告人供述过程中存在刑讯逼供,故不存在重复性供述需要排除。且侦查人员在开始讯问时,告知了诉讼权利与义务。从同步录音录像反映,侦查人员讯问纪委是否对其刑讯逼供,被告人回答"没有,是我自己不理智,说了一些虚假的供述"。辩护人提出纪委疲劳调查及威胁、恐吓与侦查阶段供述取得存在因果关系,要求排除被告人的供述无事实与法律依据,本院不予支持。	有证据能力

---

① 表6案例除3个选自已有注明的《刑事审判参考》外,其余案例均来源于中国司法案例研究中心的《六个案例看"新排非"之"重复性供述"》一文,参见 http://www.360doc.com/content/18/0119/22/2543594_723480507.shtml;相关裁判文书参见汇法网,https://www.lawxp.com/case/c53397016.html,2018年7月29日访问。
② 刘晓虎:《文某非法持有毒品案》,载《刑事审判参考》2014年总第101集。
③ 范莉、范凯、梁果:《尹某受贿案》,载《刑事审判参考》2014年总第101集。

续表

时间	案名	来源	裁判要旨	采信情况
2017	郑某某贪污、受贿、滥用职权案	刑事审判参考第1140号①	重复自白是否排除应当区别对待，应当判断其与前次非法讯问获取的供述之间的联系。本案中，由于被告人的第一次有罪供述是在被威胁下作出，在侦查阶段取证主体没有改变的情况下，不能排除这种胁迫产生的心理恐惧始终存在，因此前后供述关联度高。此后在审查起诉和庭审阶段均作无罪供述，故无法认定其受贿事实。	无证据能力
2017	何某某走私、贩卖、运输、制造毒品案	（2017）鄂0104刑初××号	被告人之前供述笔录或存在瑕疵，或公诉机关无法证明取得的合法性，故不予采信，但未确定被告人受到过刑讯逼供；其后的供述内容有录音录像为证，虽笔录内容与录音录像不完全相符，但基本内容一致，且录音录像体现了被告人供述的自愿性和真实性。	有证据能力
2017	李某某走私、贩卖、运输、制造毒品案	（2017）海中法刑字第××号	被告人在检察院批捕和起诉阶段的供述，是在检察人员告知诉讼权利和认罪的法律后果之后作出的，该两次供述与通话记录、查获的毒品、银行打款记录相互印证，可以作为本案定案依据。一审未启动非法证据排除调查程序对有关证据资料进行调查，并将有关供述全部予以排除不当，导致认定事实错误，定性错误，量刑畸轻，本院依法予以纠正。	一审认定无证据能力；终审认定有证据能力

---

① 黄建屏、林恒春：《郑祖文贪污、受贿、滥用职权案》，载《刑事审判参考》2017年总第106集。

续表

时间	案名	来源	裁判要旨	采信情况
2017	李某某、赵某某、王某某、陆某某诈骗案	中国司法案例研究中心	被告人对其被刑讯逼供的情况提供了线索材料，出庭的侦查人员对该材料反映的刑讯逼供情况无法说明，故对被告人供述应予排除，同年供述系被告人受刑讯逼供影响而作出的与前次供述相同的重复性供述，应当一并排除；其后供述虽然更换了侦查人员，但没有证据表明讯问时侦查人员向其告知了诉讼权利和认罪的法律后果，亦应予以排除。对于辩护人申请排除的在检察机关的供述，检察人员出示的证据材料表明该次讯问前检察人员均告知了诉讼权利义务，被告人亦自愿作出有罪供述，该份供述不应予以排除，应当作为本案定案依据。	侦查阶段无证据能力；检察阶段有证据能力

3. 重复性供述排除规则的模式选择

从实务层面观察，在 2017 年《排非规定》出台之前，许多法官倾向于不排除重复性供述，普遍认为辩方提出的要求排除重复供述的观点于法无据。如 C 市法院 2013 年至 2014 年上半年间共排除了 24 例刑事案件，全部系非法供述，对于重复性供述排除为零，且大部分案件都是排除非法供述后依据重复性供述定罪。① 而从上述所列裁判要旨来看，在 2014 年之后，法官开始重视重复性供述的排除重要性，并采取裁量排除的模式，根据个案中出现的讯问主体变换、权利告知、供述细节、违法程度等诸多因素进行综合判断，出现了打破"一刀切"不予认定重复性供述证据能力的裁判局面。而在 2017 年《排非规定》第 5 条出台之后，对于重复性供述的裁判标准直接锁定在"侦查阶段更换讯问侦查人员并告知诉讼权利与认罪后果、检察机关审查与法院审判阶段告知诉讼权利与认罪后果的两种情形"的认定上，并不再关注介入事件

---

① 王彪：《非法口供排除规则的反思与重构》，载《法律适用》2015 年第 5 期。

或介入因素是否形成被告人的心理压制的阻断上。可见，2017 年《排非规定》第 5 条在为司法实践层面提供极为便利的可操作性判断的同时，可能对于阻断刑讯逼供的介入因素的全面性考虑有所欠缺。①

(四) 小结

1. 两岸重复性供述排除规则之异同对比

从言词证据的证据能力要件构成来看，我国大陆地区要求具备合法性、关联性与客观性三个要素，而我国台湾地区认为自白的证据能力取决于任意性与真实性两个要件。②虽然两岸在表述和规范条件上有所差异，但确保犯罪嫌疑人供述时的自由意志应该是双方均认可的证据能力前提，③即非任意性供述不具备证据能力。所谓非任意性供述，是指以暴力、胁迫、利诱、欺骗、疲劳讯问、违法羁押或其他不正当讯问方法取得的供述，如果供述与不正当讯问之间具有因果关系，则不论其内容是否真实，都不应具备证据能力。在这样的理论基础之上，我国台湾地区主流学说观点和实务裁判均采取了因果关系裁量判断的模式来认定重复性供述是否具备证据能力，因此即便是在同一个案件上，不同的法官对于综合因素是否具有因果关系的认定也会存在不一致的结论。而我国大陆地区以 2017 年 6 月出台的《排非规定》为分水岭，之前的实务判例上采取的是与我国台湾地区一样的裁量排除模式，而《排非规定》出台后，形成独特的原则加例外的排除模式，不再赋予审查者自由判断的权力，转向对特定例外情形是否存在的审查。相对于标准模糊的影响因素裁量标准，直接确定明确且具体的判断情形可能是一个更易于掌握、更易于形成统一裁判标准的处理重复性供述证据能力的解决路径。④

---

① 万毅：《何为非法 如何排除——评〈关于办理刑事案件严格排除非法证据若干问题的规定〉》，载《中国刑事法杂志》2017 年第 1 期。
② 林俊益：《论不正方法延伸效力下之自白》，载《月旦法学杂志》1999 年第 53 期。
③ 万春：《刑事案件非法证据排除规则的发展——〈关于办理刑事案件严格排除非法证据若干问题的规定〉新亮点》，载《中国刑事法杂志》2017 年第 4 期。
④ 董坤：《重复性供述排除规则之规范解读》，载《华东政法大学学报》2018 年第 1 期。

2. 两岸重复性供述排除规则之利弊分析

我国台湾地区采取裁量排除模式的益处在于在明确规定排除原则的前提下，将不正当讯问与后续重复自白的因果关系判断交由裁判者自由裁量，在排除的种类和情形上具有包容性，只要掌握"被讯问者的自由意志有无遭受严重侵犯"这个核心，就不惧不正当讯问方式"花样百出"的变换、发展或演变。同时带来的弊端就是"被讯问者的自由意志须受多大程度影响才得以排除其重复自白"会存在不同的认定标准，如果裁判者并不同情被告人，就可能产生"被告人意志尚未被全面压制，仍有选择余地，因此其自白无须排除"的适用结果；如果裁判者比较厌恶不正当讯问，则可能用推定的方式主张被告人的陈述意志受到影响从而排除供述的证据能力，因此容易陷入"个案具体情况能否切断因果关系"的争论之中，前述我国台湾地区的实务判例也印证了这个问题。

我国大陆地区采取原则加例外排除模式的益处在于可以避免裁判排除模式的不确定性，将判断重点转回国家行为的不法性判断上而无须去考虑被讯问者的主观意志（心理）状态，重复性供述是否排除并不因为个案被告人的意志强弱而存在不同的结果，换言之，该种判断模式是针对讯问行为的规范性判断，更类似于一种技术上的处理结果。但由此带来的问题是，这种明确列举的排除规则模式能否穷尽所有不正当讯问的类型以及例外的情形？如果不能，排除规则外的情形应当采取何种排除的判断标准？社会形势千变万化以及个案情形的千差万别对于这种加例外排除模式的周延性将是一个巨大的挑战。

3. 两岸重复性供述排除模式之合理内核

我国大陆地区采取的是原则加例外的排除模式，看似具备了执法的统一性与操作的便利性，但过于僵化的例外条件未必能够保证排除规则的充分适用，试举三个例子予以说明：

（1）侦查人员以"只要作出认罪供述就可以采取取保候审回家，但是一旦翻供就将被重新羁押"的言语讯问犯罪嫌疑人，犯罪嫌疑人基于回家的诱惑作出有罪供述，且取保候审后在后续其他侦查人员及检察官讯问时均作了同样的供述。

（2）侦查人员在讯问犯罪嫌疑人时称："你最好作有罪供述，你的妻子和孩子都知道你做的事，现在都已经立案（实则没有立案），如果你自己承担，我们就不追究他们的责任了；如果翻供，那就不好说了。"犯罪嫌疑人基于妻儿可能被追究的担心，在后续检察官、法官的讯问时均作了同样的供述。

（3）侦查人员在刑讯逼供取得有罪供述后，对犯罪嫌疑人称："检察官问你时，最好不要翻供，反正你已经认罪了，如果翻供检察官会把你收押，我们会再提押收拾你。"犯罪嫌疑人因此在案件移送检察机关后仍然作了同样供述。

第一个案例中侦查人员采取的是不法利诱，第二个案例中采取的是欺骗和威胁相结合的方法取得了供述，且犯罪嫌疑人在后续被讯问时基于利诱、欺骗、威胁的延续性影响作出重复性供述，利诱与欺骗均不属于《排非规定》第5条所称"刑讯逼供"的不正当方法，那么当该供述的证据能力判断不能适用该条时应当以何为判断依据？第三个案例已经明确了第一次有罪供述系出于刑讯逼供而得，后续的讯问更换了讯问主体也告知了诉讼权利与认罪后果，从理论上已经符合了《排非规定》第5条的例外情形，从形式审查的角度应当认定其重复性供述具有证据能力。但是侦查人员的刑讯逼供以及刑求后的威胁对于犯罪嫌疑人而言可能会及于整个刑事诉讼过程，在这种情况下，能够认为其重复性供述是基于自由意志的表达而具备证据能力吗？

很显然，对于上述三个案例如果按照我国台湾地区的裁量排除模式，都不具有证据能力，因为都违背了供述任意性原则。而我国大陆地区的原则加例外的模式无法穷尽所有的不正当讯问手段导致将会有规则与实践上的空隙。在这种情况下，显然不能生硬地按图索骥适用规则，在规则之外或规则无法周延之处，需要考量例外情形规定的合理内核，进而加以运用。正如学者所称，《排非规定》第5条所列出的例外情形可以归结为"更换讯问人员、转换讯问情景、告知诉讼权利和认罪的法律后果"三种情形，试图以认定该三种情形能够判断出刑讯逼供与重复性供述的因果关系已经被阻断，从而保全重复性供述的证据能力。[1] 该理论基础与我国台湾地区的裁量排除说并无二致，唯一不同的是大陆地区将上述三种情形明文列举，而台湾地区则是交由法官个案判断。基于这样的考虑，与其争议何种模式更为适宜，不如转而讨论何种因素更具备阻断刑讯逼供与重复性供述的因果关系更为实际。如果能够对阻断因素的影响程度形成共识，是否明文化也未必一定是立法模式上的必须。

四、重复性供述证据能力之影响因素分析

（一）时间间隔因素

两岸的刑事诉讼法虽然都没有"毒树之果"理论的明文规定，但前述两岸实务案例都与美国法上 Wong Sun v. United States 371 U. S. 471 (1963) 案有异曲同工之处。该案犯罪嫌疑人虽然案发时被违法逮捕，但其已被合法释放而回复其自由意志数日后，仍然作出同样的供述。重复性供述之间的关联性已经显著降低，难以认定其后续供述系源自违法逮捕的后果，因此该供述应认定为具备证据能力。[2] 因此，由此一比较法上的案例观之，时间间隔是决定非任意性自白是否延续或阻断其后重复性供述的影响因素。大陆有学者认为，两次讯问间隔时间的长度和重复性供述的可采性呈反比，时间间隔越长，则重复性供述受刑讯逼供的影响越小，越具有可采性。[3] 我国台湾地区早期实务见解亦认为：警察在讯问犯罪嫌疑人后，将其提交检察官复讯，时间上必定接近，仅因检察官有指挥命令警察的权责，复讯的时间连续及犯罪嫌疑人的情绪持

---

[1] 董坤：《重复性供述排除规则之规范解读》，载《华东政法大学学报》2018 年第 1 期。
[2] 摘录判决部分原文如下：In view of the fact that, after his unlawful arrest, petitioner Wong Sun had been lawfully arraigned and released on his own recognizance and had returned voluntarily several days later when he made his unsigned statement, the connection between his unlawful arrest and the making of that statement was so attenuated that the unsigned statement was not the fruit of the unlawful arrest and, therefore, it was properly admitted in evidence.
[3] 谢小剑：《重复供述的排除规则研究》，载《法学论坛》2012 年第 1 期；阮能文：《重复自白的证据能力判定》，载《中国检察官》2015 年第 5 期。

续，即将犯罪嫌疑人在检察官复讯时所为的自白与警察以不正当方法所得的非任意性自白作为一体评价，无异于强令检察官承受警察不正当讯问的后果，不仅抹杀检察官依法侦查犯罪的职能行使，亦违背证据法则。① 认为不能因为时间间隔短，即排除检察官依法独立讯问的价值。并进而在2016年度"台上字"第274号判决中明确指出："上诉人于2011年11月4日接受警察讯问时的自白虽然在任意性上存在疑问，应予排除，但在同年11月24日接受检察官侦讯、次年3月22日接受第一审法官接押讯问时均与警察讯问时间有相当时日的间隔，无从认其于2011年11月4日的非任意性自白有何延续影响之效力。"即认为相当时间间隔可作为判断非任意性自白延续效力的标准。

然而，需要警惕的是，时间的长短未必能够成为阻断因果关系的独立因素，或许在民事诉讼时效、刑事追诉时效的概念上可以找出时间成为免责的原因，但时效概念的提出是拟制消灭责任的特殊规定以稳定已经恢复的社会关系，其实质上的伤害或责任并没有随着时间的流逝而得以自然恢复。综观上述案例，时间因素总是与其他因素相结合才能阻断因果关系。如美国不法逮捕的案例，其更重要的因素是犯罪嫌疑人被合法释放回家，在不同的时间和空间下仍然作出同样的供述，这其中，家与警察局显然是不可同日而语的环境因素。在我国台湾地区的案例中，则是连续发生了检察官与法官讯问主体的变换，其供述仍然稳定。相反的例子则是本文前述列举的三个例子，恐怕无论时间怎么间隔，只要还在刑事诉讼程序范畴内，都可能无法阻断犯罪嫌疑人心理被压制的因果关系。换言之，在众多因素的影响中，时间间隔固然是一个可以考虑的因素，但笔者认为，其能否成立独立的阻断因素，需要综合其他因素再行判断。

（二）讯问主体及环境转换因素

刑事诉讼的讯问主体可分为侦查人员、检察官和法官三类，由于法官讯问时已进入庭审阶段，在以审判为中心的诉讼制度改革趋势下，加

---

① 详见我国台湾地区2005年度"台上字"第2997号判决书。

持庭审公开、诉讼权利告知以及辩护权、交互诘问权的保障后，法官讯问成立不正当讯问与重复性供述的阻断因素当无疑义。此部分着重讨论不同侦查人员以及检察官的讯问能否成为阻断因素，因讯问主体与环境转换随诉讼阶段而自然转换，故环境转换与主体转换合并讨论，不再单独赘述。最高人民检察院法律政策研究室在解释例外情形时称，更换讯问主体能够成为阻断因素的理由主要有两点：一是如果排除更换侦查人员后的重复性供述，会导致侦查机关失去自我纠错的机会，影响其主动排除非法证据的积极性；二是检察机关与侦查机关职能与使命不同，二者之间存在监督制约关系，诉讼阶段的变更带来讯问主体与环境的变化，通常能够阻断侦查阶段刑讯逼供的影响。① 对此，在实行检警一体化的台湾地区，法院判决也持相似观点："检察机关与调查机关各有所司，检察官侦查犯罪时，对于依法行使司法警察职权的调查人员，固有指挥及命令之权。但案件侦查终结后，检察官应依证据情况作出起诉或不起诉处分，以求侦查权与公诉权的妥适行使，其职责与重在检肃犯罪的调查人员终有不同。因此，被告在检察官讯问时承认犯行，是否属于非任意性自白，与调查人员先前是否曾以不正方法使被告为非任意性自白，并无必然的关联。"②

从不同主体不同的职权功能和追求来分析不正当讯问继续效力的影响固然可以得出差异性的结果，但在因果关系的阻断分析上却未必具有当然的正当性，理由有二：第一，无论是更换新的警察还是检察官，所进行的刑事诉讼讯问程序，对于被讯问的犯罪嫌疑人而言，这些人员都一样是与之相对立的国家机器，故这些人员行使公权力时，有无遵守正当的法律程序，特别是在讯问时有无遵守各种"作为与不作为义务"，才是法治国刑事诉讼程序关注的焦点。此时居于"个人—国家"间的外部关系对立，反而依赖于"国家—国家"间的内部关系来解决，显然不具有充分的说服力，更何况对于大部分不具有法律专业知识的犯罪

---

① 万春：《刑事案件非法证据排除规则的发展——〈关于办理刑事案件严格排除非法证据若干问题的规定〉新亮点》，载《中国刑事法杂志》2017年第4期。
② 详见我国台湾地区2005年度"台上字"第2997号判决。

嫌疑人而言，不同的侦查人员以及检察机关与侦查机关存在何种区别对其认知而言，并没有太大的不同。第二，犯罪嫌疑人在侦查阶段的自由意志有无受到保障，与检察官或是警察的组织方式或职能区分存在何种关系？即我们在考察不正当讯问与重复性供述因果关系的阻断因素上，如果要认可重复性供述具备证据能力，就要论证阻断因素可以切断不正当讯问对犯罪嫌疑人意志上的压制从而保障其自由性，因此判断的标准应当取决于犯罪嫌疑人的心理状态而非外在的机关之间职能的区别，除非与中立的法官讯问一样，能够论证该职能的不同可以保障犯罪嫌疑人重复性供述时的自由意志。然而现实情况是，在大陆地区直线型的刑事诉讼流程中，侦查机关与检察机关是刑事案件侦办流水线上的上下线关系，更多地体现为以"接力、合作"的方式讯问犯罪嫌疑人。事实上，二者职能内容和角色定位的确存在诸多不同，但在探究犯罪嫌疑人供述是否出于国家机关使用不正当方法所致，以及有无持续影响到后续的供述任意性时，重点不应该在二者职能有何不同，而在于犯罪嫌疑人的合法权益是否受到了正当法律程序的保护。因此，笔者认为法官讯问因为存在完整且完善的权利保障措施，可以成为独立的阻断因素；而更换侦查人员或检察官讯问不能直接作为阻断因果关系的独立因素，需要结合相应的权利保障措施方可能具有阻断的效果。

（三）加重告知义务因素

就两岸目前实务的做法观察，似乎认可在第一次刑讯逼供之后，只要变更讯问主体，正常的诉讼权利告知与认罪后果即可阻断刑讯逼供的继续效力。对此，笔者试引用美国法中的米兰达规则进行比较。美国法要求警察在讯问被逮捕的犯罪嫌疑人前，应当进行米兰达权利告知，否则取得的供述不得作为证据。其理论基础在于推定所有可能被逮捕的犯罪嫌疑人都处于意思不自由的状态，警察必须向其进行特定权利告知，只有在犯罪嫌疑人明知且自愿放弃权利的供述才具有任意性。[1] 在此理论下，若有非法逮捕在前，但在逮捕后向犯罪嫌疑人进行了权利告知，是否意味着可以稀释非法逮捕之瑕疵而保障犯罪嫌疑人供述的证据能力？美国联邦最高法院在 Brown v. Illinois 一案判决中表示，仅有米兰达权利告知不能洗净非法逮捕之瑕疵。[2] 法官认为，米兰达权利告知须于犯罪嫌疑人被逮捕前告知，若逮捕后告知即可切断先前非法逮捕的影响，则可能导致警察故意或恣意违反搜查、逮捕规定，宪法修订的第 4 条[3]所保护的权利将荡然无存，最后的结果只会鼓励警察实施非法逮捕。联邦最高法院强调，米兰达权利告知是一个重要因素，但不是决定因素。

在这样的背景之下，"加重告知义务"的必要性应运而生，其理论基础不止于前述美国联邦最高法院的理由阐述，更在于对"飞语难收"（cat out of the bag theory，又称"出袋之猫心理"）认知经验的回应："在犯罪嫌疑人第二次供述时，因前一次供述已经影响犯罪嫌疑人心理上自由意志的表达，且一般人通常会认为既然在第一次供述时已经承认，再翻供或保持沉默已无意义，因此会做出与第一次一样的供述。"[4]正是基于这样的一般人的惯性思维，加重告知义务才有适用的必要，即无论是时间间隔、地点场景转换以及更换讯问的侦查人员还是检察官，在后续讯问时应有超越一般诉讼权利告知范围的义务，也就是要明确告知犯罪嫌疑人：先前的供述如果是出于不正当讯问方法所致，那么该供述无证据能力。理由有二：第一，在辩护律师无法全程覆盖的情况下，犯罪嫌疑人如果不能在遭受刑讯逼供之后的讯问中享有"加重告知"的权利，即被告知其先前的供述无证据能力，那么犯罪嫌疑人在先前遭受的不利情况无法消除，其很可能因为再次面对国家机关时认为"大

---

[1] Miranda v. Arizona, 384 U.S. 436（1966）. 告知内容为："1. 你有权保持沉默；2. 你所说的一切都可能成为对你不利的证据；3. 你有权聘请律师；4. 你若无力聘请律师，法院会指派律师给你。"
[2] 422 U.S. 590（1975）.
[3] 针对非法搜查、扣押、逮捕。
[4] 王兆鹏：《开创自白法理的新纪元》，载《月旦法学杂志》2008 年总第 154 期。

势已去",而自我判断还原事实真相的翻供属于无关紧要。换言之,由于一般性的权利告知在刑讯逼供前犯罪嫌疑人已经接收到,那么在刑讯逼供后又重复告知,对于犯罪嫌疑人而言并不会产生实质性改变,由此来切断刑讯逼供的继续效力显然有点期望值过高。第二,基于宪法所要求的正当法律程序保障以及赋予检察机关专门法律监督的定位,国家对犯罪嫌疑人负有人权保障的义务,检察官应当对侦查机关所制造的刑讯逼供情况加以纠正。如果检察官有意无视或大意忽略该种情况,让犯罪嫌疑人仍处于先前被刑讯逼供影响的状态,所获得的新的重复性供述显然不应具备证据能力。因此,检察官即便在无法确定侦查机关是否实施刑讯逼供等不正当讯问的情况下,仍然应当履行加重告知义务,这也可成为犯罪嫌疑人在后续讯问时意志已恢复自由状态的有利证明。如在文某非法持有毒品案中,法官对于被告人是否消除侦查人员刑讯逼供造成的恐惧心理就要求从以下三个"加重权利告知"的程序性行为进行判断:(1)排除非法证据申请权利的告知;(2)排除非法证据程序启动的告知;(3)排除非法证据结果的告知。① 虽然本案判决于2014年,但笔者认为承办法官对该加重告知义务的界定已经具有相当的预见性,一旦履行则在被告人自由意志方面将起到基础性的保障作用。

(四) 辩护律师介入因素

从两岸目前实务层面来看,都认可辩护人的介入或陪同②,可以成阻断非任意性自白继续效力的独立因素。如我国台湾地区2013年度"台上字"第1585号判决中指出:"上诉人在辩护人陪同应讯的2007年6月29日、8月7日侦讯笔录的供述,当无非任意性自白之延续效力所及而影响证据能力之问题。"大陆地区理论界多数学者亦认可被讯问人在侦查阶段得到辩护律师的帮助可以阻断原有的因果关系。③ 辩护律师参与刑事诉讼程序,即打破侦查封闭的状态,其作为犯罪嫌疑人一

---

① 刘晓虎:《文某非法持有毒品案》,载《刑事审判参考》2014年总第101集。
② 这里所称的陪同,是指我国台湾地区规定犯罪嫌疑人享有讯问时的律师在场权。
③ 郭志媛:《非法证据排除规则实施研讨会综述》,载《人民法院报》2013年12月4日第6版。

方的专门法律知识人员的力量加强，本意在于平衡国家追诉过于强势的局面。一方面，辩护律师能够给犯罪嫌疑人提供充分的法律服务，使其知晓所遭受不正当讯问的影响及后果，取得相当于前述国家机关"加重告知义务"相同的效果，并给予其心理支持，让其在意志自由的状态下做出利弊权衡后的供述；另一方面，辩护律师的介入，也是监督讯问人员依法取证的有效手段，可以帮助犯罪嫌疑人提交非法证据排除的线索材料，并启动非法证据排除的程序。因此，辩护律师比之上述影响因素更具有说服力。

五、结语

尽管两岸均有学者将重复性供述类比为证据规则上的"毒树之果",[①] 但笔者认为重复性供述似乎从刑讯逼供与后续供述之间的因果关系来理解更为合理，因为重复性供述并不是刑讯逼供衍生的独立结果，而是基于刑讯逼供可能影响下对同一事实再次合法讯问产生的重复性结果。作此区分的意义在于可能源自美国法上的"毒树之果"理论及其例外不能照搬适用在重复性供述规则的适用上。而由前述内容可知，2017年《排非规定》的模式虽然相比以往无章可循的状况有了一定进步，但并不能完全适应司法实践的发展，需要将眼光重新转向刑法因果关系的判断上来。换言之，如果要肯定重复性供述的证据能力，那么司法机关必须证明介入因素足以切断刑讯逼供与后续供述之间的因果关系，以确保被讯问人供述时的意志自由。

---

① 两岸非法证据排除模式比较中，前述引用的万春文章中提及的争议观点以及王兆鹏教授的观点皆如此。

基于退回补充侦查权的检警衔接及监督机制探微

——兼议与我国台湾地区检察机关退案审查制之比较

吴雅莉[*]　曹哲荣[**]

退回补充侦查制度作为刑事诉讼活动中特殊的程序回流机制，其设立的初衷，是基于不同诉讼主体，不同承办人员不仅受制于自身主观因素的左右，如专业、知识、心理因素、成长环境、背景等影响，且易受到外在客观因素左右，有时候难免"不能准确地查明犯罪事实"，为求在诉讼结构上每一个程序中都能客观实质地发现真实，以求审判之公正，故希望经由不同承办的司法人员去伪存真，一次又一次地确定、反复地调查和确认案件事实，从而保障人权、妥善运用司法资源、正确行使国家刑罚权。然而在实践工作中，退而不查、查而不细、查而不清甚至以"情况说明"代替侦查的现象时有发生，致使退回补充侦查制度形同虚设，严重阻碍了刑事诉讼的顺利进行，并造成了国家诉讼资源的极大浪费。

一、退回补充侦查权运行现状

根据我国《刑事诉讼法》第 171 条的规定，审查起诉阶段退回补充侦查的适用条件主要包括两种情形：一是移送审查起诉的案件事实不

---

[*] 法学学士，福建省漳州市芗城区人民检察院法律政策研究室负责人，二级检察官。
[**] 法学学士，福建省漳州市芗城区人民检察院检察官助理。

清、证据不足;二是案件在侦查完毕后尚有遗漏罪行或者遗漏的同案犯罪嫌疑人。实践中,退回补充侦查被频繁使用,占用了刑事诉讼流程的大量时间和资源。如南阳市卧龙区检察机关自 2015 年统一业务应用系统正式实行以来至 2017 年 6 月,共受理公安机关移送审查起诉案件 2481 件,经审查后第一次退补 709 件,退补率 28.5%,第二次退补 175 件,占第一次退补数的 25%。[①] 安徽省砀山县检察机关在 2014 年共受理公安机关移送审查起诉案件 303 件,经审查后第一次退补 122 件,退补率为 40.26%,第二次退补 31 件,占第一次退补数的 25.4%;2015 年共受理公安机关移送审查起诉案件 309 件,经审查后第一次退补 124 件,退补率为 40.13%,第二次退补 44 件,占第一次退补数的 35.48%。[②]

作为一种例外的程序回流机制,退回补充侦查本应在审查起诉环节被谨慎使用,然而实践中高达 30%—40% 的退回补充侦查率,却背离了该制度设立的初衷。实践中,退回补充侦查的集中在案件细节不明,需要重新讯问犯罪嫌疑人;案件监控录像尚未调取;案件关键证人证言没有调取;没有制作辨认笔录或笔录制作不规范;没有提取相关转账记录、聊天记录;对涉案金额尚未查清,需要进一步查证等方面。这些证据的取证难度并不复杂,但在个案中屡屡出现,足以说明侦查行为存在进一步校正的必要。

二、退回补充侦查率居高不下的原因

在我国过去的刑事诉讼实践中,"侦查中心主义"长期影响着公检法三机关对于刑事案件办理的衔接与配合,后续的起诉和审判活动在一定程度上是对侦查结果的确认,这种配合有余、制约不足的现状使侦查权一直处于一种失范的境地,以侦查为中心的诉讼模式对我国的司法现

[①] 李郑阳:《基层检察机关自行补充侦查权亟待加强和规范》,载《法制与社会》2018 年第 27 期。

[②] 数据援引自宿州市人民检察院:《砀山县院关于审查起诉阶段退回补充侦查案件分析》,载检察专网。

状产生了深远的影响。① 现阶段以审判为中心对检察机关的案件移送标准提出了非常严格的要求，而侦查机关对变革的敏感性却似乎有所欠缺，这正是退补率长期居高不下的直接原因。

（一）案件期限届满仓促移送

有些案件的取证流程较为烦琐，一些证据需要到外省调取，一些证据需要相关单位的配合，一些证人需要时间动员配合，侦查机关承办人在案件期限即将届满的时候，自知案件证据情况尚不充分，未达到移送审查起诉条件，但囿于案件期限所致，不得不将案件"带病"移送审查起诉，待公诉部门承办人审查起诉后退回补充侦查再继续侦查行为。

（二）部分侦查机关承办人怠于侦查

个别侦查人员由于工作积极性不高，对退回补充侦查的案件心怀抵触，往往等到退补期限即将届满时以无法调取为由附以"情况说明"敷衍了事，这种情况的典型代表如 POS 机套现案件中找不到持卡人，开设赌场案件中找不到参赌人员，电信诈骗案件中找不到车手，实际上持卡人均有卡号、参赌人员往往是同村或邻村人员、车手都有监控视频拍下的头像之类明确的线索指向，但由于需要耗费较多精力而以查找不到为由回复。此外，审查起诉期间不到案的人员，个别侦查机关往往以网上追逃代替实际查找，以致出现一些犯罪嫌疑人明明在家种地但侦查人员却查找不到，犯罪嫌疑人明明只是换个单位但侦查人员却查找不到的情况。即使是已经逮捕犯罪嫌疑人的案件，也有侦查人员只关注立案数及逮捕数，在报捕前积极收集证据，批捕后就置之不理，怠于补充侦查。

（三）侦查机关频繁更换案件承办人

既承担侦查办案也负责社会治安治理，这样的双重工作性质致使侦查人员没有充足的时间和精力去侦办案件。接报警情的侦查人员往往在

---

① 李智：《审查起诉阶段退回补充侦查实证研究》，西南政法大学 2016 年硕士学位论文，第 3 页。

没有全面、充分收集一手证据的情况下就将警情移交给下一阶段侦查人员，而接手的侦查人员为了侦破案件必将再次浪费警力取证，但由于双重工作性质，接手的侦查人员又陷入上一环节的循环，导致关键证据的提取错失良机。此外，由于侦查人员岗位调动快，退补期间常常遇到移送审查起诉时的侦查人员已调离原岗位，现接手的侦查人员不了解案情，不知从何处补充取证，导致监控录像等此类保存有时限的证据灭失，进而对整个案件的审查起诉、审判产生重大影响。

（四）侦查工作获取证据不全面

日常办案过程中的侦查行为大多以破案为目的，导致能够抓获犯罪嫌疑人并获取其口供被当作侦查工作的重点，至于案件能否起诉，起诉后能否顺利宣判，判到何种结果，侦查人员并不关心，这会直接导致侦查工作获取证据不全面。例如，盗窃共同犯罪案件中，对证实犯罪嫌疑人主观共同故意的证据不固定，只对犯罪行为的具体过程和赃物赃款去向进行讯问，而对如何预谋、如何认识等方面要么只有一语带过，要么不闻不问，导致整个共同犯罪的主观故意证据缺失。另外，取证时未预测翻供，未能以审查起诉或判决的标准取证，这往往体现在取证时对案件的一些细节不够重视，对犯罪嫌疑人供述、被害人陈述及证人证言中的相关联的关键问题问得不细，导致证据之间的相互印证轮廓较粗，这都为犯罪嫌疑人日后的翻供留下空间，一些犯罪嫌疑人案件移送审查起诉就立即翻供，翻供后的证据情况影响了案件定案，检察官只能退回补充侦查。

三、检察机关对侦查机关退回补充侦查活动的监督困境

与我国地区台湾检警关系中检察主导侦查不同，我国大陆地区检警分离的体制，固然有利于双方各自充分履行职能，提高工作效率，但客观上也导致了检察机关对于侦查行为的监督存在很大的被动性。对于经过二次退回补充侦查仍然无法查清的案件，检察机关只能作出存疑不起诉或绝对不起诉处理，而针对侦查人员在侦查过程中存在的怠于侦查情

况，目前仅有发出检察建议和纠正违法通知书（以下简称"两书"）两种监督渠道。

（一）退回补充侦查对侦查机关的影响有限

与我国台湾地区检察主导侦查不同，我国大陆地区公检两家相互独立，协作有余，而监督不足。一些刑事案件即便由于侦查手段的疏漏而导致作出了存疑不起诉或绝对不起诉决定，也难以看到侦查机关对于证据提取方式的反思及改变。尽管实践中也曾听闻案件的存疑不起诉或绝对不起诉处理结果对侦查机关的绩效考评有一定影响，但具体如何影响仍然属于侦查机关内务，检察机关并无置喙余地，以致一些案件因为关键证据的提取不及时而只能作出存疑不起诉处理。

（二）"两书"对侦查人员的影响十分有限

现行刑事诉讼法并未赋予"两书"相应的强制执行效力，更未明确规定没有及时整改或反馈将导致何种程序损失，以致"两书"是否落实到位往往取决于侦查机关负责人的重视程度，相对重视的单位自然能够及时落实，而并不在意的单位则难以发挥有效的监督效力。实践中就曾出现过个别承办人一次退补重报超期，被发出纠正违法通知书后再次退补重报超期的情况，而检察机关除了再次发出纠正违法通知书之外，似乎也没有更好的监督办法。从权力的规范运作角度而言，没有刚性的监督方式显然如同老虎失去利齿、战士赤膊上阵，其效力必然大打折扣。

（三）实践中不起诉处理沦为个别侦查人员规避风险的避风港

对于一些涉法涉诉风险较大，被害人反映强烈的案件，或者对侦查人员内部绩效考评有影响的案件，有的承办人往往不愿在侦查阶段对案件作出终结决定，而宁可提请检察机关审查，由检察机关作出不起诉决定以规避信访风险。

[案例] 犯罪嫌疑人韩某与被害人庄某曾因琐事发生矛盾，某日，韩某伙同多人在某地持刀具及棍棒追打被害人庄某、郑某，致两人轻微

伤。案发后，韩某未赔偿被害人的经济损失，被害人家属控告意愿强烈，屡次要求严惩韩某，侦查机关遂将本案以寻衅滋事罪移送检察机关审查起诉。公诉部门承办人在审查起诉中发现，被害人庄某之前曾三次找人殴打过韩某，但因未造成较重伤情，双方并未报案，也没有作任何伤情鉴定。从现有的证据来看，韩某殴打庄某有非常明确的前因，显然不符合寻衅滋事罪的构成要件，应认定为故意伤害罪，但其只造成两人轻微伤，尚未达到故意伤害罪的构成要件，遂两次退回公安机关补充侦查。在退回补充侦查期间，公安机关未主动建议撤回案件，后本案由检察机关作出了绝对不起诉决定，侦查机关也未对案件的处理结果提出任何反馈及异议。

根据《人民检察院刑事诉讼规则（试行）》的要求，经过一次退回补充侦查后，案件仍然达不到起诉标准的，检察院只可以作出不起诉决定，二次退回补充侦查之后仍然达不到起诉标准的，才应当作出不起诉决定，因此，实践中大部分公诉部门的承办人为了慎重起见，即便是案件证据材料明显不符合起诉标准，也必须两次退回补充侦查，以示穷尽一切侦查手段仍然无法查清案件事实，从而作出不起诉决定，这期间浪费的诉讼资源及人力、物力可见一斑。

四、我国台湾地区退案审查权的概念及价值

我国台湾地区在检察主导侦查的体制下，也曾因侦查机关移送审查起诉的案件质量不高而导致检察官疲于补充证据材料，诉讼效率低下。1997年，修改后的台湾"刑事诉讼法"经三读通过，于12月19日公布施行，新增订了第231条之规定："检察官对于司法警察官或司法警察移送或报告之案件，认为'调查未完备'者，得将卷证发回，命其补足，或发交其他司法警察调查。司法警察官或司法警察应于补足或调查后，再行移送或报告。对于前项之补足或调查，检察官得限定时间。"该条被称为"退案审查"制。意即对于警察机关移送审查起诉的案件作初步的实质审查，倘若发现案件"调查未完备"，则不予受理，将案件发回侦查机关，同时将检察官的证据观点及在法庭上会用到的证

据标准告诉警察。警方被退案后，必须根据检察官的要求进一步补充调查，后重新以新的案件移送审查起诉，倘若证据上仍然没有达到检方受理案件的标准，则可能再次被核退。

(一) 退案审查制的设置背景

尽管我国台湾地区实行检察主导侦查，侦查行为理论上应当在检察机关的指挥下进行，然而实践中一般有刑事案件发生，警察必然是站在第一线处理警情，收集证据，检察官仅仅作补充证据的收集，除非是涉及贪腐或社会影响极大的要案，否则由检察官全程指挥刑事案件的办理实属例外。1997年之前，台湾地区的法官、检察官每一个人承办之刑事案件约150件，其中大部分为司法警察机关移送、报告或告诉人告诉之财产犯罪，警察机关往往在绩效评比压力下，不待事实清楚、证据不足即移送地检署侦办，有些告诉人明知是民事纠纷问题，仍"以刑逼债"，从而导致检察官不堪重负，且很容易受到民众质疑。[1] 另外，检察官虽为侦查之主，但却"有将无兵"，既没有侦查之人力，也欠缺侦查之设备，证据的收集与保全，必须得求助于警察或调查单位，且检察官对于其辅助机关人员的任用、升迁、考绩、惩戒等事项并无置喙余地，因此实际上难以调度指挥警察，更遑论实务中担任侦防大任的调查局。[2] 因此，退案审查制旨在督促警察机关强化搜证及查清案件事实，达致精致侦查之目的。

(二) 退案审查制的运作流程

以高雄地方法院检察署的退案审查作业要点为例：[3]

1. 签收审查：收发室收到司法警察机关函送及内勤侦查之案件，应登记，并将案卷呈送检察长核阅后交于专职检察官签收审查。

2. 分发及核退：专职检察官审查后，认为案件调查完毕者，送分案室签收分案，认为调查未完备而有发回原机关补足调查或交发他机关

---

[1] 林锦村：《论刑事诉讼法新增订退案制度》，载《法令月刊》第49卷第3期。
[2] 林钰雄：《刑事诉讼法》，新学林出版股份有限公司2017年版，第151—152页。
[3] 以下参见台北大学植根法律网法规资讯栏目：www.rootlaw.com.tw。

续接调查之必要的，加盖核退之戳记，并由该专职检察官填具"发回补充（发交调查）案件指挥书"，详细载明应当补充或调查事项，限期命侦查机关补足或调查后再行移送或报告。

3. 不予发回或核退的例外：人犯在押的，由于当时声请羁押的时候已经过检察官声请并说服法官同意羁押，因此原则上不运用退案制度，但仍然可以命警察随时深入搜证。

4. 补足或调查期间：最长不能超过两个月。

5. 告知：案件经发回或交发者，应以通知书通知告诉人、告发人、被告及其他关系人，但有串供或湮灭证据之虞者，不在此限。

6. 再次移送：司法警察机关补查后再次移送者，应将资料送交原核退的专职检察官审查，审查结果仍然认为不完备的，可以再退案，甚至再三退案。

从第三点来看，退案审查制存在一种例外情形，就是对于已经声请羁押的案件，原则上不运用退案审查制度，盖因其声请羁押的时候已经过检察官的审核，证据收集部分已经达到了检察机关受理案件的标准，倘若对于已经羁押的案件反复地核退，恐怕会延长其羁押期限，于人权保障不利。因此，羁押的案件成为退案审查制度的例外，但同时也规定在审查期间仍然可以命警察深入搜证。此外，对于警察机关是否有资格对检察官的退案决定提出异议，以笔者同台湾地区检察官的交流来看，鉴于检察主导侦查的体制，检察官是侦查的指挥者，在侦查工作部分相当于警察的上级，因此警察机关对于退案决定并无异议权。

（三）退案审查制的实务价值

1. 提升侦查品质

检察官因有退案权，将案件退回司法警察机关详加查证，从而加重了警察机关查清案件事实及证据的责任。检察官在退案的同时，根据庭审的证据标准将应当补充的证据退回警察机关进一步调查，久而久之，侦查机关为了避免被退回自然会总结经验教训，在侦查之初就对案件进行翔实调查，及时保全和收集对定案有关的关键证据，避免因侦查失当而导致关键证据缺失或毁灭而被退案，也避免因侦查粗疏导致原本可以直接受理的案件被退回，进而强调科学精神办案，保证起诉案件的质量，达致精致侦查之目的。如2004年3月13日在台湾东吴大学法学院举办的"侦查中检察官与司法警察之角色定位"学术研讨会上，就有检察官提出，自己作为发查核退检察官在核退期间，退回最多的居然是酒后驾车公共危险案件，这样不需要多少侦查技巧和策略的简单案件，调查的内容及笔录的制作却常常有所缺漏，导致自己只能核退。① 因此，从提升侦查质量的角度来说，退案审查制度无疑发挥了关键性的作用。

2. 避免带病移送审查

实行退案制度，能够令侦查机关对于确实不构成犯罪的案件，或证据上明显存在瑕疵的案件，主动将其排除在移送审查起诉之列。因明知会被退案，自然不会再移送审查起诉，即便移送审查起诉，也无法因此而将案件的决定权转移给检察机关，从而避免侦查倒逼检察的局面出现。检察机关无须在审查起诉阶段对明显不符合起诉条件的案件作出不起诉决定，从而大大节约了有限的诉讼资源，令检察官能够将有限的精力投入疑难复杂案件的侦办中。同时，进一步严格移送审查起诉案件的标准，利于防止侦查机关为了弥补或安抚当事一方的控告意愿而带病移送起诉，或运用刑事程序"以刑逼债"，将民事案件与刑事案件刻意混淆的情形出现，进而保障人权，避免刑及无辜，保证刑罚权的正确行使。

五、我国大陆地区引入退案审查制作为立案前置程序的思考

笔者以为，将退回机制前置，参考我国台湾地区退案审查制度的经验做法，在立案之初就赋予检察机关相应的退案审查权，将现行检察机关案件管理部门的形式审查变更为形式与实质双轨审查机制，从而掌握

---

① 《"侦查中检察官与司法警察之角色定位"学术研讨会会议纪实》，载《月旦法学杂志》2004年第6期。

案件办理的主动权，不啻为检察机关加强侦查行为监督，提升侦查质量的可实现路径。

（一）在立案前设立退案审查制的合法性依据

事实上，现行《刑事诉讼法》第 160 条明确规定：公安机关侦查终结的案件，应当做到犯罪事实清楚、证据确实、充分，并且写出起诉意见书，连同案卷材料、证据一并移送同级人民检察院审查决定。2013 年 1 月公安部发布的《公安机关办理刑事案件程序规定》（以下简称《程序规定》）进一步将侦查中需要查明的事实予以了列举，包括：犯罪事实是否存在；实施犯罪行为的时间、地点、手段、后果以及其他情节；犯罪行为是否为犯罪嫌疑人所实施；犯罪嫌疑人的身份；犯罪嫌疑人实施犯罪行为的动机、目的；犯罪嫌疑人的责任以及与其他同案人的关系；犯罪嫌疑人有无法定从重、从轻、减轻处罚以及免除处罚的情节；其他与案件有关的事实。《程序规定》第 66 条同样强调，公安机关移送审查起诉的案件，应当做到犯罪事实清楚、证据确实、充分。因此，检察机关受理审查起诉案件时，依照刑事诉讼法和《程序规定》的要求，对侦查机关移送审查起诉的案件是否犯罪事实清楚、证据确实充分进行初步审查，完全具有合法性。《人民检察院刑事诉讼规则（试行）》第 153 条对人民检察院案管部门受理案件时应审查内容的规定属于形式审查。是否侦查终结，不应以侦查机关自身的意见为准，而应以其是否符合庭审证据要求为准。如若赋予掌握庭审证据标准的检察官话语权，则足以从案件受理阶段即建立公诉引导侦查的有力控制管道，通过退案文书引导侦查机关提升案件侦查质量，减少公诉检察官在诉讼过程中反复退查的程序回流，令检察官将有限的精力集中在审查起诉和预备庭审中，无疑将节约大量诉讼资源，避免出现因侦查不到位而无奈作出不起诉决定的情形。

（二）尝试在案管部门设置专职检察官专司退案审查工作

作为不具体办理刑事案件的业务部门，案管部门在检察机关业务机构的设置中一直处以尴尬地位，以致大部分地区案管部门员额检察官的配比都处以低位，基层检察机关普遍存在除案管办主任外其余均为检察官助理的现象，且案管部门的检察官必须办理公诉、侦监案件以完成其办案任务，因为案件受理流程并未被纳入办案考核中，远未发挥案管部门作为案件准入窗口的关键作用。笔者以为，可参考我国台湾地区的做法，在案管部门设置专职检察官，专司审查起诉案件的核发核退，笔者初步设计如下：案管部门受理案件时，应首先交由专职检察官审核。专职检察官认为调查较为完备的案件，可进入下一步分案流程；认为调查未完备的案件，可发回侦查机关补足调查或发交其他机关接续调查，发回时，应随案卷附上《发回补足（发交调查）案件建议书》，详细列明检察官认为应当补充侦查或继续调查的事项，要求侦查机关补足后再移送审查起诉。案件补足或接续调查时间最长不得超过两个月，且次数仅为一次。侦查机关补足后可再次以新的案件移送审查起诉，专职检察官认为调查仍未完备的，可再次核退。案件核退的，专职检察官应注意跟踪，必要时可以对侦查机关的补充侦查情况进行询问及稽催。

（三）退案审查机制的例外及侦查机关异议权

对于被羁押的犯罪嫌疑人，鉴于检察机关在批捕阶段已经对案件事实和证据进行过审核，因此可参考我国台湾地区的做法，将犯罪嫌疑人已羁押的案件排除在核发核退的机制之外，以避免因退回案件而变相延长犯罪嫌疑人的羁押期限，保障犯罪嫌疑人的权利。另外，在退案审查机制中设置相应的异议权，允许侦查机关在案件被退回之后有权向同级检察机关乃至向上级检察机关提出异议，申请复核，可避免在此处因失去救济途径而导致相关法律制度的失衡。

刑事和解程序实施中的争议问题研究*

周赟珏**　　王彪***

2012 年修改刑事诉讼法，用三个条文的篇幅增加了当事人和解的公诉案件诉讼程序①，主要内容包括刑事和解的条件和案件范围、公安司法机关对刑事和解的审查以及刑事和解对案件最终处理的影响。之所以增加这一特别程序，根据参与立法相关人员的解释，原因有二：其一，通过刑事和解化解社会矛盾②；其二，通过立法防止刑事和解被滥用③。事实上，在 2012 年修改刑事诉讼法之前，有关刑事和解的实践探索已在各地公安司法机关进行，2012 年刑事诉讼法只是在总结各地实践经验的基础上，将刑事和解程序通过立法予以明确。

---

* 本文系重庆市教委 2016 年人文社科项目（基地项目）"程序性辩护中的被告人举证问题研究"成果。
** 重庆市第五中级人民法院刑二庭副庭长。
*** 法学博士，西南政法大学法学院副教授，硕士生导师。
① 刑事和解包括公诉案件中的当事人和解和自诉案件中的当事人和解，本文仅研究公诉案件中的当事人和解问题，下文出现的"刑事和解"，如果没有特别说明，指的是公诉案件中的当事人和解。与此一致，刑事和解程序指的是当事人和解的公诉案件诉讼程序。
② 参与立法的人士认为，长期以来，我国的刑事诉讼以解决加害人的刑事责任为主，诉讼的最后结果通常是对加害人科以刑罚，较少关注因加害人的犯罪行为给被害人带来的损失和对社会关系造成的损害的修复，被害人的损失得不到赔偿，国家对被害人的救助跟不上，社会矛盾难以根本化解，影响到社会和谐和稳定。参见黄太云：《刑事诉讼法修改的主要内容介绍（续）》，载《刑事审判参考》（总第 85 集），法律出版社 2012 年版，第 99 页。
③ 全国人大法工委参与立法工作人员认为，考虑到公诉案件的国家追诉性质和刑法的严肃性，防止出现以罚代刑或者放纵一些严重犯罪等新的不公正，对建立这一新的诉讼制度应审慎把握，立法对公诉案件当事人和解的适用条件、案件范围以及除外情况、和解协议的形成、和解协议的法律效果作出了明确的规定。参见全国人大常委会法制工作委员会刑法室编：《关于修改中华人民共和国刑事诉讼法的决定——条文说明、立法理由及相关规定》，北京大学出版社 2012 年版，第 340 页。

2012年刑事诉讼法实施后，很多学者对刑事和解制度的实施情况进行了调研，发现刑事和解制度在司法实践中存在一些问题。例如，由于立法规定的刑事和解适用范围有限，一些公安司法机关不愿意适用这一制度，或者一些公安司法机关突破法律规定适用这一制度。刑事和解在一些地方异化为单纯的物质赔偿，赔礼道歉、真心悔罪等不受重视，或者仅具有形式性，且这一现象具有一定的普遍性。例如，有学者在法院挂职时调研发现，刑事和解案件中，基本上没有当事人面对面的交流和对话，其运行的方式非常简单：法官通过电话，以简单的询问（如是否愿意和解，如果愿意和解，愿意支付多少钱）和回答就完成了整个和解或调解过程，并没有情感等方式的交流和赔礼道歉等①。又如，从眉山调研情况来看，加害人赔偿被害人物质损失，主动承担民事赔偿责任以取得被害人谅解是最主要的和解方式。加害人是否真诚悔罪，被害人是否真心谅解都在所不问。② 再如，有调研发现，赔礼道歉等精神补偿在谅解赔偿中不被重视。③ 我们认为，刑事和解与附带民事诉讼调解的核心区别在于，刑事和解更为看重"表达悔悟与真诚谅解"，从立法目的来看，立法确立刑事和解制度的一个重要原因是希望通过和解促进社会和谐，修复被犯罪破坏的社会关系。然而，实践中，公安司法机关相关工作人员愿意接受和解或者促进和解的原因主要在于和解能够解决附带民事诉讼问题，能够减少涉诉信访，加害人愿意适用刑事和解程序是为了获取较轻的处罚，被害人一方愿意适用刑事和解程序是因为通过这一程序能够获取较多的物质赔偿。

　　刑事和解程序在适用过程中的这些问题，除相关人员没有严格依法

---

① 参见蒋志如：《刑事特别程序研究》，法律出版社2016年版，第306页。
② 参见万毅等：《刑事诉讼法2012年修正案实施情况调研——以四川省眉山市人民检察院为样本》，上海三联书店2015年版，第240页。
③ 2010年9月26日16时许，被告人杨某驾驶切杆机工作时，将李某（男，6岁）碾压致死。案发后，杨某与受害人家属达成赔偿13.5万元的调解协议，并履行完毕。但受害人父母随后反悔，认为杨某没有登门道歉，杨某登门道歉后受害人父母仍不满意，后杨某再补偿2万元才算得到谅解。参见姜宝成、牛晓丽：《刑事和解的实践现状及完善》，载《中国检察官》2013年第7期。

办案等原因外，还一个重要的原因，即由于立法的粗疏，导致实践中对一些问题的理解存在争议。对于刑事和解程序在实施中存在的这些争议问题，理论界有不同的观点，司法实践中亦有不同的做法。对此问题，必须予以关注。

一、刑事和解案件的证明标准

适用刑事和解程序是否需要案件"事实清楚，证据确实、充分"？这涉及刑事和解案件的证明标准问题。有学者认为，在刑事和解案件中，起决定作用的并非案件事实本身是否能够被办案机关查明，而是当事人双方的和解愿望。在这种情况下，无须也无必要把证明标准提高到"案件事实、情节清楚，证据确实、充分"之程度。刑事和解案件的证明标准应低于一般刑事案件的证明标准[①]。在 2012 年刑事诉讼法实施之前，有学者调研发现，司法实践中，一些办案机关尝试将刑事和解适用于一些证据不足或者存在法律适用困难的疑难案件中。[②] 对此，有学者认为，存疑案件适用刑事和解，如故意伤害案件，一些司法机关因调查取证和证据运用存在问题，转而选择以促成双方和解的方式来解决案件。显然，这种做法严重背离了刑事和解的概念和宗旨，看上去更像是一种辩诉交易。[③] 有学者则认为，在审查起诉和审判阶段，对于达成和解协议的案件，证明标准不一定达到审判时认定有罪的标准，也没有必要达到这个标准，只要有确实证据证明犯罪嫌疑人、被告人实施了加害行为即可。[④] 还有学者认为，和解得以展开的前提，只需是构成要件框架内的事实被确认。但对于案件的基本事实必须严格证明，达到内心确信之程度。[⑤] 此外，也有学者认为，适用刑事和解必须以案件基本事实

[①] 参见孙春雨、王伟、朱超然编著：《刑事和解制度专题整理》，中国人民公安大学出版社 2015 年版，第 133 页。

[②] 参见向燕：《论刑事和解的适用基准》，载《法学》2012 年第 12 期。

[③] 参见于志刚：《论刑事和解视野中的犯罪客体价值——对误入歧途的刑事和解制度的批判》，载《现代法学》2009 年第 1 期。

[④] 参见宋英辉主编：《刑事和解实证研究》，北京大学出版社 2010 年版，第 75 页。

[⑤] 参见杜宇：《理解"刑事和解"》，法律出版社 2010 年版，第 266 页。

清楚、证据确实充分为条件①。虽有上述争议，2012年刑事诉讼法的相关解释对此问题的态度却非常明确，即均以"案件事实清楚"作为和解的基本条件。

2012年刑事诉讼法的相关解释的要求虽然很明确，但在司法实践中并未得到严格的遵守。例如，有学者调研发现，在公诉环节，有的检察机关遇到证据不足案件时，极力促成当事人达成刑事和解进而作出相对不起诉决定②。又如，有学者在2012年刑事诉讼法实施后发现一个真实的降低刑事和解案件证明标准的案例，即某非法拘禁案③。

2013年在S市×县发生了一起非法拘禁案，两名犯罪嫌疑人（债权人）与被害人（债务人）一起从网吧离开至其中一名犯罪嫌疑人的家中，半夜两犯罪嫌疑人听到声响，发现被害人已坠楼身亡。在侦查中，两名犯罪嫌疑人均称被害人是因为没有地方睡觉自愿跟随他们回家的，但他们无法解释被害人为什么会从窗台摔下。本案有两个情节缺乏充分的证据加以证明：一是被害人是否受两名犯罪嫌疑人强制或胁迫而被带往其家中，并且受到严密的看管而无法自行离开；二是被害人是自行跳楼还是被推下楼。由于事实不清、证据不充分，加之两名犯罪嫌疑人未承认有罪，本案并不符合和解的条件。然而，在被害人家属闹访的压力下，司法人员动员犯罪嫌疑人承认被害人是被迫到其家中，但不认定其对被害人坠楼负责，对被害人家属则说明案件认定的困难，最后双方达成和解，两名犯罪嫌疑人向被害人家属作出赔偿，案件遂终止诉讼。

我们认为，上述案件的处理确实存在一定的问题，违背了立法确立

---

① 设置此条件的原因在于：其一，刑事和解只有建立在基本事实清楚、证据确实充分的基础上，才能使双方当事人所达成的刑事和解协议不易出现反复；其二，有利于犯罪嫌疑人、被告人的利益的保护，也可以防止司法机关将一些事实不清的案件以刑事和解的方式变相进行非法处置。参见郑丽萍：《新刑诉法视域下的刑事和解制度研究》，载《比较法研究》2013年第2期。

② 参见姚显森：《刑事和解适用中的异化现象及防控对策》，载《法学论坛》2014年第5期。

③ 参见秦宗文：《刑事和解制度的实践困境与破解之道》，载《四川大学学报（哲学社会科学版）》2015年第2期。

刑事和解程序的基本精神,这种情形下对案件的处理仅考虑从形式上实现"案结事了",案件处理过程带有明显的交易性质。

我们认为,刑事和解程序的适用以犯罪嫌疑人、被告人认罪悔罪为前提,在这种情况下,所谓刑事和解案件的证明标准是否可以降低就转变为三个具体问题:一是犯罪嫌疑人、被告人口供的真实性问题;二是口供的自愿性问题;三是口供补强的范围问题。

根据真实的口供认定案件事实,结合其他证据材料,完全能够达到法定的证明标准。然而,口供的真实性在很多情况下都会存在问题①。关于口供的真实性问题,具体又分为两种情形:一种是被追诉人系自愿进行虚假供述。另一种是被追诉人受到身体或者精神上的强制而违背意愿进行虚假供述②,这种情形与认罪认罚的自愿性问题存在部分重合。对口供真实性的审查,与口供补强的范围和强度有关。因此,在刑事和解程序中法官不仅应当审查口供本身,还要审查口供的补强问题。

被追诉人可能因受到身体或精神上的强制而违背意愿供述,违背意愿进行的供述,所以口供既可能是真实的,也可能是虚假的。对于违背意愿作出的虚假供述,当然不能作为证据使用。在现代法治社会,基于正当程序的基本要求,违背意愿的供述即使是真实的,也不能作为定案的根据③。在刑事和解程序中亦不例外。

由于"任何一个证据都不能自己证明自己是真实的",因此,"直

---

① 对虚假自白的学理研究,参见 [日] 滨田寿美男:《自白的心理学》,片成男译,中国轻工业出版社 2006 年版,第 69—82 页。
② 迄今为止,人类发现了两大行之有效的获得犯罪嫌疑人供述的方法:身体强制与心理强制。身体强制主要着眼于对犯罪嫌疑人肉体施加痛苦的方式来迫使犯罪嫌疑人作出供述。心理强制则采用使犯罪嫌疑人形成错误认识的心理学方法来诱使犯罪嫌疑人作出供述。我国曾经主要通过身体强制的方式来获取被追诉人的口供。参见吴纪奎:《心理强制时代的侦查讯问规制》,载《环球法律评论》2009 年第 3 期。
③ 当然,这个问题在我国较为特殊,因为我国并没有确立自白任意性规则,而是确立了非法证据排除的"痛苦规则"。参见龙宗智:《我国非法口供排除的"痛苦规则"及相关问题》,载《政法论坛》2013 年第 5 期。关于自白任意性规则被忽视的原因以及重新正视的必要性,参见张建伟:《自白任意性规则的法律价值》,载《法学研究》2012 年第 6 期。

接证据也必须依赖其他证据查证属实,才能作为定案的根据"。① 我国刑事诉讼法规定:只有被告人供述,没有其他证据的,不能认定被告人有罪和处以刑罚。根据这一规定,理论与实务界普遍认为我国已经确立了口供补强规则。② 在刑事和解案件中,由于被追诉人认罪,且一般情况下,案件中不可能存在只有口供没有其他任何证据的情形,刑事和解案件是否达到法定证明标准的关键是口供是否有充分的证据予以补强,即口供补强的范围。关于口供补强的范围问题,理论与实务界可能会有两种较为极端的主张,一种是要求补强证据必须形成完整的证据锁链,另一种是只要有补强证据即可而不再考虑补强证据的数量。我们认为,应当"区分案件的性质和特点确立不同的补强要求"③,不宜划定一个统一的标准。对于刑事和解案件来说,最根本的是法官对口供与补强证据的真实性的心证是否已经达到排除合理怀疑的程度,补强证据的存在是否足以使法官确信口供的真实性,这在本质上是一个经验问题和逻辑问题。

此外,司法实践中还有可能存在一种情况,即一开始由于被追诉人拒绝供述,案件事实无法查清,后来其与被害人一方达成和解并作出供述,根据其供述找到了隐蔽性很强的证据材料,案件事实已经查清,在这种情况下,当然应当允许适用刑事和解程序,且此时对被追诉人从宽的幅度应当更大④。但需要注意的是,在这种情况下,虽然一开始案件事实没有查清,但由于适用刑事和解程序,进而获得了被追诉人的供述并根据该供述找到了隐蔽性较强的证据材料,最终案件事实已经查清,事实上并没有降低证明标准。

---

① 参见汪建成:《直接证据和间接证据的划分标准及其运用》,载《刑事司法指南》(总第1辑),法律出版社2000年版,第116页。
② 参见龙宗智:《相对合理主义》,中国政法大学出版社1999年版,第458页;徐美君:《口供补强法则的基础与构成》,载《中国法学》2003年第6期。此外,2010年《死刑案件证据规定》第34条和2012年《法院解释》第106条也对口供补强规则进行了规定。
③ 参见向燕:《论口供补强规则的展开及适用》,载《比较法研究》2016年第6期。
④ 类似的观点,参见孙长永:《认罪认罚案件的证明标准》,载《法学研究》2018年第1期。

二、刑事和解程序适用的案件范围

根据立法及相关解释的规定，刑事和解程序能够适用的案件范围有限，对于故意犯罪来说，其适用的范围是因民间纠纷引起的涉嫌刑法分则第四章、第五章规定的犯罪案件，可能判处 3 年有期徒刑以下刑罚的案件；对于过失犯罪来说，其适用的范围是除渎职罪以外的可能判处 7 年有期徒刑以下刑罚的案件。对此，理论与实务界有不同观点，但主流观点均认为立法规定的刑事和解的适用范围较为有限，限制了刑事和解程序功能的发挥。例如，有学者认为，事实上，在任何类型的案件中，双方当事人都可以就经济赔偿和精神抚慰等事项达成和解，这是双方当事人的权利。[1] 有学者认为，在立法没有进一步修改和拓展刑事和解的案件范围之前，司法机关应当慎重处理：对于法律没有规定可以适用和解程序的重罪案件，审判机关尽管不能适用刑事和解程序，但仍然可以基于法律效果与社会效果相统一的考虑，积极促使加害方与被害方进行沟通，对被告人真诚悔罪且已经积极赔偿被害人物质损失、被害方也真诚谅解加害人的，审判机关可以作为从宽情节对被告人从轻量刑，但一般不能免刑或者判处非监禁刑。[2] 有学者建议，在重罪案件附带民事诉讼调解中确立刑事和解优先原则。[3] 还有学者认为，犯罪首先应被视为个人对个人的侵犯，然后才是对国家整体利益的侵犯，因此，获得物质损失的赔偿以及精神安宁的恢复，应当成为被害人不可撼动的权利。[4] 如果国家不解决刑事赔偿问题，则无法禁止也不应禁止重罪案件刑事和解。

此外，有学者调研发现，司法实践中，一些司法机关往往会突破立法规定的案件范围的限制。例如，有学者调研的赵某某涉嫌寻衅滋事

---

[1] 参见宋英辉主编：《刑事和解实证研究》，北京大学出版社 2010 年版，第 124 页。

[2] 参见赵贵龙、周长军：《刑事和解现实运行问题探析——以新刑事诉讼法为背景》，载《人民司法》2014 年第 13 期。

[3] 参见陈学权：《我国重罪案件适用刑事和解面临的挑战及应对》，载《法学杂志》2015 年第 4 期。

[4] 参见杜宇：《理解"刑事和解"》，法律出版社 2010 年版，第 247 页。

案，很明显，这里的寻衅滋事罪并不属于刑法分则第四章、第五章规定的犯罪①。又如，有法官认为，尽管修订后的刑事诉讼法已明确将重罪案件排除在刑事和解的适用范围之外，但在司法实践中，由于大部分故意伤害致人重伤或死亡，以及故意杀人等重罪案件的被害方都提起了附带民事诉讼，由此在附带民事诉讼调解中达成和解协议是很普遍和正常的事情。②对此，有学者认为，"越来越多的法院会在判决过程中考量行为人的经济赔偿问题和认罪、悔罪态度，与此同时被害人的谅解也已成为案件关注的焦点，可以看到，根据这一发展趋势，在重罪案件领域中刑事和解也将成为必然"③。此外，司法实践中，还有法院对于故意伤害致人重伤的案件也适用刑事和解程序，且对被告人减轻处罚，最终引起检察机关抗诉。④

根据学者的调研，多数法官赞成在部分重罪案件中适用刑事和解，主要理由有：一是很多案件是因为被告人造成了较为严重的后果而可能承担重刑，但是案件的起因、过程、手段、目的等千差万别，有的主观恶性并不大，同时被告人、被害人对案件结果的态度也各不相同。如果对于重刑案件一律不适用刑事和解程序，有"一刀切"之嫌，有违双方当事人的意愿，不利于社会矛盾的化解，不利于维护当事人的合法权

---

① 赵某某等一行六人在成都市锦江区因开关电梯门等琐事殴打被害人郭某某，致其左手指骨骨折（经鉴定为轻伤二级），被当地公安机关以涉嫌寻衅滋事罪移送审查起诉，后因双方和解检察机关作出了不起诉决定。参见吴卫军、乔001：《公诉环节刑事和解制度运行状况实证分析——以四川省检察机关不起诉为例》，载《河北大学学报（哲学社会科学版）》2017年第5期。
② 参见赵靓：《刑事和解陷入"花钱买刑"的困境反思》，载《西北大学学报（哲学社会科学版）》2016年第3期。
③ 李翔：《重罪案件刑事和解中的价值冲突和裁判平衡研究》，上海人民出版社2015年版，第199页。
④ 有法官调研发现，对于故意伤害致人重伤的案件，有法院主持当事人协商达成和解协议，并制作和解协议书。被告人赔偿被害人56000元，已履行完毕，被害人对被告人的行为予以谅解，请求对其从宽处理。法院对被告人判处两年有期徒刑。检察院认为，法院错误适用2012年《法院解释》第505条的规定对被告人减轻处罚，并援引《刑法》第63条之规定，认为一审法院程序违法，向市中级人民法院提出抗诉。参见李红彬：《刑事和解入法后的现状与应对——以Y市中院和10个基层法院审理的92件一审判决书为样本的实证分析》，载《法律适用》2014年第4期。

益。二是部分重罪案件中，被害人较为重视经济利益赔偿，运用刑事和解，有利于促动被告人积极赔偿，及时恢复被侵害的法律关系，实现恢复性司法的目标。①

事实上，重罪案件的和解在司法实践中一直存在，重罪案件之所以能够和解，是因为法官有自由裁量权，在当事人对附带民事诉讼达成和解的情况下，法官运用自由裁量权对被告人从轻处罚。

理论与实务界争议的另一个问题是死刑案件能否适用刑事和解程序。下文拟结合相关案例进行系统考察，并以一个真实案例为例分析死刑案件刑事和解（事实上的和解）的实质。

2009年7月至8月，最高人民法院向社会公布了五个"依法不核准死刑典型案件"，分别是广东省的马某故意伤害案②、重庆市的刘某冲动杀人案③、安徽省的陈某锤杀男孩案④、浙江省的冯某故意杀人案⑤和河南省郑州市的孟某故意杀人案⑥，这五个典型案例之所以没有核准死刑，最主要的因素是在死刑复核期间当事人之间达成和了解。⑦ 有学者认为，通过以上案例可以发现，最高人民法院已将某些民间纠纷激化

---

① 参见孙长永、闫召华：《新刑事诉讼法实施情况调研报告（2015）》，载孙长永主编：《刑事司法论丛》（第3卷），中国检察出版社2015年版，第515页。

② 该案马某因洗澡水与人产生矛盾，打死一人，打伤两人。该案死刑复核期间，最高人民法院法官考虑到马某主观恶性不深、没有前科、归案后认罪态度好的因素，跨三省组织双方当事人进行和解，最终马某的亲属代其向被害人赔偿了经济损失，取得了被害人的谅解。法院根据该情节，不核准马某死刑。

③ 本案是由民间纠纷矛盾激化引发的，被告人刘某事先无预谋。刘某没有赔偿能力，虽然未能赔偿被害人的经济损失，但能真诚悔过，在法官组织和解下，被害人家属对刘某表示了谅解。法院不核准刘某死刑。

④ 被害人陈某打死无辜男孩后后悔莫及，法官精确引导双方家属和解达到案结事了，该案也是由民间纠纷引发，加害人有自首情节，最终由加害人家属交足7万元赔偿金。法院不核准陈某死刑。

⑤ 2007年2月，冯某因琐事激情杀人，后在法官的组织和解下，被害人的妻子在取得20.8万元的赔偿后书面表示谅解，法院不予核准冯某死刑。

⑥ 孟某因女朋友兰某的家人极力阻止他们谈恋爱，遂产生要杀死兰某的歹念，2008年11月24日晚，孟某骗兰某喝下安眠药，次日凌晨持刀将兰某杀害。案发后，孟某后悔莫及，真诚悔罪，其亲属积极赔偿，被害人亲属向法院提交了请求对孟某从轻处罚的意见书并撤回附带民事诉讼，法院据此判处孟某死缓。

⑦ 相关的分析，参见蒋石平：《刑事和解的法制化构建》，中国政法大学出版社2015年版，第69—70页。

引发的重罪案件纳入刑事和解的范畴,对于具有可不杀因素的部分死刑案件,由司法机关主导,在被害人及其亲属与加害人及其亲属间进行和解,如果取得被害人及其亲属的谅解,可以不核准死刑。① 有学者通过对影响刑事和解的八个变量进行分析,认为当前的死刑案件刑事和解正是最高司法机关有意导向的结果。② 此外,根据某高级法官的统计,2009 年 10 月至 12 月,四川省高级人民法院审理的死刑案件中,达成刑事和解的占 12%。③

另外,媒体还报道了一些死刑和解的案例。

[张某某故意杀人案]④ 乌鲁木齐铁路运输中级人民法院经审理查明:2006 年 11 月 30 日晚,被告人张某某因琐事与同在乌鲁木齐铁路运输学校参加培训的铁路职工施某某、蔡某某发生口角进而厮打,致蔡某某轻伤。次日,张某某被公安机关取保候审。12 月 8 日,公安机关通知保证人李某某让张某某去一趟,张某某误认为施、蔡二人不放过自己,自己将被追究刑事责任,即产生如施某某不同意斡旋调解就将其杀死之念。12 月 10 日,张某某打听到施某某正在乌苏火车站值班,即携带菜刀、匕首各一把以及白酒、食品、饮料等物到乌苏火车站,在信号工区宿舍找到施某某,拿出白酒和食品向施某某道歉并请求施某某在其和蔡某某之间调解。张某某见施某某拒绝其要求,即抽出匕首向施某某连续捅刺,致其当场死亡。而后,张某某将房门反锁,用菜刀将自己双手腕划开,用毛巾蘸血在墙上书写"害人害己,罪有应得,同归于尽,十分公平"16 个字,又用匕首在自己胸腹部扎了两刀。其间,张某某给李某某发短信告知其将施某某杀死并准备自杀。李某某随后通知了张某某的妻子兰某某并报警,兰某某赶到现场亦让同事打电话报警。公安

---

① 参见孙春雨:《刑事和解办案机制理论与实务》,中国人民公安大学出版社 2012 年版,第 55 页。
② 参见梅传强、周建达:《刑事和解能否承受死刑司法控制之重?——基于案件社会学的分析》,载《法制与社会发展》2012 年第 2 期。
③ 参见金钟:《论刑事和解从轻处罚程序的制度建构》,载《南京社会科学》2012 年第 4 期。
④ 参见张思敏、何春燕:《张俊杰故意杀人案——同事间纠纷引发的杀人案件应慎用死刑》,载《刑事审判参考》(总第 65 集),法律出版社 2009 年版,第 1—4 页。

人员达到现场后，张某某在房间内持匕首以自杀相威胁不让他人靠近，公安人员经劝诫无效，乘其不备冲入房内将其制服抓获。最终，乌鲁木齐铁路运输中级人民法院以故意杀人罪判处被告人张某某死刑。

一审宣判后，张某某不服，提出上诉，称其受不法侵害在先，有自首情节，可说服家人尽最大可能进行赔偿。新疆维吾尔自治区高级人民法院经审理后认为，被告人张某某的行为已构成故意杀人罪，裁定驳回上诉，维持原判，并依法报请最高人民法院核准。

最高人民法院经复核认为，被告人张某某因琐事与他人发生矛盾后持刀行凶，故意非法剥夺他人生命的行为，已构成故意杀人罪。鉴于本案系被告人与被害人在培训期间因琐事引发，被告人归案后认罪态度较好，其家属能积极赔偿被害人家属的经济损失，原判对张某某判处死刑不当。

最高人民法院没有核准被告人张某某死刑，主要有三个理由：一是被告人在案发当日投案自首；二是被告人的家属赔偿了被害人家属部分经济损失；三是其中一个被害人的父亲谅解了被告人。投案自首表明被告人有认罪悔罪表现，认罪悔罪、赔偿部分经济损失和被害人谅解则是和解的重要因素。

[冯某故意伤害案]① 2007年2月，被告人冯某转让给被害人赵某一块宅基地，两家在相邻两块宅基地各自建新房，在履约过程中双方发生矛盾。同年5月13日晚7时许，两家再次发生争吵并扭打起来。冯某见状持一把尖刀从自家房内冲出，造成1死、1重伤、1轻伤。一审法院认定冯某犯故意伤害罪，判处死刑，剥夺政治权利终身。宣判后，冯某上诉。二审法院驳回上诉，维持原判。最高人民法院复核认为，本案系邻里纠纷引发，冯某系激情杀人，归案后认罪态度好，主观恶性相对较小。案发后冯某亲属积极赔偿被害人家属经济损失，取得被害人家属的谅解，依法不核准死刑。

---

① 参见蒋安杰、徐伟：《冯某生死伴着死刑复核环节跌宕》，载《法制日报》2009年8月3日第5版。

[李某某强奸案]① 山东省日照市中级人民法院经审理查明:被告人李某某系日照市岚山区中楼镇某某村村民。1998年1月5日下午,李某某得知同村女青年李某独自在家,遂产生强奸念头。当日19时许,李某某打开李某家的大门后进入,李某发现李某某后喊叫。李某某将李某摔倒,并用石块、手电筒、拳头击打其头部,后掐其颈部,致李某昏迷。随即,李某某将李某抱至堂屋床上强奸。后李某某发现李某已死亡,遂将其尸体藏于现场地窖内。经鉴定,李某系被他人用质地较硬的钝器打击头部致严重颅脑损伤而死亡。2011年12月27日,被告人李某某因涉嫌犯故意杀人罪被逮捕。日照市中级人民法院认为,被告人李某某的行为构成强奸罪。鉴于李某某归案后能够如实供述犯罪事实,认罪态度较好,并积极赔偿被害人亲属部分经济损失,对李某某可以酌情从轻处罚。最终,日照市中级人民法院以强奸罪判处被告人李某某死刑,缓刑两年执行。

山东省高级人民法院经复核认为,被告人李某某以暴力手段强奸妇女,其行为构成强奸罪。鉴于其认罪态度较好,并赔偿被害人亲属部分经济损失,故对其判处死刑,可不立即执行。但李某某在强奸犯罪中使用暴力致被害人死亡,情节极其恶劣、后果极其严重,应当限制减刑。

[尤某某故意杀人案]② 2013年7月26日22时,担心酒后持刀的朋友尤某某"闹出事",郑某追出家门劝阻,拉架时被尤某某刺扎多刀。他的受伤并没能阻止悲剧发生,尤某某的刀还是落在侯某身上,致其当场死亡。而3个小时前,三人还同在一起喝酒吃饭,尤、侯二人因饮酒多少起了争执。案发当日,26岁的尤某某投案自首。四天后,和他同岁的郑某因抢救无效身亡。2014年6月19日,北京市一中院判决被告人尤某某犯故意杀人罪,判处死刑,缓期二年执行。被告人赔偿两

---

① 参见辛丽英:《李某某强奸案——采取足以致人死亡的暴力手段实施强奸,并最终导致被害人死亡的,是以强奸罪一罪论处还是以强奸罪、故意杀人罪数罪并罚》,载《刑事审判参考》(总第96集),法律出版社2014年版,第51—52页。
② 参见刘珍妮:《男子杀好友获对方父亲谅解法庭上连磕8个头》,载《新京报》2014年6月20日第3版。

名被害人家属共计14.9万元。法院表示,"死缓"的判决除了考虑到尤某某有自首情节、其家属赔偿了被害人家属部分经济损失外,还与被害人郑某的父亲郑某某的谅解有关。2014年4月,本案正式开庭审理后,郑某某请求法官:"能给留一命,就留他一命吧。"

进一步分析上述案例,可以发现,大部分案例均系民间纠纷引起,不属于必须判处死刑的情形。然而,也有一些例外。例如,李某某强奸案。该案犯罪情节较为恶劣,法院没有判处死刑的主要原因是,犯罪距被告人到案的时间较长,被告人到案后能够如实供述犯罪事实,认罪态度较好,并积极赔偿被害人亲属部分经济损失。其中,认罪态度较好和赔偿被害方部分经济损失是和解的重要因素。该案发案时间长,在犯罪后李某某没有继续犯罪,表明其人身危险性已经减弱。由于案发在十几年之后,被害人亲属的情绪已经得到控制,且由于被告人能够部分赔偿被害人家属,因此,属于可杀不可杀,最高人民法院本着限制死刑适用的精神没有核准死刑,是没有问题的。

综上,我们认为,所谓的死刑案件刑事和解,往往是有名而无实,即其中大部分并非必须判处死刑立即执行的案件,其中有些还属于原本就不应当判处死刑的案件,对于这些案件如果能够和解,不判处死刑立即执行当然没有问题,如果达不成和解,在很多情况下,法院可能会迫于压力而核准死刑。

有的案件,根据审判时的死刑适用政策,原本不该判处死刑立即执行,但一审、二审均判处死刑立即执行,在最高人民法院复核时,法官做了大量的调查工作,最终没有判处死刑立即执行。例如,葛某故意杀人案。①

葛某与被害人是初中同学,从中学起就非常要好,后来一起到北京打工,并且同居。葛某曾几次到被害人家中求婚,均遭到拒绝,被害人的父母每次都把他带来的东西扔到门外。在女方父母的压力下,女友提

---

① 参见蒋安杰、徐伟:《如何保住一条命又不影响稳定》,载《法制日报》2009年8月4日第5版。

出分手。2007年3月2日，葛某从北京回到河北省万全县某村，把女友从家里叫出，问清楚事情没有回转余地之后，两人决定一起死。葛某用随身携带的匕首割向女友颈部后，割了自己的颈、腕等部位。结果，女友死了，葛某没死成。案发后，被害人村里的235名村民联名，要求判处葛某死刑。被害人家属拒绝接受民事调解。为了平民愤，一审、二审法院都不得不判处葛某死刑。2008年2月14日，河北省高院向最高人民法院报请核准葛某死刑。最高人民法院合议庭经讨论，倾向于不核准死刑。最高人民法院经过几次合议庭讨论、核实、调查、调解，几次审委会讨论，又与河北省高院多次协调，2008年12月28日，最终决定不予核准葛某死刑。

有的案件，根据审判时的死刑适用政策，原本就不应当判处死刑立即执行，但法官在极力促成和解但最终仍无法达成和解的情况下，仍然核准了死刑。这类案件的实质是被害人一方的态度影响死刑的适用，这是一种不太正常的状态。例如，张某某故意杀人案。[①]

C市中级人民法院在审理后认定：被告人张某某与雷某某原系夫妻关系，二人于2011年离婚后，因财产分配、孩子抚养等意见分歧，多次发生争执，张某某扬言杀死雷某某及其家人。2015年5月19日14时许，被告人张某某来到雷某某家中，与雷某某之弟雷启某（被害人，男，殁年26岁）发生打斗。张某某持单刃水果刀刀柄击打、刀尖刺扎雷启某头部、面部、胸部等处，又使用电线勒雷启某颈部，致雷启某死亡。张某某清理了现场、更换作案所穿衣物后离开。当日16时许，被告人张某某携带美工刀再次返回雷某某家中。23时许，雷某某回家发现房门敞开、房内有血迹，遂报警。民警到达现场后，被告人张某某持刀冲出，被民警抓获。经法医检验鉴定，被害人雷启某系头面部受暴力作用致颅脑损伤合并颈部受暴力作用致机械性窒息死亡。

综合全案的情况，本案不宜判处被告人张某某死刑立即执行。理由

---

① 该案系笔者调研所得。

如下：第一，根据张某某的供述和证人伍某某的证言，可以推断出本案被害人雷启某很有可能先动手打被告人张某某从而引发打斗。第二，本案事出有因，系婚姻家庭纠纷引起。第三，被告人张某某认罪态度好，有悔罪表现，具有法定从轻处罚情节。第四，被告人张某某并不具有必须判处死刑立即执行所需要的人身危险性，主要理由是张某某有杀死雷某某的机会而没有实施。此外，张某某与雷某某虽然已经离婚，但由于两人已经有了共同的孩子，被告人与被害人之间的关系较为特殊，考虑到孩子的内心感受和健康成长，也以不判处死刑立即执行为宜。

对于上述理由，承办法官是赞同的，并试图对该案的附带民事诉讼部分进行调解。或许是意识到法官有可能不判处死刑，本案被害人的父母与姐姐雷甲在一审期间到法院上访，并扬言如果一审不判处死刑，就会在宣判当天在法庭上自杀。在二审期间，被害人一方继续到法院上访，并在立案大厅晕倒，由法院工作人员送往医院。此外，在一、二审期间，被害人一方经常给承办法官打电话，质问法官为何还不判决，是不是收了被告人家属的钱财而要包庇被告人，并威胁法官要上访、自杀。由于面临上述压力，一、二审的承办法官只得提出适用死刑的意见，最终，为规避矛盾，一审法院判处被告人张某某死刑，二审法院核准张某某死刑，并将案件报最高人民法院核准。或许是出于同样的担心，最高人民法院最终核准死刑。通过将这一案件与上述其他几个类似的因民间纠纷引起的案件相比，可以发现，对于这些案件，是否核准死刑，真正的影响因素是被害人一方是否谅解被告人，也就是说，被害人一方的态度是是否适用死刑的重要原因。

此外，还有两种情形的死刑案件值得关注：一种是一审判处死刑，二审因和解（事实上的和解）而改判为死刑缓期执行；另一种是判决书中明确使用"论罪应当判处死刑"的用语，但因和解而没有适用死刑立即执行。

前一种类型的案件，成都孙某某案较为典型。① 本案一审法院以孙某某犯以危险方法危害公共安全罪判处其死刑。在二审期间，孙某某之父孙某与被害方达成民事赔偿协议，积极筹款赔偿被害方经济损失。② 最终，二审法院对一审法院认定的罪名予以维持，但将死刑改判为无期徒刑。

后一种类型的案件，在上海市第二中级人民法院曾经出现过，即汪某故意杀人案。③ 法院认为，被告人论罪应当判处死刑，但考虑到其到案后认罪悔罪态度好，且积极赔偿被害人经济损失，可酌情从轻处罚。④

---

① 参见韩维中、王飞：《孙某某以危险方法危害公共安全案——醉酒驾车连续冲撞致多人伤亡的，如何定罪处罚》，载《刑事审判参考》（总第71集），法律出版社2010年版，第1—8页。2008年5月，被告人孙某某购买一辆别克轿车。之后，孙某某在未取得驾驶证的情况下长期驾驶该车，并多次违反交通法规。同年12月14日中午，孙某某与其父母为亲属祝寿，大量饮酒。当日17时许，孙某某驾驶其别克轿车行至成都市成龙路"蓝谷地"路口时，从后面撞向与其同向行驶的一辆比亚迪轿车尾部。肇事后，孙某某继续驾车以超过限定的速度（60公里/小时）行驶。行至成龙路"卓锦城"路段时，越过中心黄色双实线，先后与对面车道正常行驶的4辆轿车相撞，造成其中一辆长安奔奔轿车上的张某全、尹某某夫妇和金某某、张某秀夫妇死亡，代某某重伤，以及公私财产损失5万余元。经鉴定，孙某某驾驶的车辆碰撞前瞬间的行驶速度为134—138公里/小时；孙某某案发时血液中的乙醇含量为135.8毫克/100毫升。

② 该案涉及的问题有很多，例如，被告人的罪过是故意还是过失，死刑案件的刑事和解，等等。从刑事和解角度对该案的分析，参见萨其荣桂：《制度变迁中的国家与行动者——中国刑事和解的制度化实践及其阐释》，中国政法大学出版社2012年版，第77—85页。

③ 参见魏晓娜：《背叛程序正义——协商性刑事司法研究》，法律出版社2014年版，第179—180页。2006年8月20日下午2时许，被告人汪某窜至被害人顾某居住的上海市金山区亭林镇某号三层楼房底楼北厢房内，用手持板凳猛砸顾某的头部，用手捂闷顾某的口鼻、扼压顾某的颈部及用从现场所取的菜刀割顾某的颈部等方法，致被害人顾某因机械性窒息合并失血性休克而死亡。庭审中，被告人汪某当庭表示认罪、悔罪，并向被害人家属赔罪，请求其家属代其向被害人家属进行赔偿。庭审后，被告人汪某的父亲和姐姐多次通过被害人的诉讼代理人向被害人家属表示赔罪，并变卖老家房产，筹措了人民币8万元代汪某进行赔偿。双方达成了和解协议，被害人家属向法院提交撤诉申请，撤回对汪某的附带民事诉讼，并放弃要求民事赔偿的实体权利，希望法院在对被告人汪某量刑时酌情考虑民事赔偿方面的和解情况。

④ 上海市第二中级人民法院认为，被告人汪某故意杀死1人，其行为已触犯《刑法》第232条之规定，构成故意杀人罪，依法应处死刑、无期徒刑或者10年以上有期徒刑；公诉机关指控被告人汪某犯故意杀人罪罪名成立，被告人汪某犯故意杀人罪，其犯罪手段较为残忍，危害后果严重，论罪应当判处死刑，但考虑到其到案后认罪悔罪态度较好，且积极赔偿被害人经济损失，可酌情从轻处罚，遂依照上述法律条款及《刑法》第48条第1款、第57条第1款之规定，以故意杀人罪判处被告人汪某死刑，缓刑2年执行，剥夺政治权利终身。

我们认为,"真正"的死刑案件,指的是被告人的行为极其恶劣,已达到死刑立即执行所要求的"罪行极其严重"的程度。事实上,对于这种案件,最高人民法院的态度事实上是明确的,即不适用刑事和解程序。例如,林某某强奸案。①

温州市中级人民法院经审理查明:被告人林某某于1993年1月17日因犯盗窃罪被判处有期徒刑6年,于2001年3月20日因犯盗窃罪被判处有期徒刑2年2个月;于2006年1月6日因盗窃被劳动教养1年3个月;于2008年8月12日因犯盗窃罪被判处有期徒刑1年。2002年10月25日零时许,被告人林某某尾随被害人刘某(女,殁年16岁)至温州市鹿城区某住宅区某幢二楼至三楼楼梯转弯的平台时,欲与刘某发生性关系,遭拒绝,即采用手臂勒颈等手段,致刘某昏迷。在刘某昏迷期间,林某某对刘某实施了奸淫,且窃取刘某手机一部和现金300元后逃离现场。案发后,经鉴定,刘某因钝性外力作用致机械性窒息死亡。2009年4月3日,林某某因涉嫌犯强奸罪被逮捕。

温州市中级人民法院认为,被告人林某某违背妇女意志,使用暴力手段强行与妇女发生性关系,并致被害人死亡,其行为已构成强奸罪。林某某的犯罪情节特别恶劣,罪行极其严重,社会危害极大,且在刑满释放后5年内又犯新罪,系累犯,应予严惩。辩护人关于林某某的家属已经筹集资金对被害人家属积极赔偿,且林某某认罪态度好,请求对林某某从轻处罚的理由不足,不予采纳。最终,温州市中级人民法院以强奸罪判处被告人林某某死刑。

在本案的二审期间,被告人和被害人双方家属私下达成了赔偿谅解协议,由被告人亲属赔偿被害人亲属45万元(已支付了10万元,余下35万元待改判后支付),被害人家属对被告人的行为表示予以谅解,并书面申请浙江省高级人民法院对被告人从轻处罚。

---

① 参见夏建勇:《林某某强奸案——在死刑案件中,被告人家属积极赔偿,取得被害方谅解,能否作为应当型从轻处罚情节》,载《刑事审判参考》(总第75集),法律出版社2011年版,第37—39页。

浙江省高级人民法院认为：被告人林某某的行为构成强奸罪。被告人林某某的犯罪情节恶劣，后果严重，社会危害极大，且系多次犯罪的累犯，依法应予严惩。被告人林某某上诉及其二审辩护人要求从轻改判的理由不足，不予采纳。最终，浙江省高级人民法院裁定驳回被告人林某某的上诉，维持原判，并依法报请最高人民法院复核。

最高人民法院认为，被告人林某某采用暴力手段强行与被害人发生性关系，致被害人死亡的行为构成强奸罪，其犯罪情节特别恶劣，后果严重，所犯罪行极其严重，且系累犯，应依法从重处罚。最终，最高人民法院核准死刑。

本案之所以核准死刑，主要是因为两点：一是最高人民法院认为，强奸致人死亡是严重危害社会治安的犯罪，与因婚恋、家庭、邻里矛盾等民间纠纷引发的故意杀人、伤害犯罪存在明显区别，这类犯罪针对的对象往往不特定，严重损害人民群众的安全感，属于宽严相济刑事政策中从严惩处的重点对象；二是最高人民法院认为，本案出于获取巨额赔偿目的而表示的谅解，很难说得上是真诚的谅解。而且，本案被告人林某某多次犯罪，不堪改造，可谓屡教不改，主观恶性极深，人身危险性极大。对如此恶劣的犯罪分子，如果仅因被告人家庭有钱赔偿就可以从轻处罚，实质上意味着有钱可以买命，如此不但会严重破坏法律的平等和公正，而且会损害人民法院的司法权威。

我们认为，对于可以不判处死刑立即执行的案件，或者属于可杀可不杀的案件，根据我国一贯的死刑政策，原本就不应当判处死刑立即执行。因此，对于这些案件，应当允许适用刑事和解程序。在贝卡利亚看来，严峻的刑罚造成这样一种局面：罪犯所犯恶果越大，也就越敢于规避刑罚。[①] 适当缓和刑罚的严苛性，强调刑罚的宽容、人道和节制，对于缓和犯罪人与国家、被害人的对抗，对于增强刑法规范的诱导价值，无疑意义重大。[②]

---

① 参见［意］贝卡利亚：《论犯罪与刑罚》，黄风译，中国大百科全书出版社1993年版，第43页。
② 参见杜宇：《理解"刑事和解"》，法律出版社2010年版，第246页。

三、其他争议问题

刑事和解程序在实施过程中除了存在上述主要问题之外，在刑事和解的方式、当事人的处分权等问题上也存在一定的争议。

（一）刑事和解的方式问题

根据立法及相关解释的规定，被追诉人可以通过向被害人赔偿损失、赔礼道歉等方式获得被害人谅解。如前所述，司法实践中，当事人和公安司法机关的工作人员往往更为看重的是物质赔偿，至于赔礼道歉，则要么没有，要么具有相当的形式化。例如，有法官调研发现，司法实践中，和解内容流于形式，加害人与被害人真诚交流的平台尚未建立，法官习惯于沿用传统的调解方式，更侧重于经济损失的赔偿。① 有学者调研发现，在全部达成和解协议的案件中，和解协议均以经济赔偿为主，并书以道歉信。② 有学者认为，我国的刑事和解大多以金钱方式进行，将恢复社会关系简单化为金钱赔付，将来，刑事和解实践的展开要平衡物质需要和精神需要。③ 我们认为，通过什么样的方式达成和解，需要考虑刑事和解的目的，事实上，刑事和解与附带民事诉讼调解的最大不同之处在于，刑事和解不仅强调物质赔偿，还重视社会关系的修复。因此，赔礼道歉等精神层面的东西必须存在，且被害方必须自愿谅解，否则，刑事和解作为特别程序的意义将大打折扣。当然，犯罪发生的环境不同，具体的和解方式亦有不同。例如，在熟人社会中，刑事和解的首要目标应当是恢复社会关系，而发生在陌生人之间的犯罪，则应当以物质赔偿为主。

（二）当事人的处分权问题

根据立法及相关解释的规定，当事人达成和解协议的，公安司法机

---

① 参见北京市朝阳区人民法院刑事和解课题组：《关于法院适用刑事和解程序的调研报告——以北京市某基层法院2013年刑事和解案件为样本》，载《人民司法》2014年第11期，第44页。
② 参见冀祥德等：《新刑事诉讼法实施状况实证研究》，方志出版社2015年版，第161页。
③ 参见姜敏：《刑事和解：中国刑事司法从报应正义向恢复正义转型的路径》，载《政法论坛》2013年第5期。

关是"可以"而非"必须"从宽处理。换句话说,当事人对案件的实体和程序问题并没有实质性地进行处分的权利。对此,有学者认为,对于可以自诉也可以公诉的案件,主要侵犯当事人权益,对社会法律秩序危害不大的,可以赋予当事人对刑事部分的处分权。[①] 对此观点,我们表示赞同,即应当赋予当事人对部分实体和程序问题的处分权。需要注意的是,根据2012年《法院解释》第505条的规定,"对达成和解协议的案件,人民法院应当对被告人从轻处罚",这一规定与2012年《刑事诉讼法》第279条"人民法院可以依法对被告人从宽处罚"不同。有学者认为,2012年《法院解释》对"可以依法从宽处罚"的解释,存在以下问题:第一,对《刑事诉讼法》第279条进行了限缩解释,将"可以"依法从宽处罚解释为"应当"从宽处罚;第二,未能贯彻立法目的,这一规定将刑事和解协议的民事层面效力扩张到刑事层面,使刑事和解与从宽处罚之间产生了必然联系,违背了国家追诉、打击犯罪的最终目的;第三,不符合立法精神,这一规定降低了对被告人悔罪意愿的真诚性,不符合刑事和解的立法精神。[②] 我们认为,2012年《法院解释》的这一规定在很大程度上体现了当事人对案件的实体和程序问题有实质上的处分权,但由于立法所规定的刑事和解的范围非常有限,且由于法官自由裁量权的存在,一般情况下,外人很难判断法官是否对被告人从轻处罚,故这一规定的意义较为有限。

(三) 被害人反悔的问题

被害人反悔的情形主要有以下三种:一是被告人一方在前期刑事和解中存在欺诈行为;二是被害人一方在刑事和解中受到外部压力影响;三是被害人无正当理由的反悔。[③] 2012年《法院解释》第502条第2款规定:和解协议已经全部履行,当事人反悔的,人民法院不予支持,但有证据证明和解违反自愿、合法原则的除外。根据最高人民法院的说明,

---

① 参见宋英辉主编:《刑事和解实证研究》,北京大学出版社2010年版,第75页。
② 参见王敏远等:《刑事诉讼法修改后的司法解释研究》,中国法制出版社2016年版,第444—446页。
③ 参见陈斌:《刑事和解中被害人反悔的情形及应对》,载《中国检察官》2015年第6期。

《法院解释》征求意见稿从尊重当事人意愿角度，曾规定不管和解协议是否已经履行，只要判决、裁定还没有宣告，都可以反悔。后经研究认为，《法院解释》应当坚持正确的价值取向，大力鼓励、倡导诚信，只要和解协议已经全部履行，原则上就不得反悔。据此，《法院解释》明确规定和解协议全部履行后就不得反悔。① 2012 年《检察规则》第 521 条第 2 款、第 3 款对此问题亦有规定，即在不起诉决定作出之前可以反悔，在不起诉决定作出之后不得反悔，除非有证据证明和解违反自愿、合法原则。将这一规定与 2012 年《法院解释》的规定进行比较，可以发现，在审查起诉阶段是否允许反悔的标准是人民检察院是否已经作出不起诉决定，而非以和解协议是否已经全部履行为标准。我们认为，2012 年《法院解释》的规定更为合理。对此问题，需要进一步予以明确。

（四）赔偿金额是否限制、是否应当保密的问题

对于赔偿金额，立法及相关解释均没有明确予以限制，但相关解释均规定赔偿金额应当在和解协议书中予以明确。② 我们认为，考虑到具体案情，特别是被告人及其家属的赔偿能力和被害人一方的经济状况等方面的不同，对于赔偿金额没有必要予以限制。但是，为防止刑事和解变成简单的"以钱买刑"，对于赔偿金额不应当保密。因此，现行规定是合理的。

（五）公安机关撤案问题

在 2012 年之前，曾有地方性规则对此问题予以规定。例如，厦门市集美区公检法于 2004 年 8 月联合制定的《关于办理故意伤害（轻伤）案件的会议纪要（试行）》规定，公安机关立案侦查的轻伤害案

---

① 最高人民法院法官认为，这一规定有利于倡导诚信，遏制个别被害人投机取巧的心理，有利于被告人尽快筹措资金，及早履行赔偿义务，有利于各方积极促成和解，及时化解矛盾纠纷，也有利于减少法官的顾虑，增强法官做好刑事和解及赔偿工作的积极性、主动性，以尽快恢复和谐的社会关系。参见胡云腾、胡伟新等：《〈关于适用〈中华人民共和国刑事诉讼法〉的解释〉理解与适用》，载《刑事审判参考》（总第 88 集），法律出版社 2013 年版，第 184 页。

② 参见 2012 年《公安规定》第 326 条第 1 款第 3 项、2012 年《检察规则》第 516 条第 2 款第 3 项、2012 年《法院解释》第 501 条第 1 款第 2 项的规定。

件，一般应按照公诉程序进行。但具有下列情形之一的，公安机关可以撤销案件：轻伤害案件双方当事人系邻里、亲属、同事之间关系，或者双方当事人都有过错，且情节轻微。司法实践中，也有相关案例。例如，山东威海地区公安系统的情况。① 在上海地区也有真实案例。② 学界的调研则表明这一现象在一定程度上的普遍存在。③ 有学者调研发现，在制度创新的初期，对当事人和解的轻微刑事案件，尤其是属于公诉、自诉两可的案件，就形成了公安机关不予立案或者立案后撤销案件的操作惯例。该学者认为，应特别强调，对于当事人和解的公诉案件，公安机关应当立案，不得不立案，并且应当在案件侦查终结后移送检察机关审查起诉。④ 在 2012 年《刑事诉讼法》修改之前，有学者建议，"应当通过修改立法，明确赋予公安机关在侦查阶段对某些符合条件的达成刑事和解的案件有撤销案件的实体性权力。"⑤ 但也有学者认为，需对刑事和解在侦查阶段的适用作出严格规制。侦查机关认为本案符合刑事和解条件的，可以决定撤案，但应将该决定抄送上一级机关和同级检察机关侦查监督部门接受审查监督，后者认为不适当的，可以自行决定或通过检察法律监督渠道督促侦查机关撤销该决定。⑥ 根据 2012 年

---

① 根据山东省威海市实务部门的统计，2001 年至 2002 年，威海市 40% 的轻伤害案件是通过和解而作出撤销案件的处理。2003 年 1 月至 2004 年 6 月，威海市高区公安分局共受理轻伤害案件 89 起，立案后公安机关根据当事人的和解而撤销案件的为 43 起；威海市翠微区公安分局共受理轻伤害案件 165 起，当事人和解后公安机关撤销案件的为 34 起，占 20.6%。参见唐峰：《公诉案件中的刑事和解研究——以轻伤害案件为着力点》，转引自杜宇：《理解"刑事和解"》，法律出版社 2010 年版，第 268 页。

② 2006 年 6 月，犯罪嫌疑人向某因怀疑妻子与同事李某存在不正当的男女关系，当看到妻子和李某共撑一把伞后，用随身携带的工具打击李某，造成李某左锁骨骨折，经司法鉴定构成轻伤。案发后，经静安区人民检察院委托区联合人民调解委员会调解，向某真诚悔过并愿意向李某赔偿损失，李某也同意不再追究向某的刑事责任，该案最终退回公安机关并由公安机关作撤案处理。参见宋英辉、袁金彪主编：《我国刑事和解的理论与实践》，北京大学出版社 2009 年版，第 193 页。

③ 参见徐启明、孔祥参：《公安机关刑事和解实证研究——以广东公安机关刑事和解实践为样本》，载《中国人民公安大学学报（社会科学版）》2014 年第 2 期。

④ 参见黄京平：《刑事和解的政策性运行到法制化运行——以当事人和解的轻伤害案件为样本的分析》，载《中国法学》2013 年第 3 期。

⑤ 孙春雨：《刑事和解办案机制理论与实务》，中国人民公安大学出版社 2012 年版，第 132 页。

⑥ 参见叶青、徐翀：《刑事和解机制配套措施若干问题研究》，载宋英辉主编：《刑事和解实证研究》，北京大学出版社 2010 年版，第 176 页。

《刑事诉讼法》和 2012 年《公安规定》的相关规定，对于刑事和解案件，公安机关仅能建议检察机关从宽处理，但没有撤销案件的权力。① 我们认为，公安机关属于行政机关，其处理案件的方式属于典型的行政方式，秘密性较强，为防止公安机关权力过大，防止刑事和解缺乏制约从而异化成"权钱交易"，不应当赋予公安机关撤销案件的权力，对于这部分案件，如果符合条件，可以由检察机关作出不起诉决定。②

我们认为，在现阶段，不宜赋予公安机关撤销案件的权力。主要理由如下：第一，从比较法的角度来看，很少有侦查机关有撤销案件权力的立法例。第二，如前所述，刑事和解中既有合作因素，又有对抗因素，刑事和解是否能够公平公正，最关键是因素是有一个公平对抗的环境。由于各种因素的影响，这种公平对抗的环境在现阶段还不具备，特别是一些被害人还不具备公平对抗的能力。第三，我国公安机关的权力较大，如果赋予公安机关对于刑事和解案件撤销案件的权力，则可能会在一定程度上造成司法腐败。

（六）刑罚执行阶段能否适用刑事和解的问题

对此问题，有学者认为，进入执行阶段后，双方当事人仍然有和解的空间。一方面，和解的达成可以成为犯罪嫌疑人减刑评估中的一个重要考量因素。另一方面，和解可以作为假释后的一种观察性负担。通过执行阶段中和解的适用，可以将和解所蕴涵的恢复性价值、理念、意识和原则注入监狱的日常管理之中，特别是与罪犯的服刑计划、矫正工作、纪律惩戒乃至减刑、假释等事项联系起来。③ 还有学者认为，在刑罚执行过程中进行刑事和解，是一种可行的教育改造方式，不仅有利于

---

① 在近期进行的认罪认罚从宽制度改革过程中，有关于公安机关撤销案件的规定，对此的评价，参见纪虎：《论认罪认罚从宽与警察撤案裁量权的构建》，载李昌盛主编：《刑事司法论丛》（第 5 卷），中国检察出版社 2018 年版，第 38—44 页。

② 有学者认为，从世界各国的刑事诉讼制度来看，警察在刑事侦查中没有任何的自由裁量权，对于经侦查构成犯罪的案件，警察都必须交由检察机关处置，警察没有终局处置的权力。检察机关对于侦查机关移送起诉的案件，认为不需要起诉的时候则可以作出不起诉的决定。这种制度设计体现了侦查机关与检察机关之间的制约与监督。参见谢佑平、姚石京、刘晖：《刑事和解尚须厘清的八个问题》，载《人民检察》2013 年第 13 期。

③ 参见杜宇：《理解"刑事和解"》，法律出版社 2010 年版，第 287 页。

犯罪人的改造，也有利于被害人的康复。① 多数学者对此持否定意见，理由是意义不大，具体原因如下：第一，执行阶段的刑事和解对于被害人的补偿为时过晚；第二，执行阶段的刑事和解已不可能实现恢复社会关系、改造犯罪嫌疑人等一系列恢复性司法的价值目标；第三，执行阶段的刑事和解已经基本脱离了公检法三机关的管理范围，因而所有的现有资源都不可能得到利用，也不利于司法权对其的监督，并有可能形成一个削减甚至逃避法律制裁的新漏洞。② 我们认为，执行阶段的刑事和解具有一定的意义，特别是对于那些在审判阶段无力赔偿的加害人和因遭受犯罪侵害而生活陷入困难的被害人而言，在执行阶段达成和解协议，既能有利于罪犯的改造，又能切实解决社会问题。可以在试点改革的基础上，通过立法或者相关解释对于执行阶段的刑事和解问题予以规定。

---

① 参见陈京春：《新刑事诉讼法下刑事和解制度的完善》，载《江西社会科学》2014 年第 9 期。
② 参见孙春雨：《刑事和解办案机制理论与实务》，中国人民公安大学出版社 2012 年版，第 231 页。

酌定减轻处罚的自由裁量与规范适用

——基于 87 个案例的实证分析

邓长峰[*] **熊中文**[**]

基于平衡刑事司法中不可避免的刚性条文与复杂案情碰撞局面的考量，我国《刑法》第 63 条第 2 款规定了酌定减轻处罚制度，有利于缓解法律有限与案情无穷的矛盾，为实现特殊案件的量刑公正敞开了"一扇窗"。但"模糊"的实体条件和"严苛"的程序规定，让该制度的适用陷入了尴尬的两难境地：适用则被诟病为滥用自由裁量权的"法律庇护所"，[①] 不适用则被诟病为束之高阁的"僵尸条款"。[②] 本文拟对酌定减轻处罚适用情况进行实证分析，理性审视其面临的困境，深入剖析陷入困境的根源，并通过对以往适用案例所形成的经验进行归纳、总结，从中提炼具有普遍适用意义的规则，以期为法官在现行法律框架内适用该制度寻求一条规范化路径。

一、酌定减轻处罚适用实证分析

（一）样本说明

为准确、全面掌握酌定减轻处罚适用现状，笔者以"法定刑以下"为关键词在"北大法宝"和"无讼案例"两个数据库进行检索，共检

---

[*] 福建省三明市清流县人民法院党组书记、院长，四级高级法官。
[**] 福建省三明市清流县人民法院灵地人民法庭庭长。
[①] 参见陈瑞华：《脱缰的野马：从许霆案看法院的自由裁量权》，载《中外法学》2009 年第 1 期。
[②] 参见赵秉志：《论当前刑法改革中的酌定减轻处罚权》，载《法学》2010 年第 12 期。

索到1997年之后上报最高人民法院核准的案例40件，其中核准29件，不予核准11件。考虑到样本数量较少，为提高样本的代表性，将案件的检索范围扩展到高级法院，以"法定刑以下"+"高级法院"为关键词进行检索，剔除适用法定减轻处罚和经最高人民法院复核的案件后，共排查出相关案件47件，其中同意上报最高人民法院复核的6件，① 不同意上报最高人民法院复核的41件。囿于裁判文书公开的有限性，以上案件也许不能完全说明酌定减轻处罚适用的全貌，但从适用时间来看横跨20年，从适用地域来看涵盖25个省、直辖市或自治区，基本上能够反映酌定减轻处罚在全国范围内的适用现状。因而，据此所作的实证分析和得出的结论具有较高的代表性和可信度。

（二）适用困局

1. 适用案件范围过窄

就涉及的罪名而言，在最高人民法院核准的29例案件中，共涉及罪名9项，但案件所涉罪名较为集中，故意伤害罪8件，盗窃罪6件，走私犯罪5件，非法买卖爆炸物罪3件，贪污受贿犯罪3件，这5类犯罪的案件达样本的86%（如表1）。在87个适用过酌定减轻处罚的案件中同样如此，故意伤害罪17件，贪污、受贿、挪用公款犯罪17件，盗窃罪8件，非法买卖爆炸物罪8件，走私犯罪7件，诈骗罪6件，这6类犯罪案件约占样本的72%（如表2），而司法实践中高发的危险驾驶、交通肇事、诈骗等犯罪无一例。这反映出各地法院在适用酌定减轻处罚时较多地参照了以往相似案例，比较慎重和保守，同时也表明了酌定减轻处罚适用的范围非常有限，未在各类案件中得到普遍适用。

---

① 此处所指的"同意上报最高人民法院复核的6件"不包括上报最高人民法院同意核准或不予核准的案件，仅指目前还处于最高人民法院复核阶段或其他原因致使笔者检索时未能查询到最终复核结果的案件。

表 1 最高人民法院核准的 29 个案件涉及罪名情况

故意伤害罪	盗窃罪	走私犯罪	贪污受贿犯罪	非法买卖爆炸物罪	绑架罪	掩饰隐瞒犯罪所得罪	拐卖儿童罪	贩卖毒品罪
8	6	5	3	3	1	1	1	1

表 2 87 例适用过酌定减轻处罚案件涉及罪名情况

故意伤害罪	贪污、受贿、挪用公款犯罪	非法储存买卖运输爆炸物罪	盗窃罪	走私犯罪	诈骗罪	非法行医罪	非法杀害收购运输出售珍贵野生动物罪	非法拘禁罪	绑架罪	拐卖儿童罪	贩卖毒品罪	抢劫罪	复制贩卖淫秽物品牟利罪	掩饰隐瞒犯罪所得罪	虚开增值税专用发票罪	行贿罪	生产销售伪劣产品罪	故意杀人罪
17	17	8	8	7	6	3	3	2	2	2	2	2	1	1	1	1	1

2. 对"特殊情况"的理解存在较大差异

"案件的特殊情况"是刑法规定酌定减轻处罚适用的实质条件，如何理解"特殊情况"直接决定了该制度的适用范围和实践效果，但从以往司法实践来看，恰在此问题上各级法院掌握的标准不一。经最高人民法院复核的 40 个案件中，核准 29 件，核准率较高，达 72.5%。但就整体而言，在适用过酌定减轻处罚的 87 个案件中，高级法院同意上报最高人民法院复核的案件为 46 件，只占 52.9%，而最终得到最高人民法院核准的比例只为 33.3%。当然，最高人民法院不予核准和高级法院不同意上报最高人民法院复核的原因具体而言主要包括以下几个方面：一是认为案件不具有"特殊情况"，如表述为"综合本案性质、主观目的和社会危害性，不予报请""对法定刑以下量刑并报最高人民法院核准的理由不充分"或"在法定刑以下量刑不当"等，此类案件为 27 件。二是认为案件事实不清，如表述为"未核实部分情节，而事实可能会对本案中犯罪行为的主观恶性及罪责产生实质性影响"或"毒品去向不明"等，此类案件为10件。三是认为案件在法定刑以下量刑不需要报请最高人民法院核准，如表述为"被告人系从犯，依法可以减轻处罚"或"本案报请法定刑以下量刑核准期间，《刑法修正案（九）》实施，贪污罪的法定刑已作调整。本案量刑已在法定幅度内，无须报请核准"等，此类案件为6件。四是认为被告人应判无罪或免予处罚，此类案件为5件。五是认为案件适用法律错误，表述为"原判判决罪名错误"或"原判定性错误"等，此类案件为4件。基于以上分析不难发现，虽然最高人民法院不予核准和高级法院不同意上报最高人民法院复核的理由较为复杂，但超半数的案件是因为对"特殊情况"的不同理解所导致。这说明各级法院对于案件是否具有"特殊情况"的理解存在较大差异，特别是在高级法院与中级、基层法院之间。

3. 适用条件把握不一

案件具有法定减轻处罚情节时，若同时存在"特殊情况"，是否仍可以适用酌定减轻处罚？司法实践中对此态度不一。在金某某、廉某某贩卖毒品案中，被告人廉某某系未成年人且有立功表现，具有法定减轻处罚情节，同时金某某、廉某某系因公安特情人员引诱犯罪，案件具有"特殊情况"，最高人民法院核准同意适用酌定减轻处罚。而在马某某、王某某非法买卖爆炸物案和郭某某故意伤害案中，被告人具有从犯或者立功等法定减轻处罚情节，同时具有"特殊情况"，相关高级法院认为在法定刑以下量刑无须报请核准，而不同意上报最高人民法院复核。

表3 具有法定减轻处罚情节案件适用酌定减轻处罚情况

案例	存在的法定减轻处罚情节	是否核准或上报复核	理由
金某某、廉某某贩卖毒品案	未成年人、立功	核准	系因公安特情人员引诱犯罪
马某某、王某某非法买卖爆炸物案	自首、从犯	不上报复核	有自首情节，系从犯，依法可以在法定刑以下量刑，不需上报核准

续表

案例	存在的法定减轻处罚情节	是否核准或上报复核	理由
郭某某故意伤害案	自首	不上报复核	有自首情节，依法可在法定刑以下量刑，不需上报核准

对于情节严重或者非常严重的案件，若具有"特殊情况"，是否可以适用酌定减轻处罚，司法实践也中同样态度不一。在王某走私珍贵动物制品案、许某某走私普通货物案、查某某等非法买卖爆炸物案、徐某某非法买卖爆炸物案和石某某走私珍贵动物制品案等案中均存在情节严重或非常严重的情形，最高人民法院均核准在法定刑以下量刑。而在魏某某非法收购、运输、出售珍贵、濒危野生动物案中，审理的高级法院以"被告人非法收购、运输、出售珍贵、濒危野生动物数量大，情节特别严重"为由，认为"不宜适用酌定减轻处罚"。

表4 具有"情节严重"或"特别严重"案件适用酌定减轻处罚情况

案例	存在的情节	是否核准或上报复核	理由
王某走私珍贵动物制品案	情节特别严重	核准	系在境外合法购得，不能证明具有牟利目的，主观恶性较小
许某某走私普通货物案	情节特别严重	核准	检举上海某公司走私犯罪，对本案的侦破起了重要作用
查某某等非法买卖爆炸物案	情节严重	核准	确因生活所需非法买卖炸药，没有造成严重社会危害，经教育确有悔改表现
徐某某非法买卖爆炸物案	情节严重	核准	确因生产所需，未造成严重社会危害，且归案后认罪态度较好，有悔改表现
石某某走私珍贵动物制品案	情节特别严重	核准	系在境外合法购得，初犯，主观恶性较小

续表

案例	存在的情节	是否核准或上报复核	理由
魏某某非法收购、运输、出售珍贵、濒危野生动物案	情节特别严重	不上报复核	被告人非法收购、运输、出售珍贵、濒危野生动物数量大，情节酌定严重，不宜适用酌定减轻处罚

二、酌定减轻处罚适用困境的根源与出路

（一）酌定减轻处罚适用困境的根源

1. 实体条件过于模糊

2004年全国人大法工委就冯某受贿案答复最高人民法院的意见中指出，"特殊情况"主要是指政策性特殊情况，即主要是针对涉及国防、外交、民族、宗教等极个别特殊案件的需要，不是针对一般刑事案件情节性特殊情况的规定，这是截至目前对"特殊情况"较为明确的理解依据。但这一答复显然过于保守，无法应对复杂案情的需要。实际上，司法实践对"特殊情况"的理解早已突破了答复的范围。本文所引用的87件案例中，没有一例是针对政策性特殊情况。"特殊情况"不仅限于政策性特殊情况，还包括情节性特殊情况，这一点在司法实践中已成共识，但一般刑事案件的情节性特殊情况仍过于抽象和模糊，如何理解和把握只能依据法官的自由裁量。这不可避免地让其适用陷入双重困境：一方面，在没有相关法律规定予以确认的情形下，有些法官为避免可能因认识偏差而带来的误判，对酌定减轻处罚的适用显得十分慎重、保守，从而间接提高了其适用标准，限制了其适用的范围和空间。另一方面，由于由于缺乏明确的判断标准，法官全凭自己对"特殊情况"的理解，使其适用呈现恣意性。

2. 适用程序过于严苛

1979年刑法规定酌定减轻处罚由各级法院的审判委员会行使，无须上报核准，由于各地法院把握的标准不一，该款规定在实践中被滥

用,从而引发了存废之争。① 现行刑法修改时采取了两种观点的折中方式,在保留实体内容的同时,对适用程序进行了严格限制。由于需要最高人民法院进行核准,法官适用该制度处理案件的时间成本和改判、发回重审的风险大大提高。一是导致审判时间旷日持久。从最高人民法院核准适用酌定减轻处罚的案件来看,除了媒体关注的阿里克谢·波坡高夫故意伤害案复核时长25天、许霆盗窃案复核时长3个月外,大多数案件核准时长都在6个月以上,个别案件甚至长达数年,如李某贵故意伤害案,从一审宣判到最高人民法院核准时长26个月,若考虑审前采取强制措施的时间,其核准前被羁押的时间都超过了被判处的刑期。二是从理论上而言,适用酌定减轻处罚法院的所有上级法院都可能因不同理解,而将案件发回重审或进行改判。这在很大程度上助长了法官的"司法惰性",并抑制了法官运用这一有利于实现个案正义之"良器"的积极性,是造成酌定减轻处罚适用率较低的重要原因。

(二) 酌定减轻处罚适用的司法出路

在实体方面,将"特殊情况"法定化,通过立法或者司法解释的方式明确列举案件的"特殊情况"成为理论界比较有力的主张。"在我国法制日臻完善的形势下,刑罚应可能增加法定减轻处罚情节而取代酌定减轻处罚情节,以使执法更为明确,更易操作。"② 将"特殊情况"法定化固然能够最大限度地规范酌定减轻处罚的适用,但不免有理想化的成分,而且也将滋生不少新的问题。首先,刑事案件中的酌定减轻处罚情节具有复杂性、多样性和不确定性,而立法者的认识是有限的,要将所有的酌定减轻处罚情节予以法定化几乎是不可能的,特别是新的"特殊情况"会随着社会的变化而不断涌现。其次,"特殊情况"不是

---

① 时延安:《酌定减轻处罚规范的法理基础及司法适用研究》,载《法商研究》2017年第1期。
② 卢勤忠:《论酌定减轻处罚的法定化》,载《法律科学》1996年第4期。持法定化观点的论者还有:参见赵秉志、刘媛媛:《论当前刑法改革中的酌定减轻处罚权》,载《法学》2010年第12期;程先权、阮建华:《刑法第63条第二款之"案件的特殊情况"认定》,载《黑龙江政法管理干部学院学报》2014年第3期;贺浩伟:《酌定减轻处罚制度的价值探析与制度回归》,载《晋中学院学报》2012年第5期;等等。

抽象的，而是针对个案而言的。个案是否存在"特殊情况"需要从案件的前因后果等各个方面综合判断，脱离了具体案情，"特殊情况"也难称之为"特殊"。最后，将无限的"特殊情况"固定在有限的范围内，实际上封闭了法官根据具体案件进行自由裁量的空间，从而更加压缩了该制度的适用范围。①

在程序方面，学者普遍认为，现行刑法规定酌定减轻处罚须由最高人民法院核准，明显有矫枉过正之嫌，应适当将核准权下放至高级法院或者适用酌定减轻处罚所在法院的"上一级法院"。② 在《刑法修正案（八）》草案征求社会公众意见期间，就有全国人大代表提出适当下放核准权的建议，最高人民法院对此也持进行修改的积极主张，但在最终通过的《刑法修正案（八）》中未采纳。③ 笔者认为，上述修改建议不无道理，但立法机关不予采纳恐有难言之隐。因为一旦将核准权下放，鉴于各级法院对于"特殊情况"的理解不一，酌定减轻处罚的适用极有可能重回现行刑法修改前被滥用的状态，这显然是立法机关不愿看到的。

面对酌定减轻处罚适用的现实窘境，在立法层面对其适用条件进行改进虽有必要，但正如以往实践所证明的一样，容易走向极端，而且目前理论界和实务界并未提出行之有效的修改建议，故就当前而言，进行立法技艺上的改进似乎并非解决酌定减轻处罚适用困境的有效路径。或许，从立法层面转向司法层面，适当考虑刑事司法的技术制衡，一方面将已有的感官经验上升为具体规则，另一方面将实践中相互冲突的做法予以协调统一，从而为类案适用提供指导，更为可取。"除明确的法律规则外，司法实践形成的经验性规则对其后的刑事司法也具有一定的限制作用。"④ 从上述案件的适用情况来看，已有的裁判理由实际上对具

---

① 参见蔡伟文：《减轻处罚情节胡甄别提取——以体系构建为视角》，载《政治与法律》2012年第8期。
② 关于酌定减轻处罚核准权的修改主要三种观点：一是由高级法院行使；二是由高级法院和最高法院共同行使；三是由适用酌定减轻处罚所在法院的"上一级法院"。
③ 参见公丕祥：《完善法定刑以下处罚核准制度》，载《中国审判新闻月刊》2011年第62期。
④ 时延安：《酌定减轻处罚规范的法理基础及司法适用研究》，载《法商研究》2017年第1期。

有相同或类似情节案件的适用产生了一定指引作用。因此，笔者主张，通过梳理各级法院适用酌定减轻处罚的基本思路、逻辑和步骤，对司法实践中所形成的感官经验进行归纳和总结，结合量刑基本原理予以重新认识，并运用法教义学和类型化思维方法，对酌定减轻处罚的适用规则作出明晰的界定，为法官适用提供参考和指引，进而规范其适用。

三、酌定减轻处罚适用规则

立足司法实践，依据上述研究思路，可推导出酌定减轻处罚适用应遵循如下规则：

（一）"必须考虑"规则

对于酌定减轻处罚中"酌定"如何理解，一种观点认为，是指"酌定考虑"，即可以考虑也可以不考虑；[①] 另一种观点则认为，是指"酌定适用"，即必须考虑，但是否适用则依据案件的具体情况进行斟酌。[②] 两种不同观点的产生源于对酌定减轻处罚是否具有法定性的争执：前者认为，酌定减轻处罚制度的核心内容"特殊情况"实质上是一种酌定量刑情节，不具有法定性，在量刑时可以考虑也可以不考虑；后者认为，酌定减轻处罚源于刑法明确规定，不能因为"特殊情况"的具体内容没有法律明确规定，就否定其法定性，在量刑时应与法定减轻处罚情节一样必须予以考虑。[③] 虽然"特殊情况"的内容需要法官进行甄别提取，但由于酌定减轻处罚的适用依据具有法定性，决定了酌定减轻处罚情节与法定减轻处罚情节在量刑时是否予以考虑不应区别对待，即对于案件是否具有"特殊情况"也必须予以考虑。在最高人民法院核准的29个案例中，有9个案件的一审法院的裁判因没有适用特别减轻处罚而被改判或发回重审。在王某走私珍贵动物制品案二审裁判文书中，广东高级人民法院明确指出，原判未考虑本案的特殊情况，对

[①] 参见宋建华：《论法官量刑时应重视酌定减轻处罚情节》，载《法律适用》2008年第8期。
[②] 参见孙凌风：《酌定量刑情节新论》，华东政法大学2010年硕士学位论文，第3页。
[③] 参见陈兴良：《刑事司法研究》，中国人民大学出版社2008年版，第126页。

王某的量刑偏重,应在法定刑以下判处刑罚。这就要求法官在量刑时必须对案件的全部酌定量刑情节予以甄别提取,并予以慎重考虑而不能漠视。当然,并不是所有的酌定量刑情节都符合案件的"特殊情况"。因此,这里的"酌定"应理解为"必须考虑、酌情适用"。① 也就是说,法官在量刑时必须在全面提取酌定量刑情节的基础上判断案件是否具有"特殊情况,案件是否具有"特殊情况"需要经历一个提取、判断和选择的过程,这与可以考虑也可以不考虑的"酌定考虑"的要求是不同的。

(二)"综合判断"规则

对"特殊情况"的界定尽管做不到如法定减轻处罚情节明确、具体,但也不能因此放弃对其判断予以规范化的努力。归纳最高人民法院核准案例的裁判理由,判断案件具有"特殊情况"主要考虑以下因素:一是犯罪后的表现较好,包括认罪态度好,确有悔改表现,积极退还赃款或对被害人及其家属进行赔偿,取得被害人或其家属谅解等,存在此类情节的案例有18件。二是犯罪人主观恶性较小,包括被告人系初犯、偶犯,实施走私行为不具有牟利目的,对伤害结果所持的放任态度情节轻微,实施犯罪确因生活、生产所需等,存在此类情节的案例有14件。三是造成的社会危害性较小,包括实施犯罪行为未造成实质危害或严重后果,拐骗控制儿童时间较短、挪用公款时间短、控制车辆时间短、骗取国家补贴用于公益林经营未造成实质损失等,存在此类情节的案例有13件。四是被害人因素介入,包括被害人自身存在较大过错,被害人患有行为人所不知道的严重疾病,严重后果的产生不能完全归因于行为人等,存在此类情节的案例有7件。五是犯罪手段情节一般,包括在故意伤害案中实施伤害行为的手段、情节轻微,在盗窃案中与采取破坏手段盗取钱财相比情节较轻等,存在此类情节的案例有4件。六是犯罪行为发生在特定主体之间,包括盗窃亲属朋友的财物和绑架亲属等,存在此类情节的案例有3件。七是缺乏违法性认识,如在阮某某某非法运输

---

① 参见刘凌梅:《特别减轻处罚制度的司法适用及规范改进》,载《法律适用》2016年第7期。

弹药案中，考虑阮某某某为越南国籍，其实施的行为在其国家不被认定为犯罪。存在此类情节的案例有2件。八是不构成立功，但对案件的侦破有重要作用。在上海某某机械有限公司、许某某等走私普通货物案中，许某某检举上海某某机械有限公司，不构成立功，但对本案的侦破起了重要作用，因此对其酌定减轻处罚。

上述因素在一定程度上都能降低犯罪的社会危害性或犯罪人的人身危险性，都属于酌定从宽处罚情节。但通过对最高人民法院核准案件的进一步分析发现，法院认定案件存在"特殊情况"往往不是仅根据一个酌定从宽处罚情节，而是具有多个酌定从宽处罚情节，且能够体现行为社会危害性和人身危险性双重降低。具体而言，在上述29个案例中，只有上海某某机械有限公司、许某某等走私普通货物案是依据"不构成立功，但对本案的侦破起了重要作用"这一单个酌定从宽处罚情节认定案件存在"特殊情况"，在其他案件中均存在两个或者两个以上的酌定从宽处罚情节，如前文所列举的阮某某某非法运输弹药案，认定案件具有"特殊情况"，除了被告人"缺乏违法性认识、犯罪因生活困难所致、主观恶性不大"这些降低人身危险性的酌定从宽处罚情节外，还存在"对社会危害性不大"这一降低社会危害性的酌定从宽处罚情节。而在李某某等8人故意伤害案中存在"认罪态度好、取得被害人家属谅解"这一降低人身危险性的酌定从宽处罚情节，侯某某挪用公款、贪污案中存在"挪用公款时间短未造成国家经济损失"这一降低社会危害性的酌定从宽处罚情节，但最高人民法院认为都不足以认定具有"特殊情况"。当然，即使案件存在多个酌定从宽处罚情节，也并不意味着可以简单相加认定案件具有"特殊情况"，而应综合考量全案各种有利于被告人的非法定从宽处罚情节，基于社会危害性、人身危险性双重降低标准，进而判断是否具有"特殊情况"。① 同时，也不排除只存在单个酌定从宽处罚情节也可以认定为具有"特殊情况"的可能，如上海某某机械有限公司、许某某等走私普通货物案中"不构成立功，

---

① 参见刘凌梅：《特别减轻处罚制度的司法适用及规范改进》，载《法律适用》2016年第7期。

但对本案的侦破起了重要作用"这一酌定从宽处罚情节与立功类似，体现了社会危害性和人身危险行双重降低，因而被认为具有"特殊情况"。做如此考量的依据在于：自首、立功、中止、防卫过当等典型的法定减轻处罚情节的共同点是社会危害性和人身危险性的双重降低，酌定减轻处罚情节与法定减轻处罚情节在适用效果上是一致的，其适用条件也应基本相当。① 因此，在认定案件是否具有"特殊情况"时不能仅考虑行为人的主观方面，也不能仅以客观危害结果为依据，而应综合考虑案件的主客观情况。

还有一个与"综合判断"相关的问题需要在此进行讨论，那就是：如果案件存在情节严重或特别严重，还能够认定案件存在"特殊情况"吗？对此，实践中有观点认为，一旦确定适用情节严重或特别严重的量刑档次，就不能认定存在"特殊情况"，因为案件的全部情节，包括酌定减轻处罚情节，在确定适用情节严重或特别严重的量刑档次时已被评价，不能进行重复评价。对于这一观点，笔者不赞同。某些罪名法定刑升格的情节严重或特别严重可能涉及行为的社会危害性或者人身危险性的某个方面，如犯罪的手段、对象或金额等，而不是完整的综合性评价，如走私珍贵动物制品罪中的情节严重或特别严重是根据走私珍贵动物制品价值来决定的，仅反映了社会危害性，并不能反映其人身危险性。若依上述论者的观点，那对于涉案金额较大或特别大的走私珍贵动物制品案都不能减轻处罚，这显然与立法精神不符。因此，情节严重或特别严重是可以与案件的"特殊情况"并存的。

（三）"最后选项"规则

虽然案件存在"特殊情况"，但未必就要在法定刑以下判处刑罚，酌定减轻处罚适用还涉及必要性的考量问题。犯罪人被判处的刑罚应与其主观恶性程度、客观危害结果程度相适应，并保持必要的比例关系，这是实现刑罚正义的基本要求。"酌定减轻处罚制度的存在正好为司法

---

① 参见金福、王志远：《刑法第 63 条第 2 款之"案件的特殊情况"解析》，载《中国刑事法杂志》2009 年第 2 期。

人员提供了考虑这些因素的空间和平台,为实现刑罚个别化提供了可能。"① 可以说,正是基于实现个案处理结果实体正义的考量,酌定减轻处罚才有赖以存在的基础。因此,必要性的考量问题是适用酌情减轻处罚的前提,而考量的核心在于:根据案件的"特殊情况",如果在法定刑幅度内量刑,即便是在法定刑幅度的最低点判处刑罚仍显过重,才能适用酌定减轻处罚。实践中,法官裁判的思维实质上是一种逆向思维,即如果不行使自由裁量权在法定刑以下判处刑罚,则不能实现刑罚正义。当然,酌定减轻处罚应在量刑的最后阶段适用,是法官在衡量了全部的法定量刑情节后,为实现个案正义的"最后选项"。② 具体而言,法官在已选择了法定刑幅度,并考察了案件的全部法定量刑情节后,确定的处断刑仍不能与犯罪人的主观恶性程度、客观危害结果程度相适应,才能行使自由裁量权在法定刑以下判处刑罚。

酌定减轻处罚情节应在量刑的最后阶段适用,但并不意味着酌定减轻处罚的适用以案件不存在法定减轻处罚情节为前提。一方面,从逻辑学角度而言,"虽然不具有本法规定的酌情减轻处罚情节"中的"虽然"带有假使的意味,它要表达的是"假如在这种情况下如何处理的问题",而不是将这种假设的内容作为适用的前提条件。另一方面,法定减轻处罚具有程度上的限制,要实现个案正义需要酌定减轻处罚进行补充。《刑法修正案(八)》规定法定减轻处罚应在法定量刑幅度的下一个量刑幅度内判处刑罚,而对酌定减轻处罚的限度则未予明确。尽管对于酌定减轻处罚是否也应受此限制存在争议,但主流观点持否定说,实践中也认为可不受此限制。如在金某某、廉某某非法贩卖毒品案中,一审法院根据廉某某具有未成年人、立功的法定减轻处罚情节在法定量刑幅度的下一量刑幅度判处有期徒刑 7 年,而二审法院认为判处刑罚仍过重,依据案件具有"特殊情况"跨越量刑幅度判处廉某某有期徒刑 2 年,缓刑 3 年,并被最高人民法院核准。可见,法定减轻处罚情节并不

---

① 赵秉志、刘媛媛:《论当前刑法改革中的酌定减轻处罚权》,载《法学》2010 年第 12 期。
② 参见彭文华:《酌定减轻处罚的自由裁量说技术制衡》,载《法学评论》2016 年第 3 期。

当然排除酌定减轻处罚的适用，若案件具有"特殊情况"仍有酌定减轻处罚适用的空间和意义。

结　语

个案正义的实现具有经验意义。作为我国现行刑法为实现个案正义特意敞开的"一扇窗"，酌定减轻处罚制度虽然在量刑领域仍处于"边缘地位"，在适用过程中也面临多重困境，但长期的司法实践已经为其适用积累了一定经验。在修改适用实体和程序规定的条件尚不成熟的情况下，从个案中归纳、总结相关经验，与量刑基本理论相互检验，从而提炼出具体的适用规则并反馈到实践中，应是规范酌定减轻处罚适用、确保个案正义充分实现的可行选择。

司法改革背景下刑事缺席审判制度的构建

——以违法所得没收程序存在的弊端为切入点

田加溁*　　林　静**

引　言

2012年修改刑事诉讼法新增"犯罪嫌疑人、被告人逃匿、死亡案件违法所得的没收程序",规定了违法所得没收程序的适用对象、审理要求、没收手段及回转条件等。违法所得没收程序的设置,填补了我国相关立法的空白,对于依法惩治贪污贿赂犯罪,及时处置犯罪嫌疑人、被告人逃匿或死亡案件的涉案财产具有重要积极意义。[①] 但是在随后的司法实践中,违法所得没收程序的适用并不理想,几乎接近成为"僵尸条款"。为此,在2016年底,"两高"出台了《关于适用犯罪嫌疑人、被告人逃匿、死亡案件违法所得没收程序若干问题的规定》,以期能够推动该制度的进一步适用。从违法所得没收程序的实践运用来看,该程序存在诸多弊端,最为典型就是违法所得没收程序是否违反"无罪推定"原则,在理论界存在诸多的争议。如何化解违法所得没收程序所暴露的弊端呢?笔者认为,最为妥当的路径是真正构建刑事缺席审判制度,在对被告人或犯罪嫌疑人定罪的前提下,实现对其违法犯罪所得的追缴。2018年10月26日,十三届全国人大常委会第六次会议表

---

* 福建省三明市梅列区人民法院法官助理、执行员。
** 福建省三明市三元区人民法院法官助理。
① 参见赵见波:《违法所得没收程序在我国的适用、问题与前景》,载《河北法学》2015年第9期。

决通过了新修改的刑事诉讼法,在第五编特别程序中增设了缺席审判程序,首次以法律的形式确立了刑事缺席审判制度。

一、问题切入:违法所得没收程序存在的弊端

(一) 典型案例介绍

山西省原副省长任润厚违法所得没收申请案,是我国第一起省级干部因死亡而进入诉讼的追赃案件。任润厚曾任山西潞安集团董事长、山西省副省长,2014年9月20日因严重违纪被免职,同年9月30日因病死亡。案发后,检察机关共扣押、冻结人民币2371万余元、港元43万余元、美元107万余元、欧元21万余元、加元1万元、英镑100镑,珠宝及玉石44件,黄金制品54件,字画22幅,手表11块,银行卡及存单存折194张,纪念币、手机、相机及电脑17件,资料类财物7件。2016年12月2日,江苏省扬州市人民检察院向同级法院提出没收任润厚违法所得申请。法院虽然认定任润厚实施了受贿、贪污犯罪,但对于其中的168万余元受贿款以及贪污所得,法院认为,任润厚实施受贿、贪污犯罪的上述所得均直接用于贿选和旅游、疗养支出,未扣押、冻结在案,检察机关申请没收的财产中不应包含该部分违法所得。此外,庭审中任润厚的女儿提出,检察院冻结的账户中有1.1万美元是她的留学费用结余,对应金额应在认定该项家庭支出中予以扣减,法院采纳了她的意见。

2017年7月25日,江苏省扬州市中级人民法院作出裁定,没收犯罪嫌疑人任润厚实施受贿犯罪所得人民币30万元及孳息,上缴国库;没收犯罪嫌疑人任润厚实施巨额财产来源不明犯罪所得,上缴国库;驳回江苏省扬州市人民检察院没收犯罪嫌疑人任润厚实施受贿犯罪所得的申请;对于利害关系人能够说明合法来源的100英镑、玉石2件、黄金制品8件、手表2块、资料类物品8件,以及其他不属于违法所得及其他涉案财产的财物,解除扣押措施。[①]

---

① 参见江苏省扬州市中级人民法院(2016)苏10刑没初1号违法所得没收裁定书。

江苏省扬州市中级人民法院的该份违法所得没收裁定对任润厚实施受贿、贪污、巨额财产来源不明的犯罪事实进行了证明，并重点开庭审理查明违法所得及其他涉案财产的事实，在犯罪嫌疑人、被告人死亡的情况下清晰界分违法所得和合法财产，仅没收有证据证明为违法所得的财物，并对犯罪嫌疑人实施贪污、受贿犯罪所得中已灭失部分财产的没收申请予以驳回。

（二）违法所得没收程序的弊端

1. 违法所得没收程序是否违反了刑事诉讼法"无罪推定"的原则

江苏省扬州市中级人民法院（2016）苏10刑没初1号违法所得没收裁定书中"本院认为"部分，直接写明本案有证据证明犯罪嫌疑人任润厚实施了受贿、贪污、巨额财产来源不明犯罪。显而易见，法院作出违法所得没收裁定的前提即认定犯罪嫌疑人已实施了犯罪，这与未经人民法院依法判决不得认定任何人有罪的刑事诉讼法基本原则相悖。在刑事诉讼法理论界中，有观点认为《刑法》第64条的规定是违法所得没收程序的实体法律依据。但《刑法》第64条规定的适用对象明确是针对"犯罪分子"，"犯罪分子"是指在犯罪证据确凿的情况下被人民法院依法裁判其有罪的人。而违法所得没收程序的针对对象是"犯罪嫌疑人"或"被告人"，"犯罪嫌疑人"或"被告人"是指进入刑事诉讼程序但尚未被法院裁判有罪的人。因此，从适用对象出发，认为《刑法》第64条的规定是违法所得没收程序的实体法律依据显然有点矛盾。违法所得没收程序仅针对物作出了处理，未对人进行定罪量刑，在没有对人进行定罪的前提下却直接没收其违法所得与刑事诉讼法"不得有罪推定"的基本原则不相吻合。

2. 犯罪事实是否为违法所得没收程序的证明对象

任润厚违法所得没收裁定书将犯罪事实作为首要证明对象进行证明，但司法实践中对犯罪事实是否应在违法所得没收程序中证明存在不同的观点。一种观点认为，违法所得没收程序只涉及对违法所得的财物进行处置，涉案人员是否构成犯罪并不是适用违法所得程序的最终目的，所以犯罪事实并不是违法所得没收程序的证明对象，负有举证责任的公诉机关无须提供完整的证据链证明被告人有罪,只需举证证明被告人财产的来源具有不法性即可。而另一种观点认为,虽然违法所得没收程序对违法所得的处置不以被告定罪量刑为前提条件,但没收违法所得的财物应以原因行为具有不法性为前提。如果证明不了被告人的行为构成犯罪,又如何能够确定被没收的财物是不法所得呢?在司法实践中,如果在违法所得没收程序中证明被告人有罪,就如前文所述,违背了未经人民法院依法判决不得认定任何人有罪的刑事诉讼法基本原则;如果不在违法所得没收程序中证明被告人构成犯罪即有犯罪事实,那又如何证明所得财物的不法性呢?

3. 界定涉案财物范围存在争议性

江苏省扬州市中级人民法院(2016)苏 10 刑没初 1 号违法所得没收裁定书严格区分违法所得和合法财产,坚持没收的涉案财物必须与犯罪事实相关联,并要求有证据证明是通过犯罪取得的,在形成完整的证据链条后才能予以没收。目前,司法实践中主流的观点认为违法没收的财物必须是通过犯罪取得的,这不仅符合违法所得没收程序的立法意图,而且能有效保障无辜第三者的合法权益。但在理论界中,有一种观点认为,为了有效打击腐败犯罪分子,最大限度地挽回国家的损失,应不必特别证明和区分被没收对象之财物的具体来源,只要财产数额是在犯罪总额范围内既可认定为涉案财物予以没收。也有观点认为,若不加区分将被告人的财物在犯罪总额范围内予以没收,不符合立法的基本原则,有可能造成相关当事人合法权益的损害。但是,如何弥补没收违法所得的数额与犯罪总额之间的缺口,应引起司法实践及理论界的充分思考。

4. 违法所得没收程序的性质定位不明确

程序的属性决定其诉讼法定位,并对程序适用的证据规则、程序司法应用等产生决定性影响,明确违法所得没收程序的属性定位具有基础性的作用。[①] 关于违法所得没收程序的性质并没有在立法中进行明确,

---

① 参见陈海潮:《违法所得没收程序实证研究》,西南政法大学 2015 年硕士专业学位论文。

在刑事诉讼法及相关的司法解释中找不到有关违法所得没收程序性质的规定。在理论界中，对违法所得没收程序的性质的定位有多种不同的观点。有一种观点则认为该程序属于刑事诉讼程序；① 也有学者直接认为是一种刑事没收的立法模式；② 有观点认为违法所得没收程序的性质是具有民事诉讼程序特点的一种刑事诉讼程序；③ 但也有一种观点认为这是一种对物之诉，④ 或者类似于民事诉讼程序，不应属于刑事诉讼程序；⑤ 还有一种观点认为此程序应是一种准司法性质的刑事诉讼程序。⑥ 违法所得没收程序性质的不同理解，对司法实践造成了很大的影响，其适用情况并不理想。2013年1月1日至2017年11月11日全国适用违法没收所得程序裁判的案件共计10件，仅只有7个省份适用，其余24个省市自治区的适用情况均为0件。⑦ 之所以对违法所得没收程序存在诸多的观点和争议，正是由于我国尚未真正建立"刑事缺席审判制度"。

二、论证分析：构建刑事缺席审判制度的必要性

（一）化解违法所得没收程序与"无罪推定"原则的冲突

无罪推定原则指未经法院依法判决有罪前，推定被控告者无罪。无罪推定原则是现代法治国家刑事司法通行的一项重要原则，是国际公约确认和保护的一项基本人权，也是联合国在刑事司法领域制定和推行的最低限度标准之一。而在违法所得没收程序中，若没有经过法院依法认定被告人有罪，那么无法确定财产为赃款从而予以没收。虽然我国的未

---

① 参见陈雷：《论我国违法所得特别没收程序》，载《法治研究》2012年第4期。
② 参见陈卫东：《论新〈刑事诉讼法〉中的判决前财产没收程序》，载《法治论坛》2012年第5期。
③ 参见卢乐云：《我国特别没收程序与〈联合国反腐败公约〉之衔接》，载《中共中央党校学报》2012年第5期。
④ 参见时延安、孟宪东、尹金洁：《检察机关在违法所得没收程序中的地位和职责》，载《法学杂志》2012年第11期。
⑤ 参见万毅：《独立没收程序的证据法难题及其破解》，载《法学》2012年第4期。
⑥ 参见印波：《犯罪嫌疑人、被告人逃匿、死亡案件违法所得没收程序的定性分析》，载《中国检察官》2012年第3期。
⑦ 参见陈小平：《违法所得没收程序实证分析》，载《山西省政法管理干部学院学报》2018年第2期。

经人民法院依法作出判决不得确定任何有罪的原则并非完全意义上的"无罪推定原则",但是在司法实践中无罪推定的精神和理念早已深入人心,在整个的刑事诉讼过程中都是按照该原则推动的。依照"无罪推定原则"的理念,即使一个案件已经有充分的证据证明犯罪事实的存在,但未经人民法院依法作出裁判前不能认定为有罪。但在违法所得没收程序中,如前文提到的案例,庭审调查的主要内容即确定被告人实施了犯罪行为,并以被告人实施了犯罪行为作为法院作出没收财产裁定的主要事实和依据,这样容易造成未经法庭审理判决先对案件进行定罪定性的嫌疑,违背了我国刑事诉讼法关于"未经人民法院判决,不得确定任何人有罪原则"的规定。我国建立刑事诉讼制度的最终目的是惩罚犯罪,保障人权,目前的刑事诉讼制度并不允许人民法院在未对犯罪嫌疑人或被告人进行开庭审理的情形下确定犯罪嫌疑人或被告人构成犯罪。犯罪嫌疑人或被告人的定罪,应当在犯罪嫌疑人或被告人适用刑事诉讼程序公开审理后定性,而不应当在特别程序中确定。因此,要对犯罪嫌疑人或被告人作出处罚,必须先解决其"定罪"问题,且这里的"定罪"必须是人民法院依法作出的判决。而刑事缺席审判制度是在犯罪嫌疑人或被告人拒不到庭或无法到庭的情况下对犯罪嫌疑人或被告人做出定罪处罚的程序,这不仅满足了违法所得没收程序想到达到的在犯罪嫌疑人或被告人不到庭的情况下没收违法所得的目的,而且不会违反未经人民法院依法判决不得确定任何人有罪的刑事诉讼基本原则。

(二)违法所得没收程序的性质与刑事缺席审判制度相契合

违法所得没收程序,其实是在被告人或犯罪嫌疑人不到庭的情况下强行开庭审理,而且在违法所得特别没收程序的程序设置中,已设计了若干与普通刑事缺席审判相一致的程序。例如,增加审理前公告送达的方式。基于违法所得没收程序中被告人或犯罪嫌疑人不在场的这一特殊性,告知与送达成为保障被告人或犯罪嫌疑人知情权的唯一途径。在刑事诉讼过程中,告知与送达几乎应用于每一个诉讼阶段。但值得注意的是,在违法所得没收程序中,由于采用直接送达、留置送达等其他几种方式向犯罪嫌疑人、被告人送达诉讼文书可能难以实现送达的目的,所以在违法所得没收程序中新增公告送达模式。公告送达是指人民法院在开庭前的法定期限内,利用国家主要媒体发出公告,敦促犯罪嫌疑人或被告人投案自首或出庭参加诉讼,若在法定的期限内未出庭参加诉讼,视为放弃参与庭审诉讼的权利。再如,违法所得没收程序中同样赋予上诉权。对于人民法院依照违法所得特别没收程序所做出的裁定,同其他普通判决一样,允许犯罪嫌疑人或被告人上诉,这与普通刑事缺席审判程序相一致。违法所得没收程序,尽管在性质上属于一种特殊的刑事缺席审判制度,但它与一般意义上的刑事缺席审判相比,又缺乏相对完整和规范的制度设计。从缺席审判的社会呼吁来看,一方面是回应了现实的需求,另一方面,从缺席审判的性质和制度上看,只要稍微加以调整或修改便能与现行刑事诉讼法中的其他程序的运用相得益彰。①

(三) 诉讼效率与追赃全面性的双重需要

依照目前司法解释的相关规定,若犯罪嫌疑人缺席,人民法院会将案件退回人民检察院或者裁定中止审理。这就意味着,只要犯罪嫌疑人迟迟未归案,刑事诉讼将无法推进,这不仅会影响犯罪案件的诉讼效率,而且也会大大削弱刑罚的震慑作用。按照目前违法所得没收程序的规定,没收的涉案财物必须与犯罪事实有关,与犯罪事实无关的财物及已经不存在的财物无法没收。如果腐败分子逃往境外,并在国外将腐败的财物通过洗钱的方式变为合法财产,加上依照目前的法律规定没收财产只能是与犯罪事实有关联的财物,这将导致无法追回部分甚至全部涉案财物,严重侵犯国家的利益。但《联合国反腐败公约》对违法所得的要求是司法机关只需证明犯罪嫌疑人或者被告人有违法所得即可,并不需要区分哪些财产是犯罪嫌疑人或被告人违法所得财产。我国作为《联合国反腐败公约》的缔约国,可以在结合我国具体国情的基础上参照公约的规定实施,适当降低违法涉案财产的证明标准。按照目前违法所得没收程序的规定,对涉案财物的来源设定了较高的证明标准,不利

---

① 参见陈张书琴:《违法所得特别没收程序与刑事缺席审判比较研究》,载《学术探索》2013年第11期。

于追逃追赃的顺利进行。如果建立刑事缺席审理制度,对犯罪嫌疑人定罪量刑,除了可将已确定与犯罪事实相关联的财物予以没收,同时可在犯罪嫌疑人在贪污的总额范围内对其判处罚金,对其合法财产予以强制执行,避免一些被告人将其作为规避法律制裁的手段。不仅如此,通过确立刑事缺席审判制度,可避免刑事诉讼程序的中断,确保侦查效果的鲜活性、起诉的实效性和审判的及时性,有助于提高刑事诉讼的效率和质量。① 并且能从本质上促进追赃的全面性,保护国家及个人的财产权益。

(四) 构建刑事缺席审判制度是刑事诉讼法完善的方向

"自由与安全是刑事缺席审判程序设计与实践中一直存在冲突的基本法律价值,世界各国在对法律价值进行反复权衡之后形成了两种风格不同的诉讼价值观:一种是犯罪控制说,一般被大陆法系国家所采用;另一种是权利保障说,被英美法系国家所推崇。"② 打击犯罪是为了更好保障人权,在保障人权的基础上使犯罪者得到法律制裁,打击犯罪与保障人权是相辅相成的。如何做到打击犯罪和保障人权的有机统一是我国完善刑事诉讼法审判制度前进的方向。例如,在经济全球化的大背景下,腐败犯罪早已不是某个国家或某个地区的问题,而是世界各国均要面临的问题,针对我国近年大量贪官携带巨款逃往国外的腐败现象,应如何在保障人权的基础上更好地惩治犯罪,应是我国完善刑事诉讼法时必须考虑的问题。如果一味打着保障人权的旗帜,坚持犯罪嫌疑人或被告人不能到庭参加诉讼的,法院便中止审理的规定,不仅纵容犯罪,而且将会使得国家及被害人遭受严重的损失。因此,从保障人权与打击犯罪相统一的角度出发,构建刑事缺席审判制度正是刑事诉讼法的发展的方向。

按照目前《联合国反腐败公约》的规定,请求国应当向被请求国

---

① 参见陈先中、陈卫东主编:《诉讼法理论与实务》(2005年卷),中国方正出版社2005年版,第680页。
② 参见左卫民、高晋康:《诉讼价值》,载《中国法学》1995年第4期。

要求提供已经发生法律效力的裁判作为返还已被请求国法院没收的违法所得适用的条件。虽然目前的违法所得没收程序在一定程度上可以起到挽回国家财产损失的作用，但与联合国对生效判决的要求还相差甚远，而且违法所得没收程序只对违法财物作出没收裁定，并不涉及对人的审判，所以为了更有于打击犯罪、保障刑罚权的实现，应当建立刑事缺席审判制度。刑事诉讼法完善的最终方向即实现犯罪嫌疑人或被告人、被害人及国家之间利益关系的合理协调，而建立刑事缺席审判制度能缓解犯罪嫌疑人、被告人的定罪量刑，挽回被害人的财产损失，减少国家的损失三者之间的矛盾，实现人权保障与打击犯罪的相统一。

三、出路探索：构建刑事缺席审判制度的程序设计

（一）刑事缺席审判程序有限定的适用

刑事缺席审判制度毕竟在一定程度上不利于被告人或犯罪嫌疑人权益的保护，因此，应该对其适用的条件作出严格的限定。具体应该在具备哪些条件下才能适用刑事缺席审判程序，笔者结合2018年修改后的刑事诉讼法增设的缺席审判程序的相关规定，提出刑事缺席审判程序适用的建议。

1. 适用范围应限定于贪污贿赂犯罪、恐怖活动犯罪等重大犯罪案件

这里腐败犯罪案件应当与《联合国反腐败公约》中的规定相接轨，不仅包括日常所关注的贪污、贿赂等案件，而且应该包含职务侵占、洗钱等腐败案件。近年来，我国重大贪污贿赂犯罪案件激增，而且被告人往往逃至国外的现象屡见不鲜，为了加大对贪污腐败性案件的打击力度，解决此类犯罪案件的当事人因逃往国外而导致案件无法审理的问题，应当重点对此类案件适用刑事缺席审判制度。而恐怖活动犯罪案件，不仅包括组织、领导、参加恐怖组织、资助恐怖活动组织罪，而且包括有恐怖组织及其成员实施的，意在制造恐怖的犯罪，比如以爆炸、防火、投放危险物质、故意杀人、故意伤害、绑架等方式实施的恐怖活动犯罪。由于恐怖活动犯罪案件社会危险性巨大，且往往涉及犯罪人嫌

疑人或被告人跨国跨境，为了国家社会环境的长治久安，必须对此类案件适用缺席审判制度，防止因为犯罪嫌疑人或被告人无法到庭而裁定中止审理，从而加速此类案件的处理效率，发挥刑罚的社会震慑作用。

2. 适用对象应限定于犯罪嫌疑人或被告人逃匿且被通缉超过一定时限，或者已死亡但认为有必要进行缺席审判的

司法实践中，犯罪嫌疑人或被告人逃匿的，可以是未被缉拿归案的，也可以是到案后逃脱，最终导致庭审无法到庭的情形。逃匿的范围不仅限于国外，也可以是在国内但因未发现其线索等各种原因不能抓捕归案。犯罪嫌疑人或被告人逃匿的，公安机关首先应当积极追捕，若确定犯罪嫌疑人或被告人逃往国外，应当及时收集证据证明犯罪嫌疑人或被告人在短时间内无法到庭参加庭审。这里犯罪嫌疑人或被告人逃匿且被通缉超过一定的时限，应当结合案件的具体情况，确定通缉的时限，若有证据证明被告逃往国外或者有其他逃匿情形，在短时间内无法抓捕归案，可以确定较短的通缉时限，从而提高此类案件的审理效率，充分有效地打击此类犯罪。

3. 适用案件应限定于犯罪嫌疑人或被告人犯罪事实已经查清，且证据确实、充分，依法应当追究刑事责任的案件

适用刑事缺席审判制度，必须是案件已达到刑事起诉标准，即适用刑事缺席审理的犯罪案件已侦查终结，除了没有犯罪嫌疑人或被告人的供述外，根据现已收集的客观事实证据已经足以查清案件事实，并能够确认被告人的行为构成犯罪。此限定条件，不仅是为了防止冤假错案的出现，而且是为了有效保障未到庭犯罪嫌疑人或被告人的权益。缺席审判是在犯罪嫌疑人或被告人未到庭的情况对其定罪量刑，直接涉及犯罪嫌疑人或被告人的人身自由及财产权益。从保障人权的角度出发，适用刑事缺席审判制度的案件，必须是犯罪事实清楚，且根据现有的客观事实证据足以证明犯罪嫌疑人或被告人构成犯罪。

（二）庭前送达告知程序严格引入"公告送达"模式

告知与送达是保障被追诉人知情权的有效途径，在诉讼的任何阶段都尤为重要，直接关乎当事人的诉讼权利。由于缺席审判类案件的涉案

人大多已将自己藏匿或逃至域外,有的甚至已经死亡,采用直接送达、留置送达等传统送达模式难以达到对被告人或犯罪嫌疑人送达诉讼文书的目的。而采取公告送达方式,即人民法院在开庭前的法律期限之内,通过在国家主流媒体或报纸等发布通知公告,并在其逃匿国的国内媒体或报纸等发布公告,促使犯罪嫌疑人或被告人充分享有知情权,以便其能主动投案自首或出庭参加诉讼。为了能有效保护犯罪嫌疑人、被告人的合法权益,对送达程序应作严格规定。

首先,法院应当区分涉案当事人是在国内还是国外,若在国内可直接找到涉案当事人的近亲属向其直接送达相关法律文书;若涉案当事人逃往国外,应向具体藏匿地发出引渡申请,若藏匿地国家不同意引渡,则应请求该国向被告人送达起诉书副本等相关法律文书,并同时将法律文书向被告人在国内及国外的近亲属各送达一份,从而确保被告人及其近亲属充分享有知情权。

在通过上述几种方式均不能实现送达目的,才可以采取公告送达的方式。公告送达的形式应以被告人最有可能知悉的内容和方式进行。公告送达的方式包括在国内的主流媒体或报纸上发布公告,并通过司法协助在被告人逃匿地的主流网站或报纸上发布公告。公告的时限应当结合涉案当事人的具体情况再加以确定。笔者建议,为了保护涉案当事人合法的诉讼权利,应当通过法律明确规定公告期的最短时日,且赋予具体办案法官结合案件具体情况,最终确定公告的具体时限。

(三)庭审程序坚持公开审理,建立指定辩护人强制出庭制度,完善庭审相关配套制度

1. 坚持庭审全程公开审理的原则

目前违法所得没收程序的司法解释规定,利害关系人申请参加或者委托诉讼代理人参加诉讼的,人民法院应当开庭审理。利害关系人及其诉讼代理人无正当理由拒不到庭,且无其他利害关系人和其他诉讼代理人参加诉讼的,人民法院可以不开庭审理。由此可见,按照现有的法律规定,违法所得没收程序的案件并不都是公开开庭审理。但不公开开庭审理,无法让权力在阳光下运行,不仅会让利害关系人对公正产生质

疑，而且会导致因权力无法得到全面的监督而被滥用，使犯罪嫌疑人或被告人的合法权益受到侵犯。所以在设立刑事缺席审判制度时，对于法庭的审理过程应当严格依照刑事诉讼法的相关审理程序进行，只要不涉及国家秘密和个人隐私的案件一律全程公开审理，并对整个案件过程进行录音录像。此外，应当充分借助自媒体时代发展带来的便利，通过各种直播平台等新型公开模式保障公众更好地享有知情权，为案件监督打开方便之门。通过新闻媒体等多种方式进行公开庭审过程，这样不仅能让权力在"笼子"里适用而且也能有效增强了公众对司法的认同感，同时对司法权威的树立也能起到巨大的推动作用。①

2. 建立指定辩护人强制出庭制度

适用缺席审理的案件是被告人不能亲自到庭参加诉讼的案件，为了充分保障涉案当事人的诉讼权益，适用缺席审判案件的被告人或犯罪嫌疑人一定要有辩护人代为出庭参加诉讼为其辩护。若被告人或犯罪嫌疑人的近亲属为其委托辩护人的，由委托的辩护人出庭为其进行辩护，被告人或犯罪嫌疑人的近亲属没有委托辩护人的，法院将启动法律援助程序，为被告人或犯罪嫌疑人指定辩护人，从而保证法院依然可以处于中立地位。为了保障案件能够得到公正合理的审判，防止因犯罪嫌疑人、被告人的缺审，而出现违反司法公正权威的枉法裁判，同时为了充分保障被告人或犯罪嫌疑人的知情权及其他合法权益不受非法侵犯，在被告人或犯罪嫌疑人缺席的情况下，庭审过程应当有辩护人为其主张权利。所以适用缺席审判制度的案件必须强制指定辩护人出庭为被告人或犯罪嫌疑人做辩护，从而保障被告人或犯罪嫌疑人知晓与其利益相关的程序信息和其他诉讼权利。

3. 完善庭审相关配套制度

一是适用刑事缺席审判案件，应更加注重庭审形式的规范性。例如，针对外逃贪官类的腐败案件的复杂性，在适用刑事缺席审判程序进

---

① 夏雪慧：《我国建立贪污贿赂案件缺席审判程序的研究》，载《湖北经济学院学报（人文社会科学版）》2016年第3期。

行审判时,对庭审笔录应当有更为严格的要求,并应当对庭审的整个过程进行录音录像,尽量保存庭审现实场景,并通过媒体公开庭审现场。从庭审笔录和对庭审的录音录像公开,可以让利害关系人更清楚直观地了解缺席被告人的辩护人行使辩护权的情况以及法院进行法庭调查、法庭审理、认证质证等情况。此要求还能为被告人日后对判决审查和上诉提供依据,充分保障被告人的合法权益。对于指控被追诉人有罪的诉讼材料不完整的,不能认定被追诉者有罪的,需要对庭审中的证据进行保全,以备日后发现新的犯罪事实和证据后,为再次审判提供依据。

二是法官客观审理、客观判决义务的立法化。应对法官审理案件的客观性提出更高的要求:第一,在坚持法官中立性的基本前提下,法官应仔细审理查明被追诉人的辩护人的辩护意见,坚持保障被追诉人的各种诉讼权利。第二,法官不但要对每一项证据的形式内容进行审查,而且要努力确保做好证据实质审查的工作,对于证据的效力的强弱、证明力的大小都要对其进行法定审查,从而确定公诉方的诉讼请求是否有完整的证据链及充分的证据证明和支持。法院通过对案件的事实经过及证据进行全面客观的审查最大限度地保证判决的准确性,防止冤假错案的发生,有效降低缺席审判可能带来的消极影响,从而保障当事人的合法权益。第三,加强法官对判决的说理性的要求。针对被告人缺席的特殊情况,为了保证诉讼能够公平公正的审理,最大限度地保护被追诉人的合法权益不受侵犯,应强化法官对判决说理性的要求。

三是刑事缺席审理的程序的启动模式可以借鉴我国刑事诉讼中简易程序的启动模式,检察机关可以在向人民法院提起公诉时一并向法院提出建议适用缺席审判程序对案件进行审理,也可以由人民法院在接收立案时主动提出适用,但适用刑事缺席审理的案件,法庭应当采用合议庭制对案件进行审理。

(四) 审后保障程序

1. 审后告知义务

适用缺席审判程序,在对被告人送达诉讼文书往往无法确定被告人是否实际知晓,在对被告人与其国内近亲属穷尽所有送达措施后,往往采用公告送达的方式保障被告人的知情权，所以应完善庭审结束后的审判结果的告知义务。法院对判决结果进行宣判时应该在有辩护人在场的情况下进行，如果其近亲属或利害关系人参加宣判的，宣判后直接将裁判文书送达其近亲属或利害关系人并由其在送达回证上签字；如果其近亲属及利害关系人未参加庭审宣判，应在公开宣判后及时将裁判文书直接送达给被告人的近亲属和利害关系人。而对被告人本人的送达告知义务的履行，应首先在主流媒体及报纸上予以公布判决内容，其次是向被告人的藏匿地通过司法协助等方式请求藏匿地国以尽可能使被告人知道的方式向其送达裁判文书，并在藏匿国的主流媒体上发公布判决结果。

2. 扩大上诉主体，建立辩护人独立上诉制度

适用刑事缺席审判程序应扩大独立上诉的主体，赋予被告人的近亲属主要包括被告人或犯罪嫌疑人的配偶、父母、成年子女等上诉权，并赋予委托辩护人或指定的辩护人拥有独立行使上诉权的权利，严格规定二审程序必须公开开庭审理，详细做好庭审笔录，并对整个审理过程进行录音录像。鉴于刑事缺席审判被告人不出庭的特殊性，法院应从多个维度保障被告人的上诉权，在考虑案情的实际情况的基础上可适当延长上诉的期限，比如上诉期间的起算点可以在穷尽对被告人的所有送达方式后使其在尽可能知道的情况下开始起算上诉期。

3. 有限制地赋予被告人或犯罪嫌疑人异议权

在我国刑事诉讼缺席审判制度设计中，可以通过赋予犯罪嫌疑人或被告人异议权，让犯罪嫌疑人或被告人有救济的途径，但必须对异议权加以适当的限制。异议权制度是指刑事诉讼当事人对缺席审理的结果有异议的，可以向人民法院或者司法监督机关提出申请撤销和变更缺席判决的制度。但是如果异议权被无限制的滥用，将会严重损害司法的权威性，有碍国家刑事诉讼刑罚权的实现，同时也会损害当事人的合理信赖利益。所以应该赋予被告人或犯罪嫌疑人有限制的异议权，只有当被告人或犯罪嫌疑人能够提供明确的证据证明在缺席审理过程中存在不当或程序违法，并对其提供的证据查证属实的前提下，才能启动审判监督程序。如果在缺席审理期间被告人或犯罪嫌疑人主动归案或被司法机关引

渡回国能够亲自到庭参与案件的审理的，法院应当及时对案件终止缺席审理，转为普通刑事程序进行审理。如果被告人或犯罪嫌疑人对已经进行的法庭审理提出异议，可以向法院申请重新开庭审理，法院应根据实际审理情况和对提供的证据进行审查后综合考量是对案件进行重新审理，还是继续审理。如果在缺席审判程序已经完成后归案的，再向司法机关提出对已发生法律效力的缺席判决结果有异议，只要能提出确实有效的证据证明缺席审判存在错误，法院应当启动审判监督程序对其合法权益进行救济。①

---

① 参见蒋鑫鑫：《论我国贪污腐败案件刑事缺席审判制度的构建——以李华波案为例》，辽宁大学 2017 年法律硕士（政法干警）专业学位论文。

法学研究生毕业论文写作的症结反思与进路探索

向 燕[*]

毕业论文的写作是法学研究生教育质量的集中体现，也是衡量法学研究生个人是否受到充分的学术训练，是否具备相当的研究能力和写作能力的重要指标。我国高校法学院历来重视法律知识的传承灌输，但很少具体教授论文的写作。因此，法学研究生毕业论文的写作在很大程度上成为指导教师的职责。很多研究生在撰写毕业论文时历经茫然和焦虑，然而，经过数月的写作和指导，仍有不少论文在选题、文献运用、研究方法等方面均存在问题。这些问题颇具典型性，几乎在每一届毕业论文中都会出现。显然，这类问题的频发不仅仅缘于硕士研究生自身的写作态度和写作水平，还与教师的指导存在密切联系，值得从指导方法、过程及指导机制的层面予以反思。

一、法学研究生毕业论文写作的典型问题

（一）论文选题大或陈旧

好的选题是论文写作成功的一半。题目过大或者空洞，是目前法学硕士研究生毕业论文选题存在的具有普遍性的问题。题目选题大或空洞的表现为：第一，以某一宏观制度直接作为标题。以刑事诉讼法学硕士

---

[*] 西南政法大学副教授，法学博士。本文为重庆市研究生教育教学改革研究项目"以过程管理为中心的法学研究生毕业论文指导模式研究"（课题编号：yjg183042）的成果。

研究生的毕业论文选题而言，此种类型的题目如"以审判为中心诉讼制度改革研究""认罪认罚从宽制度实证研究"等。这类选题常常选取该学科领域的热点问题作为题目，但是并未从某一宏观制度中选取有意义的理论问题，或者从中选取某一个视角聚焦进行研究，可以说，这样的选题仅是做了研究方向的选择，还未完成细化选题的后续工作。第二，以某一具体制度进行系统研究。典型题目如"刑事侦查扣押制度研究""我国人民陪审员制度若干问题研究"。这类选题作为硕士论文的题目仍然过大，而且因为过大而缺乏聚焦，容易写出教科书式的体例，难以进行理论的探索和创新。第三，以某制度机制或者某制度的下属问题作为研究对象，但该研究缺乏显著的理论意义或实践价值。例如，"刑事诉讼中私人取证研究""被害人参与下的自诉转公诉研究"。这类选题比较具体，但题目相对陈旧，研究的意义并不重大。举例而言，刑事诉讼中私人取证本身数量不多，情形较少，实践中不存在较大问题，因此缺乏研究的价值。自诉转公诉制度在司法实务中虽然存在问题，但属于"老问题"，在缺乏新的制度背景、新材料或新方法的情形下进行研究，研究可能徒劳无功。做这样的选题，即便付出很多努力，最后结果也很可能是对既有研究的重复，难以有所突破，因此，这些都不是适宜的硕士论文选题。

（二）文献掌握概而不全

学术论文要有根有据，有所创新，都必须建立在文献基础上。有根有据，就必须拿文献说话；有所创新，就必须比对现有文献。[①] 法学硕士毕业论文有参考文献的要求，因此很少有论文缺乏引用和脚注，但这并不意味着作者做了充分的文献检索，并将其作为论文的有机组成部分加以运用。具体问题包括：第一，没有引用最新的文献。法律是一门与时俱进的应用科学，如果一篇论文的资料过于陈旧，体现不了法律的最新动态，忽略了理论的前沿，很容易导致论文写作的失败。例如，有学生在写作关于非法证据排除的论文期间，最高人民检察院、最高人民法

---

① 何海波：《法学论文写作》，北京大学出版社2014年版，第55页。

院、公安部、国家安全部和司法部联合颁布了《关于办理刑事案件严格排除非法证据若干问题的规定》，成为了该领域最新的司法解释。该生并未以此为根据进行讨论，也未关注最新的文献，成为论文的硬伤。第二，缺乏权威文献。在引注中缺乏权威文献的现象在硕士毕业论文中也较为常见。对于大多数选题而言，相关既有文献往往数量庞大，通常不能穷尽所有文献进行阅读和综述。因此，所谓的文献掌握概而不"全"，并不是说没有掌握全部的文献，而是没有掌握最为重要的权威文献。但是，如果毕业论文缺乏对权威文献引用、分析或批判，则会暴露出作者对该研究领域很不熟悉，甚至没有关注到该领域的重要成果。因此，缺乏权威文献并不是一个小问题，很可能因为研究基础薄弱，影响整个论文的合理建构。第三，没有对文献追根溯源，对研究的学术问题缺乏整体把握。法学硕士毕业论文通常都有文献综述的要求，即使没有作为硕士论文的必要组成部分进行硬性要求，为了研究的需要，硕士研究生也应该在文章的适当部分对既有文献进行一定梳理，并在此基础上展开自己的研究。硕士论文中文献综述的常见问题，一是对既有文献概括不全，综述选择的代表性文章或观点具有随意性；二是只综不述，即对文献的内容和观点进行了列举，但并未进一步对文献进行评论，从而引出自己研究的意义和价值。这实际上体现了作者对文献综述的目的欠缺理解，为了综述而综述，甚至是为了凑字数而综述。

（三）经验研究过于空泛

经验研究往往是法学论文中必要的研究方法。即便是一个理论性很强的选题，也应当有针对性地对现实问题作出回应，否则无异于研习"屠龙之术"。论文缺乏一定的经验基础，不仅会使文章充满无病呻吟的语句，对于作者而言，也会因言之无物，造成写作的焦虑和痛苦。经验研究的具体方法有很多种，例如，观察、问卷、访谈、调研、文献分析（如案卷、裁判文书）等。经验研究既可以是定量研究，也可以是定性研究。缺乏经验研究有几种典型的表现：第一种较为极端的情形，即对该题目只做理论研究，几乎没有经验研究。例如，"美国宪法第四修正案中隐私的合理期待理论研究"，显然，该文是要介绍外国法中的某一个理论,但在论文中并没有体现出该理论与我国的相关制度的联结,也未揭示对我国的法律与实践有何启示和意义,使得比较法的研究虽然翔实有趣,但较为脱离我国实际。第二种更为常见的情形是,经验研究做得不够深入。很多论文在标题中标明"某某制度/机制的实证研究",但文中真正称得上是实证数据和资料的内容乏善可陈。这类论文的特点是,存在一定形式和数量的经验研究,例如列举了个别案例,有对相关诉讼文书的统计分析,能够从中归纳、引申出一些观点,但由于经验研究只是浮光掠影地捕捉到个别现象,这些实证研究的功能似乎更多地在于装点门面,并没有深入揭示出司法实务中的真正问题,从而使论述缺乏深度。第三种表现是,实证研究的方法存在瑕疵。例如,一篇调研报告类型的法学毕业论文,在文章开头没有详细介绍运用了具体哪一种实证研究方法,文章中分析的案件来源和年限,依照什么方式进行抽样,[1]通过何种途径获取的具体案例等。这些信息的缺乏,将使读者怀疑调研的真实性,无法评价所抽取样本的普遍性和代表性,从而损害了研究的可信度。

(四) 域外考察存在"脱节"

就法学硕士研究生毕业论文的写作而言,比较法研究也是一种应该熟练运用的研究方法。一种常见的写法是将比较法研究作为独立的一部分,对与本论文的研究对象相对应的域外制度作一番考察。这样的写法只要运用得当,未尝不可。但从法学硕士研究生毕业论文的写作来看,一部分论文的比较法研究部分自成体系,成为单纯的外国法介绍,与文章的观点内容完全脱节;还有一些论文,直接对外国法的内容进行了借鉴,思路大概是国外法治更为发达,我国法律应当仿照修改。这样的写法缺乏对比较法内容的分析和评价,没有对法律现象背后的理论模型进行抽象和概括,也未对法律背后的制度环境、配套机制予以必要关注。当然,通过比较后进行理论抽象,对于法学硕士研究生论文的写作而言属于较高的要求,但是,在借鉴国外法律时,关注本国的国情,提出具

---

[1] 例如,有学生的毕业硕士论文只是介绍进行了"随机"抽样,究竟如何随机,则不得而知。

有现实可行性的对策建议却是一篇合格的法学研究生毕业论文的基本要求。实际上，域外国家的法律制度和司法实践，归根结底只是用作支持论文观点的材料，没有必要一定作为独立的考察部分。文章是否需要进行比较法研究、比较法研究在何处展开，是独立章节还是散见于相关论述，全应服从作者的整体思路和具体行文的需要，没有所谓定式可言。

二、法学研究生毕业论文典型问题的症结根源

法学研究生毕业论文中出现的典型问题，一方面，可归因于学生平时受到的学术训练的不足；另一方面，指导教师是否运用正确的方法进行指导并切实履行职责，也在很大程度上决定了研究生论文的质量和水平。法学研究生毕业论文出现的这些典型问题，反映了在指导研究生毕业论文的过程中，存在指导方法和指导机制的不足。这些不足体现在：

（一）平时缺乏学术训练

毕业论文写作中出现的问题，很多都可以归结为法学硕士生研究能力的欠缺。这些基本能力包括：从经验化的法律现象发现问题的能力；进行充分的文献检索和文献综述的能力；运用实证研究方法和比较研究方法的能力；进行批判分析的能力等。然而，研究能力的培养并非一日之功。如果在硕士研究生学习期间，没有通过课程教学和平时指导对研究生进行相当的学术训练，那么要在短短几个月的毕业论文撰写过程中，要求学生能够综合运用这些研究能力呈现出一篇良好的硕士毕业论文，无疑是一项繁重艰难的任务。同样，写作需要通过重复练习，才能逐渐养成思考的习惯，达到写作技巧的熟练运用和文字的简明通达。指导教师若平时没有组织学生学习讨论经典论文，不补充讲授研究方法，也不要求学生提交练习论文，这些平时学术训练不够引起的能力欠缺，自然会在毕业论文写作时暴露出来，成为后期需要"恶补"的对象。

（二）选题阶段盲目草率

论文选题的重要性不言而喻，指导教师应当对选题承担首要的把关职责。可以说，如果硕士研究生的选题存在过大或陈旧的问题，指导教

师有不可推卸的责任。对于学生提出的不适格的选题,指导教师任由学生自主决定,没有提出建设性的意见,或者希冀学生在写作期间能够进一步细化而不是在选题之初就仔细研究具体的研究对象,常常会导致学生沿着错误的方向进行写作,最后会事倍功半,甚至可能写到最后因为无法进行,不得不修改题目。选题阶段的盲目草率必然会导致写作的困难,同时,也决定了论文的质量。因此,确定选题应当作为指导毕业论文的首要阶段认真对待。

(三) 开题阶段流于形式

开题阶段常常是由具体学科的硕士研究生导师组成答辩委员会,对硕士研究生的开题报告进行审查。开题阶段有两个主要的功能:一是决定学生选题是否通过;二是对学生的研究方案提出指导和建议。开题阶段如果流于形式,可能会带来两个后果:一是使学生在选题方面的问题没有得到及时纠正,从而使其成为毕业论文的最终问题。二是对于学生在开题报告中的文献综述、研究的整体思路和总体设计,没有进行及时指导和把关,而是拖延至初稿完成的阶段由指导教师再行纠正,从而增加了无效的写作,增大了修改的难度。对于一些调研报告型的论文,可能还会因为缺乏及时指导,致使学生在实证调研和收集数据时存在方向性的错误,造成事后补救的困难。

(四) 写作阶段缺乏互动

论文的写作阶段实际上有两个不同的阶段。一是论文初稿的写作期间,学生可能会面临一些具体的问题,需要获得教师的指导。这些问题既包括写作的步骤和方法问题,如资料的可能来源、该领域的权威作者和文献、实证研究方法的选择等,也包括在写作中遇到的具体问题,如遇到了文献收集的障碍,或是调研情况不符合预期,按照既定提纲难以进行等。学生若能及时与指导教师沟通,就能够根据写作的实际情况,对开题阶段确定的研究思路和整体设计进行及时调整。二是论文初稿写成之后的修改阶段,教师需要对论文的结构、观点、论证、文字、形式规范等方面,有针对性地提出修改意见。写作的第二个阶段是指导的重点阶段，应该予以足够的重视。只有经过反复的指导和修改，论文才能趋于完善。那些出现了较大质量问题的毕业论文，通常在这个阶段存在互动不足的问题，或者是教师指导不足，或者是学生未按指导认真修改。

三、建立以过程管理为中心的法学研究生毕业论文指导模式

法学研究生的毕业论文写作一般包括选题阶段、开题阶段和写作阶段。在以上环节的论文指导工作中，硕士生导师应当通过分阶段的指导模式，有计划有重点地对论文写作进行过程管理。这种以过程管理为中心的毕业论文指导模式包括以下内容：

（一）注重平时学术训练

平时的学术训练和积累是顺利完成毕业论文写作的基础。教师在平时的教学和研讨中，应该重视对法学研究生进行以下训练。

第一，文献检索训练。文献收集和研究是绝大多数法学类论文写作的首要步骤。中文和外文资料的检索，尤其是数据库的运用需具备一定的技巧。学生在收集资料之前，需要掌握文献检索的方法。尤其对于运用比较法研究的论文写作而言，文献检索是必不可少的基本技能。在英美法系国家运用最为广泛的法律类外文数据库，如Westlaw、Lexis、Hein online等，都要求研究者懂得如何正确地使用关键词和连接词，从而获得相关的文献。因此，在有条件的高校，教师应鼓励学生参加由Westlaw、Lexis组织的讲座培训。在没有这类讲座培训的高校，教师应主动对检索方法进行讲解，以解决文献检索的基本问题。即使是中文数据库的运用，教师也应跟学生讲解如何通过核心期刊和权威作者的搜索，辨识本研究领域的重要文献。就笔者指导研究生的经验而言，如果指导教师在平时进行了文献检索的训练，学生的选题能力和写作质量能够得到大幅度提高。一方面，学生通过外文数据库的检索获取了新的资料，能够拓宽论文的选题，丰富了写作的素材；另一方面，由于获取了该领域的权威文献，学生能够把握住研究对象的相关重要议题，在写作

时不容易写偏题。

第二，文献精读训练。写作本身是一个先模仿再创新的过程。对经典文献进行精读对从事研究的初学者尤为重要。一些法科研究生的毕业论文的文体和语言缺乏法学论文的基本风格，论述过程中逻辑层次混乱，这都与平时阅读和学习经典文献的欠缺有很大关系。在精读过程中，教师应指导研究生留心记录作者的表达和措辞，观察标题、段落与句子之间的逻辑关系，学习如何用文字表述自己的思想。此外，教师也应通过对文献的指定阅读和组织讨论，引导学生琢磨问题是怎么提出的，作者如何解决问题，研究是否有独特贡献，是否还存在不足等，从而将精度训练进一步转化为创新思维的培养。文献精度训练对指导教师自身研究能力的提高也大有裨益。因此，定期举办读书会是一个较好的平时训练方法，能够同时促进教师与学生对经典文献和前沿文献的学习，达到教学互长的目的。

第三，研究方法训练。研究生的课堂教学中较多地偏重理论研究，对比较研究方法和实证研究方法讲授较少。但是，这两种研究方法却是在法学硕士毕业论文中常常用到的研究方法，如果指导教师不在平时的学术训练中补充讲授，难免得在毕业论文写作阶段临阵磨枪，而且效果未必理想。对于比较法研究方法的运用，最重要的是要结合相关制度背景来进行比较，从而透过现象看本质。例如，在刑事诉讼中，我国的证据制度中存在印证规则，而英美法系国家有补强证据规则。比较中西方印证证明的司法实践，可发现作为认知规律的印证模式具有合理性与普适性，而作为法律规范的印证规则，因其内容与本国程序机制的匹配程度不同而存在优劣之分。通过上述分析论证，进而可以抽象出一个具有新意的理论观点，即印证规则与程序机制存在相互限制、相互作用的能动关系。[①] 这样的比较法研究就能够从普遍的经验现象中，获取有意义的结论。就实证研究方法的运用而言，关键在于研究方法的规范性。对

---

① 向燕：《印证证明与事实认定：以印证规则与程序机制的互动结构为视角》，载《政法论坛》2017 年第 6 期。

于问卷调查、案卷分析等定量研究,教师应讲解样本的选择、抽样的方法、对比组与实验组的分组、问卷的设计等基本知识;对于个案研究、访谈等定性研究,教师可以讲解典型对象的选择、访谈提纲的拟定等,从而为学生基本掌握实证研究方法并为其继续钻研提供基础。

(二) 选题阶段紧抓问题意识

关于法学研究生毕业论文的选题要求,需要注意以下要求:一要考虑选题本身的新颖性,是否结合了时下的改革热点和理论争议焦点,是否对传统题目选取了新的视角,或者是否拟运用新的研究方法或者研究资料。二要考虑选题的理论价值和实践意义。三要考虑作者自己的研究兴趣和研究能力。选题尽可能由研究生自己提出。由指导老师指定的题目,不一定契合研究生本人的兴趣和积累,很容易导致思考不够,最后依赖导师对论文的总体设计进行全面指导和步步推动,成为实际上是导师在写论文。四要选取"以小见大"的题目。对学生提出的较大的选题,指导教师应当提示学生对选题予以进一步细化,并对最后选题的可行性进行把关。

如果在选题过程中把握住"具有问题意识"的要领,以上对法学研究生毕业论文选题的要求通常就很容易满足。所谓问题意识,是指法学论文的选题提出了一个好的问题。研究者的思考、研究成果中的论证,通常都是在特定的问题引导下或围绕相关问题而展开的。[①] 这样的问题可能是立法或司法中的问题,也可能是一个理论问题。不过,即使选题发现的是立法或司法中的问题,也应当具有理论价值,以符合法学研究的本义。如果选题具有问题意识,表明研究生的确关注到法律制度或理论的有意义的问题,那么选题一定是具有研究价值的;若这个问题是既有研究没有涉及或是研究很少的,表明选题具有新颖性。此外,具有问题意识的选题,在写作时当然需要追根溯源地揭示问题发生的原因、问题是什么、问题如何解决,这样的写作自然能够脉络清晰、内容充实。因此,在选题阶段,教师应当紧抓选题的问题意识,学生也应以

---

① 顾培东:《法学研究中问题意识到问题化思考》,《探索与争鸣》2017年第4期。

问题意识为选题的出发点,从而避免选题的空洞宽泛。

(三) 开题阶段把握实质

开题阶段是导师组对研究生毕业论文的选题和整体设计进行把关的阶段,可以为写作提供具体的指导,并有效避免写作过程中的无效劳动。导师组及指导教师应当明确开题阶段的具体任务并加以落实:第一,对选题进行进一步审查。指导教师同意的论文选题可能仍然存在不适宜的问题,导师组应当根据选题要求对论文选题提出是否同意及具体的修改意见。第二,对论文的整体设计进行审查。对开题报告中撰写的文献综述、结构层次、具体内容等进行审查,根据学生目前的研究状况和思路,有针对性地提出指导和意见。第三,对研究方法进行提示。对该文是写成理论研究型、实证调研型、应用研究型的论文,需要运用理论研究、实证研究、比较研究还是交叉学科研究的方法提出指导意见。指导教师宜列席开题答辩,在开题阶段结束后,指导教师应当综合开题阶段导师组的意见,与硕士研究生就论文的选题和写作方向进行再次沟通,以保证相关意见的顺利传达和实施。

(四) 写作阶段有效沟通

写作阶段是法学研究生硕士毕业论文指导的核心阶段。论文质量在很大程度上取决于学生的个人能力和努力程度,但如果想完成一篇合格的乃至高质量的学术论文,导师的介入和指导不可或缺。要在写作阶段实现导师与学生的有效沟通,需要在以下方面注意指导:第一,对论文的结构层次进行审查。论文的结构层次反映了作者的研究思路和基本逻辑。结构层次不清晰的论文,往往反映了作者思路的混乱,也严重影响了文章的观感。尽管在开题阶段,导师组已经对论文的基本框架提出了指导意见,但在写作过程中,论文结构可能根据写作的实际发生了变化。对于论文结构层次存在问题的论文,指导教师应帮助学生厘清思路,制定完整清晰的论述结构。第二,对论文的核心观点体系进行审查。很多法学研究生的毕业论文都没有自己的观点可言。在写作修改过程中,教师应指导学生提炼自己的核心观点,并形成观点的体系,即在核心观点之下提炼支撑的分论点,在分论点之下再提炼更小的论点。第三,对论文的论证行文进行审查。不论是教师还是学生,不论是否接受过充分的平时学术训练,对论文的论证和行文都需要进行反复修改和推敲,才可能实现论证充分、文字通顺。教师应当要求学生自行审查文章大标题与小标题之间、小标题与段落之间以及段落与分句之间的逻辑关系。做到所有的小标题都是围绕文章大标题展开,分段落的内容都从属于相关小标题,段落与段落之间是并列或递进关系,段落中的素材数据均能支撑主题句,段落中句子与句子之间具有明晰的逻辑关系。第四,需要注意脚注引用和格式规范,严禁学术剽窃,避免触犯学术写作的红线。

综上,通过对法学研究生毕业论文的写作进行过程管理,注重平时学术训练,选题阶段紧扣问题意识,开题阶段把握实质,写作阶段加强沟通互动,从而分阶段地解决毕业论文写作的核心问题,能够在很大程度上减少法学研究生毕业论文出现典型问题的情况,提高研究生毕业论文的质量,并在这样的指导互动过程中,进一步提高学生的研究能力和写作能力。

域外法制

德国刑事协商的立法规制

——新立法能否解决协商困境?[*]

[英] Regina E. Rauxloh[**] 著 王 彪[***] 译

一、引言

在德国刑事审判中,不存在普通法中的认罪答辩机制。因此,在严格意义上不能使用辩诉交易一词。尽管如此,以自白换取从轻判决为中心的非正式协商在德国刑事程序中发挥着越来越重要的作用。[①] 人们声称,当今的德国"如果没有非正式协商,则刑事诉讼将变得不可想象"。[②] 关于非正式协商,在经过数年的学术讨论以及随着判例法的发展,德国联邦议会(Deutscher Bundestag)刚刚通过了新的立法来规制协商并使其成为诉讼程序中的一部分。[③]

---

[*] 本文原载美国 Fordham International Law Journal, Vol. 34, 2011。

[**] 作者系英国萨里大学(University of Surrey)法学院高级讲师,法学博士。

[***] 译者系西南政法大学诉讼法与司法改革研究中心副教授、硕士生导师,法学博士。本文的翻译和发表取得了作者与原载期刊的授权,译者表示感谢。译文系重庆市教委2016年人文社科项目(基地项目)"程序性辩护中的被告人举证问题研究"的成果。

[①] 参见 Thomas Rönnau, Die Absprache im Strafprozeβ - Eine rechtssystematische Untersuchung der Zulässigkeit von Absprachen nach dem geltenden Strafprozessrecht, 249 (1990).

[②] Lutz Meyer - Groβner, Gesetzliche Regelung der "Absprachen im Strafverfahren"? 2004 Zeitschrift für Rechtspolitik [ZRP] 187, 187.

[③] 参见 Gesetz zur Regelung der Verständigung im Strafverfahren, 7月29日, 2009, Bundesgesetzblatt, Teil I, [BGB1. I] at 2353。

作为大陆法系国家，德国的刑事司法体系①以这样的理念为基础，即刑事审判的主要目标是发现实体真实，②而不是裁判相互竞争的当事人哪一方能够呈现更好的案件，法庭自身必须发现案件的事实真相。德国《刑事诉讼法典》第244条第（2）款是这样规定的："为了调查事实真相，法院应当依职权将证据调查延伸到所有对于裁判具有意义的事实、证据上。"③ 发现真实是一个客观的目标，而不会屈从于被告人或公诉人的利益。所以，认罪并不是对被告人定罪的充分条件。自白只是各种证据形式中的一种，而不具有定罪的程序功能。尤其不足以终止甚至避免一场审判。尽管如此，我们在刑事程序的所有阶段都能发现一些与英美辩诉交易相当的协商。

这篇文章将概述德国非正式协商程序的发展演变与当前的实践状况，并对2009年立法所确立的新程序展开讨论。第一部分探讨了与普通法系统中的辩诉交易相当的德国的非正式协商程序是如何在一个更为广泛的范围内被运用的。第二部分解释在德国刑事诉讼中使用非正式协商的主要原因。第三部分讨论程序框架，探求协商发生的语境以及这种协商的可能内容，以及这种协商的主要问题。第四部分展示了德国最高法院对非正式协商实践进行规制的失败最终导致联邦立法。第五部分讨论联邦立法对协商实践的规制。第六部分讨论非正式系统发展的问题，更高级别的法院或者立法机构都不能预防或控制，进而产生了实践中的法律与理论上的正当程序原则的关系问题。最后一部分总结认为，与普通法国家的辩诉交易一样，德国的非正式协商标志着理论与实践之间裂隙的增大，而这是新的德国法所无法消除的鸿沟。

---

① 德国刑事诉讼程序及其主要法律原则介绍，参见 Nigel Foster，《德国法律体系与法律》212—228（第二版.1996）。
② 参见 Bundesverfassungsgericht［BVerfGE］［联邦宪法法院］5月26日，1981年，57 Entscheidungen des Bundesverfassungsgericht［BVerfGE］250（275），1981。
③ Strafprozessordnung［StPO］［刑事诉讼法典］，4月7日，1987年，Bundesgesetzblatt, Teil I ［BGB1.I］1074，修订版，§244（2）。

二、德国早期的非正式协商

就像在英格兰和威尔士一样,德国的非正式协商最初的发展也未引发关注。当美国学者 John Langbein 宣称德国是一个 "没有辩诉交易的国度"① 的时候,非正式协商已经被常规性地运用了。非正式协商尽管很可能早就以某种形式出现了,② 但一般还是认为在 20 世纪 70 年代中期前后,这种协商的常规性运用出现于大量的诸如金融犯罪、③ 偷税、环境犯罪以及与毒品相关的犯罪④等程序中。⑤ 在这些领域非正式协商迅速扩展的一个原因是法院和公诉机关都在日益超负荷运转。⑥ 在过去的 40 年间,这些领域的刑事案件数量增长迅速,金融犯罪越来越多地被起诉,毒品犯罪也大量地增长。尽管如此,正如 Rieβ 所言,法律工作者的数量也相应地增加了;所以,仅仅案件数量的增长本身还不足以解释非正式协商的发展。⑦ 各种程序综合作用导致程序参与者选择新的方式去处理案件数量问题,而非案件数量的增长本身。

导致审判时间显著增长的原因是这些领域的实体刑法发生了重大的变革。20 世纪 70 年代末,关于环境犯罪,毒品相关的犯罪以及像税收、会计欺诈等金融犯罪的法律已经被完善、修改并且最重要的是被扩

---

① John H. Langbein,"无辩诉交易之地:德国如何运行的?",78《密歇根法律评论》,204,204(1979)。
② 参见 Hans - Peter Marsch, Grundregeln bei Absprachen im Strafverfahren, 2007 ZRP 220, 220。
③ 经济犯罪不仅仅包括白领犯罪或商业诈骗;它同样包括,例如,污染。参见 Leonard H. Leigh & Lucia Zedner, The Royal Commission on Criminal Justice: A Report on the Administration of Criminal Justice in the Pre - trial Phase in France and Germany 40)(1990)。
④ 参见 Herbert Landau & Ralf Eschelbach, Absprachen zur strafrechtlichen Hauptverhandlung, 1999 Neue Juristische Wochenschrift [NJW] 321, 321。
⑤ 参见 Symposium, Deutscher Juristentag: Die Beschlüsse, 1990 NJW 2991, 2992。
⑥ 参见 Raimund Hassemer & Gabriele Hippler, Informelle Absprachen in der Praxis des deutschen Strafverfahrens, 1986 Strafverteidiger [StV] 360; Georg Küpper & Karl - Christian Bode, Absprachen im Strafverfahren - Bilanz einer zehnjährigen Diskussion, 1999 Jura 351, 354。
⑦ Peter Rieβ, Zur Entwicklung der Geschäftsbelastung in der ordentlichen Gerichtsbarkeit, 1982 Deutsche Richterzeitung [DRiZ] 201, 201, 464。

张了。① 可以说，最重大的发展是在犯意以及因果关系的变化上。在很多新的犯罪中，特别是环境犯罪和金融犯罪，损害结果是超过一个可被识别的行为造成的，导致危险本身变成了犯罪的犯意。传统的行为和结果犯罪概念被"导致危险犯罪"所替代。这就导致证明犯罪变得非常困难。② 合法与非法危险的分界点在哪里？造成那种危险的范围是什么？在何种程度上被告人需要注意危险？为了消除关于证据的问题，刑事责任向前往行为推移，那样犯意就能在事件链更早的阶段被发现。③

关于合法与犯罪行为的区分越来越依赖于被告人的心理状态。比如，如果被告人预见到或者能够预见到危险的存在，则行为就被认为是危险的。如果没有自白，证明犯意需要大量的间接证据。对这些种类的犯罪进行侦查要求过滤、审查数以百计的文件、证言（其中很多证人有时还要从国外带回德国，比如与国际贸易有关的犯罪）。结果，为了出示并审查证据，侦查和审判的时间大大延长了。复杂的有着各种各样程序保障的德国刑事程序，与这些实体法中的新要求不相配套。尽管司法人员的增加起初抵消了案件数量的增长，④ 但这些案件耗费的大量时间和精力仍不可避免地导致公诉机关和法院的案卷堆积如山。因此，大量的金融犯罪被认为是非正式协商⑤的初始和主要领域。⑥

1982 年，一名刑事辩护律师以"秘密"（Detlef Deal）为笔名在德国发表了一篇文章，详细地描述了在大量刑事案件中普遍存在的非正式

---

① 参见 Joachim Herrmann, Absprachen im deutschen Strafverfahren, 31 – 32 Archivum Iuridicum Cracoviense 55, 56（2000）（Pol.）。
② 参见 Thomas Rönnau, Die Absprache im Strafprozeβ – Eine rechtssystematische Untersuchung der Zulässigkeit von Absprachen nach dem geltenden Strafprozessrecht, 45（1990）。
③ 参见 Kai – D Bussmann, Die Entdeckung der Informalität：Über Aushandlungen in Strafverfahren und ihre juristische Konstruktion, 23（1991）。
④ 参见 Raimund Hassemer & Gabriele Hippler, Informelle Absprachen in der Praxis des deutschen Strafverfahrens。
⑤ 参见 Kai – D Bussmann, Die Entdeckung der Informalität：Über Aushandlungen in Strafverfahren und ihre juristische Konstruktion, Bussmann 的研究发现在金额犯罪领域职权主义诉讼模式是少有的例外。
⑥ 另一个领域是与毒品相关的犯罪。自从 20 世纪 60 年代末以来，涉毒行为逐步增多，20 世纪 70 年代开始对毒品犯罪的起诉增多，以及增加的犯罪化，特别是 1982 年的禁毒法（Betäubungsmittelgesetz），导致这些犯罪的数量和诉讼时间大为增长。Id. at 30.

协商。① 他明白地指出这种实践不但广泛而且隐蔽:"几乎每个人都知道它的存在,几乎每个人都做了,但就是没有人把它大声地说出来。"② 在他看来,正式审判已经退化为一个"剧院",诉讼参与人假装在努力寻找一个事实上早就被各方认可的判决。尽管面临各方的强烈批评,但司法实务部门并没有被吓退而是继续进行非正式的协商。今天,大部分参与的律师都认为如果没有非正式协商,法院将无法应对大量的金额犯罪。③ 比如,在下萨克森州(Lower Saxony),有组织犯罪领域超过80%的案件都是通过非正式的协商解决的。④ 有趣的是,非正式程序也向轻微犯罪延伸,⑤ 甚至现在在强奸、加重型抢劫以及谋杀⑥等严重犯罪中也能发现非正式协商,尽管这仍然属于例外。⑦

三、非正式协商的主要原因

非正式协商在德国刑事领域产生并扩展的原因有以下几点。如同在英美法国家,德国的评论家经常提到法院与公诉机关不断增长的案件压力是非正式协商扩展的主要原因。法律专家也认为如果没有非正式协商,刑事程序就会崩溃。⑧ 所以,人们认为非正式协商有助于维持现有的刑事司法程序。⑨ 另一个原因是现代立法的特征。刑事法某些领域越

---

① Detlef Deal, Aus der Praxis: Der Strafprozessuale Vergleich, 1982 StV 545.
② Id. at 545.
③ 参见 Gunter Widmaier, Der Strafprozessuale Vergleich, 1986 StV 357。
④ Elisabeth Heister – Neumann, Absprachen im Strafprozess – Der Vorschlag Niedersachsens zu einer gesetzlichen Regelung, 2006 ZRP 137, 137.
⑤ 参见 Werner Schmidt – Hieber, Verständigungen im Strafverfahren, in Absprachen im Strafprozeβ – ein Handel mit der Gerechtigkeit? 52 (1987)。
⑥ 参见 Bundesgerichtshof [BGH] Aug. 28, 1997, 43 Entschedungen des Bundesgeritshofes in Strafsachen [BGHSt] 195 (197), 1997; BGh May 13, 1997, 11 Neue Zeitschrift für Strafrecht [NStZ] 561, 1997; BGH Oct. 19, 1993, 4 NStZ 196, 1994。
⑦ 参见 Joachim Herrmann,《协商正义—为获得德国刑事正义进行的协商?》, 53 U. Pitt. L. Rev. 755, 756 (1992)。
⑧ 参见 Thomas Rönnau, Die Absprache im Strafprozeβ – Eine rechtssystematische Untersuchung der Zulässigkeit von Absprachen nach dem geltenden Strafprozessrecht, 20 (1990)。
⑨ 参见 Christian Lüdemann & Kai – D Bussmann, Diversionschancen der Mächtigen? Eine empirische Studie über Absprachen im Strafprozeβ , 1989 Kriminologisches Journal [KrimJ] 54, 69。

来越复杂意味着法院不仅仅超负荷工作，事实上还超出了其能力。① 另外，从行为犯或者结果犯转变为危险犯罪意味着案件的结果更加不可预见。② 案件结果的不可预见性迫使控辩双方在审前达成协议。对所有法庭人员来说，非正式协商意味着案件更容易、更快地解决。

  非正式协商增长的另外一个原因是刑罚理论的变迁。传统的观念认为刑罚的主要功能是报应，现在已被这种理念所补充，即一般和特别威慑。③ 以威慑为目的使以省时、省力为目标的刑事司法系统变得合法化了，与其相对的是绝对报应理论，这种理论只考虑正义本身。④ Herrmann认为刑事程序的功能不再仅是执行刑法典，且要有助于社会问题的解决。⑤ 在他看来，如果所有的诉讼参与者达成一致的看法，正义就实现得越多；如果被告人接受判决，则挽救功效更容易实现。⑥ 但是达成最低刑罚的协议也可能不必然意味着接受这种判决，很可能仅仅是选择一种更小的恶而已。

  与判决目的改变相关的是关于非正式协商的发展反映了国家与市民间新关系的发展的争论。⑦ 刑法中掌握权力的国家与附属市民之间的阶层内部关系被越来越多的平等参与者之间的合作关系所取代。这种特别的关系在行政法中早就被确认了，国家与市民在讨论中发现解决问题的办法而不是像刑事法中迫使其接受惩罚。在刑法领域，这种改变是在白领犯罪、环境犯罪中开始的，在这些犯罪中立法不顾刑法的谦抑原

---

① 参见 Kai - D Bussmann, Die Entdeckung der Informalität: Über Aushandlungen in Strafverfahren und ihre juristische Konstruktion, at 61.
② Id. at 25.
③ 参见 Bernd Schünemann, Die Verständigung im Strafprozeβ - Wunderwaffe oder Bankrotterklärung der Verteidigung? 1989 NJW 1895, 1898.
④ 参见 Thomas Rönnau, Die Absprache im Strafprozeβ - Eine rechtssystematische Untersuchung der Zulässigkeit von Absprachen nach dem geltenden Strafprozessrecht, at 61.
⑤ Joachim Herrmann,《协商性司法——德国刑事程序中的辩诉交易?》, 53 U. Pitt. L. Rev. 755, 756 (1992), at 775.
⑥ Id. at 775.
⑦ 参见 Id. at 775.

则。① 之前被国家与市民之间可以自由协商②的行政法管辖的领域，现在被以强制性惩罚为原则的不灵活的刑事程序法来处理。③

随着社会生活越来越复杂，立法拓展了刑法典的管辖领域，规制了越来越多的行为，如禁止污染物处理，这些领域原本都不属于传统犯罪的概念。④ 刑法传统上主要处理被社会放逐或者至少处于社会边缘的人的离经叛道行为，而现在刑事法则包括社会各阶层的人所犯之罪。⑤ 与此相关，Bussmann 认为法院在大规模的诉讼程序中对被告人宽大处理，不仅仅是因为法院被复杂的法律条款所烦扰，也是因为阶层划分的趋势所致；⑥ 金融、税收以及环境犯罪的被告人经常是社会中最受尊敬的群体，他们与公诉人和法官有着类似的背景。这些因素共同对刑事程序起作用。在传统上，刑事诉讼反映了市民对国家的依附地位，诉讼当事人试图通过合作与同意解决纠纷从而产生了一种新的相互作用的模式。⑦ 结果，被告人在刑事诉讼中的自主性加强了。⑧ 通过正式的指控与判决被非正式的讨论与协商所替代，非正式协商反映了这种变化。

四、程序框架

在没有认罪答辩程序的德国刑事诉讼程序中，与辩诉交易类似的司

---

① 参见 Thomas Rönnau, Die Absprache im Strafprozeβ - Eine rechtssystematische Untersuchung der Zulässigkeit von Absprachen nach dem geltenden Strafprozessrecht, at 45。
② 参见 Werner Schmidt - Hieber, Absprachen im Strafprozeβ - Privileg des Wohlstandskriminellen?, 1990 NJW 1884, 1884。
③ Kai - D Bussmann, Die Entdeckung der Informalität: Über Aushandlungen in Strafverfahren und ihre juristische Konstruktion, at 25. 强制性起诉是一项确保免于被专横地选择调查的原则，该原则意味着所有的犯罪都应该被起诉。
④ 参见 Georg Küpper&Karl - Christian Bode, Absprachen im Strafverfahren - Bilanz einer zehnjährigen Diskussion, at 355。
⑤ 参见 Götz Gerlach, Absprachen im Strafverfahren: ein Betrag zu den Rechtsfolgen fehlgeschlagener Absprachen im Strafverfahren, 23（1992）。
⑥ Kai - D Bussmann, Die Entdeckung der Informalität: Über Aushandlungen in Strafverfahren und ihre juristische Konstruktion, at 29。
⑦ 参见 Joachim Herrmann, Absprachen im deutschen Strafverfahren, at 78。
⑧ 参见 Bernd Schünemann, Die Verständigung im Strafprozeβ - Wunderwaffe oder Bankrotterklärung der Verteidigung? 1989 NJW 1895, at 1898。

法实践是如何发生的是一个很重要的问题。尽管一些协商是在正式的听证程序中才开始的,但一些非正式协商却与那些带有裁量性质的程序有关,因为它是所有犯罪必须被起诉的强制起诉原则的例外。

经常发生非正式协商的主要程序之一就是处罚令程序（Strafbefehl）。① 《刑事诉讼法典》第 407 条规定,轻罪案件,在证据充分的情况下,检察官有权请求法官通过处罚令处罚被告人。② 如果被告人不上诉,处罚令就代替了所有其他的程序,被告人马上就获得罚金或缓刑的处罚。这样它就避免了一场完整的审判而与普通法国家的有罪答辩类似。所以,处罚令是乐于被接受的非正式协商的起点也就不足为奇了。如果被告人愿意接受处罚令建议的刑罚,辩护人和公诉人则会同意程序不再推进而仅仅要求处罚令。③ 通常,辩护人与公诉人协商刑罚,而法官则接受公诉人建议的处罚令。④ 今天,大约 35% 的刑事案件是通过处罚令程序解决的,就像假设的一样,这些案件中的许多都建立在非正式协商的基础上。⑤

另一个非正式协商的起点是不予起诉。根据《刑事诉讼法典》第 153 条的规定,如果起诉的根据仅仅是轻微的犯罪且不涉及公共利益,在法院同意的情况下公诉人可以对轻罪以不重要为由不予起诉。⑥ 如果审判程序已经开始,在公诉人与被告人协商一致的情况下法院也可以撤销诉讼。这一条款也是强制起诉原则的例外。

最初,第 153 条只可以在非常严格的条件下适用,但司法实务者要求拓宽其范围。在法律界人士的坚持下,为了应付大量的轻微犯罪,

---

① 参见 Werner Schmidt – Hieber, Vereinbarungen im Strafverfahren, 1985 NJW 1017, 1017。
② StPO, Apr. 7, 1987, BGBl. I 1074, as amended, § 407.
③ 参见 Joachim Herrmann, Absprachen im deutschen Strafverfahren, 31 – 32 Archivum Iuridicum Cracoviense 55, 56 (2000) (Pol.), at 56。
④ Id. at 66.
⑤ Bernd Schünemann, Absprachen im Strafverfahren? – Grundlagen, Gegenstände und Grenzen, B153 n. 461 (1990). 在德国,有些州通过处罚令程序处理的案件超过正式审判处理的案件。参见 Joachim Herrmann, Absprachen im deutschen Strafverfahren ［德国刑事程序中的协商］, 31 – 32 Archivum Iuridicum Cracoviense 55, 56 (2000) (Pol.), at 65。
⑥ StPO, Apr. 7, 1987, BGBl. I 1074, 修订版, §153.

1974年第153条a款被引入。这一条款使公诉人能够避免对部分或者全部案件提起公诉,甚至在涉及公共利益的情况下,如果这种利益能够被被告人达成某些条件——通常是向慈善机构捐赠一笔钱——所超过。① 第153条a款最初被作为"美国辩诉交易的引进""黑幕马交易""耳语程序"以及"购买程序"而受到严厉批评。② 尽管如此,这条规则却不是一个全新的创造。立法事实上跟随一个既存的非正式实践,即认为如果被告人服从公诉的指挥则公诉中的公共利益就被实现了。这是一个法庭参与者将法律条文如此延伸,以至于立法者被迫调整法律以适应法律人,而不是后者适应前者的例子。这也成了德国非正式协商发展的一般模式。

尽管立法满足了实践者的需求,并在一定程度上将协商立法化,但法庭参与人仍在立法框架之外进行操作。第153条a款被限制为仅适用轻微罪或证据充分的轻罪。然而,在大规模的诉讼程序中,这一条文被大大地扩张适用于既不是大量的犯罪也不是轻微犯罪,③ 而且这些限制经常被突破。④ 1993年,这一条款放宽了轻罪这一限制,表述为"无论犯罪的严重与否"。⑤ 再一次,立法跟随司法实践突破法律的界限。⑥ 第153条a款在今天经常被作为非正式协商的基础来运用。特别是在初步

---

① 根据第153条a款(2)项,如果已经起诉,如果被告人和公诉人同意,法院可以作出同样的决定。Id. §153 a.
② 参见 Werner Schmidt – Hieber, Verständigungen im Strafverfahren, in Absprachen im Strafprozeβ – ein Handel mit der Gerechtigkeit? 52 (1987), at 50。
③ 参见 Kai – D Bussmann, Die Entdeckung der Informalität: Über Aushandlungen in Strafverfahren und ihre juristische Konstruktion 23 (1991), at 28。
④ 参见 Joachim Herrmann,《协商性司法——德国刑事程序中的辩诉交易?》,53 U. Pitt. L. Rev. 755, 756 (1992), at 775。
⑤ StPO, Apr. 7, 1987, BGBl. I 1074, as amended, §153a. 有趣的是,立法没有把握这次机会去强调非正式协商是这样还是那样。
⑥ 参见 Bernd Schünemann, Die Verständigung im Strafprozeβ – Wunderwaffe oder Bankrotterklärung der Verteidigung? 1989 NJW 1895, at 1896. 同样适用于第154条和154条a款,如果法庭想要因被告人自白或者撤回有关证据可采性的动议时奖励被告人,有时会适用这两个条款,即使相关要求没有完全得到满足。参见 Thomas Rönnau, Die Absprache im Strafprozeβ – Eine rechtssystematische Untersuchung der Zulässigkeit von Absprachen nach dem geltenden Strafprozessrecht 249 (1990), at 32。

调查程序期间，法庭参与人同意如果被告人付一笔罚金调查就会停止是一件平常的事。①

实践中，第153条a款具有使被告人有利或不利的伸缩性。在证据不充分的案件中，适用第153条a款对被告人不利且侵犯了其权利，②因为无罪推定意味着根本就不应该有起诉。就像在英格兰和威尔士一样，为了换取自白或撤诉导致的结果是公诉人在起诉时提起一个更严重的罪名仅仅是为了有更多的筹码去交易。③ 更为经常的是，第153条a款是对被告人有利，特别是在不仅仅是轻微犯罪的经济犯罪中适用该条。④ 为了协商，案件经常被重新定义以期适应第153条a款的要求；比如，伪证也许会变成更轻一些的未经宣誓的虚假陈述罪。⑤

（一）非正式协商的语境

德国非正式协商通常在案件涉及复杂的证据和法律问题时发生。法院越是超负荷运转，越是想避免复杂的案件。⑥ 许乃曼（Schünemann）通过研究发现如果案件有困难的法律问题，77%的法官、73%的检察官以及51%的辩护律师倾向于非正式协商。⑦ 如果证据有问题，这项研究显示91%的法官、90%的公诉人以及53%的辩护律师更倾向于非正式协商。⑧ 在有无数的卷宗和证人需要调查的大型案件中情况更是如此。通常，案件太过于专业以致法院需要依赖昂贵的专家证言。所有这些因素都意味着审判需要花费大量的金额和时间，从而增加了非正式协商的

---

① 参见 Joachim Herrmann, Absprachen im deutschen Strafverfahren, 31-32 Archivum Iuridicum Cracoviense 55, 56（2000）（Pol.）, at 56。
② 参见 Bernd Schünemann, Absprachen im Strafverfahren? - Grundlagen, Gegenstände und Grenzen（1990）, at B19。
③ Id. at B109.
④ 参见 Thomas Rönnau, Die Absprache im Strafprozeβ - Eine rechtssystematische Untersuchung der Zulässigkeit von Absprachen nach dem geltenden Strafprozessrecht 249（1990）, at 37。
⑤ 参见 Hans Dahs, §153a StPO - ein 'Allheilmittel' der Strafrechtspflege, 1996 NJW 1192, 1192。
⑥ 参见 Detlef Deal, Aus der Praxis: Der Strafprozessuale Vergleich, 1982 StV 545, at550。
⑦ 参见 Stefan Braun, Die Absprache im Deutschen Strafverfahren, 11（1998）（归纳许乃曼的研究）。
⑧ Id.

吸引力。

　　另外，在追求非正式协商时参与者之间的关系是一个重要的因素。① 就像在英格兰和威尔士的辩诉交易一样，德国的非正式协商建立在个人之间的信任关系上。诉讼参与人越是互相了解或先前有过积极的经历，协商就会更加直接。公诉人与辩护律师之间的关系越是长久，他们越是倾向于合作而不是对抗。有时协商在不同案件不同被告人之间进行，在一个案件中让步，在另一案件中获得回报。法律实务人员间最基本的信任是协议几乎不被违反的原因，尽管协议在法律上并不具有约束力。如果协议被违反了，协议的另一方会觉得信任被破坏，将来的协商也会受到威胁。② 因为一些私人辩护律师要依靠法院的任命才能成为辩护人，他们承担着个人风险，以期被告人能够遵守承诺。③ 据说一些法院甚至有不遵守协议的律师"黑名单"。基于这种考虑，辩护律师经常不会让他们的当事人知道交易的具体细节，那样被告人就不能阻碍协商了。④ 这样也能防止被告人在量刑比双方协商的要重的情况下产生抱怨。⑤

　　被告人的特点也同样是决定性的。根据许乃曼的研究，76%的法律从业者认为，与成年被告人相比，未成年被告人对非正式协商更有兴趣，89%的人认为老年被告人更愿意协商，而91%的法律从业者认为没有犯过罪的人更倾向于协商。⑥ 仅有36%的参与者认为经济状况比较糟糕的被告人更愿意达成协商，而29%的人则认为那些没有受到过多

---

① 参见 Stefan Braun, Die Absprache im Deutschen Strafverfahren, 11 (1998)（归纳许乃曼的研究），at 13.
② 参见 Kai – D Bussmann, Die Entdeckung der Informalität：Über Aushandlungen in Strafverfahren und ihre juristische Konstruktion (1991), at 72。
③ 在一些案件中，被告人更换他的辩护人并且针对刑期上诉，那就违背了最初的不上诉的承诺。
④ BGH July 4, 1990. NJW 3030, 1990.
⑤ 参见 Kai – D Bussmann, Die Entdeckung der Informalität：Über Aushandlungen in Strafverfahren und ihre juristische Konstruktion (1991), at 72。
⑥ 参见 Stefan Braun, Die Absprache im Deutschen Strafverfahren (1998), at 10 – 11。尽管如此，这些只是间接的数据，因为被告人自己并没有被讯问。该作者认为公众人物更希望避免公开审判。

少教育的被告人对达成非正式协商有很大的兴趣。① 根据 Deal 的研究，处于社会中上阶层的被告人更愿意与法官和公诉人达成协议，如果法官认为被告人值得同情则会更愿意与辩护律师达成协议。② 由于法院对赔偿金有兴趣，白领犯罪者因为能够支付大量的金钱而有更多的机会去协商。③ 任何实证研究对被告人、辩护律师、法官以及检察官的性别是否对协商有影响均无关注。就像在英格兰和威尔士一样，法官和检察官考虑的另一个因素是被害人的利益，特别是在性犯罪案件中。法院也希望通过非正式协商来换取供述进而避免举证，那样就会让被害人免于出现在法庭上并且举证。④

在很可能被定罪的案件律师喜欢非正式协商（Schünemann 的调查显示 96% 的律师是基于此原因）。⑤ 在原本毫无希望但律师能够赢得一些量刑减让的情况下更是如此。一个非正式协商的达成并不仅仅意味着律师在法庭上的影响力，也意味着协商达成的令人满意的结果能以多少价钱卖给当事人。其他情形下律师也会更愿意进行非正式协商，如 83% 的人认为会为了避免当事人在公众中曝光，还有 83% 的人认为在一个预期会有很重判决的案件中。⑥

如果不是所有的诉讼参与人倾向协商的话，法庭的参与者会采取不同的策略去迫使其他人参与协商。为了增加交易的筹码，公诉人为了在后来能够撤回一些指控会"过度起诉"被告人。⑦ 另一个对被告人施压的策略是利用有些事实只有公诉人才能撤回起诉或申请处罚令程序的便利。相应的，公诉人可根据 153 条 a 款提出撤诉的提议，并警告说这是

---

① 参见 Stefan Braun, Die Absprache im Deutschen Strafverfahren (1998), at 10.
② Detlef Deal, Aus der Praxis: Der Strafprozessuale Vergleich, 1982 StV 545, at 549.
③ 参见 Kai – D Bussmann, Die Entdeckung der Informalität: Über Aushandlungen in Strafverfahren und ihre juristische Konstruktion (1991), at 28。
④ 参见 Bernd Schünemann, Absprachen im Strafverfahren? – Grundlagen, Gegenstände und Grenzen (1990), at B23。
⑤ 参见 Stefan Braun, Die Absprache im Deutschen Strafverfahren (1998), at 11。
⑥ Id.
⑦ 参见 Andrew Ashworth & Meredith Blake, "起诉与辩护中的一些道德问题", 1998 Crim. L. Rev., 16, 28; Christian Lüdemann, 《无辩诉交易之地：德国如何运行的？——一项实证研究的结果》, 17 EuroCriminology 119, 122 (1998)。

最后的协商机会。① 另外，公诉人还可以暗示拒绝接受协商将会招致更重的量刑建议。很明显，不应该因为被告人反对协商而对其施以更严厉的刑罚。然而，因为精确的最终量刑无法预测，很难评估最终的判决是否因为被告人最初拒绝协商而变得更严厉。加重的判决可能是无法预见的结果。②

另外，律师利用被告人拥有的大量的程序性权利换取对案件的非正式协商解决，如威胁采取大量昂贵且浪费时间的临时性动议以及证据听证。③ 他们用各种各样的动议对法庭进行轰炸，而法庭对这些动议的拒绝则面临上诉的风险。这样，审判被人为地拉长了，只好通过促使协商来缩短诉讼程序了。④ 可以出于同样的策略考虑来申请法官回避。⑤ 与英格兰和威尔士相比，德国的辩护律师在协商中处于优势地位，因为他可以不受证据开示规则的限制来接触控方案卷。⑥

有很多协商双方滥用权利的例子，也有一些被告人在面临巨大的压力时认罪但后来拒不承认曾经认罪的案例。⑦ 在一件案例中，律师宣称他知道一个严重的错误可以上诉，以不透露法院的错误为砝码迫使公诉人与其达成协议。公诉人在判决被上诉法院推翻的危险与和被告方协商之间必须进行选择。⑧ 不幸的是，本文只得以轶事证据作为基础，因为没有关于滥用程度系统的实证研究。

---

① 参见 Joachim Herrmann, Absprachen im deutschen Strafverfahren, 31 - 32 Archivum Iuridicum Cracoviense 55, 56（2000）（Pol.），at 63。
② Id. at 67.
③ 参见 Leonard H. Leigh & Lucia Zedner, The Royal Commission on Criminal Justice：A Report on the Administration of Criminal Justice in the Pre - trial Phase in France and Germany 40）（1990），at 41.。Wassermann 认为这是对刑事程序的抵制，甚至是破坏。Rudolf Wassermann, Von der Schwierigkeit, Strafverfahren in angemessener Zeit durch Urteil abzuschliessen, 1994 NJW 1106。
④ 参见 Götz Gerlach, Absprachen im Strafverfahren：ein Betrag zu den Rechtsfolgen fehlgeschlagener Absprachen im Strafverfahren（1992），at 24。
⑤ 参见 StPO, Apr. 7, 1987, BGBl. I 1074, as amended, §§24, 26。
⑥ 事实上，在审判中，辩护律师与公诉人和法官持有一样的案卷。
⑦ 参见 Joachim Herrmann, Absprachen im deutschen Strafverfahren, 31 - 32 Archivum Iuridicum Cracoviense 55, 56（2000）（Pol.），at 77。
⑧ 参见 Detlef Deal, Aus der Praxis：Der Strafprozessuale Vergleich, 1982 StV 545, at 548。

(二) 协商内容

被告人（通常通过律师）可以承认指控的全部或部分罪行，供出同案犯，① 取消证据可采性的动议，或者不行使上诉权。② 另外，被告人可以承诺承担诉讼费用③或放弃赔偿请求。④ 就像在英格兰和威尔士一样，德国非正式协商的中心是被告人的供述。尽管如此，就像英国答辩交易中的交谈一样，一个根本的问题是自白对于判决产生何种影响。

一般认为，悔恨的自白应该获得量刑减让。然而，在非正式协商的案件中，自白更多是出于预期的量刑减让而不是真诚的悔罪。Schmidt-Hieber 争辩认为悔罪的可能性还是存在的。⑤ Schünemann 则认为在这些案件中的自白靠的是优惠条件，而不是无条件的悔罪。⑥ Schmidt-Hieber 强调，即使没有悔过，认罪口供在确定案件事实方面的价值也足以成为从轻量刑的依据。⑦ 另外，联邦高级法院（Bundesgerichtshof）认为自白是一个从轻要素，即使主要是出于策略性的因素而作出的。⑧ 根据 Widmaier 的研究，在法庭和公众场所的认罪应该获得回报。⑨ 另外，特别在金额、环境或与其类似的犯罪领域，被告人并不是完全因为他应该受到惩罚而被定罪，因为这些犯罪与传统犯罪不一样，并不完全依赖

---

① 参见 Stefan Braun, Die Absprache im Deutschen Strafverfahren (1998), at 6。
② 对权利的放弃在多大程度上有约束性，参见前面第 318 页。
③ 参见 Stefan Braun, Die Absprache im Deutschen Strafverfahren (1998), at 6。
④ 参见 Christoph Rückel, Verteidigertaktik bei Verständigungen und Vereinbarungen im Strafverfahren – Mit Checkliste, 1987 NStZ 297, 303。
⑤ Werner Schmidt-Hieber, Der strafprozessuale "Vergleich" – eine Illegale Kungelei?, 1986 StV 355, 356 [hereinafter Schidt-Hieber, Vergleich], 否则，正如他所称，可能庭审中会带有表演技巧。Werner Schmidt-Hieber, Absprachen im Strafprozeβ – Rechtsbeugung und Klassenjustiz?, 1990 DRiZ 321, 321 [hereinafter Schidt-Hieber, Absprachen imStrafprozeβ]。
⑥ 参见 Bernd Schünemann, Absprachen im Strafverfahren? – Grundlagen, Gegenstände und Grenzen (1990), at B112。
⑦ Werner Schmidt-Hieber, Der strafprozessuale "Vergleich" – eine Illegale Kungelei?, 1986 StV 355, 356 [hereinafter Schidt-Hieber, Vergleich], at 356。
⑧ 参见 BGH Aug. 8, 1997, 28 Juristische Rundschau [JR] 245 (248), 1998。
⑨ Gunter Widmaier, Der Strafprozessuale Vergleich, 1986 StV 357, at 358。

于事实，而更多是法院对犯罪的要素进行定义的结果。① 在这种情况下表达深深的悔罪之意是很难的。

更迫切的问题是自白与真相的关系。就像先前已经表明的一样，实体真实原则要求法官审查每一份自白的真实性，并在必要时考虑其他证据。然而，研究显示非正式协商在很大程度上削弱了这项原则。当 Schünemann 问法官如果一个案件没有足够的定罪证据时会不会接受自白，72%的法官表示准备接受自白并将其作为定罪的唯一基础。② 如果非正式协商中有"概括性认罪"，那么实体真实原则将会被进一步削弱。"概括性认罪"是指被告人仅仅承认现有的证据但不透露任何新的事实。③ 这种认罪一般只是辩护律师设计好的，④ 被告人仅仅进行确认。被告人青睐于概括性认罪，因为他们想避免透露可能带来更严厉惩罚或被害人在民事诉讼中运用的更多的细节。⑤ 法庭可能也希望一个简要的事实描述，因为更多的犯罪细节可能会引起对从轻量刑或缓刑不理解的公正的怀疑。⑥ 从这个角度来说，认罪促进真实发现因而值得从轻量刑的主张便不具有说服力了。

被告人的第二个砝码是放弃或撤回关于证据可采性的动议从而缩短审判程序。⑦ 被告人也可能同意不对公诉人或法庭采纳的某种证据进行质疑。⑧ 这样，被告人放弃了很大一部分程序性权利。有时被告人提供了额外的补偿，如承诺在工厂里提高环境保护或者放弃行政救济程序。

---

① 参见 Kai – D Bussmann，Die Entdeckung der Informalität：Über Aushandlungen in Strafverfahren und ihre juristische Konstruktion（1991），at76。
② Bernd Schünemann，Absprachen im Strafverfahren？– Grundlagen，Gegenstände und Grenzen（1990），at B23；see also Oberlandesgericht ［OLG］［Higher Regional Court］Jan. 24，1989，Bremen ［StV］145，1989（审判长承认在开始与被告人协商前竟然没有阅读卷宗）。
③ 参见 Bernd Schünemann，Absprachen im Strafverfahren？– Grundlagen，Gegenstände und Grenzen（1990），at B83。
④ 辩护律师很谨慎地选择认罪方式是为了避免任何的民事责任。
⑤ 参见 Bernd Schünemann，Absprachen im Strafverfahren？– Grundlagen，Gegenstände und Grenzen（1990），at B83。
⑥ Id. at B26。
⑦ 参见 Stefan Braun，Die Absprache im Deutschen Strafverfahren（1998），at 6。
⑧ 参见 Werner Schmidt – Hieber，Vereinbarungen im Strafverfahren，1985 NJW 1017，at1017。

大部分非正式协商也包括放弃上诉的权利。① 尽管在判决生效之前被告人任何放弃上诉的承诺都没有法律约束力②，但很少有毁约的行为发生。尽管对基于非正式协商达成的判决有法律救济手段，但被告人几乎没有用过。被告人对判决没有异议主要有三个原因：第一，他们已经得到了满意的结果；第二，他们不愿意花费更多的时间、金钱和精力在另外的程序上；第三，最重要的是，辩护律师很可能没有告诉他们针对协商有法律上的救济手段，甚至根本就没有告诉他们交易本身的存在，因为交易是律师自己进行的。③

除了撤销诉讼或处罚令程序外，公诉人能够给予被告人的最大优惠是建议法庭从轻量刑。④ 就像在英格兰和威尔士一样，协商的结果也可能是减轻指控，如从蓄意谋杀降至严重伤害⑤或者从肇事者变为帮凶。⑥ 但是，法院并不会受限于"被告人提出的作为启动惩罚令主要程序基础的评估"。⑦ 这就意味着如果在听审期间证据证实行为触犯了更重的指控则法院必须相应地认定更重的罪。然而，如果法庭只接受很少的自白而不进行进一步的调查，则将没有更重的罪名更为合适，或者更重的罪名变得不可能。

除了量刑减让之外，被告人可能会收到被解除羁押⑧或采取其他强

---

① 参见 Georg Küpper & Karl - Christian Bode, Absprachen im Strafverfahren - Bilanz einer zehnjährigen Diskussion, 1999 Jura 351, at 353。
② 参见 Joachim Herrmann, Absprachen im deutschen Strafverfahren, 31 - 32 Archivum Iuridicum Cracoviense 55, 56 (2000) (Pol.), at 75。
③ 参见 Bernd Schünemann, Die Verständigung im Strafproze? - Wunderwaffe oder Bankrotterklärung der Verteidigung? 1989 NJW 1895, at 1900。
④ 参见 Joachim Herrmann, Absprachen im deutschen Strafverfahren, 31 - 32 Archivum Iuridicum Cracoviense 55, 56 (2000) (Pol.), at 68。关于公诉人向法官建议量刑的职责，参见 Julia Alison Fionda,《公诉人和裁量：比较研究》, 148 (1995)。
⑤ 参见 Joachim Herrmann, Absprachen im deutschen Strafverfahren, 31 - 32 Archivum Iuridicum Cracoviense 55, 56 (2000) (Pol.), at 63。
⑥ 参见 Raimund Hassemer & Gabriele Hippler, Informelle Absprachen in der Praxis des deutschen Strafverfahrens, 1986 Strafverteidiger [StV], at 360。
⑦ 参见 StPO, Apr. 7, 1987, BGBl. I 1074, as amended, § 264。
⑧ 参见 Werner Schmidt - Hieber, Vereinbarungen im Strafverfahren, 1985 NJW 1017, at 1017。

制措施的提议①。此外，为了维护被告人的隐私及职业声誉，听审也可以不公开。尤其是在白领犯罪中，刑事程序的公开将会导致被告人声誉的损害从而带来重大的经济损失。既然仅在《法院组织法》第169条ff款所列要求被满足的条件下，才可将公众排除在法院听审程序之外，②非正式的策略，例如将庭审安排到傍晚，或不将信息告知司法新闻服务处，均被用于防止公众进入法庭。③

（三）批评

在英格兰和威尔士普遍认为辩诉交易最大的问题是被告人所承担的压力过大，事实并非如此。④虽然有可能出现这样的情况，但并无证据表明这种情况的发生超出了预期。去年，就非正式协商能否与德国宪法、刑事诉讼基本原则、刑事诉讼法典以及刑法典的部分条款相容的问题开展了一次大规模的学术讨论。⑤被认为违反的原则和内容主要包括无罪推定原则、公正审判权、合法审判权、司法听证权、公开审判原则、实体真实和法庭调查原则、直接言词原则、反对自证其罪特权、强制公诉原则、被告人出庭义务以及避免不当压力原则。⑥

尽管大多数学者认为非正式协商不是合法的解决途径，但大多数程序参与者认为非正式协商适用于德国法律体系。⑦尽管在20世纪80年代初，关于非正式案件处置的讨论是爆炸性且不体面的，⑧然而在2009

---

① 参见 Stefan Braun, Die Absprache im Deutschen Strafverfahren, 11 (1998), at 6。
② Gerichtsverfassungsgesetz［GVG］［Courts Constitution Act］, Sept. 12, 1950, BGBl. I at 1077.
③ 参见 Stefan Braun, Die Absprache im Deutschen Strafverfahren (1998), at 18。
④ Michael McConville et al. ,《被告人的代表：英国辩护律师组织和实践》, 63 - 64 (1994)。
⑤ 参见 Thomas Swenson,《德国"辩诉交易"之争》, Pace Int1 L. Rev. 373, 383, 393, 400 - 01 (1995)。
⑥ 同样就法庭参与者参与非正式协商可能使自己触罪进行了讨论。参与的法律职业者们可能会违反336条（司法滥用）、第258条和第258条a款（阻止对有罪之人的控诉），或《刑法典》第240条（胁迫）。同样还讨论了违背客户利益（第356条）以及滥用职责窥探隐私（第203条）。Id. at 425.
⑦ 参见 Joachim Herrmann,《协商正义——为获得德国刑事正义进行的协商？》, 53 U. Pitt. L. Rev. 755, 756 (1992), at 775。
⑧ 参见 Kai - D Bussmann, Die Entdeckung der Informalität: Über Aushandlungen in Strafverfahren und ihre juristische Konstruktion, 23 (1991), at 48。

年新的立法开始很长一段时间之前作者们就认为这种做法具有合法性。本文只能总结一些要点,但很显然这一讨论与英美刑法体系中的辩诉交易极其相似。支持非正式协商具有合法性的一方认为,刑事诉讼法典没有明确禁止协商的实施,并且其中的一些条款允许协商的开展,协商之下达成共识有助于结果公平、双方都乐意接受。再者,非正式协商的有效做法已经得到广泛认同,到了不可改变的地步。①

持反对意见的一方则认为,只要刑事诉讼法典没有明确规定采用协商办法,那么非正式协商就不合法。并且协商违反了大多数重要的刑事原则,折损了审判的作用,也会因为等级偏见出现任意协商的情况。② 虽然在过去至少 40 年间,非正式协商在德国刑事诉讼体系中发挥了至关重要的作用,然而有文献表明围绕着各种原则和条款问题,非正式协议的合法性存在很大争议。③ 虽然 1982 年之前没人质疑它的不合法,但你会发现这样一个有趣的现象:很多论文的作者都竭力发表自己的观点证明其合法性。直到发现不可能否认非正式协商仅为个别例外时,人们才开始寻求正当性依据,④ 否则人们早就意识到并且承认法官们广为通用的方式不合法了。⑤

不幸的是,对其合法性的讨论并未引发更为广泛的思考,例如,德国司法权和立法权的均衡关系,劳动定额与遵纪守法的关系,法律原则和价值的作用,刑事实体法和程序法的关系,等等。相反,争论仅仅围绕其是否合法和是否需要制定规则的问题在进行。这些讨论还不尽如人意,正如以下所要讨论的问题一样都值得进一步探讨。以下就立法能否

---

① 通常参见 Ralf Tscherwinka, Absprachen im Strafprozeβ (1995),讨论支持非正式协商合法性的理由。
② 参见 Thomas Swenson,《德国"辩诉交易"之争》, Pace Intl L. Rev. 373, 383, 393, 400 - 01 (1995), at 400。
③ 参见 Ralf Tscherwinka, Absprachen im Strafprozeβ (1995)。
④ 参见 Kai‐D Bussmann, Die Entdeckung der Informalität: Über Aushandlungen in Strafverfahren und ihre juristische Konstruktion, 23 (1991), at 90 ("The knowledge of the existence and the significance of an informal practice changed its legal interpretation.")。
⑤ Id, at 126 - 27. This is even supported in many other areas of law, such as civil law or administrative law, where agreements are legal.

修复正式的、传统的德国刑事诉讼程序的理论原则与新式的、为了缩短诉讼程序应运而生的非正式协商之间的关系进行进一步论述。

五、试图通过法院裁决的限制

尽管参与者都知道联邦最高法院不会接受非正式协商这种做法，但事实上多年来这在处理经济犯罪时是通行的做法。① 因为这种协议至关重要的一部分通常是双方放弃上诉，因此只有一部分高等法院会处理非正式协商产生的争端。但由于越来越多的协商不能达成（通常是因为根据《刑事诉讼法典》第 136 条第 1 款违反了不受强迫原则），② 联邦最高法院和联邦宪法法院最终被迫对协商进行判决。③

1987 年，一位上诉人声称他的宪法权利受到侵犯，联邦宪法法院就此作出了具有里程碑意义的判决。④ 在审前程序中，法院否认对此案具有管辖权，因为没有明显违反宪法权利的证据。⑤ 法院认为，在尊重法律的前提下，通常不禁止庭外协商（协商双方讨论案件的前景问题）。⑥ 在这个案件中不存在违反程序法的行为，因为审判中的举证基本完成，而且最终判决与罪犯的罪行相当。⑦ 除此之外，法院认为被告人的自由选择权并未受到非法侵害。⑧ 然而，正如特纳案中英国上诉法院所做的那样，⑨ 联邦宪法法院就非正式协商设立了一系列规定。规定

---

① 参见 Kai – D Bussmann, Die Entdeckung der Informalität: Über Aushandlungen in Strafverfahren und ihre juristische Konstruktion, 23 (1991), at 128.
② 《刑事诉讼法典》第 136 条 a 款规定：被告人作出决定和意志表现的自由，不应因治疗不当、疲劳、身体干扰、服药、折磨、欺骗或者催眠而受到损害。胁迫只能在刑事诉讼法允许的范围内使用。禁止用不被允许的措施威胁被告人，或向被告人显示出法律无法提供的利益前景。StPO, Apr. 7, 1987, RGBl. 1074, 修订版, § 136a.
③ 相关概述参见 Thomas Swenson,《德国"辩诉交易"之争》, Pace Intl L. Rev. 373, 383, 393, 400 – 01 (1995), at 419。
④ BGH Jan. 27, 1987, NStZ 419, 1987.
⑤ 9 NStZ 419 (419).
⑥ Id.
⑦ Id.
⑧ Id.
⑨ R v. Turner, [1970] 2 Q. B. 321 at 326 – 27 (Eng.).

指出，可以接受非正式协商。① 所有相关人员都要涉足其中。任何协商，包括其内容，都要在主要的审判听证会上作出陈述。② 协商不准包括任何超越权限的承诺，协议一定要合法、公正。③ 再者，虽然协议不具有约束力，但不允许不合理的分歧。④ 最后，根据实体真实原则，被告人的自白必须接受法庭的调查以确定其真实性。⑤ 在说明这些限制条件时，法院似乎承认了非正式和解的基本合法。⑥ 但是反对者指出，协商只能在这种有限的条件下进行，大多数非正式和解都将脱离这些限制，因此是不合法的。

联邦最高法院就非正式协议的具体方面颁布了许多模棱两可的规定，但并未说明这种做法一般情况下是否可取。1989年，该法院规定，审判法官可以在法庭之外和控辩双方联系，但并未就这种联系是否等同于双方的协商作出解释。⑦ 法院规定如果审判庭提出铁定的判决预期，被告人可以依赖它。但是是否允许审判庭预先提出预期还不得而知。⑧ 1990年的一个逃税案件中，法院认定，如果在被告人接受惩罚令的条件下，公诉方提议撤销某些指控，该提议并不会阻止之后就这些指控提起诉讼，但会被视为减轻罪行的情节。⑨ 在同一年的另一个判决案件中，⑩ 法院再次回避非正式协商的合法性问题，但指出，在本案中，法官失之偏颇，因为他们只和两位共同被告人进行协商，并未和上诉方协商。上诉方对协商并不知情。一年以后，法院宣布非正式协商违反了法律。同年的另一次判决中，⑪ 法院阐明该协议并不约束初审法院，因为

---

① Stefan Braun, Die Absprache im Deutschen Strafverfahren (1998), at 128.
② Stefan Braun, Die Absprache im Deutschen Strafverfahren (1998), at 128.
③ Id.
④ 参见 Thomas Swenson,《德国"辩诉交易"之争》, Pace Intl L. Rev. 373, 383, 393, 400-01 (1995), at 399。
⑤ Id.
⑥ See id, at 419.
⑦ 参见 BGH June 7, 1989, NJW 2270 (2271), 1989。
⑧ Id.
⑨ BGH June 7, 1989, NJW 1924, 1990.
⑩ BGH July 4, 1990, NJW 3030 (3031), 1990.
⑪ BGH Sept. 24, 1990, NStZ 348, 1991.

这会使法官有所偏颇。[1] 同时非正式协商这种做法也遭到法院的强烈批评。[2] 任何非正式接触仅限于"试探"各方当事人，而不能解决量刑或缓刑的问题。[3] 然而，仅仅几个月之后，该法院另一个审判庭就以具体的原因否决了一个非正式协商，[4] 但并没有说非正式协商通常情况都不被允许。[5] 1993 年，庭外协商被认定为不一定损害法院审判。[6]

联邦最高法院对非正式协商的做法一直持模棱两可的态度，对其解释也始终存在争议。[7] 法院似乎总在刑事程序原则和非正式协商的实用性上摇摆不定。在一份附带意见中，法院指出非正式协商与法制体系是不相容的，[8] 但很快又作出相反的裁决。[9] 它辩解称这样解决问题是由于从语言学角度而言，"一致"是非法的，而"谅解"是合法的，但是法院未就如何区分这两种形式提出相应的标准。[10]

1997 年，联邦最高法院第四审判庭作出重要的决定，宣布在特定的范围内不禁止非正式协商。[11] 如果主审阶段结果已定，允许在准备过程中进行商谈，协商也必须在审判开始后进行。[12] 所有参与者（包括共同被告人）都必须知情，审判庭有义务找出客观事实并且确保自白真实可靠。因此协商过程不准牵涉定罪问题。此外，虽然作为非正式协商的一部分，自白有从轻处罚的可能，但法院不能给出确切的判决，只允许告知最大处罚限度，不允许威胁或不恰当的承诺；被告方放弃上诉权

---

[1] 参见 BGH Jan. 23, 1991, NJW 1692 (1693), 1991。
[2] See BGH Jan. 23, 1991, NJW 1692 (1693), 1991, at 1694.
[3] See id.
[4] 联邦高级法院下设五个庭，称为审判庭。
[5] BGH Oct. 30, 1991, 8 NJW 519, 1992.
[6] BGH Oct. 19, 1993, 19 NJW 1293, 1994.
[7] 参见 Georg Küpper & Karl – Christian Bode, Absprachen im Strafverfahren – Bilanz einer zehnjährigen Diskussion, 1999 Jura 351, at 395。
[8] BGH Oct. 30, 1991, 37 BGHSt 298, 1991.
[9] BGH Oct. 19, 1993, 4 NStZ 153 (196), 1994.
[10] Id.
[11] BGH Aug. 28, 1997, NJW 86, 1998（被告人被指控犯下一百起性虐待和强奸）。
[12] Id.

也是如此。① 事实上最后一项在实际操作中通常都没有被采纳。②

这一决议生效以后，联邦最高法院多次强调，尽管非正式协商超出法律之外，但目前它已经成为德国刑事司法体系中必不可少的一部分，在 1997 年的决议范围内可以开展。③ 然而，法律界对此感到不能理解，他们认为这个指导思想没有使他们消除顾虑，这些限制条款没能表明非正式协商应该如何进行，实施者认为联邦最高法院脱离了审判法院的实际工作，因此对其实际操作的必要性不理解。

1997 年的决议并未成为众望所归的最终决议。7 年后，就非正式协商问题，联邦最高法院的五个刑事审判庭依然存在争议。④ 2004 年，联邦最高法院对协商中放弃上诉权的有效性进行了审查，⑤ 联合立法院再次重申，非正式协商可以在 1997 年的决议的规定范围内进行，⑥ 但对放弃上诉有所限制。⑦ 法院表示，如果要根据非正式协定判决，那么除非法院已告知被告人，他不受任何放弃上诉权的约定约束，否则放弃上诉权不具法律效力。⑧ 除此之外，法院还宣布，限制司法立法已初步达成，并呼吁立法机关尽快有所行动。⑨

六、新立法

2009 年 5 月 28 日，德国联邦议会响应联邦最高法院的号召，通过了《刑事诉讼程序中规制协商的法案》，正式确定了非正式协商在刑事

---

① Joachim Herrmann, Rechtliche Strukturen für Absprachen in der Hauptverhandlung. Die Richtlinienentscheidung des Bundesgerichtshofs – – BGHSt 43, 195, 12 Juristische Schulung [JuS] 1162 (1999). 对该决策的评论，参见 Thomas Weigend, Eine Prozeβordnung für abgesprochene Urteile, 2 NStZ 57 (1999)。

② Helmut Satzger & Kai Höltkemeier, Zur Unwirksamkeit eines abgesprochenen Rechtsmittelverzichts, 2004 NJW 2487.

③ BGH Oct. 29, 2003, 18 NJW 1273 (1335), 2004.

④ 参见 e.g., BGH Feb. 19, 2004, 50 BGHSt 84, 2005; BGH Mar. 13, 2003, 50 BGHSt 161, 2004。

⑤ BGH June 15, 2004, NJW 2536, 2004.

⑥ BGH Mar. 3, 2005, 50 BGHSt 40 (47), 2005.

⑦ Id.

⑧ In German, qualifizierte Belehrung.

⑨ 50 BGHSt 40 (64).

审判中地位。① 除了一些小的变动之外，立法大部分遵循了联邦最高法院制定的条款。德国刑事诉讼法典增加了第 257 条 c 款,② 至少明确阐明,③ 在不违背德国刑事诉讼原则的情况下可以考虑协商并规范了协商内容④。

新条款对法院、公诉方和辩方之间的协议作了规定。⑤ 如果法院宣布的协议内容控辩双方都同意，则协议有效。⑥ 审判前和审判外所定协议的效力尚不清楚。第 160 条 b 款允许控辩双方在审判前交涉（"如果该交涉对推进诉讼来说是合适的"），⑦ 但内容需要记录在案。尚不明了的是，控辩双方在法院没参与的情况下所作的协议是否要明令禁止，还是它仅仅不属于新规定的部分内容。

新条款旨在维护实体真实原则。只有在法院确定罪行已经彻底调查，有足够理由相信认罪是真实意思体现的情况下才能作出判决。这证实了联邦最高法院相关的判决，它认为"正式同意"不是判决的充分条件。这里的"正式同意"是指被告方只是认罪，但对事实不作任何供述。⑧ 由此可以推断，同意认罪不得成为和解的内容。⑨ 这一条款也规定，在普通法中被称为控诉交易的协商内容此处也不适用。然而，审判前控辩双方很可能出现控诉交易。事实表明，不同控诉的协商对控辩双方都意义重大，因此，第 257 条 c 款是否能起到终止这些协商的作用还不可知。⑩

审判前和审判期间的所有协商内容都必须在主审听证会上宣读，并

---

① Deutscher Bundestag: Drucksachen und Protokolle [BT] 16/12310.
② 这是新规定的核心。其他修订或增加的条款有第 35 条 a 款、第 44 条、第 160 条 b 款、第 202 条 a 款、第 212 条、第 243 条、第 257 条 b 款、第 267 条、第 273 条、第 302 条。
③ BT 16/13095.
④ Id. at 1 – 3.
⑤ StPO, Apr. 7, 1987, BGBl. I at 1074, as amended, § 257c.
⑥ Id. § 257c（3）.
⑦ Id.
⑧ 参见 BGH Jan. 26, 2006, 3 Strasfsenat [StR] 415/02, 2006。
⑨ 参见 StPO, Apr. 7, 1987, BGBl. I at 1074, 修订版, § 257c。
⑩ 参见前述第二部分的探讨。

且记录在案。① 记录协商和协议的内容是促进其透明化，进而确保上诉法院可以对其程序进行校正。根据第 273 条第 1 款 a，协议未提及的内容也要记录在案。② 这是使交易走出非正式化，成为规范的、透明的、可控的正式程序非常重要的一步。

为了确保审判公平原则，维护被告方的权益，第 257 条 c 款规定，除非出现新事实证据（需与犯罪本身或协商完成后被告人的行为有关），否则审理法院必须依照最初的判刑预断来审理。③ 这一条款保护被告方的预期，但确保最终判决不仅仅根据协议而定，也是已知事实的反映。如果审判法院认为不能根据最初的判罪预期来定罪的话，那么承认罪行也不能用作证据。这项规定意在维持现状，特别是维持协议之前的无罪推定状态。但是，虽然根据实体真实原则，只有当被告人的自白真实可靠的情况下，法院才能采纳，但实际上法院一旦接受了被告人的自白，它就很难对其客观相待了。④ 大家很容易看到这样的情况：先是被告方提交了与其他证据一致的可信供述，但后来又出现了新的加重情节，因此法院无法对其最初给予的最大量刑作出解释。在这种情况下，协议无效，法院不受承诺约束，被告方也被认为没有提交供述。虽然出现了额外的严重事实，但要法院放弃原本已确认的供述是不现实的。即使法院能够完全对以前的认罪供述忽略不计，但在被定罪时，公众和被告方都很难相信法院没有受到之前供述的影响而有失公正。

新法的第二个中心内容是放弃上诉权问题。根据联邦最高法院的规定，第 35 条 a 款、第 302 条 1 款，协议不得涉及放弃上诉权问题。⑤ 此外，在根据协议判案时，被告人对上述信息完全知情的前提下放弃上诉权才为合法。⑥ 这就意味着如果案件涉及协议，且被告人放弃上诉权，那么法院必须向被告人说明如果放弃上诉权是协议的一部分，法院不予

---

① 参见 StPO, Apr. 7, 1987, BGBl. I at 1074, 修订版，§ 273。
② See id.
③ See id. at § 257c.
④ 德国审判中没有陪审团。
⑤ 参见 StPO, Apr. 7, 1987, BGBl. I at 1074, 修订版，§§ 35a, 302。
⑥ See id.

采纳。① 如果法院明确告知其情况，被告人依然坚称放弃上诉，则其做法合法有效。这项严格的规定目的是确保上诉法院能对此协议进行校正。我们希望这种司法限制能保证所有的协议都在合法的范围内进行，进而确立这种做法的合法地位。

然而，正如之前的联邦最高法院一样，立法机关也忽略了这种论断的缺陷。被告人放弃上诉可能对审判法官有两个好处。其一，如果不上诉，判决书不必系统阐述、详细之至以备高级法院的重审。其二，任何一次上诉都是对法官判案的公正性和质量的挑战。高级法院重审的案件越少，判决被驳回的可能越小，这对法官的职业评定是相当重要的。辩方律师也不可能上诉，因为上诉会破坏其与法院、公诉机关之间的信任关系，对将来的协商不利。因此，非正式协商案件的司法重审对施行者都无好处可言，那么无视这一规定也就不足为奇。新立法是否能改变这种状况还不得而知。

另一个与放弃上诉权相关的问题是被告方的时限问题。如果被告方在没得到合格信息的情况下宣布放弃上诉，然后又决定上诉，那么上诉时限为普通上诉时限，也就是宣判后一周之内。② 联邦最高法院明确规定，对参与协商的被告方此上诉时限不能延长，因为延长时限对没参与协商的被告方不利。③ 在实际操作中，这意味着如果被告方得知其原先放弃上诉权无效，法院也未告知必须遵守约定放弃上诉，被告方应在宣判一周之内提起上诉。如果法院和辩方律师同意和解，而其内容包括了不合法的放弃上诉权问题，那么他们会否告知被告方这一协议不具法律效力就值得怀疑了。正如前面说论述的那样，上诉对法庭上的参与者都没好处。法院是否会利用这个漏洞将拭目以待。马希认为，放弃上诉权问题不会终结，只是被人为地隐藏了起来。④

就联邦最高法院的规定对非正式协商的影响而言，主要问题在于新

---

① 参见 StPO, Apr. 7, 1987, BGBl. I at 1074, § § 257c, 302。
② See id. at § 341.
③ 参见 BGH June 25, 2008, StR 246, 2008。
④ Hans‐Peter Marsch, Grundregeln bei Absprachen im Strafverfahren, 2007 ZRP 220, 220.

的立法（它没给现有的实践增添实质内容）是否能得到法庭参与者的采纳。自从非正式协商的争论在德国开始以来，就有人提出要对实践进行立法规范。有人认为，我们需要对实践进行立法，使其更正式，法庭参与者就可以在刑事法典的规定范围内开展工作。然而，奈斯特勒－特莱梅尔指出，合法性只是一个理论上的问题，因为在实践操作中被告方通常都放弃上诉权。① 此外，非正式协商在实行者不敢承认之前早就存在。即使后来倡导者认为非正式协商应该被纳入德国刑法体系，但起初参与者明知其不合法依然经常在采用这种做法。② 如果司法体系认为这个程序不合法，他们未必会接受这些限制和规定。③ 梅尔－高斯认为，非正式协商"将会决定有无立法情况下的日常生活"。④ 相反，许乃曼不赞成其观点，他认为，这是对德国司法的侮辱。然而，相关立法的发展证明了梅尔－高斯的观点。⑤ 立法机关多次沿用撤销诉讼，使其顺应法院所采用的不合法的非正式协商的发展。⑥ 巴斯曼的研究表明，对法律界人士而言，合法性问题并不重要。⑦ 执业者不是根据成文法而是遵循日常需要来办理，因此对是否要修改法律他们不特别在意。⑧ 这并不是因为执业者否认惯例、法律之间的冲突，而是成文法在日常实际中作用不大。⑨ 在考虑是否采取非正式协商手段时，参与者们要权衡利弊而

---

① Cornelius Nestler‐Tremel, Der "Deal" aus der Perspektive des Beschuldigten, 1989 Kritische Justiz [KJ] 448.
② 参见 Joachim Herrmann, Absprachen im deutschen Strafverfahren, 31‐32 Archivum Iuridicum Cracoviense 55, 56 (2000) (Pol.), at 57。
③ 参见 Wolfgang Siolek, Neues Zum Thema Verst？ndung im Strafverfahren, 1993 DRiZ 427, 428。
④ Lutz Meyer‐Großner, Gesetzliche Regelung der "Absprachen im Strafverfahren"? 2004 Zeitschrift für Rechtspolitik [ZRP] 187, 187.
⑤ Bernd Schünemann, Absprachen im Strafverfahren? ‐ Grundlagen, Gegenstände und Grenzen, B153 n. 461 (1990), at B159.
⑥ 参见 supra Part I。
⑦ Kai‐D Bussmann, Die Entdeckung der Informalität: Über Aushandlungen in Strafverfahren und ihre juristische Konstruktion, 23 (1991), at 219.
⑧ Id.
⑨ 参见 Cornelius Nestler‐Tremel, Der ,, Deal " aus der Perspektive des Beschuldigten, 1989 Kritische Justiz [KJ] 448, at 448。

不是看其是否与法律相容，因此非正式公认的行为规则就取代了成文法。① 维德梅尔这样评述实践的现实性："刑事诉讼中的协商的确存在，不需要先使之合法化，也不能明令禁止。"②

由此可见，庭审人员是否会改变实际操作习惯而遵照第 257 条 c 款的规定还不得而知。梅尔－高斯指出，法官和公诉人不大可能无视立法，因为根据德国《刑法典》第 339 条，这样做会被判背离法律罪。③ 然而，这种威胁不足以阻止司法人员和公诉人冒着被处罚的风险开展非正式协商。④ 既然上诉法院制定的规则已经写入法律条款，那么它必定会支持新立法，但只有在审判庭公开使用非正式协商的情况下，上诉法院才有机会这样做。

不久的将来，我们可以看到新的立法是否能使非正式协商从非法走向合法。笔者对处于非法地位的实践能否实现其合法地位深感怀疑。

七、理论价值与实践必要性之间的断层

就像在英格兰和威尔士一样，非正式协商对德国刑法程序的益处引起巨大争议。尽管大多数实践者称赞说这种非正式程序既实用又必要，但许多学术界人士认为这种实践不符合德国刑事诉讼体系的基本标准。这一争论中还缺乏另一个中心主题。本文以英国的辩诉交易和普通法体系的发展为蓝本，论述了非正式程序在德国的发展情况以及为何它会成为与正式程序并存，而高级法院和立法都无法对其限制的实践。这不但提出了司法权问题，也提出了谁该弥合理论和实践之间差距的问题。德国立法机关有机会讨论这两者的差距，但他们根本没有处理这个问题。

综上可知，德国非正式协商出现的核心原因是程序法未顺应实体刑法的转变而变化。德国刑法典和刑事诉讼法典都开始于 19 世纪，那时

---

① 参见 Kai-D Bussmann, Die Entdeckung der Informalität: Über Aushandlungen in Strafverfahren und ihre juristische Konstruktion, 23 (1991), at141。

② Gunter Widmaier, Der Strafprozessuale Vergleich, 1986 StV 357, at 357.

③ Lutz Meyer-Großner, Gesetzliche Regelung der "Absprachen im Strafverfahren"? 2004 Zeitschrift für Rechtspolitik [ZRP] 187, at 190.

④ 参见 supra Part Ⅲ。

罪行都相对容易界定，通常都与普通民众的理解相符。但现代社会，随着导致危险的犯罪（而不是伤害）越来越多，单靠常识已不能区分某种行为是法律允许的还是犯罪。① 重要的不是罪犯的身份问题而是他的行为是否首先构成犯罪。被告人的行为不需要鉴别，只需要解释。比如，审判法院不必证明被告人是否已经转移了巨款，而是需要说明这种交易是否涉及洗钱。这意味着刑事诉讼法已经延伸至常规刑事程序法无法适用的罪行。因此，法庭不得不改变处理案件的方式，法庭行为更多的是体现出行政法而不是反映刑事诉讼法的特点也就不足为奇。

具有约束力的刑罚范式被经济范式所取代，专制的等级沟通形式被合作型、以满意为基础的形式所取代之后，刑事诉讼程序越来越趋同于行政法程序，以采取协商的范式解决利益冲突。②

因此，法律实践进退维谷。一方面，程序法依然以实体真实原则为导向；另一方面，实体刑法又模糊了许可行为和犯罪行为之间的界限，将之推给参与者达成的事实共识。因为某些行为被移交给更有约束力的刑法，那么非正式协商就取代了刑事审判，被告方便可以通过协商达成和解而避免公开受审。为了控制白领犯罪，越来越多的犯罪行为从行政法移交给刑事法，这样就出现了一个讽刺性的结果：刑庭所办理的案件越来越多地被不太具有约束力的、旨在达成谅解的协商方式所取代。虽然在大多数案件中这种做法受到被告方和庭审人员的推崇，但就应得惩处和公平定罪的角度而言，它忽视了公众的利益。"把具有公民保护力的刑法快速转变成政府灵活干预机制不是正确解决社会风险的好办法。"③

新的实体法是否违背刑事诉讼程序的核心传统理念，是否需要双方作出相应调整还未得到正式评定，这个两难之局有待庭审人员去解决。

---

① 参见 Rolf‐Peter Calliess, Strafzwecke und Strafrecht – 40 Jahre Grundgesetz – Entwicklungstendenzen vom freiheitlichen zum sozial‐autoritären Rechtsstaat?, 1989 NJW 1338, 1340。

② Kai‐D Bussmann, Die Entdeckung der Informalität: Über Aushandlungen in Strafverfahren und ihre juristische Konstruktion, 23 (1991), at 27.

③ Rolf‐Peter Calliess, Strafzwecke und Strafrecht – 40 Jahre Grundgesetz – Entwicklungstendenzen vom freiheitlichen zum sozial‐autoritären Rechtsstaat?, 1989 NJW 1338, at 1338.

正如英格兰和威尔士的法律体系一样，德国的成文审判和非正式案件处置两个法律体系共同发挥着作用。① 这种情况在普通法体系中开展很容易接受，因为准予并要求法官发展法律。在民法法系国家，发展习惯法在某种程度上也被认可。② 赫曼认为，刑事审判是"一个有生命的机体"，因此有可能朝法律的相反方向发展。③ 但习惯法的发展在法律基本准则和法律规定上有一定限制，如上所述，非正式协商的合法性就备受争议。

非正式刑事程序较大的基本问题就是法律体系二元性所带来的结果。两种体系并存时，关键的问题在于谁有权决定哪种案件适用哪种体系，做出判决的标准是什么。英格兰和威尔士的辩诉交易，德国非正式协商的支持者认为，被告方有权在保护措施和减少刑罚之间做选择。这种观点有两大缺陷。首先，被告方无法得到作出理性选择所需的必要信息。他们对法院实践和常规做法不了解，无法接触到公诉方的文件。外行几乎不可能衡量公诉人所持证据的分量，尤其在大宗程序中更是不可能。因此，被告方只能依赖律师的决定，而律师考虑的又是自身的利益。其次，即使被告人本人可以选择，与正式审判的背离使公众（公众不被允许旁听审判，公诉人为了自身利益，也不再代表公众的利益）和被害人都无法发声。无论是在纠问制诉讼体系还是对抗制诉讼体系，均是由法律职业者决定哪些案件"值得"完整审判，哪些案件可采取非正式方式处理。然而，这种决定没有指导原则，且这种裁量似乎是绝对的，不受限制的。④ 正如以上所述，选择哪些案件进行辩诉交易完全是随意的，与公众利益相比，这种选择与被告方的关系更大。

---

① 参见 Kai – D Bussmann, Die Entdeckung der Informalität: Über Aushandlungen in Strafverfahren und ihre juristische Konstruktion, 23（1991），at 20。
② Joachim Herrmann,《协商正义——为获得德国刑事正义进行的协商?》，53 U. Pitt. L. Rev. 755, 756（1992），at 773。
③ Bernd Schünemann, Die Verständigung im Strafprozeβ – Wunderwaffe oder Bankrotterklärung der Verteidigung? 1989 NJW 1895, at 1896.
④ 也是无人研究的空白。

八、化圆为方[①]

由于法院和公诉机关超负荷工作的压力重新定义了刑事程序的核心地位，非正式协商已广泛用于各种犯罪之中。如今，法律界人士在决策时首先采用的是效率优先原则。[②] 既然专业人士们认为协商比对抗更为高效，那么公平审判和罪刑相符这种传统理念就不得不让位于"程序经济"这种新理念。[③] 新的立法声称能解决辩诉交易中的难题，这样做不但有可能从非正式协商中受益，同时还能坚持正式的刑事审判原则。然而，新程序是否能和非正式协商的优势结合起来，同时又得到正式程序的保障仍然是个问题。首先，新的立法关注的是审判期间双方达成的协议，而实际上在主要听证会之前，法院根本还未参与之时协议就已达成。因此，许多协商都不在新的立法的界定范围。其次，由于被告方的供述不足，不能给其定罪，法院必须仔细审核案卷确定其在法律或事实上对协商结果不构成障碍。[④] 对供述有效性的调查法院究竟要深入到什么程度还暂不清楚。由于当初建立非正式协商的原因之一在于要缩短程序进程，那么庭审人员现在是否打算延长程序进程还不得而知。有人可能说，在听证会上审查认罪的供述是否有效仍旧比整个审判过程花费的时间短，但经验表明，庭审人员通常认为他们没有足够的时间审查供述的效力。正因如此，庭审人员多次无视联邦最高法院的审判规定，继续延用非正式协商的做法也就不足为奇。如果新的立法只是重申那些庭审人员不愿采用的规定，那么想要改变既定的实践方式是不可能的。最后，立法机关没有对上诉问题提出合理的解决方案，而这恰恰是涉及高等法院如何开展监督的问题。就不当压力而论，无论是威胁，还是不当承诺，都是被禁止的且会使协商无效，在这一点上意见是一致的。最关

---

① 化圆为方是古希腊尺规作图问题之一，在英语中逐渐演变成"完成困难之事"的意思。——译者注
② 参见 Christian Lüdemann & Kai‑D Bussmann, Diversionschancen der Mächitgen? Eine empirische Studie über Absprachen im Strafprozeß, 1989 Kriminologisches Journal [KrimJ] 54, at 68.
③ In German, Prozeßökonomie.
④ Absprachen im Strafprozess – Wirksamkeit eines Rechtsmittelverzichts, 2005 NJW 1440, 1442.

键的问题在于如何检验供述的真实性。正是由于在非正式协商中庭审人员可自由言论，不用记录在案，不会存在留有证据被人上诉的风险，所以非正式协商才如此有吸引力。这也是联邦高级法院希望改变协商与协议的隐蔽性，但遭到实践者反对的原因所在，也正因其非正式性，放弃上诉才通常成为和解的一部分。由此看来，新程序是否能和非正式协商的优势结合起来，同时又得到正式程序的保障仍旧是个问题。

综观本文，非正式协商是在正当程序理论价值和庭审人员实践需求之间的分歧逐渐扩大的背景下，作为对该分歧的回应而发展起来的。在成文法和联邦宪法法院以及联邦最高法院详尽判例之外的这一发展证实了理论与实践的巨大差距。一方面，自从19世纪刑罚法典制定以来，被用于解决不同社会问题的实体刑法在功能上已经发生了巨大变化。另一方面，刑事程序的理念和惩治作用也已发生了转变。但是这两种变化在正式刑事审判的发展过程中都没得到反映。传统的刑事程序和现代刑法之间不可调和的矛盾似乎是实体刑法改革中被忽视的意外产物。就重视核心价值和尊重法律原则而言，对这些价值的背离应当进行认真思考。与其等待法院处理这些滥用新程序的问题，更应由立法和文明社会去调和实体正义和程序正义的关系。与其等待法院处理这些滥用新程序的问题，① 更应由立法和文明社会去调和实体正义和程序正义的关系。这一庞大的任务不可能单靠刑法和刑事诉讼法来完成，而必须建立在更广泛的多学科基础上。比如，考虑进行税法和会计法改革，再次将某些犯罪案件移交给行政法处理，重新考虑特定的风险犯罪的定罪程序。

由联邦最高法院制定、立法机关重申的规定不但没有探讨这些重要问题，也没有制定出程序便于法庭参与者解决程序法和实体法之间的矛盾。联邦最高法院和立法机关似乎认为只要给足办案人员自由，问题就能得到解决。这种做法表明对法律执业人员间不同需求间的潜在冲突缺乏理解。尽管先前对刑法中非正式协商的规制均持欢迎态度，但遗憾的是，立法并未讨论当代刑法的作用。

---

① 这是德国学术界就非正式协商研究的主要内容。

《欧洲人权公约》第6条下的刑事诉讼"平等武装"原则及其在欧洲代表性国家刑事司法中的功能定位

——一个比较法的视角[*]

马尔哥萨塔·沃西科 - 维迪雷克[**] 著　刘铃悦[***] 译

前　言

犯罪通常会造成社会秩序的紊乱，因此，需要恢复被破坏的社会关系。然而，如果这种社会关系修复本身对涉及其中的人们没有做到公正处理，那么，也会打破社会秩序。在刑事诉讼中对于个体的生命和人格尊严至关重要。基于此，在民主社会中，刑事司法的公正是极其重要的。

本文主要研究刑事案件公正性的其中一个重要概念："平等武装"。虽然在《欧洲人权公约》（以下简称人权公约）中没有这一概念的明确表述，但却作为人权公约第6条关于公正审判的基本权利。

首先，笔者从欧洲人权委员会和人权法院的判例分析"平等武装"的范围和概念。在接下来的章节中，笔者将论述这一概念在不同刑事诉讼程序中的应用，即普通法系（以英国为例）和大陆法系（以德国和

---

[*] Malgorzata Wasek - Wiaderek, The principle of "equality of arms" in criminal procedure under Article 6 of the European Convention on Human Rights and its functions in criminal justice of selected European countries A comparative view, Leuven University Press, 2000.

[**] 马尔哥萨塔·沃西科 - 维迪雷克（Malgorzata Wasek - Wiaderek），波兰最高法院研究部门研究员。

[***] 西南政法大学法学院硕士研究生。

波兰为例)。

这种分析的局限性在于没有综合分析所有国家刑事诉讼程序中关于平等的规定。实际上,笔者将要强调"平等武装"原则在不同刑事司法模式中的一般方法以及在人权公约中两种法律模式的融合。

笔者的分析基于相关国家立法例、国内最高法院的法律体系、法律学说以及从欧洲人权委员会和欧洲人权法院关于人权公约第 6 条中筛选的判例。

需要铭记在心的是,当前现有的分析并没有声称穷尽"平等武装"在刑事诉讼中这一概念的真正含义。尤其是,"平等武装"这一问题不仅涉及人权公约第 5 条第 4 款之规定,其复杂性和不确定性确实值得学者进行深入探讨。

一、"法律正当程序"的基本内涵及其在两大法系的应用

刑法处理社会生活中非常特别的问题:犯罪、处理犯罪人和执行正义。惩罚犯罪的要求是毫无疑问的。在每一种法律文化中,刑事诉讼的目的就是要发现真相,从而作出正确的判决,避免错误定罪。然而问题在于:惩罚犯罪是否是刑事诉讼程序的唯一目的。客观地讲,即便客观上实现了罪刑相适应,也未必满足程序正义的基本要求。①

如果对犯罪的惩罚是适当的和正确的,但不是"公正的",也不能称之为"司法公正"。例如,没有赋予被告人出席庭审、自我辩护以及获得法律援助或者获得充分的信息的权利。

因此必须实现司法公正。满足犯罪嫌疑人、被告人权利保护的需求不能视为对刑事司法体系的有效性和犯罪预防造成了障碍。为保护被告人的权利而牺牲社会的安定是一个绝对的悖论。在以下论述中将涉及这

---

① 程序正义的概念由 N. Luhman 提出。在他看来,刑事程序的目的并不是构建事实真相和实现司法正义,而是诉讼的效率价值,为发现真相以及程序公正参与人的最大限度地努力参与诉讼中。参见 S. Waltos, Proces karn. Zarys systemu, Warszawa 1998, p. 21, footnote 11。

两种价值的平衡。

将刑事诉讼作为实现实体法的工具规则这一基本观点，目前没有得到学界支持。①

有论者认为，刑事诉讼的模式与人权的实施水平与特定时期一个国家的政体和权力组织形式密切相关。②

当前欧洲国家刑事诉讼程序的模式主要由民主社会的多元价值所决定。总体而言，这些价值在普通法系国家和德国分别表现为"法治"的概念和"法治国"原则。刑事诉讼的国家标准在这些理念下得到了塑造和发展。

在第二个层面上，人权公约第6条的"公正审判权"对欧洲刑事法律制度产生了深远影响。人权法院判例的发展对于刑事诉讼中公正审判概念的解读自成体系，而不依赖于各缔约国的法律制度。然而，考虑到人权公约标准在国内刑事诉讼程序制度中实施的结果，关于公约中"公正审判"原则真正的影响将要经过衡量，由不同的法律文化决定。现阶段对于人权公约的实施，在不同国家中有不同标准，不能说已经建立并统一了刑事诉讼中公正的一般标准。在所有欧洲理事会成员国家中，构建"公正审判"原则适用的一般标准是当前和未来的一项任务。

（一）普通法系国家中的"正当程序"

20世纪60年代，普通法系中关于刑事诉讼最著名的理论框架由赫伯特·帕克所发展。在帕克看来，刑事司法可能发展成两个标准模式的框架，即犯罪控制模式和正当程序模式。"犯罪控制模式的价值基础在于将惩戒犯罪视为刑事诉讼最重要的功能。"③ 换言之，刑事诉讼是社

---

① 参见 U. Neumann, Materiale und prozedurale Gerchtigkeit im Strafverfahren, ZStW 101 (1989) Heft 1, p. 52 – 74; M. Bogucka – Arctowa. Sprawiedliwosc proceduralna a orzeznictwo Trybunalu Konstytucyjnego i jego rola w okresie przemian systemu prawa, (in;) Konstytucja i gwarancje jej przestrzegania. Ksiega pamiqtkwa ku czci prof. Janiny Zakrzewskiej. Warszawa 1996. p. 25 – 38。

② 这一关系的历史观点的代表学者是 K. H. Gosell, Das Rechtsstaatsprinzip in seiner Bedeutung fur das Strafverhren (in;) Problemy kodyfikacji prawa karnego. Ksiega ku czci Profesora Mariana Cieslaka, Krakow 1993, p. 313 and following。

③ 赫伯特·帕克, The Limits of the Criminal Sanction 1968, p. 158。

会自由的积极守护者。因此,需要对刑事诉讼程序的运行给予首要关注。

犯罪控制模式的最大特征在于"高速捕率和定罪率",此外,办案机关倾向于通过非正式程序以及降低控辩双方的对抗性"实现诉讼的有效性和终局性"。①

警察最有利于发现某人是有罪的,由警察构建犯罪事实的情况下,后续的诉讼程序应当尽可能减少其参与。有罪推定旨在对那些犯罪行为已经被发现的犯人实现高定罪率。

正当程序的价值则完全不同。该模式要求以公正的标准以及对犯罪嫌疑人的保护,在法庭上进行正式和公开的审判,双方当事人地位平等,被追诉人享有上诉的机会,而对于无辜者最大限度的保护是正当程序的典型特征。正当程序要求审判程序具有对抗性,在中立的法庭进行公开听证,被告人有权怀疑对他不利的证言。② 这一模式认为,平等原则应当是任何一方当事人在审判中均处于相同的地位进行防御,享有同等的诉讼资源。

然而,在帕克看来,"这两种模式的对立并不是绝对的",他强调,"正当程序理念并不是犯罪控制模式的对立面",因为"正当程序并不源自这样的理念,即它并不是一个特别惩戒犯罪的模式"。③

学界的许多观点对帕克的论证产生了质疑。其中之一就是正当程序原则没有关注刑事司法的有效性以及对被害人的权利保障。④ 还有一个问题就是,犯罪嫌疑人和被告人的权利与惩罚犯罪必要性之间的平衡。

(二)德国关于"公正审判"概念的界定

英国法中的"公正审判"在德国法中的对应概念是"eines fairen

---

① 赫伯特·帕克,The Limits of the Criminal Sanction 1968, p. 159。
② 赫伯特·帕克,The Limits of the Criminal Sanction 1968, p. 164。
③ 赫伯特·帕克,The Limits of the Criminal Sanction 1968, pp. 154, 163。
④ 对于帕克观点的批判综述参见:A. Ashworth, The criminal process. An Evaluative Study, Oxford 1994, p. 28 – 34;一些对帕克观点的评论参见 A. Sanders, R. Yong: Criminal Justice, London, Dublin, Edinbourgh 1994, p. 12 – 20。

Verfahrens"原则。德国司法制度起源于德国 1949 年宪法第 20 条中"法治国原则"的概念以及人权公约第 6 条的规定。①

德国宪法法院（Bundesverfassungsericht）② 和德国联邦最高法院（Bundesgerichtshof）对"公正审判"原则概念的产生的解释发挥了重要作用。克劳斯·罗科信认为，"公正审判"原则是刑事诉讼中被告人的一项重要权利，"公正与法治"（公正并且一直伴随着"法治"原则）这一原则作为总括性条款，在刑事诉讼法典的条款中具有更为重要的意义，因此，对这些条款进行解释时必须遵照"公正审判"的更高标准。③

刑事诉讼的标准源于德国宪法法院和联邦最高法院规定的"公正审判"原则，例如，出庭接受询问的证人有权委托律师；④ 在任何一个严重的犯罪案件中，涉及剥夺被告人财产权时意味着政府应当为其指定律师辩护；⑤ 禁止国家故意滥用权力收集证据；⑥ 在庭审中应当告知嫌疑人所有侦查活动的强制义务，而不是在听证阶段；⑦ 审慎衡量传闻证据的可信性；⑧ 尊重被告人的合理要求。⑨

根据一些学者的观点，"程序照顾义务"（Fursorgepflicht des Gerich-

---

① 克劳斯·罗克信, Strafverfahrensrecht, Munchen 1993, p. 67; F. Ch. Schroeder. Strafprozeprecht, Munchen 1993, p. 30 – 31; K, Geppert, Zum" fair trial – Prinzip" nach Art. 6. Abs. I Satz I der Europaischen Menschenrechtskonvention, Jura 1992, Heft 11, p. 599。
② M. Niemoller, G. F. Schuppert, Die Rechtsprechung des Bungerverfassungsgerichts zum Starfverfahrensrecht, Archiv des offentlichen Rechts, Band 107/1982, p. 394 – 403; E, Niebler, Der Einflup der Rechtsprechung des Bundesverfassungsgerichts auf das Strafprozeprecht, (in:) Strafverfahren im Rechtsstaat, Festschrift fur Theodor Kleinknecht zum 75. Geburtstag, edited by K. H/Gossel, H/Kauffmann, Munchen 1985, p. 299 – 318.
③ 克劳斯·罗克信, Strafverfahrensrecht, Munchen 1993, p. 67; F. Ch. Schroeder. Strafprozeprecht, Munchen 1993, p. 30 – 31; K, Geppert, Zum" fair trial – Prinzip" nach Art. 6. Abs. I Satz I der Europaischen Menschenrechtskonvention, Jura 1992, Heft 11, p. 67。
④ 德国宪法法院判例 38，111。
⑤ 德国宪法法院判例 46，202。
⑥ 德国联邦最高法院判例 24，131。
⑦ 德国联邦最高法院判例 36，305。
⑧ 德国宪法法院判例 57，250。
⑨ 德国联邦最高法院判例 32，44。

tes)① 也源于"公正审判"的理念。这一原则的核心是必须告知被告人各种诉讼行为的结果以及不利性,并提出建议。这一告知义务不仅适用于法庭,也适用于所有参加刑事诉讼的国家机关(包括警察,公诉方)。告知被告人信息的范围取决于其是否有律师代表。②

"公正审判"概念的重要要求是"平等武装"原则。③

德国法中的"公正审判"原则似乎源于德国宪法法院和联邦最高法院的自主解释。考虑到人权公约在德国与普通联邦法律具有相同的地位,联邦宪法法院有权根据联邦宪法宣布法律无效或者予以否决,因此,"公正审判"的概念源于宪法中的"法治国"原则也就不足为奇了。作为新政策的象征,德国宪法法院的一项决定于1987年3月26日获得通过。宪法法院强调,"当解释基本法时,法院必须考虑人权公约的规定以及由此产生的判例法"。④

(三) 波兰法对于"公正审判"的界定

波兰法律体系中正当程序和"公正审判"原则的发展,是随着政治体制从极权主义向民主主义的转变而出现的。自1989年以来,有论者注意到波兰刑事法律对人权保障的加强,并展现出使其符合人权公约标准的强烈愿望。波兰的刑法和刑事诉讼法曾作为镇压持有不同政见者的惩罚工具。⑤ 在过去的40年中,对司法错位的呼声越来越大,要求

---

① H. Zipf, Strafprozeprecht, Berlin – New York 1972, p. 82; F. Ch. Schroeder, op. cit., p. 31; C. Roxin, op. cit., p. 67.

② For further examples of the use of "Fursorgepfligcht" concept see: H. Zipf, op. cit., p. 82; see also BGH 24, 24.

③ 克劳斯·罗克信, Strafverfahrensrecht, Munchen 1993, p. 67; F. Ch. Schroeder. Strafprozeprecht, Munchen 1993, p. 30 – 31; K, Geppert, Zum" fair trial – Prinzip" nach Art. 6. Abs. I Satz I der Europaischen Menschenrechtskonvention, Jura 1992, Heft 11, p. 67; F, Ch, Schroeder, op. cit., p. 31。

④ J. A. Frowein, The Federal Republic of Germans, (in;) M. Delmas – Marty (ed.), The European Convention for the Protection of Human Rights. International Protection versus National Restrictions, (1992), p. 121 – 122.

⑤ 参见 S. Frankowski. A. Wasek. Evolution of the Polish Criminal Justice System After world War Two – An Overview, European Journal of Crime, Criminal Law and Criminal Justice, No. 2/1993. p. 143 – 155。

刑事诉讼法的实施旨在保护公民权利，避免在将来为了政治目的滥用刑事司法。

以1969年刑事诉讼法典的一些修正案为契机，波兰于1989年开始刑事诉讼法改革。① 1990年1月1日，1952年宪法修正案将"法治国"原则引入波兰法律并生效实施。② "法治国"原则的概念对刑事诉讼法"公正审判"原则产生了十分重要的影响。刑事诉讼中的一些重要标准和对被告人的保障直接源于这一宪法原则。③

事实上，人权公约对波兰刑事司法制度产生了极其重要的影响。1993年1月19日，波兰共和国承认了人权公约并公布实施。④ 1993年3月1日，波兰政府颁布的两个宣言认可了欧洲委员会的权限，接受了人权公约第25条对个人诉权的保障，以及人权公约第46条的强制性的司法制度。⑤ 然而，波兰政府对两个宣言进行了部分保留，即诉权只能与侵犯了波兰承认的人权公约中的决定或者发生在1993年4月30日后的事件相关。

上述事实对于波兰刑事诉讼法具有重要意义，使波兰刑事诉讼程序向人权公约的要求看齐，尤其是"公正审判"原则。然而，直到1997年新宪法生效实施，波兰才明晰了人权公约在国内法律体系中的地位。⑥ 根据1997年《宪法》第91条第2款和第89条第1款第2项的规定，人权公约是国内法律渊源的一部分，如果有条款与之冲突，人权公约优先适用。更重要的是，源自《宪法》第91条第1款的规定，即公

---

① 参见 S. Frankowski. A. Wasek. Evolution of the Polish Criminal Justice System After world War Two – An Overview, European Journal of Crime, Criminal Law and Criminal Justice, No. 2/1993. p. 160 – 162。
② Journal of Laws of 1989, No. 75. Item 444.
③ J. Zakrzewska, Konstytucyjna zasada panstwa prawnego w praktyce Trybunalu Konstytucyjnego, Panstwo i Prawo, No. 7/1992. p. 5; see also the judgement of the Constitutional Court of 7 January 1992, in which the Court derived from the constitutional "Rechtsstaatsprinzip" the principle of due process of law and (as a consequence) the right to a "fair trial".
④ Journal of Laws of 1989, No. 61. Item 284.
⑤ Journal of Laws of 1993, No. 61. Item 286.
⑥ The new Constitutional entered into force on 17 October 1997. See, Journal of Laws of 1997, No. 78. Item 483.

约的自治条款应当直接适用。因此，从 1997 年之后，国内司法机关在其审判实践中通过援引人权公约的相关条款，将其适用于本国的诉讼程序，其间没有与本国宪法发生冲突。①

现在没有任何必要从"法治国"原则中寻找"公正审判"的渊源，因为《宪法》第 45 条规定：

1. 任何人有权获得公正审判以及公开听证的权利，应当毫不迟延地被带到一个有能力的中立的以及独立的法官面前。

2. 公开听证原则的例外包括品德、国家安全、公共要求或者对私人生活的保护，或者出于其他重要的私人利益。判决应当公开宣读。

宪法也包含了如下程序保障：禁止酷刑、非人道的或有辱人格的对待或惩罚（第 40 条）；自由和人身安全权（包括人身保护权和违法剥夺人身自由的赔偿请求权 第 41 条）；无罪推定原则（第 42 条第 3 款）；辩护权（第 42 条第 2 款）；司法独立原则（第 178 条第 1 款）；对一审程序判决和决定不服的上诉权（第 78 条）。

宪法也为保障上述权利提供了有效措施。特别是根据 79 条第 1 款的规定，任何人的宪法自由或者权利受到侵犯，均有权向宪法法院提请上诉。法庭应当作出合乎宪法规定的判决，或者由宪法规定的法院或公共管理组织审查相关的侵权行为并对该侵犯权利或自由的行为作出终审判决。

波兰近 10 年刑事诉讼最重要的改革之一就是 1998 年 9 月 1 日新刑事诉讼法的生效实施。1997 年 6 月 6 日②新刑事诉讼法的起草者强调，

---

① 波兰法院的判例表明，人权公约首先直接适用于司法机关引导的刑事诉讼程序。See, with reference to Article 5 of the Convention: decision of the Supreme Court of 24 January 1997, V KO 12/97, published in OSNKW 1997/3 – 4/31; decision of the Krakow Court of Appeal of 21 May 1998, II Akz 85/98, published in KZS 1998/4 – 5/62; judgement of Lublin Court of Appeal of 24 August 1998, II AKZ 306/98, published in Apelacja – Lublin 1998/4/30; See, with reference to Article 6 of the Convention: judgement of the Bialystok court of Appeal of 28 March 1995, II AKr 28/95, published in OSP 1996/7 – 9/150; decision of the Wroclaw Court of Appeal of 20 January 1998, II AKz 7/98, published in OSA 1998/5/24; decision of the Krakow Court of Appeal of I July 1998, II AKz 152/98, published in KZS 1998/7 – 8/50.

② Journal of Laws, No. 89. Item 555.

新法修订的内容之一是人权公约的公正审判的标准在本国法律体系中的生效实施。①

总体上讲,新刑事诉讼法达到了人权公约中"公正审判"的标准。② 然而,有观点认为,尽管刑事诉讼程序发生了许多积极转变,一些规定仍有细化的空间。尤其是在被告人有权出席听证③和法庭季审④以及有权获得免费的翻译帮助权利等方面。⑤

从理论上讲,有学者认为可以从两条路径解释"公正审判"的概念。以 P. Hofmanski 代表的一种观点认为,"公正审判"原则是引导刑事诉讼程序的综合性原则,这一观点非常接近人权法院对于这一原则的解释。Hofmanski 区分了人权公约第 6 条第 1 款("公正审判"原则)与第 6 条第 2 款、第 3 款中规定的"最低限度的保障"之间的差异。根据这一观点,"公正审判"的概念只包括没有明确规定在人权公约第 6 条中的权利。⑥

A. Wasek、⑦ M. P. Wedrychowski、⑧ A. Murzynowski、⑨ M. A. Nowicki、⑩

---

① Nowe kodeksy karne z 1997 r. z uzasadieniami. Kodeks Karny. Kodeks Postepowania Karnego. Kodeks Karny Wykonawczy, Warszawa 1998, p. 393, 420.
② 参见 P. Hofmanski, Nowe polskie prawo karne w swietle europejskich standardow w zakresie ochrony praw czlowieka, Warszawa 1997, s. 32 – 51。
③ 参见 P. Hofmanski, S. Zablocki, Glosa do wyroku Europejskiego Trybunalu Praw Czlowieka w Strasburga z 25 marca 1998, sygn 45/1997/829/1035. w sprawie Belziuk przeciwko Polsce Palestra No. 7 – 8/1998, p. 13 – 15; M. Wasek – Wiaderek, Rzetelnosc postepowania odwolawezego w polskiej procedurze karnej w swietle orzecznictwa Trybunalu Europejskiego, Prokuratura i Prawo No. 11 – 12/1998, p. 64; Glosa do wyroku z 17 IV 1998, V KKN 128/98, Panstwo i Prawo No. 12/1998, p. 116。
④ 参见 M. A. Nowicki, Kontrola legalnosci aresztowania wymaga rozprawy, Rzeczpospolita of 22 Feburary 1999; M. Wasek – Wiaderek, Glosa do postanowienia Sadu Najwyzszego z dnia 20 pazdziernika 1998 r. (III KZ 118/98). Orzecznictwo Sadow Polskich No. 10/1999, p. 494 – 497。
⑤ P. Hofmanski, Nowe polskie..., p. 50; S. Waltos, A. Wasek, Harmonizacja prawa karnego w Europie z polskiej perspektywy, part II. Palestra No. 1 – 2/97, p. 13 – 14.
⑥ P. Hofmanski, Konwencja Europejska a Prawo Karne, Torun 1995, p. 238 – 239.
⑦ A. Wasek, Rzetelny proces karny, Kosciol i Prawo No. 13, Lublin 1998, p. 190 – 191.
⑧ M. P. Wedrychowski, Prawo do ucciwej rozprawy w Europejskiej Konwencji Praw Czlowieka, Przeglad Sadowy, No. 5 – 6/1991, p. 62 – 80.
⑨ A. Murzynowski, Istota i zasady procesu karnego, Warszawa 1994, p. 95.
⑩ M. A. Nowicki, Wokol Konwencji Europejskiej, Warszawa 1992, p. 41.

M. Baracz① 等学者反对 Hofmanski 狭隘的分析路径。这些论者普遍认为，人权公约第 6 条第 2 款和第 3 款的规定包含在"公正审判"的概念中。这一观点将以下这些概念融入"公正审判"中：无罪推定、辩护权、上诉权②、人身保护权（对警察逮捕和审前羁押的司法控制）、非法证据排除、不得强迫自证其罪原则。③

也有论者认为，"公正审判"原则的含义也包括人权公约附加条款的第 7 条规定中所包含的权利，即将对错误判决的赔偿、"一事不再理"④"不得强迫自证其罪"等原则作为辩护权的基本要素。⑤

虽然当前波兰刑事诉讼法为实现刑事程序的公正运行建立了一个完整的法律框架，然而人权法院关于公正标准的实际落实在很大程度上取决于波兰的检察机关和审判机关。⑥ 现阶段，波兰刑事司法的首要任务要求检察机关和审判机关加快诉讼程序。

二、"平等武装"原则作为欧洲人权法院发展的公正审判的基本概念

（一）"公正审判"的适用范围

《欧洲人权公约》第 6 条规定：

1. 在决定某人的公民权利和义务或者在对某人确定任何刑事罪名时，任何人均有理由在合理的时间内受到依法设立的独立而公正的法院的公平且公开的审讯。判决应当公开宣布。但是，基于对民主社会中的

---

① M. Baraca, Pojecie i cechy uczciwego procesu karnego, Panstwo i Prawo, No. 12/1991, p. 74.
② M. P. Wedrychowski, op. cit., p. 65; A. Murzynowski, op. cit., p. 55.
③ A. Murzynowski, op. cit., p. 55.
④ A. Wasek, Rzetelny..., p. 190 – 191; M. P. Wedrychowski, op. cit., p. 65.
⑤ A. Wasek, O kilku aspektach reguly "nemo se ipsum accusare tenetur" de lege lata i de lege ferenda, (in:) Standardy praw czlowieka a polskie praw karne, ed. J. Skupinski, Warszawa 1995, p. 240.
⑥ 欧洲人权法院在审理两起波兰的案件（judgement of 25 March 1998, Belziku v. Poland, Reports of Judgements and Decision No. 67, 1998 – Ⅱ, p. 559 – 573; judgement of 25 March 1999, Musial V. Poland）时发现，法律本身没有错误，而是国内法院违背了人权公约第 5 条第 4 款（Musial 案）和第 6 条第 1 款和第 3 款 c 项（Belziuk 案）的规定。

道德、公共秩序或者国家安全的利益以及少年利益或者保护当事人私生活权利的考虑，或者是法院认为，在特殊情况下，如果公开审讯将损害公平利益，则可以拒绝记者和公众参与旁听全部或者部分审讯。

2. 凡受刑事指控者在未经依法证明有罪之前，应当推定为无罪。

3. 凡受刑事指控者具有下列最低限度的权利：

（1）以他所了解的语言立即详细地通知他被指控罪名的性质以及被指控的原因；

（2）应当有适当的时间和便利条件为辩护作准备；

（3）由他本人或者由他自己选择的律师协助替自己辩护，或者如果他无力支付法律协助费用，则基于公平利益考虑，应当免除他的有关费用；

（4）询问不利于他的证人，并在与不利于他的证人具有的相同的条件下，让有利于他的证人出庭接受询问；

（5）如果他不懂或者不会讲法院所使用的工作语言，可以请求免费的译员协助翻译。

公正审判的概念源自欧洲人权委员会（以下简称人权委员会）和人权法院一系列完备的判例。当涉及刑事犯罪中公正审判的概念时，涉及一个有争议的问题，即应当如何理解刑事指控的含义。对这个问题的回答取决于人权公约第 6 条的适用范围。

人权公约第 6 条本身没有明确规定刑事指控中公正审判应当满足的要求。作为先决条件，公正审判的概念散见于人权法院的判例。① 在面对缔约国内国法律制度的差异时，人权法院将刑事指控视为一个自主性概念，独立于各国的法律制度。② 人权法院更倾向于对刑事指控作出"实质"解释，而非从形式上理解其字面含义。③

---

① Judgement of 17 January 1970. Delcourt. Series A. No. 11. p. 15. para. 25.

② Judgement of 27 February 1980. Deweer. Series A. No. 35. p. 22. para. 42；Judgement of 26 March 1982，Adolf，Series A，No. 49，p. 15. para. 30.

③ Judgement of 27 February 1980，Deweer. p23. para. 44.

自主解释包含指控和犯罪这两个基本要素。①

第一个要素的含义可参考 Eckle 一案："一个能够胜任指控的国家机关对于一个个体实施犯罪的官方告知。"② 指控并不总是以官方告知的形式被提出，也可以采取其他诸如暗示或者实质性影响嫌疑人处境的方式。③

犯罪含义的不确定性导致了理解上的难题。其中之一便是刑事追诉程序与纪律惩戒程序之间的界分。对此，人权委员会坚持的一种观点是，人权公约并不适用于纪律惩戒程序。④ 然而，在 Engel 案⑤的判决结果中，人权法院认为，纪律惩戒程序构成对公民人身自由的非法剥夺。理由在于，在纪律惩戒中也涉及对人权公约第 6 条的实质性违反。人权法院进一步强调，立法者在选择将特定的行为或过失规定为犯罪或者违反纪律，抑或二者兼而有之时，为避免人权公约第 6 条的规定被架空，立法者将此类行为规定为违反纪律的选择余地是非常有限的。在判断一项纪律惩戒程序中是否含有刑事指控时，人权法院采取了以下三项标准：

1. 违法国内法的性质与类型；
2. 违法的性质（违法类型的适用范围）；
3. 对被定罪人可能判处刑罚的严重性和性质。⑥

在 Engel 案中，确立了可能判处的合理的监禁期间。基于此，人权法院认为人权公约第 6 条第 1 款应当适用于违纪程序。

在 Campbell and Fell 案中，⑦ 涉及的问题是被判处监禁的违纪行为是否涉及人权公约第 6 条下的刑事指控。人权法院运用了 Engel 案的裁

---

① P. Hofmanski, Konwencja Europejska..., p. 221.
② Judgement of 15 July 1982, Series A, No. 51, p. 33. para. 73.
③ Judgement of 10 December 1982, Foti, Series A, No. 56, p. 18, para. 52.
④ see the case – law mentioned in the report of the Commission of 19 July 1974, Engel, Series B, No. 20, p. 68 – 69, para. 110.
⑤ Judgement of 23 November 1976, Series A, No. 22.
⑥ Judgement of 23 November 1976, Engel, Series A, No. 22. p. 34 – 35, para. 82.
⑦ Judgement of 28 June 1983, Series A, No. 80. p. 34 – 38.

判标准，其认为，涉及犯罪的违纪行为，即被监狱规则视为特别"特别重大"的情形，导致严重的处罚，丧失豁免和特权，以及在法庭被指控为犯罪的行为，确实涉及刑事指控并且需要人权公约第 6 条的保护。Engel 案确立的三条标准也适用于因违反法庭秩序而被判处刑罚的案件。① 这些判例的问题在于，这些惩罚在本质上是否属于犯罪行为，以这样的方式处罚是否合乎人权公约第 6 条的规定。人权法院得出了多种结论。在 Weber 案中，国内法院因申诉人违反司法审查的保密条款对其判处罚金，人权法院指出，对于第二个标准来说，惩罚性制裁是针对犯罪而言。② 在 Ravnsborg 和 Putz 案中，人权法院又得出了另一个结论。根据人权法院的观点，对本案中两个申诉人采取的措施，更类似于纪律惩戒，而不是对犯罪行为施加的刑罚。③ De Meyer 大法官对 Putz 案的判决结果持批评意见。他强调将 Engel 案的标准运用到违纪案中是不符合要求的，并指出对第三种标准缺乏一致的解释。④

有关"刑事指控"含义的另一个问题是，人权公约第 6 条是否适用于所有的刑事诉讼程序，尽管所侵犯的法益并不十分严重。在 Adolf 一案中，人权法院对这个问题作了积极回应。⑤

在 Ozturk 案中，关于行政违法的问题人权法院采取了相同的观点。人权法院的立场是反对人权公约第 6 条所保障权利的遭受侵蚀，并支持将公约第 6 条适用于行政违法。⑥ 这一审查标准在几个针对奥地利的上

---

① Judgement of 22 May 1990, Weber, Series A. No. 177; Judgement of 23 March 1994, Ravnsborg, Series A. No. 283 – B; Judgement of 22 February 1996, Putz.
② Weber judgement, p. 18. para. 33.
③ Ravnsborg judgement, p. 30, para. 34; Putz judgement, para. 33.
④ DeMeyer 法官的批评意见参见 judgement of 22 February 1996, putz, p. 18 – 19, para. 5。在他看来，对某人施加的任何惩罚，由于此种行为被视为应受谴责的一种处罚，并且相应的，仍然属于犯罪的范围，因此对某人施加的刑罚必须经受司法审查，以符合人权公约第 6 条的规定。如此高水平的司法保护在实践中很难开展。更为现实的是人权委员会的方法，即将罚金转化为监禁刑（以防止不能挽回的罚金）要求人权公约第 6 条的保护。
⑤ Judgement of 26 March 1982, Series A, No. 49, para. 16.
⑥ Judgement of 21 February 1983, Ozturk, Series A, No. 73, p. 19 – 20.

诉案件中得到确认。① 人权法院指出，即便在每一起案件中有争议的犯罪行为及其适用的程序属于行政范围，它们本质上仍然是犯罪。对申诉人判处罚金是对被判处监禁的被告人未履行赔偿义务的惩戒。因此，人权公约第6条适用于此类诉讼程序。

根据人权法院的观点，人权公约第6条所包含的权利保障可以适用于上诉审的听证以及撤销原判程序。由于这样的听证构成了"决定"的一部分，因此必须平等地符合人权公约第6条的要求。② 然而，在法院的上诉审之前，人权公约第6条的适用方式取决于特定诉讼程序的特点。这就意味着，应当将国内法所有的诉讼程序以及上诉法院的角色考虑在内。此外，还应当考虑上诉法院的权力范围以及申诉人提出和保护利益的实现方式。③ 根据人权法院的判例，即使申诉人并没有被赋予亲自参与上诉审和法院撤销原判听证的机会，当涉及法律问题以及许可上诉程序时也符合人权公约第6条的要求。④ 甚至是在对事实和法律重新审查的上诉审中，人权公约第6条也没有一律要求公开听证，或者被告人亲自到庭。⑤ 然而，在上诉审或者撤销原判的庭审中，被告人亲自出席是保障控辩双方平等武装的必然要求。⑥ 简言之，人权法院在一系列影响深远的判例中表明，在申诉和撤销原判程序中，并不要求公正审判的范围是明晰且确定的。⑦

---

① Judgement of 23 Oktober 1995, Schmautzer. Umlauft, Gradinger. Pramstaller, Palaoro, and Pfarrmeier v. Austria.
② Judgement of 17 January 1970, Delcourt, Series A, No. 11, p. 14, para. 25; judgementof 19 December 1990, Delta, Series A, No. 191 – A; judgement of 28 August 1991, Brandstetter, Series A, No. 211.
③ Judgement of 29 Oktober 1991, Fejde, Series A, No. 212 – C, pp. 67 – 69, paras. 27, 31; judgementof 21 September 1993, Kremzow, Series A, No. 268 – B, p. 43. paras. 58 – 59; judgementof 19 February 1996, Botten v. Norway, p. 18. para. 39.
④ Judgement of 8 December 1983, Axen, Series A, No. 72, p. 12 – 13, paras. 2728; judgement of 2 March 1987, Monnel and Morris, para. 58.
⑤ Fejde judgement, p. 69, para. 33; judgement of 29 October 1991, Jan – Ake Andersson, Series A, No. 212 – B, paras. 31 – 33; Kremzow judgement, p. 43, para. 58; judgement of 22 February 1996, Bulut V. Austria, paras 41 – 43.
⑥ Beiziuk judgement, p. 571, paras. 38 – 39.
⑦ M. Wasek – Wiaderek, Rzetelnosc..., p. 50 – 57.

有论者提出，人权公约第 6 条是否可能适用于审前程序。根据人权公约第 6 条的措辞以及人权法院在 Eckle 一案中确立的指控含义表明，人权法院在一定程度上对这个问题持否定回答。学理上和源自人权公约的判例中展现了另一种不同的路径。人权法院在 Imbrioscia 一案中指出：

"事实上，就刑事犯罪而言，人权公约第 6 条的首要目的是保障由一个能够胜任所有刑事指控的法庭的公正审判，但是，这并不是说公约不适用于审前程序。人权公约第 6 条其他条款特别是第 3 款的规定，或许与一个案件的审前程序有关，反之，如果审前程序不符合人权公约第 6 条的规定，公正审判很有可能落空，审判过程可能导致严重的偏见。"①

有论者认为，刑事诉讼程序必须是一个整体，只局限于某一个诉讼环节很难评判程序公正。② 人权公约中公正审判的概念源于英国法律制度传统，所有的证据都要在法官面前进行质证。在大陆法系的法律传统下，证据大多在审前阶段收集，随后在法庭面前再次展示。更为明显的是，在这种法律传统下，人权公约第 6 条所保障的权利必须适用于审前的诉讼阶段。③ 它指出，在任何案件中公正审判的要求必须适用于审前阶段的程序性行为，其目的在于发现事实真相，以及作为随后的定罪依据，即使这些程序在审判前已经完成，也要在审判时向法庭出示。④

通过对上述人权法院判例的分析，可以得出如下结论：刑事指控的内涵和外延被非常广泛和动态地解释，即它的含义在很大程度上取决于特定案件的具体事实。人权法院明确地表示要建立统一的、自主性的刑

---

① Judgement of 24 November 1993, Series A, No. 275, p. 13, para. 36; see also judgement of 19 December 1990, Delta, Series A, No. 191 – A, p. 16. para. 36.
② F. Jacobs, The European Convention on Human Rights in English Courts, EuGRZ 1975, No. 29, p. 83 – 88.
③ F. Jacobs, The European Conventionon Human Rights, Oxford 1975, p. 68.
④ P. Hofmanki, Europejska Konwencja..., p. 223. In its opinionof 27 July 1984, Can, 9300/81, Series A, No. 96. paras. 54 – 61, 人权委员会决定在所有案件中，人权公约第 6 条第 3 款（b）项和（c）项都可以适用于审前阶段。

事指控的含义,尽管这将适用于各缔约国的法律制度。

在刑法中,刑事指控的含义可以被称为公正审判的"正式边界"。所谓刑事指控,必须符合人权公约第6条所要求的权利保障。然而,公正审判本身所包含的内容是难以明确的。

(二)人权公约第6条第1款与第2款、第3款最低限度的保障之间的关系

首先需要回答的问题是:公正听审与人权公约第6条第1款、第2款、第3款中明确规定的其他权利保障之间的关系。有观点认为,公正审判的概念包括人权公约第6条规定的所有标准和保障。① 然而,也有论者对于公正审判的概念有不同理解。② 在 Nielsen 案中,人权委员会指出:人权公约第6条第2款和第3款所列举的具体权利构成了公正审判的基本内涵。然而,根据第3款"最低限度的权利"的语义,其中的6项权利并不是穷尽的,即便符合公约第3款和第2款所保障的权利,审判可能也达不到公正审判的一般标准。③ 人权法院在随后的判决中,肯定了人权委员会的这一审查标准。④ 如前所述,如果审判没有违反人权公约第6条第3款的规定,那么审判是否符合第1款标准的问题就必须将审判作为一个整体,而不是孤立地看待审判的某一特定环节或者某一特殊事件。欧洲人权委员会和人权法院将"公正审判"适用于符合人权公约第6条第3款要求的案件,然而,并不能认为是"公正的"。对于"公正审判"的动态解释要建立在案件事实的基础上,允许

---

① This is the approach taken by P. van Dijk, G. J. H. van Hoof, Theory..., p. 294 and following; The chapter of this book is titeled:"Art. 6: right to a fair and public hearing".
② P. Hofmanski, Konwencja..., p. 238 – 239; J. E. C. Fawcett, The Application of the European Convention on Human Rights, Oxford 1987, p. 147 and following.
③ Application No. 343/57. Report of the Commission adopted of 15 March 1961, 4 Yearbook, p. 548.
④ See, for instance, judgement of 20 November 1989, Kostovski, Series A, No. 166, p. 19. para. 39;, judgement of 26 March 1996, Doorson, p. 23, para. 66.

不断丰富其内涵，并随着刑事司法的要求作出实际的调整。①

部分的内容并不是要论述"公正审判"包含的所有权利。有鉴于此，接下来将重点关注人权公约第 6 条没有明确规定的原则。

（三）人权公约第 6 条下的"平等武装"原则

有论者认为，"平等武装"原则是"公正审判"重要的内涵之一。② 人权委员会在 Pataki and Dunshirn v. Austria 案③中指出：平等武装，即被告人与检察官在程序上的平等，是"公正审判"的内在要求。人权公约第 6 条第 3 款是否规定了平等武装的法律基础取决于对第 3 款之下的 (b) 项和 (c) 项的解释。人权委员会并不需要对这个问题进行明确的回答，因为在任何案件中都是毫无疑问的，人权公约第 6 条第 1 款规定的关于"公正审判"的原则性条款，包含了"平等武装"的概念。④

人权法院的判例表明，听证带有对抗制特征。⑤ 对抗制诉讼程序的本质特征是"平等武装"原则，即要求任何一方当事人有同等的机会出席庭审，就事实和法律问题发表意见，并且有权向对方当事人质证。⑥ 人权委员会和人权法院对于人权公约第 6 条下"平等武装"原则的适用范围，在一系列判例中以不同视角进行了深入分析。

1. 刑事诉讼制度框架中的控辩平等

20 世纪 60 年代，人权委员在两件针对奥地利的申诉案件中考虑到了审判程序中双方当事人的平等问题。在 Pataki and Dunshirn 案中，检察官就申诉人的量刑问题提出上诉。上诉法院采取不公开审理，检察官出席了庭审，而被告人则被剥夺了出庭权。更重要的是，检察官有权向

---

① D. Gomien, D. Harris, L. Zwaak, Law and practice of the European Convention on Human Rights and the European Social Charter, Strasbourg 1996, p. 157 – 159; P. Hofmanski, Konwencja..., p. 239.

② J. G. Merrills, The development of international law by the European Court of Human Rights, Menchester, New York 1993, p. 185.

③ Report of the Commission adopted on 28th 1963, 6 Yearbook, p. 714.

④ 同前引，p. 731 – 732。

⑤ Judgement of 19 December 1989, Kamasinski, Series A. No. 168, p. 43. para. 102.

⑥ J. E. C. Fawcett, op. cit, p. 154.

法院提交关于许可或撤销上诉的意见。作为上诉审的判决结果，两名申诉人的刑罚都被加重了。人权委员会认为在当事人出席庭审方面存在着不平等，不符合"公正审判"原则。①

在 Ofner – Hopfinger 案中涉及同样的问题，人权委员会对于案件是否符合"平等武装"确立了三个实质要素：

（1）检察官应作为法律守护者，而非针对被告人的指控者；

（2）检察官听证的环境；

（3）程序对被告人的结果——是否存在"上诉不加刑"（reformatio in peius）。②

在该案中，并没有导致"上诉不加刑"。人权委员会区分了检察总长和检察官在刑事诉讼中的角色，进而得出——本案并没有违反平等原则的结论。③

在 X v. Austria 案中，检察官和法官的交流又一次牵涉到平等问题。④ 这次涉及奥地利的"案卷制度"。⑤ 检察官的案卷将被送往法庭，然而申诉人的律师要获取这个文书只能向检察总长办公室提出申请。申诉人声称这违反了"平等武装"原则。对此，人权委员会强调，"公正审判"的概念并未对申诉人获取案卷内容的特定形式提出要求。在本案中，引起对"公正审判"权争论的问题是公诉方强大的"案卷制度"，而非控方对被告人的指控。作为对该案的处理结果，奥地利最高法院的首席法官修订了《法院程序规则》并改变了审前案卷笔录的实

---

① Report of the Commission asopted fo 28 March 1963, 6 Yearbook, p.732；人权委员会强调，"即便假定检察官在庭审阶段没有发挥积极作用，事实上，检察官有律师代表，因此有机会对法庭成员施加影响，而被告人及其辩护人没有同样的机会或可能性推翻控方的意见，这就产生了不平等，不符合公正审判的内涵。"

② Ofner 524/59（Austria），Hopfinger 617/59（Austria），report of the Commission of 23 November 1962, 6. Yearbook, p. 680 – 706；see also J. E. C. Fawceet, op. cit, p. 155.

③ 6 Yearbook, p. 704.

④ Appl. No. 8289/78, D. R. 18, p. 160，（167 – 168）.

⑤ "案卷移送"：检察总长在处理无效申请时接受口头听证的立场和观点的提纲。See J. E. C Fawcett, op cit. p. 157.

践做法。①

然而，上述案件的判决结果并非奥地利法院对"案卷移送"制度作出的最终处理结果。人权法院在 Brandstetter 案中再次涉及这一问题。② 人权法院基于人权公约第 6 条第 1 款的规定对该案进行了审查，强调了第 1 款的规定，要求刑事诉讼程序带有对抗性特征。③ 申诉人声称，高级法院的检察官并没有和他就向法庭提出的上诉意见进行沟通，他甚至不知道有这样的上诉意见。人权法院认为，单纯的假设被告人与检察官交流包括"案卷移送"在内的意见的可能性并不充分。奥地利政府认为，申诉人的辩护律师有权了解在司法实践中长期存在的"案卷提纲"制度，律师应当知晓控方向法庭提交的案卷。人权法院驳回了这一观点，因为这违反了人权公约第 6 条第 1 款的规定。

在 Bulut v. Austria 案中，人权法院表达了同样的观点，④ 此外也论证了"案卷提纲"制度的问题。在本案中，检察官向上诉法院提交了对申诉人的上诉意见，要求法院驳回其上诉请求。这一上诉意见既没有告知被告人也没有向其辩护律师传达。Bulut 先生声称他不能对此进行回应，这侵犯到了他的"公正审判"权。检察总长递交法庭的上诉意见仅要求对该案适用程序法中特定的法律规定，没有给出任何理由。尽管如此，人权法院指出："'平等武装'并不取决于程序不平等导致的更为严重的不公。"⑤ 因此应当由被告人本人衡量检察官向法院提交上诉意见的行为是否对其产生不利影响。人权法院认为国内检察院违反了人权公约第 6 条所主张的"公正审判"权。

在针对比利时的两起上诉案件中再次涉及控辩双方的平等问题。在

---

① Appl. No. 8287/78, Peschke v. Austria, report, D. R. 25, p. 182：人权委员会在一些申诉案件的影响下，废除了之前司法实践中被告人不能获得"案卷移送"的做法。See Appl, 1418/62, 6. Yearbook, p. 222.
② Judgement of 28 August 1991, Series A, No. 211.
③ 人权法院指出，"平等武装"仅仅是"公正审判"广泛的内涵之一，也包括刑事诉讼应当是对抗式的特点。（para. 68 of the judgement.）
④ Judgement of 22 February 1996, Bulut v. Austria.
⑤ Para. 49 of the judgement.

Delcourt 案中,[①] 申诉人声称检察院的一名法律总顾问向法庭提交上诉意见,而申诉人却没有机会对此进行反驳,侵犯了申诉人的"公正审判"权,将申诉人置于不利地位。人权法院对于检察机关的这种行为并没有异议,认为法律顾问的公正性和独立地位毋庸置疑,检察官的程序参与并没有侵犯申诉人的权利。

人权委员会和人权法院在 Borgers 案中对这一问题采取了不同态度。[②] 在该案中,申诉人声称,检察机关的法律总顾问在听证之后,参与法官的决策违背了"平等武装"原则。[③] 大体而言,人权法院在 Borgers 案中再次重申了其在 Delcourt 案中对检察总长的独立性和公正性争议的裁判意见。对此,人权法院指出,总检察长有权建议提起或撤回上诉,以使被告人成为他的同盟或对手。[④] 因此,被告人应当被赋予同等的权利,以对抗检察官的上诉意见。更重要的是,人权法院认为,检察院的法律顾问有权参与听审后的法庭决策,使这种不平等更加严重,检察官被额外给予表达意见的机会。综上所述,人权法院认为侵犯了被告人的权利且是对人权公约第 6 条第 1 款下"平等武装"原则的侵犯。

最近的 Belziuk v. Poland 案是人权法院受理的第一个波兰的刑事案件,人权法院对上诉审程序框架下的控辩平等问题进行了讨论。该案中,Belziuk 先生并没有被带出监狱参加地区法院的上诉审听审,尽管他递交了出庭的请求。在人权法院看来,只有在申诉人本人亲自出庭审查证据的情况下才能对案件作出适当的裁决。人权法院指出,根据人权公约第 6 条第 3 款的规定,申诉人有权出席上诉审的听证程序,并有自我辩护的权利。更重要的是,人权法院认为,只有允许被告人参加听审并与控方建议驳回上诉的上诉意见展开辩论才能实现"平等武装"原则以及符合对抗制诉讼程序的要求。人权法院认为,地区法院没有依职权要求辩护律师为申诉人辩护。基于此,人权法院认为人权公约第 6 条

[①] Judgement of 17 January 1970, Series A, No. 11.
[②] Judgement of 30 October 1991, Borgers v. Belgium, Series A, No. 214.
[③] 同前引,para. 22。
[④] 同前引,para. 26。

第 3 款第 （c） 项的规定对本案中申诉人诉讼权利的保护是充分并且适当的。①

"平等武装"原则似乎是刑事诉讼和民事诉讼中公正的基本要求。② 在人权法院的司法制度下，这一原则同样适用于初审程序、上诉审程序以及发回重审的再审程序。③ 更重要的是，在人权法院近期审理的案件中，人权法院从人权公约第 5 条第 4 款控辩平等的角度衡量了《人身保护法》的程序公正性。④

2. 刑事诉讼中的"平等武装"原则与证据规则

"平等武装"的基本要求与证据规则特别是传闻证据规则紧密相关。对抗制诉讼的理念建立在被告人有权询问对他不利的证人的基础之上。交叉询问是英国刑事诉讼的独特产物，控辩双方在法官面前出示证据，法官消极被动。人权公约第 6 条第 3 款第 （d） 项规定被告人有权询问不利于他的证人，成为英国刑事诉讼模式的参考。人权公约绝大多数的成员国属于大陆法系国家，即奉行职权主义诉讼模式，案卷只作为证据在法官面前展示。在审前阶段案卷由侦查法官或者检察官制作，法院在审前阶段阅卷，侦查结论以及目击证人的证言足以影响法官心证的形成。⑤

人权委员会很难平衡两大法系，并建立"公正审判"的自主性标准。

---

① Judgement of 25 March 1998, Belziuk v. Poland, Reports of Judgements and Decision No. 67, 1998 – Ⅱ, p. 559 – 573. 在 Belziuk 案中基于以下原因确实应当受到批评：人权法院没有采纳波兰政府的观点，即在上诉程序中申诉人受上诉不加刑原则的保护，因为检察官没有针对初审判决提出上诉。从人权法院之前的判例中可以发现，这种情况应当考虑在内，并会影响法院的判决结果。See M. Wasek – Wiaderek, Rzetelnosc..., p. 51 – 57.

② See, inter alia, Vermeulen v. Belgium, and Lobo Machado v. Portugal, judgements delivered on the same day, 20 February 1996. 然而，在这些案件中人权法院采取了一个不同的视角，即依赖于诉讼程序的对抗制特征而不是"平等武装"原则。

③ See, for example, judgement of 31 March 1998, Reinhardt and Slimane – Kaid v. France, paras. 101 – 107.

④ Judgement of 13 July 1995, Kampanis v. Greece, Series A, No. 318 – B, p. 45, para. 47; judgement of 25 March 1999, Nikolova v. Bulgaria, para. 58 – 66.

⑤ S. Stavros. The Guarantees for the Accused Person under Article 6 of the European Convention on Human Rights, Dordrecht – Boston – London 1993, p. 231; C. Osborne, Hearsay and the European Court of Human Rights, Crim. L. R. 1993, p. 258 – 259.

绝大多数涉及证据问题的申诉都要经过人权公约第 6 条第 3 款第（d）项以及第 1 款的检验。可以根据采取的证据与询问证人对一些案件进行归类。第一组涉及匿名证人的问题。① 笔者将单独予以论述。第二组包括被告人基于不同原因被剥夺与控方证人交叉询问的权利。第三组涉及被告人申请证人出庭作证的问题。最后一组主要关注"专家证人"的问题。

（1）对控方证人进行交叉询问的权利

在 Unterpertinger 案中，② 人权法院对传闻证据表达了鲜明立场。在本案中，申诉人声称警察对他的指控是基于其前妻和继女在听证时被宣读的证言。作为申诉人的近亲属，两名女士拒绝出庭作证，由此导致申诉人无法在诉讼中与他们质证。申诉人也无从怀疑证言的真实性，因为法院拒绝听取辩方证人的证言。人权法院强调："宣读证人证言本身并不违反人权公约第 6 条的规定，然而，将该证据作为据以作出裁判的依据不符合被告人的权益。"③ 在本案中，被告人有罪的裁判主要基于传闻证据，显然违背了公约第 6 条第 3 款第（d）项的规定。

同样的情况也发生在 Delta 案中。④ 在本案中，申诉人因抢劫罪被指控，其有罪判决是基于警察的传闻证据作出的，警察逮捕了申诉人，并且对受害人以及她的朋友作了笔录。申诉人和他的律师都没能询问这两名证人。人权法院认为，证据的可采性是国内法律的自由裁量问题。⑤ 人权法院指出："原则上，在对抗制诉讼中，证据必须在公开的庭审中向被告人展示。然而，这并不意味着为使证人证言作为证据使

---

① See: judgement of 20 November 1989, Kostovski, Series A, No. 166; judgement of 27 September 1990, Windisch, Series A, No. 186; judgement of 20 September 1993, Saidi, Series A, No. 261 – C; judgement of 27 November 1995, Baegen, （appl. No. 16696/90）, Series A, No. 327 – B; judgement of 23 March 1996, Doorson; judgement of 23 April 1997, Van Mechelen and Others v. the Netherlands.
② Judgement of 24 November 1986, Series A, No. 110.
③ Unterpertinger judgement, para. 14.
④ Judgement of 19 December 1990, Delta, Series A, No. 191 – A.
⑤ Windisch judgement, para. 23.

用,证人就必须在法院的公开听审中作证。"① 尽管如此,法庭也不能剥夺被告人询问证人的机会和在诉讼程序的某一阶段调整对方证言的权利。在本案中,人权法院认为被告人没有获得"公正审判"。

在其他三个涉及传闻证据的案件中,② 人权法院认为国内法院并未违反人权公约第 6 条的规定。为了找到推翻之前人权法院关于传闻证据的观点,有必要寻找人权法院作出不同判决的原因,尤其是在 Unterpertinger 和 Delta 案中。

Asch 案的实际情况与 Unterpertinger 案如出一辙。因被害人不能出庭作证,国内法院基于在法庭上宣读的被害人陈述判决被告人有罪。在本案中,人权法院强调:"应当将本案与 Unterpertinger 和 Delta 案相区别,原因在于:申诉人有机会与被害人进行质证,并有权向警察或者法庭发表他的辩护意见,然而被告人怠于行使他的质证权;此外,国内法院形成裁判的依据不仅根据被害人陈述,相反,还包括两份医学鉴定和对申诉人的个人评估。"在本案中,人权法院以 7 : 2 作出了裁决。一名持反对意见的比利时法官认为,本案与 Unterpertinger 没有实质区别。有论者采用了后者的观点,并且批评了人权法院在 Asch 案中所作的裁决。③

Asch 案的裁判结果是对更早之前 Isgro 案的确认。在 Isgro 案中,被告人因涉嫌绑架而受到指控,最终被判处 30 年监禁。他声称,检察机关对他的指控是基于牵涉该案的一名同案犯 D. 对侦查法官的供述。但是在庭审时 D. 却消失了。人权法院强调,Isgro 有机会与证人对质。在审前阶段,侦查法官组织了两次辩论程序,其中一次使申诉人有机会直接向证人发问。人权法院认为,没有相关事实表明申诉人的辩护律师未出席庭审,因为程序法没有限制律师出庭的规定,同时将检察官缺席庭审的情况也考虑在内。

---

① Delta judgement, para. 36.
② Judgement of 26 April 1991, Asch, Series A, No. 203; judgement of 19 February 1991, Isgro, Series A, No. 194 - A; judgement of 28 August 1992, Artner, Series A, No. 242 - A.
③ C. Osborne, op. cit, p. 265; S. Stavros, op. cit, p. 235 - 236.

尽管如此，人权法院的判决结果饱受学界的批评。学界认为，接受被告人质证的效果等同于辩护律师质证的效果，人权法院的判决削弱了其在 Unterpertinger 案中的立场。①

在 Artner v. Austria 一案中，人权委员会与人权法院达成了一致。申诉人 Artner 因涉嫌高利贷犯罪被指控，基于在庭审中被害人的审前证言作出了裁判。被害人没有参加庭审。司法机关也没能找到被害人的住址。在本案中，人权法院强调，被害人陈述并非定罪的唯一证据。此外，人权法院认为，没能组织被害人和申诉人审前辩论是导致申诉人缺席 3 年的主要原因（申诉人最后被引渡）。② 本案以 5∶4 作出了裁决（人权委员会有 6 个反对意见）。持反对意见的法官认为，如果没有在法庭上使用被害人陈述就不会作出最终裁判。③

上述案件产生了两个有趣的问题。第一，有关证据能力的问题。作为各国法律自由裁量的基本准则，人权法院几乎在上述每一个案件中都会强调证据的可采性问题。但是，人权法院并没有涉及对人权公约第 6 条第 3 款的解释。有论者对人权公约的执行机构——欧洲人权法院就衡量证据能力有限的自由裁量权提出了质疑。（人权法院并不想成为国内法院上诉审的"第四审程序"。）④ 笔者认为，以下论述值得思考：

"人权法院建立了严格的标准，当被告人拒绝与证人对质时，并不违背人权公约第 6 条的规定，除非在国内机关（尽管这是学理上对第四审程序的限制）有其他足够充分的证据证明被告人是有罪的。"⑤

Artner 案中的第二个问题是，人权委员认为检察官应当对不出庭的控方证人负责，因其证言将作为不利于被告人的证据。然而，没有机构对此负有责任，人权委员会认为限制被告人的权利似乎不那么重

---

① 在刑事诉讼的初期所进行的交叉讯问，确实侵犯了被告人"审判公开"的权利。C. Osborne, op. cit, p. 265.
② Judgement of 28 August 1992, Artner, Series A. No. 242 – A. p. 10. para. 20.
③ Walsh、Macdonald 以及 Palm 法官的反对意见参见：Artner judgement, p. 13。
④ S. Stavros, op. cit, p. 235.
⑤ S. Stavros, op. cit, p. 236.

要了。①

综上所述，人权法院没有确立传闻证据的统一裁判规则。考虑到问题的复杂性，很难提出一个解决办法，因为这涉及一个很敏感的领域，即平衡有效指控犯罪的公共利益与保护被告人权利之间的关系。

（2）申请证人出庭作证的权利

控辩双方平等问题的基础应当置于人权公约第 6 条第 3 款第（d）项的规定下讨论，即"被告人有权询问不利于他的证人，并在与不利于他的证人的相同的条件下，让有利于他的证人出庭接受询问"。

被告人有权申请证人出庭给予了各缔约国国内法院广泛的自由裁量权，衡量该证人证言是否与本案有关。根据学理上的"第四审程序"，②人权委员会宣布禁止就人权公约第 6 条第 3 款第（d）项提起申诉，削弱了申请证人出庭作证的重要性。③

人权法院近期开始详细考虑国内法院一旦拒绝被告人申请证人出庭作证的申请，被告人可能面临的偏见。

在 Bricmont 案中，④ 人权法院指出，作为一项基本原则，是否有必要传唤证人出庭作证是国内法院的自由裁量权。然而，人权法院并没有排除它自己对于这一问题的司法审查：

"有很多的例外情况可以促使人权法院作出裁决，法庭没有传唤证人出庭作证违反了人权公约第 6 条。"⑤

在 Vidal 案中也涉及证人出庭作证的问题。⑥ Vidal 先生在第一审程序中获无罪判决，但是上诉法院对其判处 3 年监禁，缓期执行。作为上

---

① S. Stavros, op. cit, p. 234, footnote 737.
② 根据这一学说，人权公约的机构并不是作为"第四审程序"的法院。相应的，它们没有能力涉及一个国内法院的实质判决。然而，这种学说在其受理上诉案件时是有限的。See, S. Stavros, op. cit., p. 45, 239.
③ F. G. Jacobs, op. cit., p. 119.
④ Judgement of 7 July 1989, Series A. No. 158.
⑤ Bricmont judgement, p. 31, para. 89. In the instant case the Court did not find the existence of such "exceptional circumstances".
⑥ Judgement of 22 April 1992, Series A, No. 235 – B.

诉法院发回重审的结果,案件被指定由另一个上诉法院重新审理,该法院判处被告人4年监禁,并且拒绝了其申请己方四名证人出庭作证的请求。基于之前的判例,人权法院指出,人权公约第6条第3款第(d)项的立法旨在实现证据展示时控诉方和被告方的"控辩平等"。① 然而,人权公约第6条并没有穷尽"平等武装"原则。因此,在本案中,即便法庭没有听取任何证人证言,既包括控方证人证言,也包括辩方证人证言,违背了人权公约第6条的规定。人权法院强调,国内的上诉法院仅根据卷宗就认定被告人有罪,对于拒绝证人出庭作证的申请也没有给出任何理由,因此,被告人的诉讼权利受到限制,其没有获得"公正审判"。

(3) 专家证据

刑事诉讼中控辩平等的问题在适用专家证据时也会出现。人权公约机构在 Bonisch 和 Brandstetter 案中涉及这一问题。例如,在 Bonisch 案中,② 申诉人因使用熏肉技术曾两次被判有罪。在刑事诉讼中,控方将作为指控证据基础的有罪报告仅仅视为一份专家证据。申诉人声称法庭聘请的专家在诉讼中占据主导地位,法庭也没有指派其他的专家,而被告人聘请的专家仅作为证人。在与官方专家对比后,显然被告人处于不平等的地位。人权委员会认为国内法院违背了人权公约第6条第1款和第3款第(d)项的规定。人权法院根据人权公约第6条第1款得出与人权委员会同样的结论。人权法院和人权委员会对于法庭聘请的专家在诉讼过程中的角色持怀疑态度,因其与控方有联系,其中立性备受质疑。人权法院基于人权公约第6条第3款第(d)项的规定认为,法庭聘请的专家证人相当于"不利于被告人的证人"。③ 由此,要实现"控辩平等"需要法庭同等对待控辩双方聘请的专家证人。在本案中没有实现这种平等对待。被告人聘请的专家仅仅作为证人,只能回答法官和控方专家的问题,而后者则可以对被告人和被告人聘请的专家进行交叉

---

① Vidal judgement, p. 32, para. 33.
② Judgement of 6 May 1985, Series A, No. 92.
③ Bonisch judgement, p. 15, para. 32.

询问。应当指出的是，人权法院和人权委员会都没有将被告人对官方指派的专家提交不利证据的质证视为一项基本权利。①

在 Brandtetter 案中，人权法院确立了另一种判断路径。② 本案中实际的情况与 Bonisch 案类似。然而，人权法院在审查法庭聘请的专家的立场和角色后认为，并不能将他等同于不利于被告人的证人。因此，尽管事实上被告人所聘请的专家没有获得与法庭所聘请的专家同等的条件，也不能认为拒绝指派辩方专家作为控方专家就相当于违背了"控辩平等"原则。③

在上述所讨论的案件中，"控辩平等"原则都是非常重要的。尽管人权法院在几个判例中强调这一概念并没有穷尽"公正审判"的范围，如果控辩双方出席庭审不享有同等权利（力）的话，很难实现审判公正。"控辩平等"原则的基础则是另一个问题。这是一个没有例外的独立原则抑或是对被告人辩护权的保障？这些问题的回答将在下文中讨论。

三、刑事诉讼中的"平等武装"原则以及证人的权利

在大陆法系传统的刑事诉讼中，庭审的当事人主要包括由律师代理的被告人以及公诉人。后者要以国家的名义证明被告人有罪。被害人在刑事诉讼中处于何种地位？对于这一问题，有论者认为，检察官代替被害人惩罚犯罪。这是否意味着被害人没有可能去影响本案的结果？在某种程度上来说，的确如此。④ 犯罪行为及其侵害结果不再是受害人私人

---

① S. Stavros, op. cit., p.234. 也可以参考人权公约第 6 条下基于 Bonisch 案对于最近判例的详细分析（p.241–247）。
② Judgement of 28 August 1991, Series A, No. 211. para. 46.
③ Brandstetter judgement, para. 62.
④ 近期，有论者重新意识到被害人对于刑事司法的重要性。刑事案件的被害人逐渐有机会对案件结果产生影响。在一些普通法系国家被称为"被害人影响陈述"，用于告知决策者任何"物理或情感上的伤害，或者损失的财产、遭受的损失或者对于被害人其他的影响"。See, A. Ashworth, Victim Impact Statements and sentencing. Crim. L. R. 1993, p.499.

的事情，而成为一个必须公开解决的问题。司法必须有所作为，但更为重要的是，它能够预见到将要做的事情。刑事诉讼中被害人的角色是针对他/她所遭受的侵害提供证据。在绝大多数的案件中，被害人仅仅是案件的目击者，尤其是性侵案件中。由此，被害人和他/她的证言仅仅作为指控的证据来源以及发现事实真相的途径，这是刑事诉讼的主要目的。然而，对于被害人来说这意味着什么？在公开的庭审中与被告人展开积极的、详细的交叉询问（至少在某些法律制度中如此）与质证，对于案件有关的细节永远保持新鲜的记忆，然而被害人通常会遗忘。在性犯罪案件中频繁的出庭作证中，被害人可能高度紧张，也很有可能造成"二次伤害"。易受侵害的被害人需要被保护，在大多数国家的法律制度中也给予他们这样的保护。不仅包括儿童被害人和性侵案件中的被害人，也包括受到威胁、恐吓从而拒绝在公开场合口头作证的被害人。最后一类易受侵害的被害人经常在有组织犯罪中涉及。

在刑事诉讼中，涉及对证人保护的问题时，也产生了另外一个问题，即如何协调被害人与被告人的利益。考虑到证人型被害人在具体案件中的权利，是否仍然赋予被告人基于正当程序所享有的诉讼权利是值得质疑的。[①] 这要求在刑事诉讼中达到这样一种公正，即平衡被害人与被告人的利益。

其中一种保护证人被害人的做法就是向被告人甚至审判法院隐瞒其身份。为了实现这一目的，不同的法律体系采取一系列手段：从简单地向被告人隐瞒证人信息到证人出庭作证的保密机制。在后一种做法中，被告人不能直接面对控方证人，甚至限制被告人向其间接发问的权利。这对被告人自我辩护施加了严格的限制。下文将详细阐述不同国家的刑事诉讼程序是如何处理这一问题的。

[①] A. Sanders 和 R. Young 分析了帕克提出的两种诉讼模式中被害人的立场和角色——正当程序模式和犯罪控制模式，他们得出的结论不利于被害人："在犯罪中存在的公共利益属于公诉方，在这两种犯罪模式中被害人的权益并没有凌驾于公共利益之上。只有'被害人中心'模式将以牺牲公共利益为代价保护被害人权益。目前学界尚未提出与正当程序模式或者犯罪控制模式相一致的被害人中心模式。" A. Sanders, R. Young, Criminal Justice, London, Dublin, Edinbourg 1994, p. 26.

（一）匿名证人的概念

英美法系的刑事诉讼法不愿意使用匿名证人，这将有损刑事诉讼的对抗制特征。符合普通法传统的方式是言词证据。根据盛行的学说以及完备的判例法，证人在公开审判中所作的证言优于其他任何证据。① 然而，这种方式受到越来越多学者的质疑。有论者认为，将信任建立在言词证据上是没有依据的，应当将审查的重心向书面证据倾斜。② 这一问题与保护因害怕遭受被告人以及他的同伙报复或者上述提到的原因而不愿意出庭作证的证人的问题紧密联系。

1988 年英国颁布了一部旨在保护证人的法律。1988 年《刑事司法法》第 23 条对受到威胁、恐吓的证人作了如下规定：

（1）在刑事诉讼中，案卷中证人作出的直接的口头证据可以作为证据使用，如果——

（ii）满足了下面第 3 款的规定。

……

（3）第 1 款（ii）中的要求包括：

（a）证人就他所感知的内容应当向警察或者一些其他负有侦查或指控犯罪职能的人作出；

并且

（b）该证人所作的口头陈述并不是基于恐惧或者威胁。③

条款不仅包括拒绝出庭作证的证人，还涉及因为出庭作证而恐惧、不安的证人。④ 然而，应当指出的是，上述提到的传闻证据的例外，其

---

① A. Beijer, C. Cobley, A. Klip, Witness Evidence, Article 6 of the European Convention on Human Rights and the Principle of Open Justice, Criminal Justice in Europe. A Comparative Study, P. Fennell, Ch. Harding, N. Jorg, B. Swart, Oxford 1995, p. 284 – 285; See also J. R. Spencer, Orality and the Evidence of Absent Witnesses, Crim. L. R. 1994, p. 628.

② A. Beijer, C. Cobley, A. Klip, op. cit., p. 285. See also N. Jorg, S, Fjeld. Ch. Brants, Are Inquisitorial and Adversarial Systems Converging? Criminal justice..., p. 52 – 53.

③ Criminal practice, 1992, (ed) P. Murphy, p. 2019.

④ R. Munday, Hostile Witnesses and the Admission of Witness Statements under Section 23 of the Criminal Act 1988, Crim. L. R. 1991, p. 351.

限度由法官自由裁量。根据 1988 年《司法行为法》第 25 条的规定，法院有权排除任何传闻证据条款下允许的证人证言。该法第 26 条甚至规定如果向警察所作的证人证言是出于如下目的——

（a）拖延刑事诉讼进程；

（b）进行一项犯罪调查；

当事人应当在初审程序中向法院申请允许提交这样的证言，如果符合"司法利益原则"，法庭可以采用该证言。①

在《司法行为法》第 23 条之下发展出来的判例法使该法一些技术问题得以明确。法庭将会知道"证人正处于恐惧当中，受犯罪行为的物理侵害或者犯罪行为结束后的语言或行为，或与犯罪侵害行为相关的结果，以及证人要证实侵害行为的可能性。"② 这种恐惧应当建立在犯罪证明标准的基础上。③ 肯定基于恐惧的证人证言的证据能力相对于使用隐瞒证人真实身份的技术手段，使被告人的处境更加"雪上加霜"。在最近的 R. v. Brindle 案中，在审判中对被告人的谋杀行为进行指控时，完全隐瞒了证人的身份。证人指出，他们将拒绝在法庭上公开作证。法官意识到证人的恐惧心理，并允许他们匿名作证。在庭审中，通过使用远程视频手段，公众以及被告人能够听到证人作证但是看不到他们本人。④

有论者就人权公约第 6 条第 3 款第（d）项的规定对 1988 年《司法行为法》提出了质疑。⑤

在欧洲大陆法系的刑事诉讼过程中，也采取了保护证人的多种方法。在以职权主义为代表的德国，法庭在发现事实真相以及采取措施获得相关证据中发挥着积极作用。法官对证据进行自由裁量。然而，德国

---

① See the critical overview of a discretion of the court in granting the admissibility of the documentary evidence presented by J. R. Spencer, op. cit. , p. 633 – 635.

② (1990) 92 Cr App R 98. Criminal practice, p. 2021.

③ R. Munday, op. cit. , p. 352.

④ A. Beijer, C. Cobley, A. Klip, op. cit. , p. 291.

⑤ A. Ashworth, The Human RIghts Act 1988, (2) Article 6 and the Fairness of Trails, Crim. L. R. 1999. p. 269 – 270.

存在证据的优先规则。《德国刑事诉讼法》第 250 条规定了"直接原则",即如果一项证明案件事实的证据以证人的感知为前提,证人就应当出庭接受询问。原则上,宣读审前阶段的证言或者书面笔录不能代替对证人证言的检验。① 这一条款表明了德国刑事诉讼法中的直接言词原则。然而,这一原则也存在诸多例外。第 251 条规定,在司法审查不能进行的情况下,法庭可以采纳缺席证人的书面陈述。② 直接言词原则的例外还包括:法庭可以采纳传闻证据,即缺席证人从另一个人口中听到的对于案件的描述。③ 作为一项基本原则,警察必须向检察官和法庭展示侦查情况以及建立在指控被告人基础上的证人陈述。然而,根据《德国刑事诉讼法》第 96 条,如果证据展示可能导致侵害公共利益,警察有权拒绝。

1987 年《被害人保护法》以及 1992 年的修正案,扩大了直接言词原则例外的范围,强化了刑事诉讼对被害人的保护。第 68 条规定,法庭有权决定对证人信息进行保密,如果公开其身份可能导致其人身安全、健康以及自由受到威胁。如果被告人在场可能使证言发生偏移,或者威胁到证人的生命或健康,法庭也可以决定在证人作证期间将被告人带离法庭。④

证人保密性的问题也涉及卧底警察的概念。1992 年《德国刑事诉讼法修正案》规定了可以在严重犯罪中使用卧底警察。卧底警察要求身份的保密性。⑤

德国宪法法院以及联邦最高法院的判例表明,在前述情形中(受

---

① J. R. Spencer, op. cit., p. 640.
② 根据德国 1877 年刑事诉讼法的规定,证人的书面证言只有在法官取证时才可以采纳。1943 年和 1987 年的修正案可能将警察或者检察官对证人的询问笔录作为证据。
③ G. Grunwald, Zasada bezposredniosci przy przesluchaniu swiadkow i odstepstea sod niej w procesie karnsm RFN, Annales UMCS, Lublin – Poland, Vol. XXXVI, 13, 1989, p. 142.
④ Article 274 of the German Code of Criminal Procedure. See also P. Hofmanski, Swiadek anonimowy w procesie karnym, Zakamycze 1998, p. 50.
⑤ Article110a – e of the Code of Criminal Procedure, For more details on this issue, see, P. Homanski, Swiadek anonimowy w procesie karnym, p. 48 – 49.

到恐吓的证人以及卧底警察),这些间接证据应当被采纳。① 德国宪法法院在1981年5月26日的一份判决中强调,② 原则上,采纳间接证据并不会侵害被告人的"公正审判权"。然而,法庭应当审慎权衡相关证据,限制相关证据的证明力,尤其是由身份保密的证人作出的证言。德国联邦最高法院也曾对评估间接证据证明力的问题予以强调。联邦最高法院认为,传闻证据只有在与其他证据相互印证的基础上才能采纳。③ 1993年德国宪法法院就保护证人限度的问题作出了决定。宪法法院认为,检察官保护证人身份的决定并没有阻止法院允许被告人对证人进行质证,当被告人发现他们的身份时,需要进行保护。然而,当证人面临生命危险的时候,法庭有权拒绝被告人的申请。④

德国刑事诉讼法也涉及解决证人保护的问题,通过使用技术手段防止被告人听到证人真实的声音或者看到证人的外貌。这些方法较少地限制了被告人的质证权,被告人可以直接询问证人,法官也可以通过证人的言谈举止判断其证言的真实性。

波兰刑事诉讼法建立在与德国类似的原则之上。"直接原则"要求对被告人定罪量刑的证据必须在公开的庭审中出示,虽然一系列例外削弱了这一原则。波兰刑事诉讼法中书面证据的可采性削弱了直接原则。《波兰刑事诉讼法》第391条规定,法官可以在庭审中宣读证人在审前阶段所作的陈述,如果:(1)证人无理由拒绝作证;(2)证人的陈述与案卷材料不符;(3)证人主张遗忘了相关事实;(4)证人出国或者在境外;(5)因为证人的缺席,没能传唤至法院;(6)因不可抗力没能出席庭审;(7)证人死亡。波兰刑事诉讼法规定,如果被告人在场可能造成证人作证的阻碍,法院有权命令被告人退庭,如此,证人便可以在被告人不在场的情况下作证。被告人应当被立即告知在他缺席审判时庭审活动的情况。上述立法规定旨在建立发现真相的机制,然而

---

① C. Kulesza, Rola pokrzywdzonego w procesie karnym, Bialystok 1995, p. 162.
② 德国宪法法院判例 57, p. 250。
③ 德国联邦最高法院判例, judgement of 8 January 1991, StV 1991, p. 197。
④ NStZ, vol. 13, No. 6, p. 293 – 294.

《德国刑事诉讼法》第 247 条则明确规定对证人的保护。

匿名证人的概念在 1995 年 6 月被引入《波兰刑事诉讼法》中。① 新刑事诉讼法第 184 条规定，法庭和审前程序中的检察官有权对所有证人的信息进行保密。当证人及其近亲属的生命、健康、自由或者财产受到真实的威胁时，应当隐瞒其身份。其身份信息只有在指控和审判当中，以及出于侦查的需要才可以披露。被告人以及他的辩护律师可以通过法官或者检察官间接地向其发问，前提是要排除证人身份信息的泄露。匿名证人的问题也应当以保护其身份的方式向被告人出示。根据新刑事诉讼法第 393 条第 4 款的规定，法庭只能在不公开的庭审中宣读证人证言。更为重要的是，匿名证人与被告人之间的对抗应当以免予暴露其身份信息的方式进行。②

在司法实践中，新刑事诉讼法第 184 条的适用范围相对狭窄，缺乏关于该问题的法律制度。波兰最高法院在 1999 年 1 月 20 日的司法改革中指出，原则上，新刑事诉讼法第 184 条对证人的保护也适用于被害人。在绝大多数的案件中，被告人知道被害人的外貌。最高法院强调，根据刑事诉讼法第 332 条第 1 款（2）的规定，这一条款应当适用于所有的刑事案件，包括关于被害人的信息。最高法院认为，被告人有权了解指控他的人的详尽信息，该权利不能因为保护证人而被削弱。③

波兰和德国关于对匿名证人保护的法律是为了使司法实践更加有效采取的措施，运用各种手段使得刑事司法更有效率。然而，正如在本文开头时指出的那样，对证人的保护可能减损被告人的权利，将其置于不利地位。尤其是被告人向证人质证的权利可能受到影响。给予被告人"公正审判权"，同时也不至于危及其他诉讼主体的利益，这是一个价值平衡和价值选择的问题。

（二）欧洲人权法院视野下的匿名证人

匿名证人的问题与人权公约产生了诸多矛盾，尤其是第 6 条第 3 款

---

① 1995 年 7 月 6 日的修正案于同年 11 月 4 日生效实施。
② See, Article 173 § 2 of the Polish Code of Criminal Procedure.
③ Resolution of 20 January 1999, 1 KZP 21/98, published in OSNKW 1999/1 - 2/3/.

第（d）项涉及的被告人与不利于他的证人的对质诘问权。

因为担心被告人的报复，被给予保护措施的证人通常不会出庭。只在法庭上宣读证人在审前阶段的证言或者经匿名证人证言转述的传闻证据。在某种程度上，案件判决的依据就建立在前面所论述的匿名证人证言的基础上，即便能够确定证人的身份，被告人也没有机会与证人质证。在控方使用匿名证人的案件中，被告人的权利将受到限制。由于证人意识到其不会与被告人当面对质，并且其向警察作证时也未经宣誓（没有告知真相时不承担法律责任），这将导致证人倾向于说谎或者给出错误的证言。

通过分析人权法院对这一问题的判决可以发现，在作出判决时，应当考虑所有的情况。有学者认为，人权法院在其判例中对匿名证人的含义作了持续性的完善。① 匿名证人仅在严重犯罪案件中适用，例如谋杀、毒品犯罪、性犯罪、盗窃以及抢劫等犯罪中。

在 Kostovsik 案中，申诉人被定罪的基础在于两个匿名证人向警察和治安法官所作的陈述。申诉人声称他没有得到公正的审判。人权法院认为，原则上，在公开的庭审中对出庭的被告人展示所有证据是必要的。② 然而，人权法院也指出，使用在审前阶段获取的匿名证人证言并不违背人权公约第 6 条，如果被告人在任何诉讼阶段都能够被给予充分且适当的机会与证人质证。③ 根据人权法院的判决，人权公约并没有排除匿名证人的信息来源，例如，在侦查阶段获取的匿名证人证言的证据材料。④ 然而，在审判中使用他们的证言必须保证被告人的诉讼权利。人权法院强调，倘若被告人不知道与其质证的证人的身份，就无法证明

---

① 人权法院在以下案件中对这一问题进行了裁决：judgement of 20 November 1989, Kostovski, Series A, No. 166; judgement of 27 September 1990, Windisch, Series A, No. 186; judgement of 15 June 1992, Ludi, Series A, No. 238; judgement of 20 September 1993, Saidi, Series A, No. 261 - C; judgement of 27 October 1995, Baegen, Series A, No. 327 - B; judgement of 26 March 1996, Doorson; udgement of 23 April 1997, Van Mechelen and Others v. the Netherlands.
② The approach was presented in the Unterpertinger judgement, (Series A, No. 110).
③ Kostovski judgement, p. 20, para. 41.
④ Kostovski judgement, p. 21, para. 44.

证人的证言是有偏见的或者是不可信的。

考虑到人权法院在 Kostovsik 案中的裁判理由,有学者认为,为赋予被告人公正审判权,必须应当满足以下几项要求:

1. 匿名证人应当接受出庭在场的被告人或者他的律师的交叉询问(应当指出的是,人权公约没有排除被告人及其辩护人对于某些程序行为的确认);

2. 交叉询问应当在地方预审法官的主导下进行,而不是警察;

3. 地方预审法官应当知道证人的身份;

4. 对被告人的定罪不能将匿名证人的证言作为唯一的或决定的根据。

对 Kostovsik 先生的审判并没有满足上述条件,基于此,根据人权公约第 6 条第 1 款与第 3 款第(d)项的规定,该审判程序不符合公正审判的要求。

在 Windisch、Ludi 以及 Saidi 案中,人权法院适用了在 Kostovsik 案中确立的审判公正的标准。这些案件的申诉理由是相同的。在 Windisch 案中,人权法院认为,本案证明被告人的有罪证据仅有两个匿名证人的证言,侵犯了被告人的公正审判权。[①] 更重要的是,证人仅接受过警察的询问,既没有接受申诉人的询问,也没有接受其辩护人的询问。

Saidi 案同样违背了人权公约第 6 条第 1 款和第 3 款第(d)项的规定。[②]

Ludi 案中则出现了不同情形。在该案中,匿名证人是一名经过宣誓的卧底警察。由于该卧底警察曾多次会见申诉人,申诉人知道该匿名证人的外貌特征。侦查法官也知道该卧底警察的作用。人权法院强调,在本案中,国内法院曾使卧底警察面对被告人,意在平衡被告人的利益与警察权,但并没有保护警方卧底警察的匿名身份。[③] 因此,人权法院

---

① Windisch judgement, p. 11. para. 31.
② Saidi judgement. p. 57. para. 44.
③ Ludi judgement. p. 21. para. 49.

认为国内法院构成对公正审判权的侵犯。

在人权法院最近受理的关于匿名证人的案件中，Doorson 案没有侵犯公正审判权。在该案中，人权法院运用 Kostovski 案的审查判断标准，审查因匿名证人作证导致诉讼权利减损的辩方是否能与推进诉讼程序的控诉方相抗衡。人权法院基于以下理由对本案与 Kostovski 案进行了区分：在上诉阶段，匿名证人在有律师在场的情况下接受侦查法官的询问。法官能够清楚地意识到他们的身份并强调陈述的真实性。① 律师向证人发问，所有的证人都进行作答。由此，人权法院认为，在本案中满足控辩对抗的要求。更重要的是，匿名证人证言对国内法院的有罪判决并没有决定性的影响。人权法院明确地指出，从 Kostovski 案中可以得出的结论是，应当审慎判断从匿名证人证言中获取的证据。②

本案判决之"新"体现在人权法院强调了证人在刑事诉讼中的权利。人权法院注意到，人权公约第 6 条没有明确地将证人的利益包含在内，也没有特别强调被害人的利益。然而，"……他们的生命、自由或者人身安全在人权公约第 8 条的范围内是至关重要的。人权公约其他的实质性的条款对证人和被害人的利益进行了整体保护，这就意味着缔约国应当使国内法符合公约规定，不能使其利益无理由地处于危险之中"。③

人权法院分析了在本案中保护证人身份的理由并指出，除受到申诉人的威胁之外，对证人的保护仍有其他正当理由。毒品犯罪交易者通常对证人实施恐吓，人权法院将这种情况也考虑在内了。④

---

① Doorson judgement. p. 25. para. 73.
② Doorson judgement. p. 26. para. 76.
③ Doorson judgement. p. 24. para. 70.
④ 人权委员会在涉及强奸的 Beagen 案中讨论了为保护证人而隐匿其身份的问题。人权法院强调，性犯罪诉讼程序有其特殊性。理由如下："……这种诉讼程序对于被害人是一种折磨，特别是被害人不愿意面对被告人的情况下。在判断被告人是否获得公正审判必须考虑被害人私生活的尊重。因此……在关于性犯罪案件中，为保护被害人必须采取特定的措施。"（Report of the Commission adopted on 20 October 1994, paragraph 77.）在本案中，人权委员会认为申诉人的审判是公正的。人权法院没有就本案作出裁决，因为申诉人接受人权法院的审判也不再获得诉讼利益。See, judgement of 27 October 1995, Series A, No. 327 – B.

人权法院在最近的 Van Mechelen and Others v. the Netherlands 案中采用了 Kostovski 案和 Doorson 案的审查判断标准。① 在 Van Mechelen and Others v. the Netherlands 案中，侦查人员作为匿名证人接受法官和公诉人的询问，然而辩护律师则被隔离在另一个房间里，只能通过音频获取审判室的情况。人权法院再一次强调了在刑事诉讼中证人的利益，但是指出本案应当与 Doorson 案相区别。在人权法院看来，侦查人员的地位在某种程度上不同于普通的证人，因为出庭作证是他们责任的一部分。更重要的是，本案中匿名证人证言对有罪判决的作出产生了"决定性影响"。人权法院认为，被告人以及他的辩护律师没能观察证人接受询问的行为举止，这种做法是错误的，整个审判程序都是不公正的。②

总而言之，在笔者看来，人权法院试图在平衡被告人的权利以及对证人的保护之间采取正确的做法。在上述案件中，使用匿名证人案件的公正性是明确且持续的。虽然没有一个判决中明确提到了"平等武装"的问题，但很显然，这是公正审判的重要组成部分，也是对被告人诉讼权利的保障。

四、"平等武装"在欧洲刑事诉讼制度中的不同模式

（一）普通法系对抗制诉讼中平等武装原则的适用范围

英美法系对抗制诉讼中双方当事人平等的角色是什么？这一论题是刑事司法功能的核心和基础要件。在笔者看来，这种平等并不是单纯的、无条件的平等，这样理解刑事诉讼中的平等原则是值得质疑的。③

理论界认为，英美刑事诉讼程序是两个平等主体展开的对抗，在一

---

① Judgement of 23 April 1997.
② See, paras. 56 - 65 of the judgement; A. Ashworth, The Human Rights..., p. 268 - 269.
③ 对这一原则真实含义的分析详见下文第（三）部分。

个消极中立的法官面前旨在解决争议,陪审团就案件事实发表意见。①在审判中,法官消极中立的地位使得其不能依职权传唤证人,其作用就是居中裁判,确保程序适当,因此,这也是普通法系对抗制诉讼的重要特征。法官如此消极的态度给双方当事人的对抗留下了空间。他们就案件事实和法律提出证据,展开辩论。有论者认为对抗制诉讼的关注焦点在于证明。但是,经过详细的分析后必然会得出这样一个结论,即无论是对抗制诉讼抑或是职权主义法律体系,诉讼程序的目标在于发现事实真相以及实现程序公正。②然而,英美法系通过"当事人双方的平等以及对抗式的诉讼程序"是发现事实真相最好的途径。③如果当事人在诉讼过程中发挥主要的"角色",从他们的辩论中推导出案件事实的真相,在某些方面就必须赋予他们平等的诉讼地位,与对方展开平等对抗,进行举证和交叉询问,否则整个审判程序将成为空洞的理论,不能实现程序公正。④

在英国刑事诉讼程序中,"平等武装"原则在每个诉讼阶段的适用范围不同。在审前阶段,平等武装的适用范围极为有限,而恰恰在此阶段,警方拥有较大的侦查权,足以钳制辩方的有限权利。没有任何人能够成为客观事实的调查者,即便法国法中的预审法官和德国刑事诉讼中的检察官都无法做到。⑤

在英国,警察的基本职责是为控方收集、提供有罪证据。因此,警察非常不愿意发现所有与案件事实相关的证据,特别是无罪证据。如果警察没有在拘留时使用特别的侦查技术或者讯问策略,如果在这个过程

---

① N. Jorg, S, Field, Ch. Brants, Are Inquisitorial and Adversarial Systems Converging? (in:) Criminal Justice in Europe, A Comparative Study, (ed:) P. Fennell, Ch, Harding, N. Jorg, B. Swart, Oxford 1995, p. 42.
② A. Sanders, R. Young, op. cit., p. 8.
③ N. Jorg, S. Field, Ch. Brants, op. cit., p. 42.
④ J. Spencer, Criminal Procedure in England, A Summary of its Merits and Defects, The Outlines of the System, (in:) The Criminal Process and Human Rights, (ed:) M. Delmas – Marty, Dordrecht Boston London 1995, p. 72. 将对抗式听证与体育赛事进行对比是很有趣的。唯一但是非常重要的区别在于,刑事诉讼的当事人并不是自己制定规则的……See, E. Muller Der Grundsatzder Waffengleichheit im Strafverfahren, NJW 1976, Volume 24, p. 1065.
⑤ N. Jorg, S. Field, Ch. Brants, op. cit., p. 48; J. Spencer, op. cit., p. 72 – 73.

中没有使用特权，特别是将嫌疑人享有沉默权这一基本原则考虑在内，在英国诉讼中审前阶段的平等将得以实现。然而长期以来，警察一直使用特权，因此审前阶段的控辩平等受到极大限制。更重要的是，如果程序公正被维持在最低限度的范围内，面对警察不断增多的特别侦查方法和特权，就需要扩充被告人的权利。

对此，学界有论者提出从三个方面加强英国刑事诉讼中审前程序的控辩平等：一是明晰警察发现事实真相的角色，以及寻找有罪和无罪证据的职责；二是增强被告人的辩护权；三是引进与侦查法官角色相同的第三人。①

早在20世纪80年代英国就成立了皇家刑事司法委员会。委员会提出将警察享有的权力以及对引导公诉的责任作出规定并制定法规。英国1984年《警察与刑事证据法》的制定以及独立的诉讼机构的成立，即皇家检控署，便是该委员会的努力成果。然而，改革因其有限性和抽象性备受批评。皇家检控署唯一凌驾于警察之上的权力就是阻止已经开始的侦查程序。② 1993年，新成立的皇家刑事司法委员的决定令一些学者失望，他们希望进行彻底改革。事实上，警察和皇家检控署的关系没有实质性的改变。

如前所述，对抗制诉讼最显著的特征是消极、中立的法官以及双方当事人之间的辩论。刑事审判中言词原则和对证人的交叉询问强调了控辩双方的平等。传闻证据排除规则以及书面证据禁止规则③都是保障双方当事人之间平等对抗的重要手段。法庭有权决定不采纳警察在审前阶段收集的证据，有利于平衡审前侦查程序中的不平等。双方对证人的交叉询问使当事人有平等的机会在陪审团面前展现事实真相。④

英国传统的辩诉交易也基于控辩平等原则。有罪答辩的结果是缺乏

---

① N. Jorg, S. Field, Ch. Brants, op. cit., p. 49.
② J. Spencer, op. cit, p. 73.
③ 如前文所述，这些原则并非没有例外。
④ 有论者提出质疑，听证程序中当事人之间的平等是否为发现事实真相的充分保障。他们建议有必要采取一种更为直接的发现事实真相的方法。See, N. Jorg, S. Field, Ch. Brants, op. cit., p. 54.

听证程序以及审判程序的限制,几乎是自动被判处刑罚。除了关于制度有效性的讨论,这一制度的问题与认罪答辩的原因有关。有时仅仅因为被告人缺乏充分的手段为自己辩护,就促使嫌疑人进行有罪答辩,在这种情况下,不可避免地会导致审前阶段的不平等。

总而言之,英国刑事审判是建立在控辩双方平等对抗基础上的,对抗制是其主要特征。然而,审前阶段的诉讼程序的平等原则在相当程度上受到了限制。

(二) 波兰和德国的刑事诉讼程序以及"平等武装"原则

波兰和德国的刑事诉讼程序原则上是一种混合型的法律体系,既包括职权主义的特征,也包括对抗制的特征。

1. 波兰的法律体系

波兰刑事诉讼的主要目标是发现案件真实。有论者将"实质"真实原则作为最高价值目标。[1] 因此,控方在审前阶段的主要任务是案件真实的发现并全面收集有罪和无罪证据。[2] 在审判过程中,案件事实真相的发现由法官负责。法官积极能动,传唤证人,收集新的证据。原则上,法庭作出判决的依据应当是当庭出示的证据。然而,由于这一原则一系列的例外,在某些案件中,法庭或许根据案卷,即公诉方和警察在审前阶段收集到的所有的证据作出裁决。在某种意义上,审判就是对侦查阶段收集到的证据的核实确认过程。[3] 一般来说,审前阶段由职权原则主导。[4]

1928 年《波兰刑事诉讼法》没有明确规定"平等武装"原则,但包含在以下条款当中:被告人有权收集证据并传唤证人,有权询问对方

---

[1] A. Murzynowski, Istota i zasady procesu karnego, Warszawa 1994, p. 110 – 111; S. Waltos, Proces karny. Zarys systemu, Warszawa 1998, p. 211 – 212.
[2] 根据《波兰刑事诉讼法》第 4 条,在刑事诉讼中,所有的机关应当收集所有的证据,包括有利证据和不利证据。
[3] 直接原则的例外参见本文第三部分之(一)的内容。
[4] S. Waltos, Proces karny. Zarys systemu, Warszawa 1998, p. 278 – 280; B. T. Bienkowska, Wybrane zagadnienia "prawa stron do sporu" w polskim procesie karnym, Studia Juridica XXXIII/1997. p. 25; Aktywnosc stron w postepowaniu przygotowawczym w nowym kodeksie postepowania karnego, Prokuratura i Prawo No. 3/1998, p. 7 – 9.

传唤的专家和证人,有权在听证时表达他所有的观点,有权向法庭进行"最后陈述"。这一原则也被理论界所认可。① 上述控辩平等原则也规定在 1969 年《波兰刑事诉讼法》中,直到 1998 年 9 月 1 日才生效。其中,1969 年《刑事诉讼法》第 315 条第 1 项和第 2 项明确规定了"控辩平等原则",被认为是保证审判程序中对抗制特征的核心规定。然而在司法实践中,大部分案件以法庭和当事人之间辩论的形式进行。有时甚至根本不存在辩论。② 听证程序中对抗制的特征逐渐淡化,在审判中,证人作证首先被法官询问,随后由双方当事人询问。这种询问方式备受批评的原因在于没有给双方当事人在听证程序中留下足够的空间。③

1998 年 9 月 1 日生效的新刑事诉讼法在听证程序中引进一种新的询问方式,强调了审判中对抗制的特征。依据该法第 370 条第 1 款的规定,被询问之人有权自由地描述案件事实,随后应当被双方当事人询问,最后,由法官和陪审团进行询问。④

如前所述,欧洲人权法院最初受理波兰刑事案件,大部涉及上诉审程序中"平等武装"原则这一问题,⑤ 根据 1969 年《波兰刑事诉讼法》第 401 条,在上诉审程序中,法庭可以命令将处于羁押状态的被告人带到法庭。在司法实践中,无论法庭何时决定审查上诉审程序的补充证据,被告人都应当被带到法庭。在其他案件的初审程序中,其裁判结果根据案卷作出,通常不会在要求处于监禁的被告人在场的情况下对证据进行审查,但公诉方会出庭。在 Belziku 一案中,欧洲人权法院清楚地表明"基于控辩平等与对抗制诉讼程序,被告人应当出席听证并与提

---

① S. Glaser, Wstep do nauki procesu karnego, Warszawa 1928, p. 91.
② A. Kaftal, Model rozprawy glownej w prawie polskim de lege lata i ferenda, Studia Juridica, No. 13/1983, p. 22.
③ S. Waltos, Wezlowe problemy rozprawy glownej w projukcie k. p. k, (w:) Ksiega pamiqtkowaku czci Prof. M. Cieslaka, Krakow 1993, p. 491.
④ See, R. A. Stefanski, (in:) J. Bratoszewski, L. Gardocki, Z, Gostynski, S. M. Przyjemski, R. A. Stefanski, S. Zablocki, Kodeks Postepowania Karnego. Komentarz, Tom. II , Warszawa 1998, p. 240 – 241.
⑤ 参见第 323 页脚注⑥所引 Belziku 案。

起公诉的检察官进行辩论"①。

起初,"平等武装"原则标准的建立源于新刑事诉讼法颁布后审理的 Belziuk 案。虽然新刑事诉讼法第 451 条第 1 款仍然规定上诉法庭可以命令处于监禁状态的被告人出席庭审,但其第 2 款同时规定了法庭无权自由裁量被告人出席上诉审听证的情形。第 451 条第 2 款规定:"如果上诉审的提出是因为对被告人的有罪判决存在错误或者如果上诉审的目的旨在对被告人判处监禁刑或者加重刑罚,法庭应当命令被监禁的被告人参加听审,除非法庭认为被告人的辩护人出庭辩护是充分的。如果被告人没有律师代表,法庭应当指派律师出庭。"正如在文本中所强调的,② 上述规定仍给予法庭较大的自由裁量权,法律规定不符合人权公约的标准。鉴于此,可将《波兰刑事诉讼法》第 451 条作如下修订:"上诉法庭应当要求被监禁的被告人出席听证,除非法庭认为被告人由其律师出庭而无此必要。如果法庭没有要求被告人参加上诉审程序,被告人也没有委托律师出庭,法庭应当为其指派律师出庭。"

总体而言,1997 年新刑事诉讼法极大地加强了整个刑事诉讼过程中当事人之间的平等对抗。例如,新法增设了两种"强制辩护"的情形,③ 确保审判程序带有更多的对抗制特点④以及拓宽被告人在审前阶段的阅卷权。⑤ 更重要的是,有论者认为欧洲人权法院的司法制度对波兰刑事诉讼法产生了深远影响。

---

① 该判决第 36 段。
② See, inter alia, S. Zablocki, (in:) J. Bratoszewski. L. Gardocki, Z. Gostynski, S. M. Przyjemski, R. A. Stefanski, S. Zablocki, op. cit., p. 508 – 509; M. A. Karczmarzyk, P. Rogozinski, Udzial oskarzonego pozbawionego wolnosci w rozprawie przed sqdem odwolawczym, Palestra, No. 3 – 4/1997. p. 33 and the following; P. Hofmanski. S. Zablocki, Glosa..., p. 12 – 14; M. Wasek – Wiaderek, Rzetelnose..., p. 64; C. Nowak, Zasada rownosci broni w europejskim i polskim postepowaniu karnym, Panstwo No. 3/1999. p. 50 – 51.
③ "强制辩护"要求在整个刑事诉讼阶段被告人必须有辩护律师。新刑事诉讼法规定,如果被告人符合以下情况应当有律师辩护:(1)被告人是聋、哑、盲人;(2)有合理根据怀疑被告人精神失常;(3)被告人是未成年人;(4)被告人不能说波兰语。后两个理由是刑事诉讼法新增的内容。
④ See, for instance, Article 339 § 5 sentence 2, Article 341 § 1.
⑤ Article 157 § 3 of the Code; See also C. Nowak, op. cit., p. 48, 50 – 51.

然而，正如在本文开头中所指出的那样，波兰刑事诉讼带有混合色彩，这就意味着该法域中既存在对抗制特征也存在有限的控辩平等。与英国对抗制法律体系相比，波兰刑事诉讼中的被告人似乎享有有限的力量与控方抗衡。英国刑事诉讼中的"武装原则"是对被告人而言的，而波兰刑事诉讼法中则指法官有权发现事实真相。波兰刑事诉讼法对于"平等武装"原则的有限适用反映出其刑事诉讼混合性的本质特征。

2. 德国的法律体系

德国刑事诉讼程序融合了职权主义和对抗制两大模式的特点。原则上，波兰刑事诉讼法也符合德国刑事诉讼的特征。他们都深受法国职权主义的影响。①

德国刑事诉讼法中没有明确规定"平等武装"原则。但德国宪法第3条的规定表达了平等的基本原则。

"平等武装"原则在德国刑事诉讼中的适用仍然存在争议。争议的事项不仅包括"平等武装"原则的范围和其角色，还包括这一原则在刑事诉讼中的特殊地位。有论者认为这是刑事诉讼独有的原则，也有论者认为这一原则适用于所有类型的诉讼程序。有论者将平等武装原则作为当事人听证的要求，或者作为源于《德国刑事诉讼法》的一个法律概念，包含了这一权利但没有明确规定。它也被视为解释性条款，或者表明被告人是诉讼程序的客体。最后，有论者认为，"平等武装"是刑事诉讼改革政治和法律背景下的产物，或者是将英国法律制度移植到德国法的手段。② 德国宪法法院对"平等武装"的要求源自德国法律规定，其在人权法院判例的影响下承继了公正审判原则的精神。③

有论者提出人们对"平等武装"原则存在误解。他们强调，德国

---

① C. Roxin, Strafverfahrensrecht, Munchen 1993, p. 100; S. Waltos, Proces karny, Zarys systemu, Warszawa 1995, p. 273.

② E. Muller, Der Grundsatz der Waffengleichheit im Strafverfahren, NJW 1976, No. 24, P. 1064.

③ In its judgement of 8 October 1974 the Court held: Der Anspruch auf ein faires Verfahren ist durch das Verlagen nach verfahrensrechtilicher" Waffengleichheit" von Anklager und Beschuldigten gekennzeichnet und dient damit in besonderem Masse dem Schutz des Beschuldigten, fur den bis zur Verurteilung die Vermutung seiner Unschuld streitet." BVerfGE, 38, p. 111.

刑事诉讼模式中不存在真正的控辩平等,即便理论上存在,① 现实中也不存在。② 在这些学者看来,平等武装并不能被视为一个正式概念,也不意味着被告人和公诉人之间权利的平等。这样的平等是不可能的,因为刑事诉讼的本质特征以及双方当事人所处的角色。因此,根据这些学者的观点,德国刑事诉讼程序中的"控辩平等"应当被理解成"机会平等"。③ 这就意味着,对一方当事人不对等的对待,都是不符合中立原则的,因违反平等原则的要求应当被禁止。④

将"控辩平等"的概念作为程序性原则是合理的,其或多或少地影响了德国刑事诉讼程序中的其他原则。因此,正如每一个重要原则一样,这一原则也没有明确的适用范围,为其例外适用留下了空间。

3. "控辩平等"——哲学概念抑或现实?

前面的讨论似乎已经对该问题进行了回答。

在笔者看来,当事人之间完全的、现实的甚至不存在例外的平等武装在刑事诉讼中是不可能存在的,这是由刑事诉讼的特点决定的。与民事诉讼相比,刑事诉讼中当事人的角色不能互换。被告人可以进行防御,但是他不能在诉讼程序的某一时刻成为公诉人,然而在民事案件中,则允许反诉。

更重要的是,如果被告人败诉则意味着承受刑罚后果,有时后果十分严厉。而检察官则不能被判刑。只有检察官在刑事诉讼中有权对被告人采取各种预防性措施。而直到审判时被告人一直处于羁押状态。上述这些例证已经表明刑事诉讼的独有特点以及当事人之间本质的不平等。笔者完全赞同 E. Muller 的观点,他认为,理解刑事诉讼中的平等并不能依赖数

---

① 英国刑事诉讼程序被视为当事人主义模式的典范。See C. Roxin, op. cit., p.100.
② C. Roxin, op. cit., p.67 – 68; E. Dreher, Staatsanwalt und Verteidiger, (in:) Strafverfahren im Rechtsstaat, Festschrift fur Theodor Kleinknecht zum 75. Geburtstag, ed. K. H. Gossel, H. Kauffmann, Munchen 1985, p.106; V. Kery, Strafverfahrensrecht, Band 2, Stuttgart, Berlin, Koln 1990, p.93 – 94; K. Geppert, Zum' fair – trial – Prinzip' nach Art. 6 Abs I Satz I der Europaischen Menschenrechtskonvention, Jura 1992, Vol. 11, p.599; F. CH. Schroeder. Grundrisse des Rechts, Strafprozeprecht, Munchen 1993, p.31.
③ K. Geppert, op. cit., p.599; E. Muller, op. cit., p.1066.
④ E. Muller op. cit., p.1067; C. Roxin, op. cit., 67.

学感觉，否则将得出荒谬的结论。例如，纯粹意义上的"平等武装"允许警方在侦查程序中使用秘密线人和代理人，相同的权利应当被赋予被告人，然而，这在现实中是令人难以置信的。①

如果考虑到"控辩平等"原则的本质限度以及必要的例外，这一原则存在于所有模式的刑事诉讼程序中不是一种误导性的表达。这些天然的缺席是决定性的：首先，前述提到的刑事诉讼的特点决定了控辩平等的本质限度；其次，也受一国刑事诉讼模式的影响。因此，相较于德国或波兰混合型法律体系，控辩平等原则在英国对抗制诉讼模式下适用范围更为广泛。尽管存在这些显著差异，但这一原则强调了被告人在两种法律制度中的诉讼主体地位。② 在刑事诉讼中，这一原则对于被告人生命和自由的保障是至关重要的。

五、结论：将人权公约第 6 条的判例作为刑事诉讼权利保障的新标准

人权法院相当一部分的判例是基于基于人权公约第 6 条作出的。人权法院对人权公约第 6 条可能产生的所有问题都给出了它的意见。本文试图展现人权法院就刑事案件中公正审判权其中一个方面的判断路径，即"平等武装"的概念。

毋庸置疑，人权法院发达的判例法影响着公约缔约国的国内法律制度。问题在于，人权法院的判例能够在多大程度和范围影响国内法院的法律实践。只有通过接受人权公约的国际法要求，才能在刑事诉讼中建立新标准。不同国家的实践情况是不同的。

英国采纳了国际法上的二元标准，除非由议会批准实施，否则国际公约没有法律强制力。1997 年 10 月 23 日的《人权法案》将《欧洲人权公约》作为英国的法律渊源，于 1998 年 11 月 9 日获上议院批准。

---

① 该学者的引用出自 E. Muller concludes：" Kronzeugen der Entlastung gibt es nicht." (E. mUller, op. cit., p. 1065)。

② This means that he, as a bearer of certain procedural rights, is actively involved in a criminal process.

2000年10月1日,《人权法案》中的部分原则正式生效。① 根据《人权法案》第二部分,法庭决定涉及人权公约中规定的权利时,必须将人权法院所有的判决、决定、或者控辩双方的观点都考虑在内。② 因此,国内法院将直接援引人权公约的条款。然而,这并不意味着直到现在人权公约对于英国法院的司法制度没有产生任何影响。人权公约作为解释性条款或者法庭判决的次级依据,无论如何,人权法院对于违背公约权利的判决对英国法都产生了巨大影响。

在 Golder v. UK 案③以及 Campbell and Fell v. UK 案④中都产生了这样的效果。根据人权法院对第一个案件的判决,上议院支持服刑人获得法院救济的权利。⑤ 人权法院对 Campbell and Fell 案的裁决废止了在普通法庭审理最为严重的违纪行为以及将这种行为作为犯罪的正当性。⑥

在荷兰,人权公约的规定主要适用于荷兰最高法院。近年来,基于人权的上诉案件以及与人权公约直接相关的案件数量有所增多。⑦ 人权法院的判决"迫使"最高法院改变其司法制度。斯特拉斯堡的判例对于荷兰的司法制度产生了直接影响,其中一个例证就是 Kostovski 案。⑧ 人权法院认为本案侵犯了被告人的公正审判权,根据这一判决,荷兰最高法院转变了其先前对匿名证人的法律规定。在最高法院一份 1990 年

---

① A. T. H. Smith, The Human Rights Act 1998. (I) The Human Rights Act and the Criminal Lawyer: The Constitutional Context, Crim. L. R. 1999, p. 252; C. Ovey, The European Convention on Human Rights and the Criminal Lawyer: An Introduction, Crim. L. R. 1998. p. 4.
② A. T. H. Smith, op. cit., p. 255 – 256.
③ Judgement of 21 February 1975, Series A, No. 18.
④ Judgement of 28 June 1984, Series A, No. 80.
⑤ B. Swart, J. Young. The European Convention on Human Rights and Criminal Justice in the Netherlands and Untied Kingdom, (in:) Criminal Justice in Europe, A Comparative Study, (ed.) P. Fennell, Ch. Harding, N. Jorg, B. Swart, Oxford 1995, p. 62.
⑥ B. Swart, J. Young, op. cit, p. 66.
⑦ B. Swart, J. Young, op. cit, p. 63.
⑧ Judgement of 20 November 1989, Series A, No. 166.

7月2日的判决中，大体上接受了人权法院对 Kostovski 案的判决意见。① 更重要的是，1993年11月的草案在1994年2月1日生效，荷兰制定了一系列刑事诉讼法修正案。审议中的法案引入了新的法律规则，明确了什么样的证人可以匿名，以及在刑事诉讼程序中使用匿名证人证言时，保障被告人权利的具体方式。②

在很大程度上，人权公约第6条似乎也影响了德国联邦最高法院的司法制度。对人权公约条款的直接参考构成了德国最高法院说理论证的一个重要组成部分。最高法院也审查了基于公约6条的上诉案件。德国联邦最高法院在其1990年11月20日的一份判决中考虑了传闻证据与人权公约第6条第3款第（d）项所保护的被告人有权与不利于他的证人对质这一权利的兼容性。德国联邦最高法院将人权法院对 Kostovski 案的判决作为论证的重点。③ 在另一起案件中，德国联邦最高法院认为，拒绝被告人通过调查问卷的方式与卧底警察对质，这一做法侵犯了人权公约第6条第3款第（d）项的规定。④

奥地利为实现人权法院在 Bulut 案中确立的"平等武装"原则，⑤ 修订了刑事诉讼法。因此，从1997年3月1日以后，⑥ 检察官以无效为由拒绝被告人的上诉申请必须与被告人进行交流，除非检察官支持被告人或者上诉的条件足够充分。⑦

上述提到的案例只是人权公约及其司法机构对欧洲国家司法制度产

---

① A. Beijer, C. Cobley, A. Klip, Witness and the Principle of Open Justice, (in:) Criminal Justice in Europe. A Comparative Study, (ed.) P. Fennell, Ch. Harding, N. Jorg, B. Swart, Oxford 1995, p. 294 – 296. 荷兰最高法院之前的判决确立了匿名证人的司法实践，而这一决定削弱了司法实践中长期存在的做法。关于荷兰国内法的观点参见 Kostovski judgement, p. 16 – 17.
② See, Effects of judgements or cases 1959 – 1998, to be found on the Web sites：[http://194.250.50.200/eng/effects.html], para. 78.
③ 德国联邦最高法院判例，NStZ 1991, No. 4. p. 194.
④ 德国联邦最高法院判例，NStZ 1991, No. 6. p. 292 – 293.
⑤ 参见第322页脚注③。
⑥ The Act No. 762 of 30 December 1996.
⑦ See Effects of judgements or cases 1959 – 1998, to be found on the Web sites: http://194.250.50.200.eng.effects.html], para. 271.

生的影响。①

笔者认为，对于在不久的将来，人权公约在各缔约国的适用将达到相同水平这一观点，目前来看，仍过于乐观，缺乏正当依据。尤其是，即便在一些"老牌"欧洲理事会成员国中，也存在一系列侵犯公约权利的判决，明确表明还有存在不足之处。然而，欧洲人权法院就人权公约第6条出现的一些重要问题确立了一致标准。最值得注意的例证就是人权法院确立的匿名证人的概念。更重要的是，某种程度上这些准则为一些国内法院及其法律制度所吸收。

除此之外，刑事诉讼中对人权的保障处于不断发展之中，并不能说在某一特定时刻就达到了令人满意的保护水平，会不断产生新的问题并且需要解释。对于近年来热烈讨论的刑事诉讼中对证人保护的问题，人权法院根据人权公约第6条已经作出了回应。

有论者认为，在刑事诉讼中，人权公约以及其判例法决定了欧洲国家人权保障朝着相同的方向发展具有良好基础。在将来，这种共同趋势是否是欧洲刑事诉讼不同模式汇合的试金石，仍有待观察。通过分析"平等武装"原则的适用范围和作用，不同模式的刑事诉讼程序以及斯特拉斯堡的判例仍然存在两个不同的标准，即人权公约所建立的标准以及国家标准。如今，这两个标准的差异越来越大，因为新的欧洲理事会成员国正处于人权保护水平的初期阶段，这一标准源自欧洲人权法院的判例，然而"资深"成员国尚未达到该标准。

---

① 例如，人权法院对 Delta 案和 Iudi 案判决的影响，参见 http://194.250.50.200.eng.effects.html]，paras. 100，175。

稿　　约

　　《刑事司法论丛》是由西南政法大学诉讼法与司法改革研究中心主办的、面向国内外公开发行的刑事司法专业刊物，由中国检察出版社出版，每年出版一卷或者两卷，每卷约40万字。欢迎各位同行投稿！稿约如下：

　　1. 《刑事司法论丛》重点关注刑事司法的实证研究和比较研究，主要栏目包括：专题研究、前沿聚焦、司法实践、调研报告、域外法制、案例分析等。每期依据来稿酌设专栏。

　　2. 《刑事司法论丛》发表刑事诉讼法、刑事证据法、刑事司法制度、刑法适用方面确有创见的高水平论文和研究报告，来稿篇幅不限，采纳与否以学术价值或应用价值为基本标准。

　　3. 《刑事司法论丛》注释一律采用脚注，每页分别编号。对所引文献请依次注明著（译）者、著作名称、出发社或者期刊名称、出版时间及版次或者期刊刊次、页码；引用外文文献，请按照该外文通用注释体例加注；引用网络文献，请注明最后访问时间。

　　4. 《刑事司法论丛》采用具有原创性的首发稿。来稿请勿一稿多投，经刊载后，未经编辑委员会同意，请勿在他处发表。

　　5. 电子版来稿请发送 rcjcly@126.com，并注明"《刑事司法论丛》投稿"。编辑部对每篇来稿将在一个月内回复是否采用。文章发表时署名自便，但来稿时务请写明作者的真实姓名、工作单位、职务或职称、学衔及联系方式。翻译稿件涉及的版权事宜，请译者自行处理并负责，投稿时须提交原文。

　　6. 编者保留对来稿进行技术性加工处理的权利。文章如发表，文责自负。

《刑事司法论丛》编辑部

2019年12月

图书在版编目（CIP）数据

刑事司法论丛. 第六卷/李昌盛主编. —北京：中国检察出版社，2019.12
ISBN 978-7-5102-2364-8

Ⅰ.①刑… Ⅱ.①李… Ⅲ.①刑事诉讼法-中国-文集 Ⅳ.①D925.204-53

中国版本图书馆 CIP 数据核字（2020）第 002797 号

刑事司法论丛（第六卷）

李昌盛　主编

出版发行：	中国检察出版社
社　　址：	北京市石景山区香山南路 109 号（100144）
网　　址：	中国检察出版社（www.zgjccbs.com）
编辑电话：	（010）86423751
发行电话：	（010）86423726　86423727　86423728
经　　销：	新华书店
印　　刷：	北京宝昌彩色印刷有限公司
开　　本：	710 mm×960 mm　16 开
印　　张：	23.5
字　　数：	354 千字
版　　次：	2019 年 12 月第一版　2019 年 12 月第一次印刷
书　　号：	ISBN 978-7-5102-2364-8
定　　价：	82.00 元

检察版图书，版权所有，侵权必究

如遇图书印装质量问题本社负责调换